高等学校新文科教材

金融科技系列

金融科技概论

罗 煜 / 编著

FINTECH

中国人民大学出版社
· 北京 ·

序 言

当今世界处于百年未有之大变局，金融业也在经历着深刻的变革。科技从来没有像今天这样对金融业产生如此巨大而深远的影响。金融科技的发展改变了传统金融的发展轨迹，几乎重塑了金融业的面貌，成为当前金融学术研究和实践领域最为重要的话题之一。过去十多年，我国金融科技发展取得了举世瞩目的成就，位列世界第一梯队。每个人都有机会亲身参与、见证这个激荡人心的历史进程。

党的二十大提出，我国要全面建成社会主义现代化强国、实现第二个百年奋斗目标，以中国式现代化全面推进中华民族伟大复兴。金融是国民经济的血脉，金融要为经济社会发展提供高质量服务。金融科技是提升金融服务实体经济质效、防范和化解金融风险的利器。2023 年，中央金融工作会议首次系统提出了做好科技金融、绿色金融、普惠金融、养老金融、数字金融“五篇大文章”，其中，做好数字金融这篇大文章就依托于金融科技的发展。每一名金融从业者、每一个学习金融的人都有必要系统了解金融科技的内涵、价值、发展现状和趋势。本教材正是在金融科技加速发展、教学对金融科技类教材有迫切需求的背景下应运而生的。

本教材以习近平新时代中国特色社会主义思想为指导，全面贯彻党的二十大精神，牢牢把握全球金融业发展变革的大趋势，紧跟金融科技发展前沿，立足中国金融科技发展实践和成果，向学生介绍金融科技的基础理论、发展演进、底层技术、具体应用、风险和监管，以及传统金融业面对金融科技机遇与挑战的转型做法。本教材希望做到让学生既能学到系统、前沿的理论知识，又能与时俱进掌握业界实践发展，特别是了解中国特色金融科技发展之路，激发学生学习的热情和投身金融科技事业的愿望。

本教材的编写计划可以追溯到 9 年前。2015 年，为了顺应互联网金融的发展热潮，中国人民大学财政金融学院在金融专业硕士层面首次开设了“互联网金融概论”这门课，安排我来主讲，后来陆续有其他教师加入课程教学团队。由于互联网金融是新生事物，没有权威的教材，授课教师只能一边编写讲义和案例，一边开展教学，希望通过一段时间的积累，为这门课程编写一本教材。2017 年，为了更好地适应实践的发展变化，学院将“互联网金融概论”课程更名为“金融科技概论”。2019 年，中国人民大学财政金融学院开国内高校之先河，与信息学院联合创设本科金融学-数据科学与大数据技术（工学）双学位实验班（简称“金融科技实验班”）项目，“金融科技概论”成为该项目的专业核心课。我参与了项目的创设并担任本科“金融科技概论”课程的授课教师，深感没有体系化教材的缺憾，于是将编写符合中国人民大学教学需求和水准的教材正式列入议事日程。然而，金融科技理论与实践的发展日新月异，对教材的编写提出了很大的挑战，手稿甫一完成便需要修订更新，甚至教材的基本框架都需要重新调整，于是迟迟不能定稿。2021 年，我主持的“《金融科技概论》示范性实践课程建设”入选教育部产学合作协同育人项目，对教材的需求更加迫切。近年来，我在教学中使用教材手稿，收集反馈意见，反复修改，经过多年的努力，终于能将这本教材呈现在读者面前。

本教材适用于金融学或金融科技专业本科金融科技概论类课程的教学，也可用于专业硕士研究生教学，以及对金融科技感兴趣的人士阅读。本教材按照 16 周的课时安排，分为十六章，基于以下逻辑架构编写：

第一章导论概览金融科技的概念界定、理论基础、历史演进、价值与功用、风险与监管等。

第二至五章基于金融科技的“ABCD”四大底层核心技术，分别介绍大数据（“D”）、云计算（“C”）、人工智能（“A”）、区块链（“B”）等技术的基本原理和功用等，探讨技术赋能金融的实现路径、发展逻辑和潜在风险挑战。这四章内容让学生对金融科技的底层技术有了充分的了解。

第六至十五章分十个章节分别介绍金融科技的新业态和具体实践应用，包括发展历程和现状、代表性公司和产品、对金融体系的影响、风险和监管等。这十章基本涵盖了金融科技在世界范围内最重要的实践发展，可以让学生对金融科技业务的发展和监管有全面深入的了解。这十个章节的内容相对独立，教学时可以根据课时和实际需要取舍。

第十六章介绍金融科技影响下的传统金融业特别是银行业的数字化转型，分析现状和发展趋势。

相对于同类教材，本教材的特色体现在：

一是坚持国际视野与中国视角相结合。本教材既注重归纳全球金融科技发展的基本原理，又注重总结中国金融科技实践的经验，着重讲述中国故事。

二是与专业建设、课程建设紧密结合。本教材依托中国人民大学金融科技学科建设和课程建设，将科研、课程建设、案例开发和教材建设相结合，整合国内外学界、业界资源，为教材编写注入大量前沿知识和案例。

三是逻辑性比较强。本教材追求逻辑条理清晰，这不仅体现在全书整体架构上，还体现在每个章节内部，便于学生构建金融科技知识框架。

四是强调理论与实践相结合。本教材在介绍理论知识的基础上，提供了丰富的实践案例，致力于提升学生学以致用的能力。

感谢参与我课堂教学的历届学生对书稿的形成和修改做出的贡献，他们是孙翼、郑子浩、于梦阳、马芊伊、张雨恬、黄宇骢、陆奕霖、黄映琨、陈梦琦等，在此不能一一列举。感谢中国人民大学出版社的崔惠玲老师、韩冰老师为本书出版提供的帮助。感谢中国人民大学财政金融学院对我参与金融科技人才培养工作的支持。

需要指出的是，金融科技实践发展的速度要远快于教材更新的频率，本书可能存在一些错漏，恳请读者指正。我在编写过程中参考了很多文献资料，由于篇幅关系无法全部列出，谨对文献作者和资料提供者表示感谢。

罗　煜

2024 年 4 月

目　录

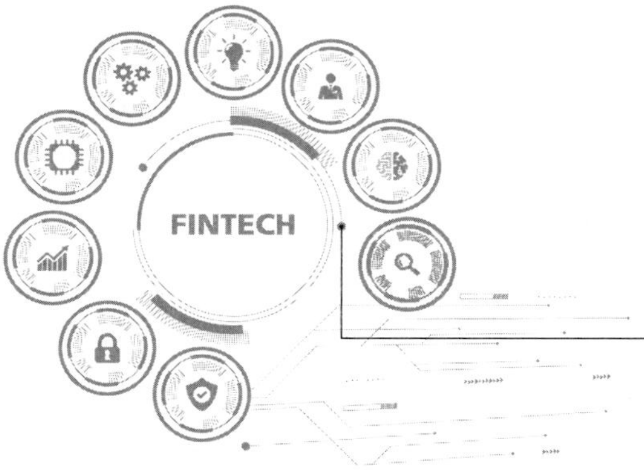

第一章

导　论

导　言

本章对金融科技进行概览式介绍。金融科技是利用先进的技术手段和创新思维推动金融行业变革的新兴产业。随着移动互联网、大数据、云计算、人工智能、区块链等技术的发展，金融科技正在深刻地改变着传统金融行业的经营模式和服务方式。金融科技的出现，不仅为金融行业带来了更多的创新和活力，也为普通消费者提供了更便捷、更安全、更优质的金融服务体验。未来，金融科技将继续深入影响金融行业的各个领域，推动金融行业朝着数字化、智能化、共享化的方向发展。

学习目标

1. 掌握金融科技的定义、特点，了解金融科技的底层技术类别与国内外发展简史。

2. 了解金融科技的作用与风险，了解金融科技的未来发展趋势。

核心概念

金融科技　互联网金融　数字金融　大数据　云计算　人工智能　区块链

第一节　金融科技的基本概念和基本原理

一、概念解析

“金融科技”（financial technology，缩写为 fintech）是“金融”和“科技”两个词语的组合词。根据金融稳定理事会（Financial Stability Board，简称 FSB）的定义，金融科技指的是技术推动的金融创新，能够创造全新的商业模式、应用、流程或者产品，从而对金融市场、金融机构或金融服务的提供方式产生重大影响。当前，该定义已为学界和业界普遍认可和引用。

“金融科技”一词来源于国外文献，大约在2015年前后在我国开始使用。实际上，在我国，“互联网金融”曾经是“金融科技”的代名词。“互联网金融”是本土概念，2012年在中文文献中首次出现，在国外文献中并没有准确对应的表述。金融科技概念在国内流行后，互联网金融这一表述逐渐被替代。中国人民银行在《中国金融稳定报告（2014）》中对互联网金融进行了官方界定：“互联网金融是互联网与金融的结合，是借助互联网和移动通信技术实现资金融通、支付和信息中介功能的新兴金融模式。”互联网金融更强调金融业务依托互联网平台的开展。在这一场景下，互联网金融可以直接为资金供需双方构建资金融通的桥梁，并淡化传统金融中介机构（如银行和证券公司）的线下功能，专注于为金融市场参与者创造可适应不同场景的产品和服务，是一种商业模式的创新。

互联网金融与金融科技主体内涵基本一致，只是略有区别。互联网金融和金融科技所指向的业态大体相同，二者所实现的金融功能也比较接近，即交易成本下降，信息不对称程度减弱，信息共享便捷，资本配置效率大幅提升，金融体系功能依托技术得到更为充分的实现。不过，互联网金融更侧重“场景”，即金融业务在互联网平台开展；金融科技更侧重“技术”，借助大数据、云计算、人工智能、区块链等技术，为客户营销、风险防控、投资决策和中介业务等提供支持，并对金融产品和服务进行创新。金融科技一般不依托特定的场景，可涵盖技术对金融行业进行的一系列改造和创新，相较于互联网金融，其影响更为广泛、底层、深远。

与金融科技相似的概念还有“数字金融”，根据2020年4月世界银行发布的《数字金融服务报告》，“数字金融”是指传统金融部门和金融科技企业利用数字技术进行金融服务的金融模式。由此可见，数字金融更强调数字技术与传统金融的相互融合与相互渗透，侧重“产品”和“模式”，着重强调传统金融和数字技术结合所形成的新产品、新模式，强调金融的“数字化”。数字金融离不开数字技术，这与“金融科技”在本质上是相通的。

字面意义上的概念辨析并不是本书的重点，每个概念都是行业发展到不同阶段所出现的一个符号，对于相似概念的讨论更多是为了更好地融合现有的研究成果，从而对金融科技发展整个脉络进行回顾、总结和展望。随着技术的不断发展和金融业务形态特点的不断演变，金融科技的内涵也在不断丰富，一般而言，至少包括两方面内容：一是金融行业应用科学技术对现有产品、服务以及业务流程进行改造；二是互联网公司、初创企业等新的市场参与者开发出新的产品和服务，进而冲击现有金融市场主体的经营、竞争模式。在现有的市场及技术背景下，金融科技通常被理解为基于前沿技术对传统金融业务模式流程进行改进，从而降低成本、提升效率；或者基于技术进行金融变革，创造出全新的模式，从根本上改变现有金融业务的形态。

二、金融科技的底层技术

金融科技的落脚点在“技术”。常见的金融科技技术被概括为“ABCD”，即A（artificial intelligence，AI，人工智能），B（blockchain，区块链），C（cloud computing，云计算），D（big data，大数据）。除此以外，物联网、生物识别、5G（第五代移动通信技术）、虚拟现实等信息技术也被逐步应用于金融行业，金融科技底层技术的范围在不断拓展。

大数据技术是标志着金融科技时代来临的技术萌芽。广义上的大数据概念可以追溯到19世纪80年代，美国统计学家发明了制表机，用来代替人工读取卡片上的洞数并制成表格，大大提高了制表效率。20世纪90年代，随着数据库技术和数据分析挖掘方法的逐步成熟，真正的大数据概念开始得到认可。1998年，美国高性能计算公司SGI公司（即美国硅图公司）的首席科学家约翰·马西（John Mashey）指出，随着数据量的快速增长，必将出现数据难理解、难获取、难处理和难组织等四个难题，他用“大数据”来描述这一挑战。① 一般而言，大数据是具有体量大、结构多样、时效强等特征的数据。大数据技术是处理大数据所采用的新型计算架构和智能算法等新技术，大数据技术的应用强调以新的理念应用于辅助决策、发现新的知识，更强调在线闭环的业务流程优化。

人工智能技术的出现与进步和大数据技术的发展相辅相成。人工智能是利用数字计算机或者由数字计算机控制的机器，模拟、延伸和扩展人类的智能，感知环境、获取知识并使用知识获得最佳结果的理论、方法、技术和应用系统。不同于一般的数据分析技术，人工智能算法包括机器学习、监督学习、无监督学习、强化学习、深度学习等概念，更侧重于从海量数据中挖掘新的知识与模式，强调“智能化”。人工智能及相关技术的应用能逐步实现对工业、金融等业务各流程环节效率的优化。

云计算的出现则是为了应对大数据处理过程中的算力问题。美国国家标准与技术研究院（NIST）认为，云计算是一种模型，它可以实现随时随地、便捷地、随需应变地从可配置计算资源共享池中获取所需的资源，且资源能够快速供应并释放，使管理资源的工作量和与服务提供商的交互减小到最低限度。《国务院关于促进云计算创新发展培育信息产业新业态的意见》中指出，云计算是推动信息技术能力实现按需供给、促进信息技术和数据资源充分利用的全新业态，是信息化发展的重大变革和必然趋势。

区块链技术的出现和发展则更多围绕数据确权、分布式存储等问题。中国人民银行在《区块链技术金融应用评估规则》中提出：区块链是一种由多方共同维护，使用密码学保证传输和访问安全，能够实现数据一致存储、防篡改、防抵赖的技术体系。作为一种在不可信的竞争环境中低成本建立信任的新型计算范式和协作模式，区块链凭借其独有的信任建立机制，正在改变诸多行业的应用场景和运行规则，是未来发展数字经济、构建新型信任体系不可或缺的技术之一。

三、金融科技的基本原理

金融科技并不是孤立的“金融＋科技”，而是有深层次的内在逻辑。科学技术在金融中的应用已经有长久的历史。回顾金融史我们可以发现，金融业在发展的过程中一直比较积极地吸收前沿的科技成果。金融科技在今天广受关注的一个重要原因是现代金融科技的普及性，尤其是它进入了大众都熟悉和日常依赖的支付、借贷和财富管理等领域，有更多的非金融机构参与其中，推动它向前所未有的广泛的金融领域延伸，对传统金融构成了实质性的冲击。从具体发展历程和应用来看，金融是金融科技的根本，不论技术如何改变金融的形态，金融的基本功能都没有变化；相应地，技术是金融科技赋能金融的关键手段，不同技术在不同的方面优化了金融的产品和流程。从整体上讲，金融需要信息来支撑其作

---

① 梅宏. 大数据：发展现状与未来趋势. 中国人大网，2019-10-30.

为资源配置中介的功能，科技的发展为金融提供了更易得、更全面、更可信的信息，通过金融与科技的融合，金融服务的质量和效率都取得了很大的进步，促使金融行业朝着更加技术化、高效化的方向迈进。科技通过金融行业对其的应用，实现了自身的商业化，从而能更好地发展。

分技术来看，第一，互联网技术的发展助力了金融功能的实现，为打破金融服务的地域限制提供了极佳的平台。第二，各个具体技术也在不同程度上为金融业务创新赋能：大数据技术极大地拓展了信息来源渠道，为企业提供了数据分析、数据挖掘的基础；区块链技术将物质世界的资源分配、交易过程、生活轨迹等信息转移到数字世界，减少了信息不对称和数据可信性问题；云计算为用户提供了足够的算力来处理信息；人工智能利用其数据处理速度和自然语言处理能力，显著提升了监管效率和客户服务效率；此外，物联网、隐私计算、生物识别等技术也逐渐在金融行业得到应用。不同技术以其独特的技术特点，在金融不同领域单独应用或互相结合，在效率、智能、安全、监管等各个方面发挥着重要作用。

第二节　金融科技的发展历程

一、金融科技的整体发展

从全球范围看，金融科技这一概念的兴起可以追溯到 20 世纪 70 年代的美国。[①] 当时美国的信息技术正处于较为快速的发展阶段，金融机构依靠信息技术人员建立自身的计算机运行系统，从而实现办公和部分业务的电子化、自动化操作。科技与金融的融合经历了三个阶段：第一阶段是金融电子化，金融业务如票据等以电子形式聚集，计算机的使用极大提升了中后台处理效率；第二阶段是金融网络化、移动化，互联网技术与场景的结合极大地改变了用户的交互方式，使金融在覆盖面上得以扩展；第三阶段是金融数字化、智能化，金融业务依托的底层技术产生重大创新，智能化垂直深入金融行业。在这三个阶段，科技对金融机构和业务的影响逐渐深入，从单纯的电子化、数字化，到线上线下联动，再到业务重塑创新。

（一）第一阶段：信息技术推动金融电子化

从 20 世纪 70 年代开始，伴随着全球信息技术的快速发展，办公电子化成为一种趋势。金融机构由于其业务特点需要记录、处理、核算大量的数据，对电子系统的需求远大于其他行业。因此，在这一阶段，金融机构开始依靠信息技术人员搭建最初的计算机系统，逐渐推行电子化办公。电子化、自动化的处理使得金融机构记录、核算数据的速度大大加快，错误率也显著下降，整个金融机构的办公效率因为计算机系统的建立而得到了很大的提升。在这一阶段，技术推动金融业务电子化，电子清算系统、网络转账、POS 机（即电子付款机）、ATM（自动柜员机）等被纷纷采用。例如，ATM 的成功推广使得银行部分人力能从极低技术含量的存取款、转账等业务中解放出来，从整体上节约了银行的成本。

总体来看，金融科技发展的第一阶段主要影响在于促进金融业务电子化，积极作用是提高了金融机构的办公效率，降低了成本，但是主要的金融业务在这一阶段并没有发生很

① 刘少波，张友泽，梁青恒. 金融科技与金融创新研究进展. 经济学动态，2021（3）：126－144.

明显的改变。

（二）第二阶段：互联网时代丰富金融应用

互联网的快速普及给金融业的发展提供了全新的思路。互联网可以突破时空地域的束缚，具有很强的渗透性，因此金融业务开始从线下向线上迁移。网上银行的发展不仅进一步降低了银行的运营成本，扩大了银行的覆盖人群，而且由于互联网对信息的快速传递，还使得整个金融体系内信息传递的效率大大提高。网上银行迅速成为各大银行着力发展的领域，甚至还出现了纯粹基于互联网运营的银行。1995 年，美国安全第一网络银行（Security First Network Bank）成立，这是全球第一家以网络银行命名的金融机构。

网上银行可以看作传统金融业务渠道上的迁移与拓展，而互联网在金融业的进一步创新性使用则带来了更为丰富的金融应用，如移动支付、网络借贷、财富管理等。1998 年，PayPal 在美国成立，旨在帮助买卖双方解决各种交易过程中的支付难题，尤其是外贸交易，这是全球第三方支付的最初尝试。2004 年，支付宝在中国投入使用，迅速成为依托电商平台、广为使用的第三方支付工具。2005 年，英国出现了全球第一家 P2P（个人对个人）网贷公司 Zopa，使借款人和贷款人能够直接连接到网络平台。第三方支付、P2P 网贷等业务不是简单的渠道拓展迁移，而是金融基于互联网特点进行的业务创新，这些创新使得金融在日常生活中得到了更为丰富的、场景化的应用。这一阶段可以看成互联网金融时代，侧重于利用互联网技术实现更为丰富的金融应用，提供更多基于场景的服务。

（三）第三阶段：前沿科技促进金融变革

在第三阶段也就是当前所处的阶段，相比于具体的应用而言，技术被置于一个更为重要的位置。技术的内涵也不仅局限于互联网，而是包括一系列最为前沿的科技，如大数据、区块链、云计算、人工智能等。人们利用前沿技术主动地推动金融业务形态的变革，其中有些科技已经成功应用到具体的金融业务过程中，例如云计算和大数据已经在征信、信用评级、智能投顾环节中发挥着重要作用；有些技术的应用还处于初级阶段，要成为较为成熟的金融业务模式还需要很多技术上的完善以及相关法律和监管的跟进，例如区块链去中心化的记账或其信息存储方式。

当前，金融科技的主要业态包括：

（1）移动支付。相对于传统的现金支付、支票支付、银行卡支付等而言，移动支付是指在支付过程中以移动终端为中心、以移动互联网为载体对服务、实物和虚拟商品购买进行支付的过程，当前的主要表现是手机支付。移动支付体系由用户、终端设备制造商、电信运营商、支付服务商、金融机构、商家组成，相较于传统的仅由交易双方和银行组成的支付体系来说更为复杂，对传统金融机构和货币政策传导产生了重要影响。

（2）大数据征信。大数据征信是将大数据相关技术应用到征信过程中，是将大数据技术的算法与评价模型运用到信用信息的采集和储存、挖掘和加工、提供征信服务几大关键环节中，评估信用主体的信用状况。大数据征信在传统征信的基础上开拓了更广泛的征信信息来源，通过筛选过滤改善征信信息的质量，优化了信息处理技术，提高了征信流程的效率，可以说是科技和金融又一次 $1+1>2$ 的融合，拓宽了征信系统的广度，提高了征信系统的准确度和覆盖度。

（3）网络借贷。网络借贷（简称网贷）是互联网技术的触角延伸到金融领域而产生的全新业态，即建立在网络提供中介服务的基础上，不需要抵押和第三者担保的借款人与银行或第三方机构之间的一种借贷，主要分为个体网络借贷（P2P 网络借贷）和网络小额贷款。

（4）互联网众筹。互联网众筹是指通过互联网平台，从大量的个人或组织处获得较少的资金来满足项目、企业或个人资金需求的活动。互联网众筹的特点包括大众、小额、公开等。借助互联网渠道，融资方能够直接与个人投资者建立关系网络、获取资金支持，而不是从专业投资者和投资机构手中获取融资，每位投资者不必提供很大笔的资金，融资方能够无偿获取资金或者以产品、服务乃至货币等有偿方式来回报投资者。互联网众筹主要可分为权益众筹、公益众筹、股权众筹和债权众筹。互联网众筹优化了金融资源配置，但也对金融体系的稳定性产生了冲击。

（5）量化交易。量化交易是指借助现代数学与统计学的方法，利用计算机技术来进行证券投资的交易方式。根据对计算机技术的使用方式和采用的数学模型的理念不同，可以将量化交易进一步分类为自动化交易、程序化交易、算法交易、数量化投资以及高频交易等。量化交易提升了资本市场质量，提高了金融市场体系运行效率，完善了金融体系格局，优化了金融市场环境。

（6）智能投顾。智能投顾的定义主要可分为两类，“投资顾问说”将其定义为一种“自动投资工具”（automated investment tool），使客户分类、资产配置、交易执行、证券投资等服务一体化；“资产管理说”将其定义为“自动化的资产管理者”（automated asset manager）。智能投顾的发展趋势包括人机结合、提高服务多样性和垂直整合。

（7）区块链金融。区块链是一种由多方共同维护，使用密码学保证传输和访问安全，能够实现数据一致存储、防篡改、防抵赖的技术体系。区块链金融则是在产品设计、软件开发中使用区块链技术的金融应用。区块链可与供应链金融、票据交易、贸易融资、数字资产和资金管理相结合，为金融市场交易效率与交易安全带来机遇和挑战。

（8）数字货币。广义的数字货币指的是以数字形式存在的、在一定范围内具有一定价值的字符串；而狭义的数字货币则通常特指以密码学技术特征结构为基础的富含多种隐藏信息的加密数字串，更多场合称之为“加密货币”或“数字加密货币”。根据是否由央行发行，数字货币可分为央行数字货币和私人数字货币。代表性数字货币包括比特币、数字人民币等。

（9）保险科技。保险科技顾名思义是保险与科技的结合，其英文 insurtech 一词最早源于美国，类似于 fintech（金融科技）一词的演变思路。2016 年 insurtech 一词在欧美流行开来，随后引入中国便有了“保险科技”的概念。保险科技在不同的险种中产生了各具特色的应用，根据科技与险种的结合，可将保险科技分为财产险保险科技和人身险保险科技。保险科技变革无疑将对保险行业带来极大的变化，新险种不断出现，核保、理赔和风控等环节也将受益于保险科技的红利，减少相关成本并提高服务效率。

二、中国金融科技的发展

我国金融科技整体竞争力处在世界前列。[①] 中国金融科技的发展呈现较为明显的阶段

---

① 中国人民银行：我国金融科技整体竞争力处于世界前列. 北京日报，2023－11－09.

划分。第一阶段是21世纪初到2012年。在这一阶段，互联网金融的概念还未充分形成。随着国际金融危机的爆发和信息技术的发展，一些学者开始意识到信息化对于防范危机和金融业改革的意义，并初步提出了利用信息技术进行金融创新的想法，但这一阶段的实践主要是利用信息化软硬件提升办公的电子化，从而提高金融机构业务处理效率，强化内部管理支撑能力。第二阶段是2013—2014年。在这一阶段，实质性的互联网金融业务开始快速发展，金融机构利用互联网对接金融的资产端、交易端、支付端、资金端，传统金融业务从线下向线上迁徙。在这一阶段，新的产品、新的理念开始涌现，P2P网贷和余额宝的快速推广让公众看到了互联网金融的潜力，传统金融机构也开始探索普惠金融、直销银行等模式。但由于监管手段及相关法规的不完善，互联网金融在发展的过程中给金融体系带来了新的风险，并引起了学界的关注和反思。第三阶段是2015—2018年。2015年，中国人民银行等十部委联合发布了《关于促进互联网金融健康发展的指导意见》，互联网金融的发展开始步入正轨。2016年，中国银行业监督管理委员会（简称银监会）进一步发布了《P2P网络借贷风险专项整治工作实施方案》，对不规范的P2P网络借贷平台进行整治。在这一阶段，金融监管和信息披露成为学界研究的重点，公众对互联网金融的狂热也开始逐步回归理性。但对数字时代金融创新的探索并没有止步于此，金融和信息技术的结合不再停留在单纯在互联网上开展金融业务，而是开始探索利用人工智能、云计算等技术切实解决金融业务的痛点问题，金融科技的概念应运而生。第四阶段是2019年至今。在此期间，金融科技快速发展，主要是利用大数据、云计算、人工智能和区块链等前沿技术进行业务革新，通过自动化、精细化和智能化业务运营，改变传统金融获客、客服、风控、营销、支付和清算等金融前、中、后台业务的各个方面和金融服务的全部环节，提供更加精准高效的金融服务。在这一阶段，智能投顾、数字货币、量化交易等产品的出现与推广从业务逻辑上变革了传统金融业务，为金融生态带来了新的机遇与挑战。而与此同时，在“稳妥发展金融科技”的方针指导下，许多新技术也被应用到金融监管和风险防控中，监管手段不断更新，应对风险能力逐步提升。此外，随着金融科技技术和产品的快速迭代，越来越多人开始意识到数字知识的重要性，人们也开始关注数字鸿沟对金融科技发展的影响。回顾21世纪以来的20多年，信息技术给金融行业带来了巨大的变化，变化带来了机遇，也带来了风险，带来了新的挑战，需要正确、客观、理性地理解金融科技的核心技术、发展历程及其应用价值。

为什么金融科技会在中国蓬勃发展？这背后有几个重要的原因。首先，这得益于中国有较好的信息通信和互联网基础设施。中国政府长期以来非常重视交通和通信基础设施建设，为互联网的普及和基于互联网技术的商业模式创新提供了基本条件。由于中国拥有庞大的网民基数和消费市场，因此电子商务及其衍生的金融服务便具有了巨大的发展可能性。其次，中国长期以来拥有一个受到压抑的金融体系，金融结构与经济结构严重不对称，传统金融机构只盯着经济结构的金字塔顶端提供服务，而处于金字塔底端的大量的中小微企业和低收入人群得不到充分、多样化、价格可承受的金融服务，金融科技的兴起瞄准了所谓的“长尾客户”，一定程度上填补了金字塔底端金融服务的空缺，也为自身赢得了广阔的发展空间。最后，由于近些年来中国经济进入转型期，传统行业发展相对低迷，产业升级亟须金融支持，金融科技承载着“弯道超车”的寄托，在供给侧结构性改革的背景下，得到了政府的大力支持，有相对宽容的监管环境，迎来了一个非常好的发展机遇期。

第三节 金融科技的作用与机遇

一、金融科技的积极效应

金融科技的大范围兴起为社会发展带来了积极效应。金融科技公司具备技术优势，注重用户体验，提供的产品和服务使用起来更加便利。例如，第三方移动支付深深地嵌入了百姓日常生活的各方面，实现了充分的场景化，客户体验大幅提升，在某些时候显示出了银行都不能比拟的优势。得益于大数据技术和互联网的规模经济效应，金融科技降低了金融服务的成本，将传统金融服务延伸到了长尾市场。过去金融机构对“中小微弱”借款人在征信上存在困难，审查审批环节单位贷款成本较高，很多银行几乎放弃了这个市场，但大数据技术帮助一些非传统金融机构做成了这件事，这些机构完全可以依赖自己的商业生态系统搜集借款人的信用数据，自建评级模型，通过计算机程序审贷，提供低成本、高效率的小额贷款服务。随着互联网在全球范围内的普及，数字化已成为一种生活方式。相对于传统渠道，互联网将投资理财降至低门槛或者零门槛，通过数据化、线上化的运作模式降低成本、提升收益，促成了金融交易的发生。因此，客观上金融科技的兴起有利于实现普惠金融，这也是 G20 杭州峰会提出通过数字技术推动普惠金融发展的背景。

当前，全世界各个国家的信息化发展进入了全面渗透、跨界整合的新阶段，在技术创新周期大幅缩短的环境下，大数据、云计算、人工智能、移动互联网和物联网等数字技术不断取得新的突破，推动经济和社会领域——包括金融业——在更高的阶段加速数字化、网络化和智能化的发展。在这个过程中，谁能掌握和使用金融技术就意味着谁能更早、更好、更安全、更有效地解决当前金融服务中存在的问题和不足，在竞争中赢得主动权并获得更多的数字红利。

分技术来看，情况如下：

（1）大数据。大数据为金融领域带来了总体思维、容错思维和相关思维，从金融业态角度来看，大数据主要会带来三方面的影响：一是数据将成为金融机构的核心竞争力；二是金融脱媒将加剧；三是金融业务形态会发生极大变化。传统银行业与大数据的融合不断加深，使用数据化的手段从业务流程、风险控制、服务质量等方面进行了升级换代。证券业与大数据的融合加快了数据的处理分析速度，有助于投资者和券商更好地进行证券投资。保险业与大数据的融合则是运用大数据建立起保险行业内部数据的联系，使大数据在承保定价和保险公司的经营中发挥作用。资产管理与大数据融合，可高效率地实现大规模、多类型的数据分析，挖掘出关于产品、客户、市场的有效信息，帮助资产管理者进行最有利的决策。监管与大数据的融合着眼于采用计算机和互联网技术实现金融市场监管的自动化。

（2）云计算。云计算的发展助推了金融科技业态的高速创新，对于消费者来说，无论是每天使用的第三方支付工具，还是随时随地都能查看并交易的股票，全天候服务的背后都离不开金融机构搭建的云计算服务器时刻不停的工作；对于机构来说，研发创新产品、提供多样服务、开展精准营销等业务顺畅高效的运行也都受益于云计算对于应用部署时间的缩短和研发成本的节约。银行业利用云计算来对现有业务进行整合和协同，打造新型数据管理模式，方便业务调用并避免人为失误。证券业在应用云计算时比较关注低延迟，交易所使用云计算来撮合交易，券商使用云计算来提升其经纪业务的效率，基金公司和期货公司使用云计算的巨大算力来支持量化交易业务。保险业使用云计算来实现传统数据的线上存储和信息快速传递。资产管理公司使用云计算为原来没有投资经验的客户提供资产智能投资管理服务。

（3）人工智能。在金融监管方面，人工智能具有自然语言处理能力，帮助从业人员快速提炼有价值的交易信息，提高监管人员的监管效率，避免传统的人工核查、统计报表、现场检查等方式的时滞性，帮助金融机构从更多维度刻画客户身份，建立客户风险视图，实现精准客户风险评分，利用规则引擎和算法模型，减少反洗钱误报率，提高金融机构了解客户及监管合规能力。在金融数据方面，人工智能可以处理海量的数据，这些数据反过来会给使用者带来一些改变规则的独到见解。人们利用这些见解可以创建投资报告，这不仅提高了生产力和收入，还有助于减少复杂的决策过程。在客户服务方面，人工智能可以为客户的问题提供即时答案，并搜集数据以优化未来的服务内容。随着银行等金融机构越来越善于部署聊天机器人，消费者有更多的渠道了解额外的服务和产品，银行也可以把人力、物力从处理客户查询、个人交易讨论等机械简单的事情中抽离，将其投入更有经济效益的业务中。

（4）区块链。基于区块链技术去中心化、不可篡改、可追溯、安全加密的特点，区块链技术不仅可以成功应用于数字加密货币领域，同时在经济、金融和社会系统中也存在广泛的应用场景。区块链技术与金融市场应用有非常高的契合度。区块链可以在去中心化系统中自发地产生信用，能够建立无中心机构信用背书的金融市场，从而在很大程度上实现了“金融脱媒”，这对第三方支付、资金托管等存在中介机构的商业模式来说是颠覆性的变革。区块链在资产管理领域的应用也具有广泛前景，能够实现有形和无形资产的确权、授权和实时监控。

二、金融科技的机遇

整体而言，金融科技成为推动金融转型升级的新引擎。金融科技的核心是利用现代科技成果优化或创新金融产品、经营模式和业务流程。借助机器学习、数据挖掘、智能合约等技术，金融科技能简化供需双方交易环节，降低资金融通边际成本，开辟触达客户全新途径，推动金融机构在盈利模式、业务形态、资产负债、信贷关系、渠道拓展等方面持续优化，不断增强核心竞争力，为金融业转型升级持续赋能。

在风险监管方面，金融科技成为防范化解金融风险的新利器。在大数据技术应用方面，金融业参与者在长期的金融活动中产生了海量的业务数据和用户信息，但受限于数据获取和分析方法的发展，许多数据指标并没有被纳入监管体系，而大数据技术的进步使得金融机构及监管机构能够从海量数据中挖掘潜在价值，以此构建多维的业务评价体系，优化原有的风险预警模型，增强监管机构风险识别的前瞻性和预见性。在云计算技术和人工智能应用方面，随着金融交易复杂程度的提升和数据量的逐步扩张，算法和算力显得尤为重要，对此，受益于人工智能技术的算法优化和云计算带来的计算能力的提升，监管科技能够对数据进行更深度的分析，更好地实现情景模拟、分析和预测。例如，针对多种洗钱犯罪风险的 AI 模型可提前识别并锁定洗钱和恐怖融资交易的蛛丝马迹，将用户资金安全风险控制在较低水平；利用图算法等网络分析技术对资金关系、行为模式、地理信息等系列特征进行关联性分析和学习，还可挖掘出风险交易背后的关联资金网络，促进金融监管向纵深拓展。在区块链技术应用方面，传统金融监管面临着数据获取困难、数据可信性低的问题，而在区块链平台中，业务数据透明、易于追溯，监管机构可在事前、事中、事后实时调取数据并确保数据的可信性。同时，区块链平台能够通过多副本存储实现数据的不可篡改，并保证系统的健壮性，有利于金融机构满足容灾性的监管需求。

从金融与实体经济的关系来看，金融科技将成为金融服务实体经济的新途径。发展金融科技能够快速捕捉数字经济时代市场需求的变化，有效增加和完善金融产品供给，助力供给侧结构性改革。金融科技运用先进科技手段对企业经营运行数据进行建模分析，实时监测资金流、信息流和物流，为资源合理配置提供科学依据，引导资金从高污染、高能耗的产能过剩产业流向高科技、高附加值的新兴产业，推动实体经济健康可持续发展。

从普惠金融发展来看，金融科技成为促进普惠金融发展的新机遇。通过金融科技不断缩小数字鸿沟，解决普惠金融发展面临的成本较高、收益不足、效率和安全难以兼顾等问题，助力金融机构降低服务门槛和成本，将金融服务融入民生应用场景。运用金融科技手段实现滴灌式精准扶持，缓解小微企业融资难融资贵、金融支农力度需要加大等问题，为实施乡村振兴战略和区域协调发展战略提供金融支持。

第四节　金融科技的风险与监管

一、金融科技风险的新特征

金融科技当前已上升到国家发展战略的高度，推动我国金融转型升级，增强金融服务实体经济能力。然而，金融科技的风险和监管问题也日渐凸显，成为关乎金融安全、社会稳定的重要议题。随着金融科技底层技术和金融业务的复杂化，金融科技的风险也呈现出新的特征。

首先，金融科技的风险存在此消彼长的特点。比如在信用风险方面，当前金融科技在信贷风控领域应用较为成熟，通过聚焦获客、运营、风控、合规等银行价值链重要环节，丰富风控数据，细化风控模型，既能降低风控成本，又能减少人为操作，有效防范道德风险。但是技术创新并不会完全消除风险，局部的风险控制住了，系统性的跨平台风险却可能没有被控制住。金融科技使得各个机构集中暴露出了类似的风险，金融业务之间也存在相互嵌套，由于同时性、同因性、链式反应，因此信息滥用、模型判断错误等问题会引致系统性风险，甚至银行出于对金融科技的风险管理能力的信心增强而放出更多的贷款，反而会滋生更多的信用风险。

其次，金融科技打破了产业边界，在蚕食金融企业的传统地盘的同时，也带来了混业经营、“大而不能倒”的风险，加剧了金融体系的脆弱性。金融科技公司常涉足金融和科技领域，涉众群体大、外溢性强，不同参与者遍布产业链各个环节，而跨界混业经营便于为诈骗手段巧立名目，从而制造非法集资风险。另外，金融科技行业存在“赢者通吃”的特征，大型科技公司可能利用数据垄断优势阻碍公平竞争，甚至以不正常手段获取数据。由于金融科技巨头业务嵌套、占据行业重要地位，如果其底层技术未能有效发挥作用，最终风险将通过交叉和传递波及整个金融体系。

最后，科技创新与风险总是相伴相生，金融科技也带来了新的风险来源。新的风险来源包括科技自身有缺陷所导致的技术风险、虚假或不准确的信息造成的信息风险、个人隐私保护涉及的数据风险等。传统金融鲜有黑客攻击、木马病毒等网络安全问题，数据也没有过分集中从而诱发数据泄露风险，但是在金融科技时代，金融机构逐渐成为高级持续性威胁（advanced persistent threat，APT）攻击的重要目标，甚至还会面临恶意程序窃取金融情报的挑战。对云服务商形成有力制衡、提升发现漏洞打补丁的安全意识，都是金融科技设下的新难题。

具体而言，在金融科技时代，金融风险主要有五大方面：

（一）第三方支付的流动性风险

第三方支付系统现已成为我国现代化支付清算系统最重要的子系统，如支付宝等用户数量庞大的电子支付应用，它们也同样面临着流动性风险，一旦产生流动性风险，将会带来第三方支付企业的信任风险，在严重的情况下会进一步引起连锁反应，为整个支付行业带来系统性风险。

第三方支付的流动性风险一度和沉淀资金有着密切的关系。沉淀资金包括因为交易双方支付时间不同步所积累的在途资金，以及临时存储在交易平台中的用户余额。对于那些电子支付应用，有的机构会挪用账户上的沉淀资金，用于非合规用途。鉴于这些机构对交易款项有直接的支配权，不服从监管和银行的介入，所以这种非合规使用往来资金的手段让备付金的产生过程成为变相揽储，形成了“影子银行”。当然，我国已经实施客户备付金集中存管制度，即支付机构的客户备付金全部集中存放于其在中国人民银行开立的客户备付金集中存管账户中，受央行直接监管，支付机构不得挪用、占用等。但即使如此，因为从支付机构到商业银行的资金结算由清算机构完成，但交易明细未通过清算机构转接，所以第三方支付平台仍然可能通过注册虚拟特约商户，伪造真实交易，将客户备付金套取出来从事非法活动。一旦到“双十一”等活动日，支付需求激增，支付平台的资金链安全势必受到极大的考验。

基于第三方支付衍生出的货币基金等的理财平台也存在流动性风险。互联网理财产品投资门槛极低，使得经济实力较弱的投资者也有能力投资，而高收益率在短期避免资金赎回的同时也掩盖了背后复杂和专业的真相。比如余额宝等理财平台都承诺“T＋0”的赎回机制，但实际上我国货币基金采用“T＋1”机制，这种期限错配意味着资产端尚未变现，而资金端却需要向客户支付本金及收益。为此，需要基金管理人或销售机构自掏腰包或向银行申请授信解决，如果管理的基金规模巨大，一旦发生巨额赎回，会引发资金流动性风险。

此外，余额宝等理财平台不用受存款准备金管理，这一方面无法避免大规模集中赎回带来的风险，另一方面让互联网理财产品以基金之名行存款之实。非存款类机构存入存款类机构的同业存款本质上就是存款，理应按统一原则监管。另外，互联网将平台的信誉与形象不断放大，一旦有信任危机、合规性丑闻，就会产生严重后果。

（二）新技术放大的操作风险

金融科技在使金融业务有效提速和扩容的同时，也增加了控制操作风险的难度和维度，而金融基础设施几乎与金融体系所有成分均关联甚密，形成了一张错综复杂的金融网络，一旦网络中任何成员出现问题，该问题都可能扩散成整个金融体系的问题。

首先，互联网借贷欺诈风险加剧操作风险。互联网借贷面临着虚假融资主体问题，包括商户欺诈风险和客户欺诈风险。商户可以通过注册空壳公司虚造资料，客户可以通过中介撮合骗贷。由于互联网借贷采集到的信息量和维度在有些情况下不如线下采集，所以借款人反而成了信息优势方，信贷机构成了信息劣势方，加之互联网借贷发展历史较短，缺少线下尽调，自身风控不够完善，所以容易积累欺诈风险。另外，欺诈风险的传播方式也随着技术发展升级，除了个体操作，还可以虚拟环境，比如将仿真机器人伪装成借款人，让机器之间彼此交易伪造历史数据，所以只要是借款人和关联人产生交集的方法，都将成为欺诈风险传播的途径。

其次，大数据信贷可能因为算法失灵导致系统性错误。大数据模型的本质是对过去和现实的归纳，让过去预测未来本身就是一种风险，所以需要不断检验、迭代。但是数据是根据人的倾向偏好被人为标签化出来的，看似公正，但人为价值选择贯穿了全程，所以糟糕的标签化会引发集体性评级失当。另外，大数据算法决策失灵后的问责主体过于复杂。如果算法是按照金融机构的目标设计出的，那么系统做出的不公平和歧视性的伤害，有可能是由算法设计者的能力或偏见导致的，这种错误较易查询，但是很多大数据决策系统采用的是机器学习方法，这种与环境交互、具备一定自主学习能力的方式，与过去植入指令式的决策截然不同，产生知识的原理、过程成了“黑箱”，一旦决策失误，出现了评级失当，大数据算法决策所造成的财产损失会因为问责主体的复杂性而难以申诉。

最后，量化投资算法交易也会带来操作风险。与传统投资方式相比，量化投资采用构建模型的方式，借助大数据等技术展开分析，但随着数据量的不断扩充，数据真伪的判别难度也不断提升，虚假或无效的数据会加强数据陷阱风险，影响投资分析的准确性。另外，不同机构的量化投资交易系统并未统一，交易前也缺少有效性测试，交易系统存在一定延时性、订单验证时需要占用额外资源，因而积累了潜在的系统故障风险，更遑论如果若干量化投资机构模型设置不当，导致未能考虑资金配置与仓位，则还可能出现爆仓问题，且市面上有不少中小型机构投资者缺乏充足资金，极易引发市场操纵风险的连锁反应。

（三）借助金融科技手段实施的非法集资风险

在金融科技的发展历史中，参与主体质量良莠不齐，各种打着金融科技、互联网金融旗号的骗局也层出不穷，其实质都是击鼓传花式的非法集资活动。

比如已成明日黄花的 P2P 网贷，就一度是庞氏骗局的高发区。其实 P2P 网贷本身并非非法集资，但它给过去线下进行的小范围非法集资提供了线上的大范围平台。P2P 网贷的非法集资风险首先体现在资格审查方面存在发布虚假融资借款信息、未确认融资借款人身份资质的嫌疑。其次，无法避免自融风险，即吸收大众资金后，采取资金腾挪回补等传销手法，用后筹集的资金偿还先借到并到期的资金及利息，或者以更高利息出借，赚取高额利息差，或者投资期货等高风险投资，甚至卷款潜逃。另外，P2P 网贷平台常常同业拆借，一旦某一家东窗事发，会诱发其他平台的流动性风险。尽管之后引入资金托管机构，但资金托管机构只能对资金流向进行管控，无法深入管理、监管整个借贷过程，缺少对标的物的甄别，依旧难以避免自融、假标。

此外，虚拟货币也是近年来非法集资藏污纳垢之地。首次公开募币（initial coin offering，ICO）以初始产生的数字加密货币作为回报进行筹资。ICO没有指定监督机构，却可以以货币之名俘获普通群众的信任，以高额的回报为诱饵向不特定对象集资。它具有明显的“拉高出货”和“市场操纵”特点，一方面，虚拟货币几乎完全独立于实体经济，涨跌不受任何实物资产控制，不能够反映实体经济的任何特征，当不了“稳定器”与“晴雨表”，一夜暴涨的假象下埋伏着暴跌的风险；另一方面，ICO大量吸纳资金，破坏金融生态，其暗网交易还滋生了洗钱等其他风险。

（四）信息安全风险

金融科技所带来的信息安全风险首先有客户隐私数据泄露风险。在大数据时代，除了社交、购物、账户、资产等信息外，面部识别、健康监测等信息也会被平台收集。一旦个人数据及信息保管不当或遭受网络攻击造成数据泄露，信息持有者稍加分析便可获得客户精准画像，导致大量客户隐私泄露，可能造成重大财产损失和人身安全隐患。比如，企业可以根据消费者留下的购买记录以及个人资料，推断消费者的消费水平与倾向从而决定定价，实施“大数据杀熟”。而爬虫等数据收集方式也存在干扰网站正常运营、爬取受法律保护的特定数据的风险，让科技本身不再“中立”。客户隐私权还包含着数据权属问题，数据可作为企业的战略资产，信息持有平台认为用户使用服务所产生的数据属于企业所有，所以会向下游企业交易数据进行变现。但是随着数据平台跨国服务的开展，一旦数据权属完全由平台掌握，可能涉及国家安全问题。鉴于目前数据隐私保护存在一定的不完备性，如果不能秉持道德自持而趋利滥用个人信息，企业又会面临信用风险、声誉风险并终将被反噬。

金融机构的信息安全不仅面临数据保护的业内自律问题，还面临着黑客等外部攻击。而早期针对个人和企业的网络金融犯罪行为已呈现出高发态势，并逐渐从随机针对普通用户，开始朝有选择性地直接针对金融机构发展。黑客和网络犯罪分子可能利用瞬息万变的技术，捕捉过时的技术漏洞和人为错误对金融机构进行有组织的攻击。对于用户，攻击者可以通过发送大量貌似可信银行的诈骗邮件，诱导用户输入个人资料等敏感信息，再入侵账户进行资产的非法转移，进行网络金融钓鱼。对于机构，黑客会利用机构的操作系统、数据库等基础平台的漏洞，以及网络传输协议和加密技术方面的漏洞进行攻击；甚至，如果机构密码管理存在缺陷，攻击者可以通过分布式拒绝服务（DDoS）攻击，达到压垮和瘫痪网站的目的，从而对金融机构进行勒索。

（五）金融科技带来的系统性风险

一些大型科技公司涉足各类金融和科技领域，跨界混业经营。混业经营会直接导致复杂的内部结构，这使得只有少数处理相关事务的核心人员才能够了解各个子公司、部门之间的关联关系，而管理层如果无法清晰地了解到各个成员之间的授权关系和管理职责，就会造成一部分风险无法被经营者识别，提前预测和把握整体风险的难度将进一步提升。复杂的内部结构蕴含着关联交易风险，包括资金、产品和信息的相互交流和传递，相互提供担保、抵押，为了避税或逃避监管相互转移利润等。而且关联交易可能导致公司夸大利润和资本水平，或者瞒天过海对子公司进行投资甚至巧立名目进行市场投机，最终使监管资本计算的真实性下降。因此，这些机构的风险具有复杂性和外溢性，埋下了新的系统性风险隐患。

金融科技行业具有“赢者通吃”的特征，这是因为智能应用的在线用户越多，则效率越高、功能越强大、稳定性越好，于是技术驱动的创新、差异化增值型服务会逐渐侵蚀传统行业的生存空间。譬如，中小型金融机构自身资源有限，只能依赖大型科技公司提供的技术和平台进行客户维护、信用分析和风险控制，可能导致负债端和资产端的获客能力和产品竞争力减弱。而这种高渗透率，一方面提高了金融风险跨产品、跨市场传染的可能性，另一方面可能引发市场垄断、降低创新效率。大公司如果妨碍新机构进入市场，可能会变本加厉，以非正常的方式收集数据、拒绝开放应当公开的信息，从而误导用户和消费者的行为。

金融科技的系统性风险还跟金融基础设施有关。金融科技应用中技术细节的专业性导致技术方案设计者与使用者之间存在信息鸿沟，可能会招致技术滥用和道德风险。因为金融机构作为运营方，难以侦破算法的逻辑漏洞，所以科技提供方会放松金融科技的技术风险防控，采用未成熟的技术提示风险，从而间接促成基础设施的系统性风险生成。

二、监管科技与金融科技监管

监管科技的兴起与金融科技的快速发展密不可分。一方面，金融科技的发展为监管提供了新的技术手段，让智能监管、全流程监管成为可能；另一方面，金融科技领域产生了大量风险，而传统监管技术手段的匮乏以及金融监管法律的滞后导致了监管漏洞的出现，这需要监管模式的转变以及新方式的应用。在这种背景下，监管理念也经历了由事后监管到事前监管、由刚性监管到包容性监管的发展。

首先是由事后监管到事前监管。随着大数据、人工智能、区块链等技术的发展，在面向传统金融业务的监管中，监管科技已在数据聚合、数字取证、风险建模、情景分析、身份验证和实时监控等多个领域实现了应用，促进了传统监管流程的数字化、智能化。相应地，监管理念也由经验驱动转向数据驱动，由“人防”转向“技防”“智控”，由聚焦于事后处理转向提前识别和防范。

其次是由刚性监管到包容性监管。金融科技在带来效率提升的同时也带来了风险，这些风险较之传统金融领域更加隐秘，破坏性也更大，且缺乏现成的有效监管手段，具有熊彼特提出的“破坏式创新”（disruptive innovation）特征，体现了一种“内破外立”的理念，即创新从内部革新，不断突破旧有结构，对产业或市场产生重大结构性冲击，这种冲击对于 2008 年全球金融危机后形成的强制监管模式提出了前所未有的巨大挑战。对此，国际证监会组织（IOSCO）建议监管者以“前瞻性的视角”来看待科技创新，并用包容性、高效性、灵活性的方式挖掘金融系统的潜力。我国在“十四五”规划纲要中也提出了探索建立金融科技监管框架、稳妥发展金融科技的要求。在这种包容性监管思想的指导下，国内外涌现出一批新的监管理念，其中“适应性监管”较有代表性。适应性监管倡导监管策略根据市场变化在权责范围内进行适应性调整，这是一个反复决策和适应的过程，具体实施过程可划分为界定问题，确定监管目标和规则，开发测试模型，实施测试、监控与评估等步骤，也可称之为“试点性”的监管模式。可以说，传统的监管制度是对技术创新的事后弥补，而适应性监管能够基于试错机制展开先行先试，实现监管方式与技术创新的同步迭代。此外，国内也有学者提出“软法治理，柔性监管”的理念，区别于行政性、强制性的刚性监管，柔性监管通过信息披露、窗口指导、个别约谈等方式辅助刚性监管，达到保护科技创新、保证风险底线的目的，对金融创新提供了包容态度与空间，实现了监管理念的迭代。

监管理念的转变奠定了监管科技的发展方向，监管技术的进步推动了监管科技的落地实施。在目前已有的监管科技方式中，风险建模和监管沙盒成为尤为值得关注的实践方案。

风险建模即利用技术手段进行风险确定、预测与量化、风险评估、风险分散等，是对事前监管的重要实践。随着人工智能技术的快速推广，越来越多的国家开始关注这一领域并付诸实践。国际清算银行创新中心与 FNA 公司开发的 G20 Monitor 便是一个有代表性的项目，该项目使用了基于支付网络的监督学习模型构建了用于银行间支付系统的异常检测方案，包括评估各银行重要性程度、计算基于银行中心度变化的预警指数、评估系统性风险发生的可能性、监测异常交易等功能，在跨境资金监管科技方面进行了有益探索。

监管沙盒（regulatory sandbox）是指金融监管部门为了促进地区金融创新和金融科技发展，让部分取得许可的金融机构或初创科技型企业，在一定时间和有限范围内测试新金融产品、新金融模式或新业务流程，并在这一过程中对测试项目降低准入门槛和放宽监管限制的新型监管方法，是对包容性监管的重要实践。“监管沙盒”的核心要义是为金融创新提供一个安全、快捷的测试环境，金融科技企业可在其中测试创新金融产品和服务，进而决定是否在沙盒外的真实市场推广，其本质特征是前准入监管、差异化监管和临时性监管。因此，监管沙盒又被称为金融监管领域的试点或孵化器，对于监管当局、企业和消费者均有积极作用。在国内，截至 2022 年 5 月，由中国人民银行牵头的“金融科技创新监管试点”已经开展了 156 个项目的测试工作，为金融创新提供了试错机会和空间。放眼全球，2020 年有近 50 个国家和地区已经或将要推出金融科技监管沙盒。整体上讲，监管沙盒机制已逐渐发展成为大多数国家和地区在管控风险前提下支持金融科技发展的重要手段，也将进一步促进监管科技的长足发展。

总的来说，经过了近十年的探索，监管科技领域一直保持着积极的发展势头，通过多样化的技术方案、包容性的监管理念，监管科技深入赋能传统监管手段，稳妥推进金融科技应用创新，提高了数字时代金融监管的有效性和适应性。

第五节 金融科技发展趋势

一、金融科技与传统金融的关系

谈及金融科技的长期发展，讨论较多的便是金融科技与传统金融机构的关系。银行作为传统金融机构的代表确实受到了金融科技潮流的冲击和影响，但二者并非不可兼容，金融科技的最新成果也为银行等传统金融机构的服务转型升级提供了一定的技术手段和参考方向。首先，拥抱金融科技有利于降低经营成本，创新服务模式；其次，拥抱金融科技有利于商业银行巩固现有市场；最后，拥抱金融科技有利于商业银行开拓全新市场版图。

近年来新技术的出现与政策、资本等的推动，使得新技术应用在金融领域如雨后春笋般出现。科技与金融的融合逐步加深，从大型金融机构占据绝对优势，发展到各类机构在整个生态中百花齐放。未来，传统银行业“吃独食”的局面将改变，一些工作岗位将被淘汰，这是社会进步的体现，然而传统银行业依然有自身不可替代的作用。理解这个问题，我们需要分辨二者的能力边界。金融科技公司能做什么，不能做什么？目前来看，金融科技公司能处理的，是小规模的、标准化程度较高的业务，而对于那些复杂的、无法标准化的业务，暂时还缺乏较好的处理能力，依然需要依靠人工来完成。任何机构都应该明白自身的优势所在，做能力所及的事。找准自己的定位，才能在蓬勃发展的金融市场、层出不穷的技术和产品创新的浪潮中立于不败之地。

银行业从来不是科技的排斥者，把金融科技和银行业对立起来是不明智的选择。传统银行业是既定规则的遵循者，而新兴的金融科技公司是规则之外的挑战者。传统银行业在经济社会中已经占据了明显优势地位，它们自我变革的动力下降，而金融科技公司瞅准了这样一个空档，瞄准普罗大众的朴素的金融需求，推出了一系列场景化的、改善体验的金融产品和服务，因此迅速赢得了大众的认可，掀起了一场无声的革命。但是“金融科技”的真正落脚点在金融，而非科技。不论金融服务的呈现方式如何改变，金融的本质没有变，金融活动的基本原则也没有变。不论是什么样的金融科技，最终都必须和传统金融一样接受标准一致的监管。而现在我们看到的是，大量金融科技公司实际上并未把自己当成金融企业，它们的注意力几乎全部放在技术创新如何吸引客户、如何开拓市场，从事金融活动时过于注重考察收益，而把控制风险放在第二位。显然，正规的金融机构是不能允许这么做的，风险控制对金融机构来说是立足之本。

我们要看到，金融科技对商业银行业务转型升级具有积极的推动作用，它们会通过不同的方式显著提升银行的效率，但与此同时也可能给银行带来潜在的风险。商业银行作为金融体系的支柱，对储户的存款安全具有神圣的责任，这些特殊的使命意味着商业银行必须做好风险防控工作，保证自身的稳定经营和储户的基本利益。因此商业银行将新的金融科技投入运用时，应该做好全面的风控工作，逐步试验，稳步推进新技术用于信贷实践，不应操之过急、过快推进，以防造成各种未预期的风险。

金融科技并不是独立于传统金融的新业态，也不会是永恒的业态，它终将被正规的金融体系所吸收，纳入金融永续发展的洪流中。传统金融机构在这一过程中，自身也在实现转型。就像在 21 世纪初，人们普遍认为传统商业银行已经没落，会被如日中天的投资银行替代一样，结果到了 2008 年金融危机，商业银行总体稳健，而以高盛、摩根士丹利为代表的华尔街投资银行反而全部从法律意义上转型为商业银行。而今天我们所看到的商业银行，也不再仅仅是从事存贷款业务的传统银行，它们已经成为综合化经营的“金融百货公司”。未来的银行会是什么样？可能它看起来更像是一个科技公司，一个通过技术手段提供各种金融服务接口的智慧化的平台。

二、金融科技的未来发展趋势

虽然中国在金融科技领域已经取得了较多成功，但未来金融科技还有很长的路要走，金融科技终将向着体系化、自主化、绿色化的方向发展，从而为中国特色金融体系的发展奠定数智化的基础，推动金融体系行稳致远。立足中国实际，按照中国人民银行《金融科技发展规划（2022—2025年）》，金融科技未来发展还要继续向纵深推进，主要包括六个主要发展目标：

第一，金融业数字化转型更深化。金融业数字化从多点突破迈入深化发展新阶段，全局性、系统性数字思维深入人心，数字化转型的理论、方法、评价体系基本形成，上云用数赋智水平稳步提高，金融机构数字化经营能力大幅跃升。

第二，数据要素潜能释放更充分。金融数据全生命周期管理体系更加完备，数据能力建设不断强化，跨机构、跨地域、跨行业数据规范共享有力有序推进，金融与民生领域数据融合应用全面深入，数据安全和个人隐私得到有效保障。

第三，金融服务提质增效更显著。数字普惠金融和无障碍服务体系更加完善，智慧金融服务与生产生活场景深度融合，科技赋能金融资源更为精准地配置到经济社会发展关键领域和薄弱环节，金融服务实体经济能力进一步增强。

第四，金融科技治理体系更健全。现代化科技治理架构不断完善，科技伦理水平显著提高，监管科技应用水平和数字化监管能力持续提升，金融科技创新监管进一步强化，与金融数字化转型相适应的法律、标准、人才体系更完备。

第五，关键核心技术应用更深化。关键软硬件技术金融应用研究攻关持续深入、场景适配不断加强、成果转化更加顺畅，稳健高效的技术供应体系逐步健全，产学研用互为支撑、相互促进的开放创新产业生态更加优渥。

第六，数字基础设施建设更先进。绿色、智能、高可用金融数据中心建设布局日趋完善，高速泛在、融合互联、安全可靠的金融网络通信支撑保障能力全面加强，云管边端高效协同、灵活调度、弹性部署的新型算力体系基本建成。

总而言之，金融科技的兴起对社会发展来说是一件好的事情，而且是具有里程碑意义的事情。金融科技的兴起让金融发展由金融业务创新的单轮驱动，变成了业务创新和技术创新的双轮驱动，而一旦踏上了技术的轨道，就注定开始了永不停息的前行，未来的金融发展一定会更加精彩。

思考题

1. 金融科技是什么？金融与科技的发展有何内在关系？

2. 2023年，中央金融工作会议首次系统提出了做好科技金融、绿色金融、普惠金融、养老金融、数字金融“五篇大文章”，科技金融和数字金融、金融科技有何区别和联系？

3. 金融科技发展的机遇与挑战并存，其不断发展给监管带来了哪些方面的挑战？

4. 目前金融科技已经深入生活的方方面面，请列举身边属于金融科技的案例，并分析该案例应用了什么技术、进行了哪些改进、取得了什么效果。

第二章

大数据

导　言

本章介绍大数据技术与大数据在金融领域的应用。随着科技的迅猛发展和互联网的普及，海量的数据不断涌现并积累，对于数据的处理技术也越来越成熟。大数据呈现出量级大、种类多、速度快、价值高等特点，为人们认识和了解世界提供了更全面、更广阔的视角。在金融领域，大数据的价值愈发凸显。通过对大数据的分析和挖掘，金融机构能够更准确地评估风险，优化投资组合，提供个性化的产品和服务，改进交易执行效率。银行、证券公司、保险公司、资产管理公司、监管部门等各种机构都可以将自身业务和大数据结合，优化和推出更优质的服务。大数据的使用不仅提升了金融机构的竞争力，也提升了金融机构、企业主体、普通消费者的福利水平，具有广阔的应用前景。与此同时，数据隐私和安全问题也成为突出的挑战之一。如何更好地平衡大数据带来的好处和信息安全、市场风险的关系是金融科技发展面临的重要问题。

学习目标

1. 了解大数据的特点、大数据技术，体会大数据给人们的日常生活带来的影响和改变。

2. 了解大数据在金融领域的作用，以及各类型金融机构如何利用大数据赋能其传统业务。

核心概念

大数据　大数据技术　大数据治理　数字鸿沟

“大数据”一词越来越多地被提及，人们用它来描述和定义信息爆炸时代产生的海量数据，并命名与之相关的技术发展与创新。该词上过《纽约时报》《华尔街日报》的专栏封面，进入过美国白宫官网的新闻，也出现在了我国“十四五”规划纲要中。

毫无疑问，我们已在不知不觉中迈入了“大数据时代”，在这个时代，一切都被记录和量化，一切都被搜索和观察。一方面，我们享受着大数据的妙处，足不出户尽知天下大事，生活的方方面面都更加舒适便捷；另一方面，我们的所有言论、行为甚至思考都可能赤裸裸地暴露在他人面前，不禁令人感到忧虑和畏惧。

大数据是什么？它是如何被提出的？大数据有什么价值？它对我们的思维与行为带来了怎样的改变？大数据如何与金融结合？产生了哪些新的业态？大数据造成了怎样的风险？我们又该如何防范与监管？本章将给出这些问题的答案。

第一节 大数据概况

一、大数据的定义

依据维克托·迈尔-舍恩伯格（Viktor Mayer-Schönberger）及肯尼思·库克耶（Kenneth Cukier）编写的《大数据时代：生活、工作与思维的大变革》（*Big Data*：*A Revolution That Will Transform How We Live*，*Work*，*and Think*），大数据不用随机分析法（即抽样调查）而利用所有数据进行分析处理。麦肯锡全球研究院给出的定义是：一种规模大到在获取、存储、管理、分析方面大大超出了传统数据库软件工具能力范围的数据集合，具有数据规模海量、数据流转快速、数据类型多样和价值密度低四大特征。国务院《促进大数据发展行动纲要》中指出，大数据是以容量大、类型多、存取速度快、应用价值高为主要特征的数据集合，正快速发展为对数量巨大、来源分散、格式多样的数据进行采集、存储和关联分析，从中发现新知识、创造新价值、提升新能力的新一代信息技术和服务业态。

可见，大数据的定义存在多个版本，尚无权威机构进行统一界定。想要彻底理解大数据到底是什么，就需要掌握大数据的技术特征，理清大数据的发展过程。大数据技术的战略意义不在于掌握庞大的数据信息，而在于对这些含有意义的数据进行专业化处理。换而言之，如果把大数据比作一种产业，那么该产业实现盈利的关键在于提高对数据的加工能力，通过加工实现数据的增值。

二、大数据的发展历程

萌芽期（1980—2008 年）：早在 1980 年，未来学家阿尔文·托夫勒（Alvin Toffler）在其所著的《第三次浪潮》（*The Third Wave*）中就提到“大数据”一词，他预言：“如果说 IBM 的主机拉开了信息化革命的大幕，那么‘大数据’才是第三次浪潮的华彩乐章。”此时正是个人电脑开始进入商业市场、因特网基本形成的年代。随着计算机、存储设备、因特网的逐渐普及，人们处理数据的能力逐渐提升。

20 世纪 90 年代，随着数据挖掘理论和数据库技术的逐步成熟，第一批商业智能工具和知识管理技术开始被广泛应用，真正的大数据概念开始萌芽。1998 年，美国高性能计算公司 SGI 公司的首席科学家约翰·马西指出，随着数据量的快速增长，必将出现数据难理解、难获取、难处理和难组织等四个难题，他用“大数据”来描述这一挑战。2008 年 9

月，《自然》杂志推出了一个“大数据”封面专栏，“大数据”此时已受到了关注。

成长期（2009—2012年）：伴随互联网和智能手机的快速发展，数据碎片化、非结构化特征更加明显，数据量呈爆发式增长，对大量数据处理、分析的需求快速上升，大数据市场迅速成长。2012年3月，美国奥巴马政府在白宫网站发布了《大数据研究和发展倡议》，这一倡议标志着大数据已经成为重要的时代特征。2012年3月22日，奥巴马政府宣布投资2亿美元于大数据领域，这是大数据技术从商业行为上升到国家战略的分水岭。

爆发期（2013—2015年）：大数据迎来了发展的高潮，大数据在商业行为、国家战略层面均起到越来越大的作用。国外互联网巨头纷纷发布利用大数据的机器学习产品，如IBM沃森（Watson）系统、微软小冰、苹果Siri，标志着大数据进入深层价值阶段。国内企业也纷纷布局数据业务，阿里巴巴设立“首席数据官”一职，负责全面推进“数据分享平台”战略，并于2013年转型，重塑平台、金融和数据三大业务。此举是国内企业最早把大数据提升到企业管理层高度的一次重大里程碑。

与此同时，政府部门将大数据发展逐步提升到国家战略的高度。2015年，我国国务院发布《促进大数据发展行动纲要》，系统部署大数据发展工作，重点推进大数据在多个领域的应用，利用大数据等新技术打造服务贸易新型网络平台，这标志着大数据正式上升为我国国家战略。

大规模应用期（2016年至今）：大数据应用渗透到各行各业，大数据价值不断凸显，大数据产业迎来快速发展和大规模应用实施。2016年5月，谷歌宣布推出人工智能助手“谷歌助手”(Google Assistant)。2017年10月，阿里巴巴宣布成立“达摩院”，专注于人工智能、机器学习、自然语言处理、图像识别等技术研究。数据驱动决策和智能化程度大幅提高。

在此阶段，我国对于大数据产业的发展愈发重视。2016年，三部委同意在京津冀等七个区域推进国家大数据综合实验区建设。2017年，工业和信息化部发布《大数据产业发展规划（2016—2020年）》。大数据相关政策不断细化，工业、疫情防控、政务信息、农村电子商务等领域都有指导文件出台。2021年11月30日，工业和信息化部发布了《“十四五”大数据产业发展规划》。2021—2022年，我国先后通过《要素市场化配置综合改革试点总体方案》《中共中央 国务院关于加快建设全国统一大市场的意见》《中共中央 国务院关于构建数据基础制度更好发挥数据要素作用的意见》等文件，体现了数据要素价值对于我国发展的必要性、紧迫性。

大数据产业链如图2-1所示。

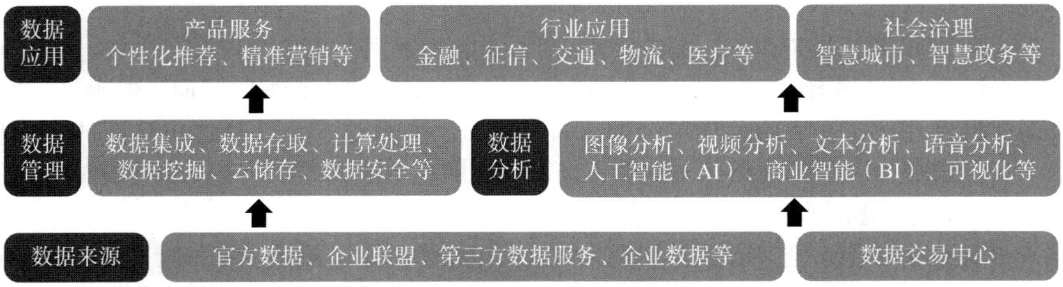

图2-1 大数据产业链

三、大数据的核心技术及分类

（一）大数据的核心技术

根据数据从获取到最终分析的全部处理流程，大数据的核心技术主要涉及数据采集、数据预处理、数据存储和大数据分析等。大数据技术主要通过上述流程挖掘数据中蕴含的价值信息并做出决策。

1. 数据采集

数据采集是指收集、整理和处理各种形式的数据，以便能够更好地分析和应用这些数据。数据采集技术包括应用程序接口（API）采集、网络爬虫、感知设备数据采集等。

（1）API 采集。

API 是网站的管理者为了使用者方便而编写的一种程序接口。该类接口可以通过简单调用实现对数据的请求。当前主流社交媒体平台如新浪微博、百度贴吧以及脸书（Facebook）等均提供 API 服务，可以在其官网开放平台上获取相关 demo（示例程序）。通过 API 可以更方便快捷地获取源数据。

（2）网络爬虫。

网络爬虫是按照一定的规则，自动抓取万维网信息的程序或者脚本。可以通过网络爬虫从互联网上获取数据，并将其存储在数据库中供后续分析和处理。例如，搜索引擎就是利用网络爬虫来收集互联网上的信息，以便为用户提供相关的搜索结果。当前常用的网络爬虫系统有 Apache Nutch、Crawler4j、Scrapy 等框架。

（3）感知设备数据采集。

感知设备数据采集是指通过传感器、摄像头和其他智能终端自动采集信号、图片或录像来获取数据。其关键技术包括针对大数据源的智能识别、感知、适配、传输、接入等。

2. 数据预处理

原始数据收集完成后，经常会有一定的不规整性，因此需要进一步进行数据预处理才能进入之后的处理环节。常见的数据预处理技术包括数据清理、数据集成、数据规约、数据变换等。

（1）数据清理。

数据清理是指对原始数据集进行简单处理和筛选，以去除无用或冗余的数据，纠正数据错误和缺失值，并将数据转换为可分析的格式。数据清理是数据分析过程中至关重要的一步，因为它可以提高数据质量，减少误差和偏差，从而更好地支持后续的数据分析和建模工作。常见的数据清理任务包括数据去重、填补缺失值、删除异常值、调整数据格式等。

（2）数据集成。

数据集成是指将来自不同数据源的数据整合在一起，以创建一个统一的视图或数据集。数据集成通常涉及多个不同的数据源，如数据库、文件、API 等，这些数据源可能包含重复、不完整或不一致的信息。因此，在进行数据集成之前，需要对来自不同数据源的数据进行清理和转换，以确保数据的一致性和准确性。

数据集成可以通过多种方法实现，例如 ETL（提取、转换、加载）工具、自定义脚本、API 调用和数据仓库等。在进行数据集成时，需要考虑数据结构、数据格式和数据质量等方面的因素，并进行相应的数据映射、数据转换和数据清洗操作，以确保最终的集成数据集满足分析需求。

(3) 数据规约。

数据规约是数据集的简化，包括维规约、数量规约和数据压缩等。

维规约是指减少所考虑的随机变量或属性的个数，使用的方法有属性子集选择、小波变换和主成分分析（PCA）等。属性子集选择是指将弱相关或冗余的属性或维删除，后两种方法是指将原始数据变换或投影到较小的空间。

数量规约是指用更简约的数据形式替换原数据，分为参数方法和非参数方法。参数方法使用模型估计数据，只存储模型参数和离群点而不存储实际数据。非参数方法包括直方图、聚类、抽样和数据立方体等。

数据压缩分为无损压缩和有损压缩，无损压缩是指压缩后的数据能够恢复成原始数据，不损失信息；有损压缩则只能近似重构原始数据。小波变换是一种十分重要的有损压缩。

(4) 数据变换。

数据变换是附加预处理过程，方法多样，常见操作如下：

数据光滑，即去掉数据中的噪声，常用方法有分箱、回归和聚类等。

属性构造，即通过给定的属性构造新的属性。

规范化，即把属性数据按比例缩放，使之落入特定的小区间，方法有最小-最大规范化、z 分数规范化、小数定标规范化等。

离散化，指属性的原始值用区间标签或概念标签替换，方法有分箱、直方图、聚类等。

由标称数据产生概念分层，指将标称属性（分类型属性）泛化到较高的概念层，如使用“年轻”“中年”“老年”三组概念替换年龄数值。

3. 数据存储

海量的数据存储也是大数据处理过程中十分重要的部分。数据存储分为集中式存储和分布式存储。

集中式存储是指由一台或多台主计算机组成中心节点，数据集中存储于中心节点中，且整个系统所有业务单元都集中部署在中心节点上，所有功能均由中心节点处理。在集中式存储中，每个终端或客户端仅负责数据的录入和输出，而数据的存储与控制处理完全交由主机完成。集中式存储最大的特点就是部署结构简单，往往基于底层性能卓越的大型主机。

分布式存储则是一个大概念，种类繁多，除了传统意义上的分布式文件系统、分布式块存储和分布式对象存储外，还包括分布式数据库和分布式缓存等。传统意义上的存储架构有 HDFS、Ceph、GFS、GPFS、Swift 等。分布式存储通过网络使用企业中的每台机器的磁盘空间，并将这些分散的存储资源构成一个虚拟的存储设备，数据分散地存储在企业的各个角落。Hadoop 便是较为知名的分布式计算架构，其中 HDFS 便是它的分布式文件系统，技术特点为分布式运算编程框架 MapReduce。

4. 大数据分析

通过对海量数据进行采集、预处理和存储，我们已经得到了分析所需的全部基础数据，大数据分析则是在这个基础上挖掘数据蕴含的价值信息并做出决策的过程。它主要包括数据挖掘、机器学习、深度学习、自然语言处理等。

（1）数据挖掘。

数据挖掘是一种从大量数据中自动发现模式、关联、异常或规律的技术。数据挖掘侧重于对数据本身进行分析，通过应用统计学、机器学习、人工智能等技术手段来识别并提取出其中的有用信息。数据挖掘可以帮助企业或机构在无法预知问题或未知需求的情况下，从海量数据中寻找到潜在的商业价值。

（2）机器学习。

机器学习是一种利用算法和数学模型自主学习的人工智能方法，其目的是让计算机通过学习数据集合，得到新的知识和经验，从而可以实现更准确、更快速地处理数据任务。机器学习最重要的特点是自适应性和泛化能力。

（3）深度学习。

深度学习是一种基于人工神经网络的机器学习技术，其最大的特点是可以通过多层非线性变换来自动地从原始数据中提取出高级抽象特征并进行学习和分类。深度学习已经被广泛应用于图像识别、语音识别、自然语言处理等领域，在这些领域中已经取得了很大的成功。

（4）自然语言处理。

自然语言处理的目的是让计算机能够理解、分析和处理人类语言。自然语言处理涉及很多技术和方法，如文本分析、语音识别、机器翻译、情感分析等。

大数据分析可以帮助企业或组织在市场竞争中占据优势，提高效率和效益，优化资源配置和管理，并为决策者提供更精确、全面和准确的决策支持。同时，大数据分析也能够发现和解决问题，发现潜在机会，从而推动业务创新和转型升级。

（二）大数据技术分类

根据数据是否有限，数据可以分为无边界数据（unbounded data）和有边界数据（bounded data）。无边界数据是不断增长、无限的数据集，无法判定它们到底什么时候停止发送，比如移动支付数据。有边界数据则是有限的数据集。有边界数据可以看作无边界数据的子集。大数据的处理本质是为了解决无边界数据。数据又含两种时域，即事件时间（event time）和处理时间（processing time）。事件时间指数据实际产生的时点，而处理时间指处理数据的系统架构实际接收数据的时点。

基于此，数据处理分为批处理、流处理。

批处理的输入是一段时间内已经收集保存好的数据，批处理所产生的输出可以作为下一环节批处理的输入，即一系列相关联的任务按顺序（或并行）一个接一个地执行。绝大部分情况下，批处理的输入都是有边界数据。批处理更关心数据的事件时间，比如支付宝年账单，就是将整年消费数据作为输入，提取交易事件时间。典型框架为 Hadoop 的 MapReduce，以及 Spark。

流处理是指系统接收并处理一系列连续不断变化的数据，输入数据基本是无边界数据。流处理关注快速、低延时。当流处理架构在一定时间间隔（毫秒）内产生逻辑上正确的结果时，这种处理便可定义为实时处理（real-time processing），而以分钟为单位的数据处理叫做准实时处理（near real-time processing）。典型框架为 Kafka、Flink、Storm、Samza。

此外，有时用户更在乎响应的及时性，即交互式处理。交互式处理是指支持用户实时查询和分析大规模数据，并能够快速响应用户请求。交互式处理的典型代表是 Presto 和 Impala 等。它们通过类似关系数据库的方式来支持 SQL（结构化查询语言）查询和复杂的数据分析，可以在秒级甚至更快的时间内返回结果。

四、大数据的特点

量级大（volume）：庞大的数据量是大数据最基本的特征，具体表现为数据量从 TB 级别跃升至 PB 级别，有的甚至达到 EB、ZB 级别。在日常生活中，一本普通的电子书的大小只有几个 MB，截至 2022 年 12 月，国家图书馆馆藏图书共 18 787 211 册（件），数字资源存储量超过 2 500TB，大数据的量级远远大于该规模。

种类多（variety）：大数据来源复杂、种类繁多，包括各种格式及形态的数据。其中，能够以二维表结构进行表达的相同或相似数据，被称为结构化数据。随着互联网的发展，文档、图片、音频、视频、地理位置等非结构化数据激增，数据存储和处理的难度随之加大。

速度快（velocity）：大数据的获取是随时随地进行的，高速采集、处理、分析是大数据与传统数据挖掘技术的显著不同。在地图软件上输入目的地，便能够立刻了解沿途路况，实时更新最佳路线；打开购物软件，每次点击都决定了平台将在下一秒推送何种商品广告。

价值性（value）：大数据包含很多深度价值，通过对其分析、挖掘而产生的价值总量将是巨大的，而其价值密度却往往很低。比如，在长达数小时的监控视频中，可能只有几秒钟包含了有用信息。如此稀薄的价值分布，需要海量数据和强大算法进行价值挖掘。

上述“4V”是当前各界公认的大数据的基本特点，随着大数据技术的发展，不断有人提出新的特点。比如，强调数据质量的准确性（veracity）、强调数据体系不断变化的动态性（vitality）、强调数据显性化展现的可视性（visualization）、强调数据应用过程规范的合法性（validity）等。

五、大数据的发展现状及展望

（一）应用层面

按照数据开发应用深入程度的不同，可将众多的大数据应用分为三个层次：

第一层，描述性分析应用，是指从大数据中总结、抽取相关的信息和知识，帮助人们分析发生了什么，并呈现事物的发展历程。如管理咨询公司从其企业客户的各大信息系统中抽取、整合数据，再以统计图表等可视化形式，将数据蕴含的信息推送给不同岗位的业务人员和管理者，帮助其更好地了解企业现状，进而做出判断和决策。

第二层，预测性分析应用，是指从大数据中分析事物之间的关联关系、发展模式等，并据此对事物发展的趋势进行预测。如现在的量化交易，通过收集和分析股市、社交媒体新闻等大量公开数据，建立预测模型，对股票走势进行预测。

第三层，指导性分析应用，是指在前两个层次的基础上，分析不同决策将导致的后果，并对决策进行指导和优化。如无人驾驶汽车分析高精度地图数据和海量的激光雷达、摄像头等传感器的实时感知数据，对车辆不同驾驶行为的后果进行预判，并据此指导车辆的自动驾驶。

我国已有众多成功的大数据应用，但就其效果和深度而言，当前大数据应用尚处于初级阶段，根据大数据分析预测未来、指导实践的深层次应用将成为之后的发展重点。指导性分析应用当前已在人机博弈等非关键性领域取得较好应用效果，但是，在自动驾驶、政府决策、军事指挥、医疗健康等应用价值更高，且与人类生命、财产、发展和安全紧密关联的领域，要真正获得有效应用，仍面临一系列待解决的重大基础理论和核心技术挑战。

（二）治理层面

随着大数据作为战略资源的地位日益凸显，人们越来越强烈地意识到制约大数据发展的短板就是：数据治理体系远未形成，如数据资产地位的确立尚未达成共识，数据的确权、流通和管控面临多重挑战；数据壁垒广泛存在，阻碍了数据的共享和开放；法律法规发展滞后，导致大数据应用存在安全与隐私风险。如此种种因素，制约了数据资源中所蕴含价值的挖掘与转化。

其中，隐私、安全与共享利用之间的矛盾问题尤为凸显。一方面，数据共享开放的需求十分迫切。近年来，人工智能应用取得的重要进展主要源于对海量、高质量数据资源的分析和挖掘。而对于单一组织机构而言，往往靠自身的积累难以聚集足够的高质量数据。另外，大数据应用的威力在很多情况下源于对多源数据的综合融合和深度分析，从而获得从不同角度观察、认知事物的全方位视图。而单个系统、组织的数据往往仅包含事物某个片面、局部的信息。因此，只有通过共享开放和数据跨域流通，才能建立信息完整的数据集。

另一方面，数据的无序流通与共享又可能导致隐私保护和数据安全方面的重大风险，必须对其加以规范和限制。但是法律法规也将在客观上不可避免地增加数据流通的成本，降低数据综合利用的效率。如何兼顾发展和安全，平衡效率和风险，在保障安全的前提下不因噎废食，不对大数据价值的挖掘利用造成过分的负面影响，是当前全世界在数据治理中面临的共同课题。

近年来，围绕大数据治理这一主题及其相关问题，国际上已有不少成功的实践和研究探索工作，然而考察当前的研究和实践，仍存在三个方面的主要问题：

一是大数据治理概念的使用相对“狭义”，研究和实践大都以企业组织为对象，仅从个体组织的角度考虑大数据治理的相关问题，这与大数据跨界流动的迫切需求存在矛盾，限制了大数据价值的发挥。

二是现有研究实践对大数据治理内涵的理解尚未形成共识，不同研究者从流程设计、信息治理和数据管理应用等不同视角给出了大数据治理的不同定义，共识的形成尚有待时日。

三是大数据治理相关的研究实践多条线索并行，关联性、完整性和一致性不足。例如，国家层面的政策法规和法律制定等较少被纳入大数据治理的视角；数据作为一种资产的地位仍未通过法律法规予以确立，难以进行有效的管理和应用；大数据管理已有不少可用技术与产品，但还缺乏完善的多层级管理体制和高效管理机制；如何有机结合技术与标准，建立良好的大数据共享与开放环境仍需要进一步探索。缺少系统化设计，仅仅在已有的相关体系上进行扩展和延伸，可能会导致数据治理的"碎片化"和一致性缺失等。

（三）技术层面

近年来，数据规模呈几何级数高速增长。当前，需要处理的数据量已经大大超过处理能力的上限，从而导致大量数据因无法或来不及处理而处于未被利用、价值不明的状态，这些数据被称为"暗数据"。

近年来，大数据获取、存储、管理、处理、分析等相关的技术已有显著进展，但是大数据技术体系尚不完善，大数据基础理论的研究仍处于萌芽期。推演信息技术的未来发展趋势，它在较长时期内仍将保持渐进式发展态势，技术发展带来的数据处理能力的提升将远远落后于按指数增长模式快速递增的数据体量，数据处理能力与数据资源规模之间的"剪刀差"将随时间的推移持续扩大，大数据现象将长期存在。在此背景下，大数据现象倒逼技术变革，将使信息技术体系进行一次重构，这也带来了颠覆式发展的机遇，例如，计算机体系结构以数据为中心的宏观走向和存算一体的微观走向，软件定义方法论的广泛采用，云边端融合的新型计算模式等；网络通信向宽带、移动、泛在发展，海量数据的快速传输和汇聚带来的网络的 PB/s 级带宽需求，千亿级设备联网带来的 GB/s 级高密度泛在移动接入需求；大数据的时空复杂度亟须的在表示、组织、处理和分析等方面的基础性、原理性突破，高性能、高时效、高吞吐等极端化需求呼唤的基础器件的创新和变革；软硬件开源开放趋势导致的产业发展生态的重构。

第二节　大数据的功用

一、多样化数据丰富观察视角

随着互联网的发展，文档、图片、音频、视频、地理位置等非结构化数据激增，这些非结构化数据通常更加复杂且难以处理，但它们也能为我们观察世界提供极大的增益作用。这些非结构化大数据形式多样，数据量巨大，并且往往需要使用机器学习、自然语言处理以及计算机视觉等技术进行分析和处理。以医学领域为例，医生需要判断病人的 X 光片是否有异常情况，如肺部结节、肺炎等。采集到的 X 光片数量很大，为了提高医生的工作效率和准确性，可以使用大数据技术对图像进行分类，将图片每个像素的 RGB（三原色）值输入计算机，就形成了以图片作为输入的大数据分析模型，通过大数据分析，可以将正常和异常的 X 光片自动分类。这样医生就可以更加专注于查看那些被识别为异常的图片，从而提高了诊断效率和准确性。类似地，在无法得到具体气象数据的时代，人们只能通过长期经验的积累，对现象规律进行总结，通过现象来判断现实情况，如"日晕三更雨，月晕午时风"。随着大数据的逐渐多样化，人们不再需要熟记看云识天气的口诀，通过对大气状况的监测数据，甚至通过计算机扫描云层的照片就能判断是否有雨，更加高效、准确地预测天气。

二、借助海量数据推断总体

利用样本分析总体是常用的统计思想，但如果采集的样本过少，往往很难凭借有限的样本得出总体的规律，凭借大数据量级大的特点，可以很好地利用大数据获得大量样本的信息，进而对总体的分布可以有更好的把握。

在漫长的历史长河中，信息数据的获取和收集在人类社会发展中始终占据着重要地位，在统计学兴起之前，技术落后，记录、储存和分析数据的工具不够先进，数据统计工作都是以总体展开的，比如明朝的“户贴制度”采用纸笔记录、人工调查的方式统计每一户的人口信息。对总体进行统计的优势在于统计结果更为精准，但是在总体数量较大时则往往耗时费力，缺乏效率。随着利用样本推断总体的推断统计思路的逐步兴起，随机抽样的方法极大地降低了获取数据信息的成本，因而被广泛应用。例如从一批待出售商品中随机抽取样品进行质量检查，从而对整批商品的质量进行判断。但是利用样本推断总体存在一定的问题和缺陷，比如抽样的绝对随机性难以保证极端异常值对总体的推断结果有偏差、忽视了对细节的考察等。

在大数据时代，先进的计算机技术和互联网的发展使得数据获取成本变得低廉，我们有能力获得全部的样本，人们可以不再使用随机抽样分析，而直接使用所有的数据，即样本等于总体。使用大数据对总体进行分析时，不会丢失抽样时遗漏的信息，防止异常情况在抽样调查中被忽视。

大数据的量级大使得大数据分析有更好的容错性，即使少量样本有一定的偏离，在样本量快速加大的过程中这种偏离也会逐渐变小。在随机抽样的时代，由于收集到的可用于分析的信息量十分有限，一般均为数字形式并且数量少，为了保证结论及推论的准确性，在记录数据时必须使数据尽量精确化。随着大数据技术的不断突破，对于大量的非结构化的数据进行有效储存、分析和处理的能力不断增强，数据形态混杂，在追求数据完整性的过程中不得不放弃精准性，但错误混杂的数据并不影响完整数据蕴含的价值。大数据的完整性和混杂性并存，如果局限于狭隘的小数据中，人们固然可以自豪于对精确性的追求，但是即使可以分析得到细枝末节，也依然会错过事物的全貌和真相。谷歌翻译正是因为对错误数据的包容性、忽视收集数据的混乱和错误，利用数据中英语词汇搭配的各种可能性进行翻译，比其他翻译系统拥有了更多数据可以利用，借由庞大的数据量创造优势，完全压倒了错误数据所带来的缺点。

三、从大数据中挖掘规律

面对庞杂甚至有错误的总体数据，除了探求因果关系，关注事物的相关关系也能够有所发现，并通过这种关系解决问题。

在大多时候，人们运用大数据可能仅仅知道“是什么”就足够了，而不必探究“为什么”。虽然有时候进一步探究因果关系能够获得额外利益，但大多时候没有必要了解研究背后的特殊原因，甚至会出现难以使用因果关系解释的情况。例如，零售巨头沃尔玛通过分析大量的历史销售记录数据发现在季节性飓风来临之前，手电筒的销售量会有所增加，这一点的因果关系易于解释——飓风有可能导致电力设施损坏，停电，影响生活照明，而与此同时，蛋挞的销量也相应增加——人们选择大规模采购蛋挞而非其他食品，这一点却难以使用因果关系解释。沃尔玛只需要了解蛋挞销量变化规律便可做出决策：在季节性飓风来临之前，将蛋挞放在手电筒等应对飓风的商品的货架，以此带来大量商业利润。同样，啤酒和尿布的销售数据也存在一定的关联关系，尿布销量上升的时候经常伴随着啤酒销量的上升，所以它大胆地将啤酒和尿布摆在一起销售，而这实际上是因为下班的爸爸在给孩子买尿布的同时会犒劳自己买几罐啤酒，所以出现了这样的现象。

在缺乏相关数据时，还可以考虑对外部数据进行统计分析解决问题。大数据的巨大魅力是用大量看起来毫不相干的数据去解决一个更不相关的问题。通过直接搜集和处理相关数据来还原现实并解决问题，有时候是一个高成本和低效率的方法，所以企业会把目光转向已有数据，充分利用看起来无关的数据来解决所遇到的问题。比如通过两张校园卡是否经常一起出现刷卡记录，就能在不采取访谈、心理测试等方法的情况下帮助定位学生中的孤独人群。

四、大数据带来新价值链与新价值创造方法

（一）大数据的内在价值及价值链

大数据是一种非物质性的资源，具备石油、黄金等资源品的特点，具有内在价值并带来了新的价值链。大数据自身具备价值，价值来源于大数据中所蕴含的重要信息。要获得大数据中所蕴含的重要信息，就需要技术手段对大数据进行分析处理。提取出的信息需要寻找与生产经营活动相结合的方法最终产生价值、带来收入。在大数据变现的过程里，大数据、大数据分析与大数据使用构成了一条新的价值链，而在这条价值链上每一个环节对应着获取该环节价值的公司，《大数据时代：生活、工作与思维的大变革》的作者维克托·迈尔-舍恩伯格和肯尼思·库克耶将它们分为大数据掌握公司、大数据技术公司和大数据思维公司（见图 2-2）。

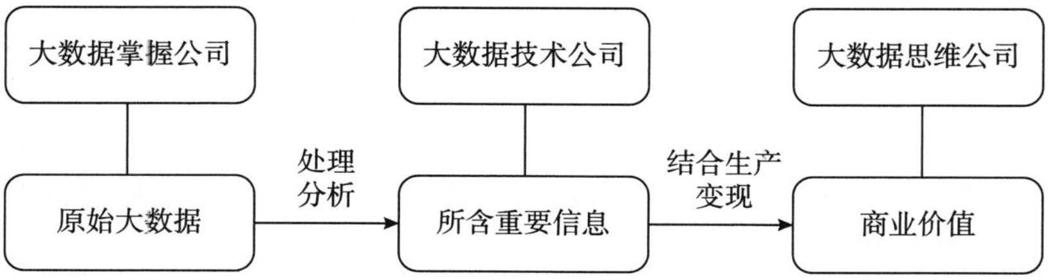

图 2-2　大数据价值链

（二）通过创新挖掘大数据潜在价值

维克托·迈尔-舍恩伯格和肯尼思·库克耶认为，数据的真实价值是漂浮在海洋中的冰山，第一眼只能看到冰山一角，而绝大部分则隐藏在表面之下。数据所具有的非物质性使得大数据的价值超脱于一般资源品的范畴，让数据的价值并不会随着数据的使用而减少，而是在其首要价值被发掘之后，仍能不断产生价值，庞大的潜在价值被蕴含在数据之中。

释放数据的潜在价值最常见的三种方式是数据再利用、数据整合和数据扩展。数据再利用是通过反复使用数据来释放数据的潜在价值；数据整合是通过与别的数据相关联进一步挖掘数据的潜在价值；数据扩展是在数据收集过程中预先设计好数据的多个用途来挖掘数据的潜在价值。

维克托·迈尔-舍恩伯格和肯尼思·库克耶还提出了三种更加不同寻常的数据再利用方式：数据折旧、数据废气和数据开放。就像食物有保质期一样，数据被认为也有自己的有效期，随着时间的推移，有些数据的有效性将会下降，这就是数据折旧。亚马逊选择抛弃那些被认为不太有效的数据以保持其模型的有效性。数据废气是一个形象而又生动的词，描述了人们在操作计算机时所留下的数字轨迹，譬如人们在指出计算机某项服务的错误时就在帮助训练系统或者软件，谷歌就是这样训练其拼写检查模型的。数据开放指的是希望政府部门适当开放手中所掌握的数据。政府一直以来都是最大规模的原始信息采集者，然而政府的特殊地位使得它对数据的使用效率低下，数据往往被沉积，因此可以适当开放数据来释放这些数据的潜在价值。

第三节 大数据在金融中的应用

一、大数据在金融领域的作用

（一）大数据金融的理论基础

大数据之所以能为金融行业赋予更多价值，其核心在于多样化、海量的大数据通过减少信息不对称使得各种金融市场的参与者可以更好地利用信息。

大数据金融的核心经济基础是信息经济学。信息经济学认为，信息不对称对于经济活动有着显著的影响。斯蒂格利茨（Stiglitz）、阿克洛夫（Akerlof）、斯宾塞（Spence）等指出，在经济活动中，市场买卖双方掌握信息的情况并不相同。掌握信息更多的一方往往处境更加有利，而掌握信息更少的一方往往处于弱势境地。在金融市场中，信息不对称往往是引起更大金融风险的重要原因，对金融市场的运作效率具有危害。然而，如果信息增加，减少不确定性，将有效减少信息不对称，从而显著降低风险程度，特别是预防道德风险。

正是由于信息在买卖双方中存在不对称，因此诞生了各种金融中介。金融中介具有生产、传递和处理信息等作用。金融中介包括银行、券商、保险公司等传统金融机构，它们沉淀了很多信息，却并未充分有效利用好这些信息的价值。

大数据技术为撼动传统金融中介的地位发起了挑战。大数据时代极大地拓展了信息来源渠道，特别是通过互联网工具收集了源源不断的与金融活动相关的数据流。如此一来，任何企业只要掌握了大数据，并用一定的方法进行深度挖掘分析，就可以承担金融中介功能。如果获得牌照，甚至可以成为实际上的新型金融中介机构。因此，大数据拓展了金融中介概念的边界，丰富了人们对金融中介的认识，让人们看到了更多金融创新的可能。

因此随着大数据技术的普及，金融市场的各种参与者可以更好地利用信息，降低信息不对称性，进一步发挥大数据在金融领域中的价值。

（二）大数据对金融业态的影响

第一，数据将成为金融机构的核心竞争力。信息不对称问题的解决，可能带来极大的金融经营竞争优势，对于部分公司而言，数据甚至将成为最核心的资产。

第二，金融脱媒将加剧。随着大数据金融公司得到的优势愈发明显，市场份额不断提升，金融脱媒现象将更加突出。如果未来金融业务相关牌照的限制减少，大数据带给传统金融行业的冲击将更大。

第三，金融业务形态极大变化。以风险管理为例，传统模式更注重于抵押、质押资产和实地考察调研，而在大数据时代下，数据分析将以更新的形态发挥更大的作用。

二、大数据在银行业的应用

随着技术不断成熟，传统银行业与大数据的融合不断加深。摩根大通、花旗等国际知名银行率先使用数据化的手段从业务流程、风险控制、服务质量等方面进行了升级换代。传统银行业依托大数据进行改革可谓势在必行。然而，实现转型也并非一帆风顺，既要满足“从0到1”的突破，又要追求“从1到N”的提升，让银行业务真正得到提升和发展。

大数据与商业银行的结合，依赖于商业银行三个得天独厚的优势：第一，商业银行业务系统信息化程度高；第二，商业银行数据类别和数量都是极大的；第三，商业银行业务比较规范，数据相对准确性高。正因如此，大数据在客户关系管理和营销、信贷管理、风险管理、供应链金融、征信等方面都可以与商业银行业务紧密结合。

（一）客户关系管理和营销

如今，很多商业银行都提出了“以客户为中心”。商业银行激烈的同业竞争核心在于争夺高质量而稳定的客户关系。结合大数据，商业银行可以利用深度分析技术，进行精准的客户管理，提高负责业务的质量。

首先是客户分类。商业银行可以利用大数据充分挖掘客户信息，实现充分利用，推动多维度的客户分类。如此一来，商业银行便能够从不同层次水平满足现有及潜在客户的多元化、多类型的需求，更好地把握业务机会，更精细地控制风险。在客户细分的基础上，商业银行运营效率也会大幅度提升，银行各内部部门将有条件和动机去实现信息互通共享。就综合服务水平而言，在根据相关信息聚类分析、将客户群体化归类之后，商业银行可以总结出新客户群的共性特征，针对其投融资需求提供个性化服务，从而使客户满意度提升。

其次是预测客户流失。客户的账户状态、交易信息、服务反馈等数据往往复杂难辨。通过大数据进行更深入的挖掘，可以及时分析流失客户的种种迹象，推断发现当前银行业务的不足和客户潜在而未被满足的需要，尽早采取恰当的举动。

再次是高效渠道管理。原先商业银行客户关系管理渠道相对复杂无序，各渠道之间重要信息的联动缺乏有效机制，使得客户关系渠道维护成本高、效率低。通过大数据技术将各渠道整合、打通，让客户进入任一渠道时其信息早已反馈于相应渠道。

最后是精准营销。通过大数据，对客户的收入状况、业务类型、行为偏好、聚集区域、活动规律等关键信息进行深入统计、处理、评估，采取一定的模型方法进行对未来发展的分析和预测，从而掌握客户生命周期、最佳营销时机，并结合交叉营销、社交营销等手段，向客户提供相对最适合的推荐。

（二）信贷管理

贷款是影响商业银行经营能力的核心关键。依靠大数据，可优化革新信贷调查、审查、管理的过程，最终实现信贷业务效益的提升。大数据时代的信贷评估已经不局限于传统数据的计量，而是将更多以前从未纳入考虑的非传统数据纳入了信贷评估系统，信息输入更加多样，评估过程更加自动，评估模型不断加强，从而使得结果更真实可靠。

针对信用卡，大数据技术从初始额度确定、业务风险评估、业务收益评估几方面进行更深入的监控和分析。与传统模式不一样，大数据技术实现了自动授信：在信用卡用户使用卡的过程中，商业银行可以将是否违约、违约概率、有效使用额度等数据作为评价对象进行实时监测，自动调整信贷。

（三）风险管理

商业银行通过大数据进行风险控制优势显著。行为数据类型多样、覆盖广泛、具有实时性，依托大数据技术将其纳入评估是对风险模型的有效改进。在大数据风险管理中，信用评价更加精准，对客户信用的评判也更具实效性。基于大数据的商业银行风险管理模式呈现出了集约化管理、全过程风控、标准化与差异化相结合、输入信息多样化等特点。

另外，商业银行可依托大数据技术实现风险预警、逾期管理、反欺诈、反洗钱等功能。

（四）供应链金融

供应链金融对于商业银行来说是信贷业务的一个重要组成部分；对于企业来说，特别是中小企业，是一种特别的融资渠道。在社会化生产方式的深入发展过程中，企业之间的竞争已经从点对点的竞争转变为供应链与供应链之间的竞争。如果供应链资金断链，则会对整个链条上的所有企业造成巨大损失。供应链金融由此而生——银行围绕核心的企业，对其供应链上的中小企业的资金链、物流进行管理，从而把单个企业的风险转变为供应链上所有企业共同的风险，提升了风险的可控性，有效降低了风险。

供应链上的企业联系紧密，利用大数据的方式对供应链进行更深入的“理解”，将会大幅提升供应链金融的效率。第一，大数据可用于判断供应链上的需求在地区、方向、渠道、市场等方面的变化。第二，大数据可用于对目标客户的资信评估，全方面分析客户的财务及经营情况，得到更加真实可信的结果。第三，大数据可用于行业风险预警。第四，大数据可用于物流服务，保障仓储、运输、代采、集采、货代、保兑等一体化运营，实现精准贷款。

（五）征信

大数据征信是指运用大数据技术分析，重构征信模型和算法，广泛考察个人、企业、社会团体的信用状况。通过大数据技术，商业银行以全新的方式、全新的角度来采集、整理、保存、加工、公布征信数据。

相比于传统征信，大数据征信依托于互联网，覆盖范围较大；数据来源广泛，信息维度多，形式丰富；横向事件展开，突出数据实时性；采取多元变量，量化信用评价得到更全面的保障；思路人性化，可持续发展趋势强。

三、大数据在证券业的应用

在金融业中，证券业属于数据密集型行业，积累了包括上市公司财务信息、市场信息、客户信息和交易数据等许多数据。而对于这些数据的处理和分析，有助于投资者和券商更好地进行证券投资。本节主要从量化投资和股票分析两个方面，介绍大数据在证券业的应用。

（一）量化投资

随着金融学理论的不断发展，证券投资的方法技术不断演变，逐渐由定性投资转化为量化投资。量化投资是运用数理统计分析的方法，分析大量与投资相关的历史数据。同时借助计算机的程序化交易，选取未来高回报的证券进行投资，获取超额收益。

大数据在量化投资中的应用，主要是在高频交易领域对结构型数据的应用。高频交易是一种交易的策略和技术，利用计算机的高速运转，在极为短暂的市场变化中寻找微小的价差从而获利。高频交易的特点是交易量大、交易次数多和持仓日短，因此计算机每秒都要处理大量的结构化数据。

一般来说，高频交易策略可以分为两大类：第一类是传统的低频交易的高速化，包括高频统计套利、高频阿尔法套利和高频趋势追踪等；第二类是依靠海量数据、高速交易开发的新策略，主要包括自动做市商、猎物算法交易和流动性回扣等。

非结构化的数据在量化投资中的应用并不普遍，但业界正在进行大量的尝试。一个经典的例子正是大数据指数基金的出现，这些基金利用互联网公司提供的非结构化数据，将媒体新闻、投资者情绪、消费行为、网络搜索等信息纳入选股的参考范畴，优化组合里的股指成分，取得良好的投资表现。

（二）股票分析

股票分析分为基本面分析和技术分析两个方面，其中基本面分析包括股票选择和投资组合，技术分析包括交易策略和买卖时机。大数据技术的应用主要体现在数据挖掘上，在基本面分析上，主要使用决策树、聚类分析两类研究方法；在技术分析上，主要应用基因遗传、决策树、人工神经网络、关联分析等方法。

四、大数据在保险业的应用

保险业是一个对信息资源高度依赖的行业，将大数据的思维和处理模式引入保险业已成为多数人的共识。但是与银行业和证券业相比，保险业的数据基础尚未完善，其内部数据大多处于数据孤岛的状态，难以被充分挖掘和利用，大数据的应用才刚刚起步。本节主要介绍大数据在承保定价和保险公司经营中的应用。

（一）承保定价

保险是一种风险管理的金融工具，其定价主要是依据大数法则和保险精算理论，而大数据在承保定价中发挥着辅助作用。在传统定价方法的基础上，进行大数据分析有助于保险公司将客户细分化、产品定制化，从而建立科学有效的保险费率浮动机制和对不同客户的差别化定价机制。保险公司可以利用海量的数据进行分析，将车险定价从因果关系主导的无差别定价向基于车主驾驶行为的差别定价转变。

（二）保险公司经营

在大数据时代，保险公司的商业模式也将发生巨大的改变。随着人口红利的消失，保险公司从粗放式经营管理向精细化经营管理转型势所必然。未来的发展方向是精准化、个性化。从营销员角度来看，无论是招募还是培训等，都需要更加精细化、个性化；从客户角度来看，也需要对客户做更深的了解，提供更精准的服务。

未来的保险公司将从一个产品的提供商转化为服务的提供商。当今时代消费者更重视个性的张扬和消费的体验，保险公司需要转变经营思路，在竞争之中要设计出个性化的产品，同时重视服务质量的提升。

五、大数据在资产管理中的应用

对于资产管理行业来说，大数据最重要的实用价值在于高效率地实现大规模、多类型的数据分析，挖掘出关于产品、客户、市场的有效信息，帮助资产管理者进行最有利的决策。

资产管理已经产生了大数据革新浪潮：产品开发“多元化”，各种“一元起购”、随时取回的理财产品层出不穷，开拓了人均少、总量大的资产管理市场“长尾部分”；风险管理“智能化”，全面分析预测流动性风险，系统监控信用风险；市场营销“精确化”，一改以往不匹配客户真实需求的痛点。

（一）资产管理风险控制

资产管理业务链条如图 2－3 所示。在资产管理业务中，风险管理水平的高低至关重要。大数据风险管理的基本步骤一般有数据准备、数据加工、挖掘分析、结果产出、决策应用 5 个环节。大数据风险管理的基本步骤如图 2－4 所示。数据原料有的需要被加工成标准化的数据然后再放入模型中，根据各种算法进行数据分析，最后得到需要的相关数据产品，从而辅助决策。数据的获取和分析能力决定了风险控制水平的高低，这正是大数据技术的核心优势。

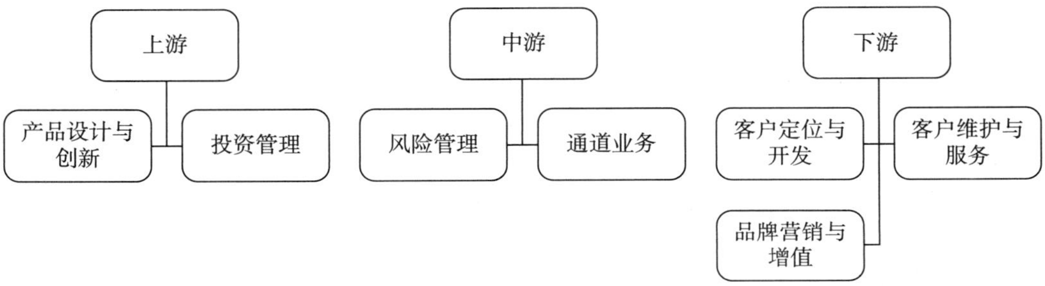

图 2－3　资产管理业务链条

资料来源：李勇，许荣. 大数据金融. 北京：电子工业出版社，2015.

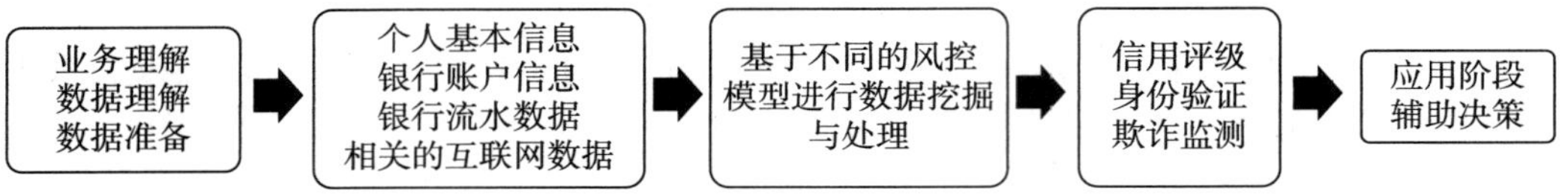

图 2-4　大数据风险管理的基本步骤

资料来源：李勇，许荣. 大数据金融. 北京：电子工业出版社，2015.

（二）大数据客户开发

金融产品是不同于普通产品的，它具有相对复杂、客户差异大、交易市场瞬息万变的特点。金融产品客户开发对于资管发展来说十分重要。

大数据的特征满足了金融产品客户开发的需求。一般来说，大数据客户开发分为四个步骤：第一，合理划分区域。使用一定的特征将客户划分为一个又一个圈子，如生活圈、娱乐圈、学术圈、商务圈等。第二，区域客户画像。在其中一个典型圈子里，对客户的个人情况、消费特征、业务规模等信息都了如指掌。第三，行为偏好分析。进一步挖掘客户的特征和喜好，达到对客户的深层次认知与判断。第四，遴选营销活动。在前面工作的基础上，要以大数据方法来选择最好的营销手段。

六、大数据在监管中的应用

随着金融业的不断发展，金融产品越发丰富，交易规则越发复杂，金融监管的难度也大幅度提升，监管机构渴望采用计算机和互联网技术实现金融市场监管的自动化。但是，金融数据处理的技术问题和金融市场监管的特殊性严重制约了监管自动化的实现。金融数据处理的技术问题主要包括数据规模大、数据质量低、数据时效性高、市场调整快和数据内含隐藏联系等。金融市场监管的特殊性包括对市场风险预警能力的要求和后续司法举证能力的要求。大数据的发展正在逐渐解决上述难题，对在证券市场和银行系统进行大数据监管进行有益的尝试，并取得了不错的成绩。

第四节　大数据的风险和挑战

一、大数据对个人隐私的侵犯

（一）个人信息被轻易获取

随着信息技术的快速发展，大众的个人信息常常在自己不知情的情况下被他人轻易获取。当我们在网上填报个人信息时，由于对个人信息安全保护意识淡薄，常常没有考察和甄别网站的真实性和可靠性，可能会导致个人信息数据被泄露给其他运营商。即使是真实可靠的网站和软件，无论有没有授予互联网服务提供商收集相关信息的权利，平台方都能够在后台通过相关技术手段不同程度地获取我们的个人信息。当我们下载手机软件时，手机软件通常都会要求我们允许它访问通讯录、第三方支付信用等个人信息，但是从不会告知我们的信息能否得到保护以及将被用于何处。当我们去商场逛街或者经过路边时，经常会遇到一些工作人员让我们扫二维码来换取小奖品，在扫码时个人信息就会被后台获取。比如麦当劳曾经和《愤怒的小鸟》游戏开发商一起推出过类似的活动，只要扫二维码就可以 1 元换购冰激凌。商家就这样利用人们扫码占小便宜的心理，实现了低成本获取用户个人信息的目的。

（二）个人信息被随意共享和交易

大数据的快速发展不仅让我们的个人信息在不知情的情况下被轻易获取，而且使我们的个人信息在利益的驱动下被商家随意使用、共享与交易。近年来，民众开始收到越来越多的垃圾短信，接到越来越频繁的骚扰电话，其中绝大多数都是营销广告，这甚至开始影响大家的正常生活，顺势也产生了很多防止骚扰短信、电话的移动应用程序（App）。对于商家是如何获取用户个人信息的，个人信息所有者不得而知，所有商家在使用和传播这些信息时都没有经过用户的同意。

在大数据时代，个人信息越来越容易也越来越普遍地被商家随意使用和交易。联系方式、出生日期等个人信息的泄露、滥用只是影响了人们的生活和心情，但是如果身份证号、家庭住址等重要信息被泄露就会造成很严重的问题，甚至可能涉及违法犯罪。大数据的广泛使用让我们的个人信息唾手可得，然而我国还没有建立起一套完善的个人信息保护机制，群众无法有效使用法律武器保护自己的个人隐私。

（三）个人信息因销毁不彻底而产生信息泄露风险

维克托·迈尔-舍恩伯格曾经说过："数字技术已经让社会丧失了遗忘的能力，取而代之的则是完美的记忆。"在信息科技高速发展的时代下，大数据数字化信息具有低成本、易复制的特点，搜集者获取数据信息的成本越来越低，而且一旦搜集成功就很难通过简单的删除操作彻底销毁，因为一不小心就会在曾经传输过的其他地方留下痕迹或被别人窃取。因此，数据销毁不彻底就容易带来信息被泄露或窃取的潜在可能性。也就是说，一旦我们的个人信息被录入互联网系统，即使相关运营商说会在未来删除这些数据信息，但是想把我们的个人信息真正彻底地从互联网中消除几乎是不可能的，也是无法保证的。

二、大数据与金融信息安全

在金融市场上，数据分析师在获取大量数据后，会运用大数据技术对大规模、多种类的低价值数据进行分类、处理和分析，从而提取出想要的高价值信息。因此，随着信息技术的发展，越来越多隐藏在金融市场背后的金融信息将被数据分析师通过大数据技术挖掘出来，并帮助投资者做出市场决策。但是当这种技术的应用被滥用而跨越合理的界限时，就会对金融信息安全造成严重威胁。

（一）数据服务商的信息滥用

随着大数据的广泛使用，各行各业越来越依赖于数据库的使用，数据服务商也因此获得了前所未有的信息特权。数据服务商可能为了自己的利益而逾越合理的界限，在用户不知情的情况下通过对用户信息的集中管理和量化处理来获得用户的大量数据信息。所以，当数据服务商针对政府机构或大型金融机构进行信息搜集和研究分析时，就有可能会泄露国家的重要金融信息，造成不可弥补的经济损失。

随着我国经济金融的发展，我国的金融机构对国外数据服务的需求不断扩大，因此其带来的潜在风险也越来越不可忽视。一旦重要的交易活动信息被泄露，可能会冲击我国金融市场，影响市场的稳定运行，甚至给我国金融市场带来不可估量的损失。

（二）境外机构的信息监听

大数据监控模式可以用于金融市场中，暗中盗取他国重要的金融信息数据，从而对他国的经济发展和社会稳定带来严重威胁。如果一国金融业网络系统的软硬件都过度依赖于国外产品，那么一旦国外生产商预留“后门”，则该国金融业的内部信息就会被国外机构获取并加以利用，就会造成十分严重的后果。

拓展阅读

有关境外机构信息监听的案例

（三）大数据时代的数据入侵

储存在互联网中的个人信息数据随时面临着黑客攻击的风险，而大数据技术的广泛使用为黑客攻击金融机构和金融企业带来了更多的可能性。黑客利用大数据技术可以通过后台程序、信息炸弹、网络炸弹等方式同时控制并攻击上百万台计算机，频率也远超过了过去的单点攻击，更容易成功入侵目标计算机并盗取数据信息。此外，传统的安全分析工具也很难对数据进行精确保护，因为大数据的价值密度较小，隐藏在大规模数据中的黑客攻击会误导安全检测。因此，黑客对大数据技术的利用不仅提高了成功入侵并获取金融机构内部信息的概率，而且给金融机构的网络安全分析和保护带来了新的困难。随着大数据技术在金融业的推广以及各金融机构间的联系愈发紧密，一旦发生黑客入侵和信息泄露的情况，就会给金融业带来巨大的损失。

三、大数据与金融市场风险

基于大数据形成的金融产品和辅助金融决策在金融业越来越受欢迎。但是，大数据技术能在金融业中发挥积极作用的重要前提是能够被合理使用。如果金融从业者盲目使用或误用大数据技术，就可能得到意想不到的结果，形成无用的金融产品和错误的金融决策，甚至影响经济的稳定发展和金融市场的正常运行。

（一）数据风险

大数据技术分析只能得到事物间的相关程度，而无法得到事物间的因果关系。因此，只关注“是什么”而忽视“为什么”的分析决策方式在促进金融创新的同时，也会造成新的数据风险。首先是大数据本身就存在的真实性问题。大数据具有规模大、来源广等特点，所以在只关注相关性而不关注因果性的模式下，我们很难去筛选分析所需要的高质量数据。此外，基于大数据的分析决策结果对所用数据的数量和质量十分敏感，一旦其中掺杂了虚假、错误的信息，就会得到不准确的分析结果，从而做出错误的决策。其次，由于不再基于传统的随机样本进行分析，传统的统计分析方法，比如对于因果关系的逻辑推理方法，将不再适用于对大数据的分析。这就可能会导致大数据分析得到的实物间的相关性其实并不真实存在，而只是数据量的简单扩大所形成的假象。因此，即使数据是真实正确的，仅仅凭借大数据的技术分析也可能得到虚假无用的结果，由此做出的决策也是错误的。

（二）交易风险

近年来，大数据技术也开始被应用于高频交易中，在推动交易策略创新的同时，也带来了隐藏的交易风险。因为在标准化、程序化的高频交易中，基于大数据的交易算法很容易受到上文所讲“数据风险”的干扰。一旦高频交易所使用的大数据中混杂了虚假错误的信息，就很难人为排除，交易者可能会立即做出错误的交易决策，从而造成巨大损失。与此同时，如今程序化交易被普遍应用于各大金融机构中，一个机构的错误决策可能会对其他机构的交易程序甚至整个市场释放出错误的信号。随着错误交易决策的蔓延和传导，单个机构的风险可能迅速发展成整个金融市场的风险。

四、大数据时代的数字鸿沟

数字鸿沟（digital divide）是指在全球数字化进程中，不同国家、地区、行业、企业、社区之间，由于对信息、网络技术的拥有程度、应用程度以及创新能力的差别而造成的信息落差及贫富进一步两极分化的趋势。

严格来说，并不是大数据带来了数字鸿沟，而是大数据让数字鸿沟问题日益加剧。大数据时代数字鸿沟的表现主要是数据信息资源享有方面的数字鸿沟、技术应用方面的数字鸿沟、思维方式差异引发的数字鸿沟。数字鸿沟的一大表现就是数据孤岛。所谓的数据孤岛，分为物理性和逻辑性两种。物理性的数据孤岛指的是数据在不同部门相互独立存储，独立维护，彼此间相互孤立；逻辑性的数据孤岛指的是不同部门站在自己的角度对数据进行理解和定义，使得一些相同的数据被赋予了不同的含义，加大了跨部门数据合作的沟通成本。

数据信息资源享有方面的数字鸿沟是指在大数据时代，谁掌握了数据信息资源，谁就拥有了一笔可贵的财富，可以将数据信息转化为经济利益或社会价值。一些互联网企业是数据信息的优先掌握者或所有者。这些互联网企业有便利的条件能够获得各类用户的信息，它们有能力去总结和筛选出有价值的信息，从而利用这些数据信息挖掘用户需求点、创新产品、为客户提供更符合需要的服务，从而获得可观的收益和价值。与此相反，一些中小企业或普通民众根本无力收集各类数据信息，没有获得数据信息的途径，无法获得各类所需数据信息。这就出现了数据信息资源享有方面的数字鸿沟。消除这类数字鸿沟的最好办法是数据流动和分享。但是现实中掌握大数据的企业因为利益往往不会将大数据无偿分享，物理性的数据孤岛就是典型。

技术应用方面的数字鸿沟是指大数据来源种类繁多、数据类型复杂，这些数据不经过大数据技术处理的话根本不能使用，必须利用大数据技术进行筛选、校验、分析，提升数据的可用价值，可是普通民众和一般企业没有专业的技术，不能对这些数据进行搜集、分析与处理，无法用常规软件工具进行捕捉、管理和应用，这无疑是无法跨越的技术应用方面的数字鸿沟。

思维方式差异引发的数字鸿沟是指有人不能理解大数据的真正意义以及潜在的价值，有人虽然能够认识到大数据背后的价值，但是没能掌握大数据技术，不能很好地开发和利用大数据。这些都会引起不同程度的数字鸿沟。逻辑性的数据孤岛就是典型。

大数据时代的数字鸿沟在本质上是与城乡差异、脑体差异、工农差异等类同的新型社会不公平现象，指向的是“信息富人”和“信息穷人”的差异。有些阶层能够轻松获取各类信息资源，有的则成为信息“边缘人”，由此带来了新的社会不平等，引发了新的公平危机。数据的生命力就在于流动和共享，如果手握大数据却拒绝和别人共享，不把大数据运用到经济社会发展中，不运用大数据为他人服务，那么大数据就失去了原有的意义。因此，数字鸿沟会引发大数据时代的共享危机。

不过大数据的数字鸿沟最触目惊心的是信任危机。没有人能够完全控制大数据，这使得用户隐私泄露的机会增多。一些组织或个人通过窃取、倒卖互联网用户资料来谋取利益，利益驱动成为互联网隐私泄露的主要原因之一。一方面，由于现在市场竞争激烈，一些企业恐会将用户隐私泄露出去，从中获取利益；另一方面，非法出售用户信息的企业不仅可以单方面地获取利益，还可以与接收用户信息的公司合作，以此达到“双赢”的效果。但是日常很多用户没有意识到，当自己在互联网上毫无顾忌地分享个人信息时，个人信息已经被互联网永久记录下来了。

思考题

1. 请回答大数据的4V特点具体指什么，并思考这些特点是如何赋能金融科技的。
2. 请概述大数据处理的流程。
3. 请思考如何将大数据应用到我们的学习与研究中。
4. 尝试复述信息经济学的基本内容，解释大数据如何在金融领域中发挥功用。
5. 大数据时代的数字鸿沟具体可以分为哪几类？思考你在日常生活中是否遇到过相关的问题。

第三章

云计算

导　言

本章对云计算进行概览式介绍。随着互联网科技的不断发展，人们对随时随地使用移动互联网服务的需求日益增加，云计算应运而生。云计算通过将复杂的操作请求拆解为若干个小片段，使之同时进行操作，能够快速满足人们的多项需求，便利人们的生活。云计算已经悄然进入人们生活的方方面面，为人们日常生活中的线上办公、文件共享、数据存储等一系列服务提供了技术基础。

学习目标

1. 掌握云计算的定义、特点，了解云计算大致的演进过程和国内外发展简史。
2. 了解云计算的分类及功用，了解云计算在金融各部门中的不同职能。

核心概念

云计算　虚拟化技术　分布式存储技术　算力

随着互联网科技的发展，数据不断增多，计算量也在不断增大，人们随时接入移动互联网服务的需求也在不断增加。为降低终端压力，寻找一种更加高效、快速、低成本的计算资源，云计算应运而生。而云计算的名字也形象地反映了该项技术的本质，即在一定的规则下，来自用户的相对复杂烦琐的操作请求可以被快速而有效地拆分为一个个的小片段，然后这些小片段被发送给不同的机器程序，使得各个小片段部分的运算可以同时进行，分担了每台机器程序的工作量，最后再统一地将这些计算结果整合，即可输出给用户。所有计算资源集结起来看成一个整体（一朵云），通过并发使用资源快速完成操作请求，实现同一片云彩下打破空间界限的共享。云计算带给企业和个人的便利就像水、电和燃气的供给，在云计算时代，人们使用计算资源就如同使用水、电、燃气一般方便。

云计算早已悄无声息地渗透到我们日常生活的点点滴滴。在工作中，云计算技术支持的线上办公软件（如谷歌的 Apps、微软的 SharePoint）使得不同地区不同业务部门的同事实现了远程团队协作、工作文件共享的美好愿景；在休闲娱乐中，云计算服务提供商提供的“云”平台承担了大量音乐、影视等电子数字资源的存储任务，使得我们不需要提前下载，即可随时随地聆听最新的音乐、观看热门的影视资料并快速与亲朋好友共享；在日常生活中，我们仅仅需要一个账号和密码，便可以快速便捷地存储备份大量的个人数据，不用担心丢失。而这些应用还仅仅是云计算最基础的提供服务模式。除此之外，云计算还可以为用户提供快速弹性的可度量服务，用户按需自取，获得了极大的便捷。

第一节　云计算概况

一、云计算的定义

不同的机构对云计算有不同的定义。维基百科对于云计算的定义为“云计算是一种基于互联网的计算新方式，通过互联网上异构、自治的服务为个人和企业用户提供按需即取的计算”；而 IBM 则认为“云计算是一种新兴的信息技术（IT）服务交付方式，应用、数据和计算资源能够通过网络作为标准服务在灵活的价格下被快速地提供给最终用户”，强调通过云计算为最终客户提供的不仅有“计算”，还包括通过网络标准化的“应用”和“数据”服务。

在云计算众多的定义中，影响力较大的是美国国家标准与技术研究院于 2011 年下半年公布的云计算定义的最终稿，即“云计算是一种模型，它可以实现随时随地、便捷地、随需应变地从可配置计算资源共享池中获取所需的资源（例如网络、服务器、存储、应用及服务），资源能够快速供应并释放，使管理资源的工作量和与服务提供商的交互减小到最低限度”。通俗理解，就是通过云计算技术，各种软硬件资源（数据、存储、计算、算法、网络、应用）可以像水电供应等公用事业一样，按需即取。这是广义维度的云计算。单纯从技术层面来看，狭义的云计算指一整套虚拟化和分布式的技术体系，但由于该定义过度关注具体的技术，对于服务模式和商业模式重视不够，长期容易低估云计算的社会推动力及影响力。值得一提的是，在我国国家层面，2015 年 1 月发布的《国务院关于促进云计算创新发展培育信息产业新业态的意见》（国发〔2015〕5 号）（以下简称《意见》）指出：“云计算是推动信息技术能力实现按需供给、促进信息技术和数据资源充分利用的全新业态，是信息化发展的重大变革和必然趋势。”《意见》虽未正面给出云计算的定义，但是将云计算称为“全新业态”“大变革”“必然趋势”，对于我们进一步理解云计算及其在我国的现状与发展趋势有一定的参考价值。

二、云计算的发展历程

云计算被誉为数字时代的“智能引擎”、互联网领域的“水电气”，作为信息革新最重要的底层技术之一，其诞生与发展离不开软硬件技术的发展、巨大的社会需求及商业模式的创新驱动。

软硬件技术的发展主要是指具备与完善构建云计算平台的基础工程条件，主要包括虚拟化（virtualization）技术和软件定义网络（SDN）技术的不断发展和成熟。巨大的社会需求主要是从用户角度出发，云计算技术在政务、医疗、金融等领域的运用极大提高了服务效率与资源利用率，其按需分配、按量计费的配置模式能够为企业节省大量成本，“数据上云”是经济社会发展的必然趋势。商业模式的创新驱动主要是指订阅制和即付即得（pay-as-you-go）的新型计费方式，它们与云计算打破了传统计算存储架构，分布式处理与管理数据的技术形态相一致，适合B端需求。

回首过去十多年，云计算作为一项新兴技术，主要经历了萌芽与布局时期、探索与竞争时期和发展与繁荣时期三大阶段，其技术内核与商业模式都实现了质的飞跃，大多数企业对云计算的态度也从抵触排斥转变为主动研发。现有的云计算包含公有云、私有云和混合云，由于公有云最早出现，其发展态势几乎覆盖云计算领域的所有典型企业。本书主要从公有云的角度对云计算的演变过程进行剖析与介绍。

（一）萌芽与布局时期（2006—2011年）

2006年，亚马逊上线亚马逊网络服务（Amazon Web Service，AWS），标志着云计算技术正式拉开帷幕。亚马逊最初提供的服务主要集中于纯IaaS（基础设施即服务）层面，以弹性计算云（Elastic Compute Cloud，EC2）和简单存储服务（Simple Storage Service，S3）两大主流产品为代表。前者是基础的虚拟化计算环境；后者是高扩展、高持久性的分布式存储服务。

随着AWS的成功推出，越来越多的科技巨头开始布局云计算技术的研发和运用。可以说，2008年是云计算发展史上真正的“元年”，全球云计算巨头纷纷发布或筹备云计算服务：微软宣布上线Windows Azure预览版①，通过向开发者提供微软全球数据中心的储存、计算能力和网络基础服务，正式开始技术与服务托管化和线上化的尝试；谷歌推出Google App Engine（GAE）预览版②，力图打造一个面向所有程序员开放的开发、托管网络应用程序平台，定位倾向于PaaS（平台即服务）层面；阿里云开始筹办公共开放的云计算平台。除了传统IT巨头，中小IT企业也将目光聚焦到云计算领域，CloudStack、OpenStack等开源云计算平台应运而生。

在萌芽与布局时期，各科技企业开始尝试将云计算技术运用至商业领域，基本形成了云计算服务的三大形式［SaaS（软件即服务）、IaaS、PaaS］，并初步区分了存储与计算服务两大细分领域。

（二）探索与竞争时期（2012—2014年）

当云计算玩家们纷纷入场后，云计算行业进入了激烈的探索与竞争时期。

在IaaS的计算层面，供应商通过更新中央处理器（CPU）、改善机型内存、研发固态盘（SSD）云盘等方式提升基础设施性能，并将不同参数的机型摆上货架，赋予应用程序开发者以多元化选择，琳琅满目的IaaS市场仿佛一个云端的中关村IT商城。在IaaS的存储层面，原有功能得到细化与革新，通过引入冷、热乃至存档的各级分层，推出网络文件

① 2010年，微软正式发布Windows Azure云服务，并于2013年开始在Azure上支持IaaS。
② 2011年，谷歌正式发布谷歌云平台（GCP）云计算产品。

系统（NFS）文件存储服务等形式，弥补了托管磁盘在跨机器文件共享方面的操作局限。

与如火如荼的 IaaS 市场所不同的是，主流 PaaS 领域表现得不温不火。以 Google App Engine 为例，除在原有的 Python 语言基础外增加 Java/Go 等多种编程语言外，它并未对服务器平台做出创新突破。但可喜的是，PaaS 的细分领域——泛数据库类服务（DBaaS，又称数据库即服务）得到迅速发展。值得一提的是，在百家争鸣的 Cloud2.0 时代，国内云计算项目如雨后春笋般涌现，除阿里云以外，腾讯云、百度云及三大运营商纷纷试水，UCloud、七牛云、青云等独立的云计算初创企业相继成立。

（三）发展与繁荣时期（2015 年至今）

随着各大企业与运营商在云计算领域的布局与探索，开创者们对市场反馈和客户需求有了更清晰的洞察与认知，开始在产品设计与商业模式上进行大胆创新，由此带来了云计算的繁荣发展。

在 IaaS 的计算层面，供应商不断推出细分场景和行业下适用的虚拟机，如采用 CPU 积分制的性能突增实例、适用于机器学习与 AI 的 GPU（图形处理单元）实例等。而在计费规则方面，各厂商相继推出差异性更大的计费模式，如包年包月、预留实例、竞价实例等。在 IaaS 的存储层面，云计算企业开始以一体化方式进攻垂直市场，在国外主要体现为 Amazon CloudFront 和 Azure CDN（内容分发网络）等云服务产品与 Akamai 的激烈角逐，在国内以阿里云为代表的云计算厂商大举进入 CDN 领域，通过价格战抢占传统厂商的市场规模。

而 PaaS 企业不再追求统一的应用程序框架，转为通过提供可复用中间件（middleware），与 IaaS 基础设施集成联动，以 Azure App Service 为例，用户可通过开启服务内置的 VNet（虚拟网络）集成来配置与私有网络的安全通信，从而与 IaaS 的虚拟网络进行融合，这大大提高了 PaaS 在整体架构中的可接受度。另外，作为 PaaS 细分市场的 DBaaS 则势头喜人，主要体现为经典关系型的数据库开始向 NoSQL（非关系型的）数据库转型，开源数据库如 MongoDB、Redis、Kafka、Elasticsearch 等得到迅速发展。

至此，云计算技术与商业模式已全面走向成熟，从横向上开展不同行业布局，进行云计算内部三大形式的整合，并与大数据、人工智能等新兴科技集成发展；从纵向上深入垂直市场，构建一体化的云计算体系，不断抢占传统供应商的市场份额。

三、云计算的核心技术及构成

（一）云计算的核心技术

云计算是大规模分布式计算技术及其配套商业模式演进的产物，它的出现有赖于虚拟化技术、分布式存储技术和编程模式等核心技术的共同发展。

（1）虚拟化技术。

虚拟化技术是将计算机的物理硬件抽象化、仿真化，并转换成可任意分割、可任意组合的一个或多个虚拟计算机配置，以进行资源管理与优化的技术。它为云计算提供了基础配置的支撑，是 ICT（信息与通信技术）与云计算相融合的首要驱动因素。

虚拟化技术打破了硬件间的物理划分，将计算机架构灵活化，可以降低配置成本、提高资源利用效率。云计算综合运用了平台虚拟化、资源虚拟化和应用程序虚拟化等技术。

（2）分布式存储技术。

传统的集中式存储以本地存储的形式存在，而分布式存储通过去中心化、去本地化，达到以软件定义存储为主。具体而言，一般采用标准 x86 服务器和网络互连，并在服务器上运行存储软件，以实现系统整体的存储服务。云计算的一大优势是可以迅速、精确地处理，并安全储存海量数据，而分布式存储技术在灵活性、扩展性和安全性上满足了这一要求。GFS（谷歌文件系统）和 HDFS（Hadoop 分布式文件系统）是现有的较为流行的云计算分布式存储系统。

（3）编程模式。

从实质来看，云计算是支持多用户、多任务并发运算的系统，基于网络进行终端与云端的数据传输，具体而言，终端用户将数据传输至云端服务器，服务器通过高频处理将资源分发到终端用户，这种高效并发、去中心化的数据处理模式要求一种全新的编程模式作为载体，分布式并行编程模式则能通过将待处理的任务自动划分为多个子任务，并独立进行调度处理，最后汇整输出结果，保证了海量数据的运算与传输过程的便捷性与稳定性。

（二）云计算的构成

美国国家标准与技术研究院定义了通用的 NIST 云计算架构参考模型（见图 3－1），该模型详细列举了主要的云计算参与者，以及其各自的分工，这是目前较为重要的参考模型。

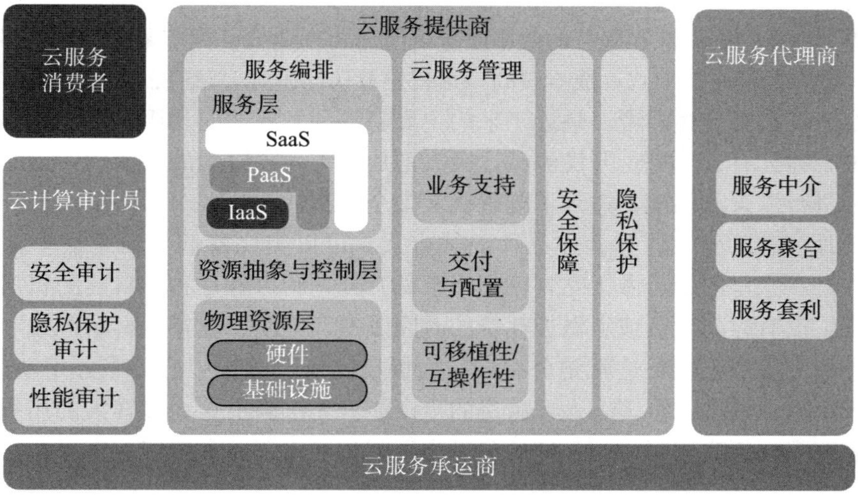

图 3－1　NIST 云计算架构参考模型

NIST 云计算架构参考模型定义了 5 种角色，分别是云服务消费者、云服务提供商、云服务代理商、云计算审计员和云服务承运商，每个角色的功能如表 3－1 所示。

表 3－1　NIST 云计算架构参考模型角色及功能

角色	功能
云服务消费者	租赁云服务产品的个人或单位组织
云服务提供商	提供云服务产品的个人或单位组织，如阿里云、腾讯云等

续表

角色	功能
云服务代理商	代理云服务提供商向消费者销售云计算服务并获取一定佣金的个人或者单位组织
云计算审计员	能对云计算安全性、云计算性能、云服务及信息系统的操作开展独立评估的第三方个人或者单位组织
云服务承运商	在云服务提供商和云服务消费者之间提供连接媒介，以便把云计算服务产品从云服务提供商那里转移到云服务消费者手中，如中国电信

如果只看云计算的系统，其组成有四个主要的部分：云平台、云存储、云终端和云安全。

（1）云平台。

云平台是整个系统的基础，里面包含大量的硬件资源，如CPU、存储器、交换机等，在隐去不同的底层设备的差异性的同时用一种更为简洁透明的方式向用户提供计算环境、开发平台、软件应用等方面的多样化的服务。

从用户的角度来看，云平台主要有三种部署资源的方式：公有云、私有云和混合云。

①公有云：核心属性在于贡献计算资源等服务，通常由第三方供应商来提供，用户可以较便捷地通过网络来使用，成本较低。

②私有云：并不公开对外贡献，由客户单独构建并使用，是一种专有资源。私有云可以较有效地控制数据的安全性和服务的效率质量，但需要企业自己拥有基础设施并懂得在此基础设施上部署应用程序的方式，成本较高，远程位置访问困难。私有云主要面对企业用户。

③混合云：融合上述两者，是近年来的主要趋势和发展方向。用户可以在私有云上运行关键业务，在公有云上进行开发测试，极大增加了云计算应用的灵活性；同时它将公有云和私有云进行混合和匹配，达到了既省钱又安全的目的。

通俗地理解和区分云计算上述三种部署方式，可以类比我们生活中最平常的吃饭场景。我们自己在家里的厨房做饭吃，就相当于私有云，厨房就是我们自建的机房；如果我们因平时很忙没有时间做饭或者做饭耗费的时间成本、空间、设备、材料等成本过高而选择天天在外面的饭店吃饭，这就是公有云，而饭店就是云数据中心，服务于众多的用户；如果有一天家里突然来了很多客人，厨房的生产能力无法满足这么多客人的用餐需求，我们选择带着客人到饭店用餐，而我们的父母为了节省费用等因素仍留在家里自己做饭，这就是混合云了。

云平台依据提供服务的模式不同，可以分为IaaS、PaaS、SaaS三种类型。

①IaaS：主要通过互联网提供数据中心、基础架构硬件和软件资源，相对基础，应用空间更为广泛。

②PaaS：已提供基础的架构，使用者不必购买开发、质量控制或生产服务器，在已有平台基础上即可建设新应用或者对已有应用进行拓展。

③SaaS：通过互联网来直接提供软件，用户只需从提供商那里租用基于全球广域网的软件，即可在上面开展管理企业的经营活动。

为了更加直观地理解以上三种类型的关系，可以借助生活场景做一个简单的类比：就整个面包的制作过程而言，卖原材料小麦的企业甲就相当于在做IaaS；中游卖面粉的企业乙相当于在做 PaaS；出售面包的面包店丙相当于在做 SaaS。甲觉得卖小麦利润低且不好打造品牌，便向下游延伸，开始卖起面粉，相当于 IaaS 企业逐渐做 PaaS；丙面包销量好，对于面粉的需求量大，不希望被面粉供应商乙控制，于是将产业链向上游扩展，也开始生产面粉，就相当于 SaaS 企业做 PaaS。

（2）云存储。

云存储的主要功能为通过将运用集群应用、网络技术或分布式文件系统等功能的应用软件集合起来，进行协作配合的工作，将网络中大量不同类型的存储设备组成一个覆盖范围广、包容性极强的“大云朵”系统，共同对外提高数据的存储和业务访问等功能。

（3）云终端。

云终端是云计算应用的终端环节、终端技术源，桌面终端无须许可，大幅减少了硬件投资和软件许可证的开销，即可帮助终端用户独立享用完整的 PC（个人计算机）功能，同时也可单机多用户，减少维护、电力等成本。这是信息时代的高级产物，也是云计算基础技术连接现实应用场景的桥梁。

（4）云安全。

云安全中包含大量的新型技术和概念，如并行处理、未知病毒行为判断、网格计算等。或许这些概念听起来比较陌生，但是其作用机理非常易于理解，主要通过对网络中软件的异常行为进行及时的检测和解决方案的反馈实现。监测对象为网络中连成网状的大量客户端的异常行为，而监测的成果就是获取互联网中潜在病毒的最新消息，将这些数据信息及时地传送到服务端，进行设定算法下的自动分析与处理，快速给出解决方案并传送到每一个客户端，保障网络安全。

四、云计算的特点

云计算的基本特点主要有六点：

（1）规模大。

要支撑云计算所需的算力，要求云计算提供方具有相当大的规模。谷歌云计算已经部署了超过百万台服务器，亚马逊、IBM、微软、雅虎等的云计算均拥有几十万台服务器。一般的企业私有云也拥有成百上千台服务器。

（2）虚拟化。

根据 NIST 标准，云计算企业要实现计算资源的虚拟化、存储资源的虚拟化、网络资源的虚拟化，即用户并不能了解云计算资源池的准确划分，也不能确定云计算资源池是由哪个数据中心提供的，但能够在任意位置、使用各种终端获取相应的应用服务。

（3）高可靠性。

为了防范云上数据的丢失，云计算的提供商往往需要使用数据多副本容错、计算节点同构可互换等措施来保障服务的高可靠性，以支撑不同情况下高并发任务的处理能力。

（4）弹性可扩展。

云计算拥有一种快速、弹性提供与释放资源的能力，对用户而言，云计算的存储规模、算力水平可以动态伸缩，以满足不同应用和规模增长的需要。

（5）按需量化服务。

云计算系统需要给用户提供即时即付即用的服务，并能够根据用户需求进行动态调整，同时，云系统要根据服务类型、服务时长、服务难度对服务成本进行量化，从而向用户收取合理的费用。

（6）低成本。

对于用户来说，云计算所提供的容错措施可以使不掌握安全技术的企业采用极其廉价的节点来进行云上数据保护，大量利用云计算的企业也无须负担日益高昂的数据中心管理成本。此外，一些小微企业可以使用云计算来完成一些需要较高算力但频率较低的任务，从而避免了修建大型数据中心但可能长期闲置的风险。

五、云计算的发展现状及展望

2021 年，以 IaaS、PaaS 和 SaaS 为代表的全球公有云市场规模达到 3 307 亿美元，增速达到 32.5%（见图 3－2）。中国云计算市场持续高速增长，截至 2021 年，中国云计算整体市场规模达 3 229 亿元，增速达 54.42%。其中，公有云市场规模达 2 181 亿元，相比 2020 年增长 70.79%；私有云市场规模达 1 048 亿元，较 2020 年增长 28.75%。

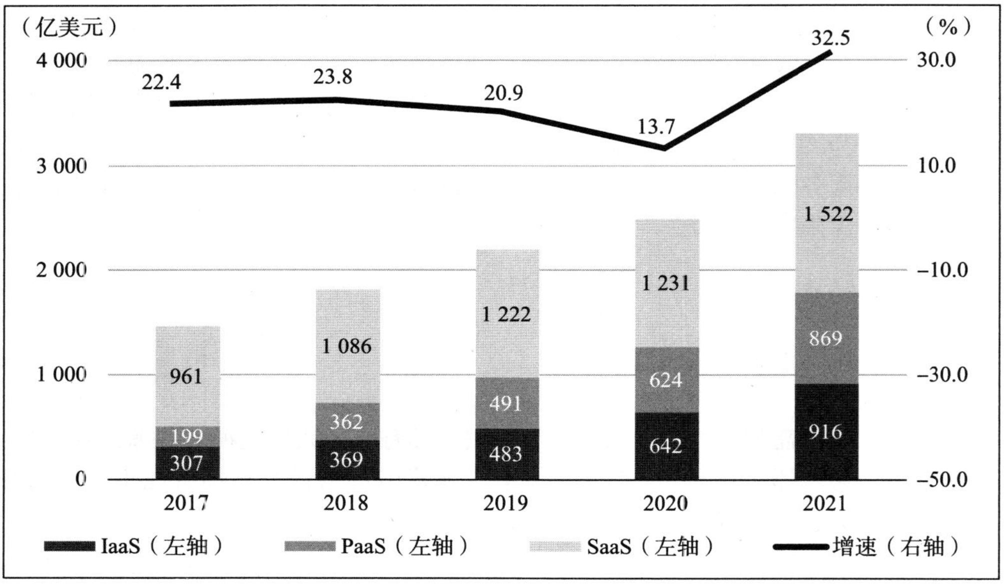

图 3－2　全球公有云市场规模及增速

在市场份额方面，据中国信息通信研究院调查统计，2020 年，阿里云、天翼云、腾讯云、华为云、移动云占据中国公有云 IaaS 市场份额前五；而在公有云 PaaS 方面，阿里云、腾讯云、百度云、华为云仍位于市场前列。

第二节　云计算的功用

近年来我国政府高度重视云计算产业发展，其产业规模增长迅速，应用领域也在不断扩展，从政府应用到民生应用，从金融、交通、医疗、教育领域到创新制造等全行业延伸拓展。云计算经典应用场景如表 3-2 所示。

表 3-2 云计算经典应用场景

场景	说明
大规模数据处理云	大规模数据处理云能对海量的数据进行大规模的处理，可以帮助企业快速进行数据分析，发现可能存在的商机和存在的问题，从而做出更好、更快和更全面的决策
虚拟桌面云	虚拟桌面云可以解决传统桌面系统高成本的问题，其利用了现在成熟的桌面虚拟化技术，更加稳定和灵活，而且系统管理员可以统一地管理用户在服务器端的桌面环境
云存储系统	云存储系统可以解决本地存储在管理上的缺失，降低数据的丢失率，它通过整合网络中的多种存储设备来对外提供云存储服务，并能管理数据的存储、备份、复制和存档
协作云	协作云是云供应商在 IDC（互联网数据中心）云的基础上直接构建一个专属的云，在云上搭建整套的协作软件，并将这些软件共享给用户，不同于昂贵的维护相关软硬件和许可证的成本，协作云成本较低
企业云	企业云对于那些需要提升内部数据中心的运维水平和希望能使整个 IT 服务更围绕业务展开的大中型企业非常适合

基于云计算规模大、虚拟化、高可靠性、弹性可扩展、按需量化服务、低成本的特点，云计算将在 IT 产业各个方面都有其用武之地。根据在不同场景中作用的不同，云计算主要有节省成本、可扩展性、互联互通、大数据分析四大功用。

一、节省成本

云计算首要的一项好处是可以有效地降低 IT 投入成本。此前各机构为适应业务发展需要而进行的 IT 建设必须“从头开始”：解决场地问题；购买大型主机设备；建立专门的管理部门；开发系统和应用程序；反复调试并最终上线。整个开发周期很长，一次性开发投入代价高昂。当转而采用云服务时，前期的设备购买、系统和应用程序开发甚至部分管理团队都由云服务提供商完成，机构需要做的是清晰地表达自己的业务需求，实现自身终端业务和云服务器有效对接即可。

云计算的成本优势对中小企业来说更是一件令人欣喜的事情，因为在没有云的时代，中小企业往往受资金约束，在大规模 IT 投入方面比不上大型机构，最终在信息基础设施方面的劣势演变为了终端业务上面的劣势。云计算为中小企业提供了用轻资产撬动重业务的绝妙机会。云服务的成本优势不仅体现在初期投入，还体现在后期运营方面。在实践中，企业业务的主机运算支持并不完全需要时刻待机，闲置和无应答程序对计算资源的占用构成了企业本地化主机运营成本的一部分。这些不必要的成本也许会随着云服务在企业的全面采用而降低。云服务商通常会配套地提供自动化调度管理系统，不需要人为干预就可以指定时间或指定条件运行终止程序。当闲置程序被终止后，云计算资源被释放，机构不必再为此部分流量付费，节省了运营成本。

二、可扩展性

云计算的可扩展性可以被简单地理解为“用多少买多少，不够还有”。信息基础设施不仅要满足日常业务的运算需求，还要满足极限峰值条件下的运算需求。因此，企业在部署本地服务器的规格容量时必须选用峰值标准，才能扛得住诸如“双十一”这样有巨额交易的场景。峰值标准远高于日常的平均标准，但是峰值出现的频率又非常低，这就造成了使用高成本采购的本地设备能力的浪费。

云服务器的可扩展性允许企业根据自身的业务需求伸缩调整云服务的容量规格，而且这样的伸缩是无缝的，使用时扩展容量与原容量不会有差异。企业可以在平时租用正常水平云服务容量，在可预见到的计算峰值来临时使用扩展增加处理能力，峰值过后再回到日常的容量水平。可扩展性让企业的云服务支出变得具有精确性，IT 成本的管理更加细致。

可扩展性的意义还表现在企业长期增长的服务上。随着企业业务量的增加，更多云服务需求是大势所趋。传统物理设备在面临增长带来的扩容时通常力不从心。首先，本地物理设备一旦购进，就必须折旧。在科技快速发展的时代，本地物理设备即使能有很长的物理寿命，但其技术标准已经不能支撑新业务。企业唯一的选择是处置这些设备，完全地使用更大容量的新设备进行替代。这期间发生的折旧费用、设备重置费用是一笔庞大的开支。其次，建立在旧设备上的系统和应用程序总是存在与新设备的兼容性问题。新旧迁移时，不可避免地要对系统和应用程序进行兼容性设计。云服务的无缝可扩展性大幅度地解决了这两个问题。原云空间无须折旧、无须更新换代，即使更新换代，也是云服务商的事情，且云服务商有责任保证企业客户数据在迁移时的完整性和安全性。新云空间可以直接加装在原云空间上，新旧空间对接十分顺畅，标准高度统一，兼容性很少成为一个问题。

三、互联互通

互联互通这一优势能直接通过“云”的命名体现，早在云计算这一概念被提出时就被人们认知到了。客户使用云服务后，好比头顶上空有了一朵如影随形、不离不弃的云彩，无论客户在什么地方，用什么设备，这朵云彩都能帮助客户提供信息服务。有使用网盘服务的读者想必对此深有体会，用户可以在任意地理位置访问个人网盘空间，电脑、手机等不同设备之间还能共享同步。这总是让人感到我们仿佛向万物互联的世界迈出了一大步。

各机构常常为不同地域中心主机和分主机之间的数据交流而烦恼。通常地，当机构根据事业群将业务托管在自建的几大中心设备上时，要想完成集团层面的数据交流，只能通过集团行政管理的方式要求将各部分数据上报汇总，再由集团统一配发给各需求部门。内部管理成本很大，时间效率赶不上业务拓展的要求。在云服务架构下，机构的所有业务托管在统一的云服务中心，不同部门、不同地域都能依照自身的权限访问整合后的云数据库。机构内部不同部门、不同地域的业务协作成本因为信息基础设施的互联互通而有效降低。

四、大数据分析

在现代计算机系统的运行中，计算机大数据分析是一个非常重要的部分。而在计算机大数据分析中，云计算是一个不可或缺的环节。云计算技术的发展为人们的生活创造了更多的便利性。通过云计算技术，可以将各种不同的数据和信息从计算机上迁移到云上，从而形成一个虚拟的计算机存储空间。当企业在运行时，通过云计算技术可以将大量的数据和信息快速存储在云中，使其在处理数据的过程中更加有效、安全、稳定。

在社会快速发展的过程中，可以发现云计算技术的应用已经成为一种优势。云计算技术的灵活性和有效性能够有效整合社会资源，充分发挥相应优势，提高资源利用价值，节约计算机投资成本，更好地体现云计算技术的优势和价值。在计算机大数据分析的过程中，云计算技术得到了应用。为了充分发挥该技术的综合性和优势，可以通过云计算技术的支持，建立相应的计算机大数据处理系统模型。通过这种模型的持续运行，可以更好地降低企业的整体运行成本，加强企业内部工作的持续运行效率，从而使企业内部的工作流程更加顺畅简单，充分利用企业的资源。

第三节　云计算在金融中的应用

一、云计算应用于金融的理论基础

我们在回顾云计算从概念出现到被金融业广泛接纳和运用的过程时，既赞叹其能在如此短的时间内发展壮大，也不禁思考其带来的产业和业务模式创新，其依旧遵循了古典的经济学原则——专业化分工与规模经济。对于金融机构来说，这一技术是 20 世纪 80 年代服务器技术开始被广泛运用于支持业务之后，数据存储和运算的又一次大升级。它将业务所需的计算能力变得像我们日常使用的电力一样按需取用，是一种企业级服务发展到高级阶段的典型产物。云计算与电网的模式相似（见图 3－3）。既然金融机构的业务终端要能够在没有独立“发电机”的情况下随时取用“电力”，就需要在“电网”的中心有稳定的“发电站”源源不断地进行供应和传输，这就将“发电”的工作分工给了集团内部的数据中心维护部门，甚至是外部的云计算服务提供商，通过高度分工提高了金融机构中的数据业务专业性，从而改善了整个业务流程的效率。同时，由于“发电站”的规模远大于一台台“发电机”，规模效应下产生的“发电”成本也就低于使用独立设备的成本综合。云计算在实现降低成本、专业维护的同时，更重要的是其平台意义，能够为金融机构内部的众多业务部门乃至多家金融机构提供一站式的数据和计算服务，打通部门间的数据壁垒，从统一平台的分析和运算中挖掘更多价值。

业务人员和消费者可能更加关心这一复杂技术的运用是否提高了其学习成本和操作难度。答案是否定的，因为云计算就像是一个“黑箱”，用户既不需要理解其运行原理和内部细节，也不需要掌握其后台操作的知识，只需要懂得操作手机、电脑等终端设备，通过简洁直观的客户端就可以便利地享用云计算提供的服务。事实上，这对于用户端的设备性能要求也进一步降低，只要网络条件能够满足数据的畅通传输，就能实现业务需要。

云计算的发展和应用无疑助推了我国金融科技业态的高速创新，对于消费者来说，无论是每天使用的支付宝、微信支付等第三方支付工具，还是随时随地都能查看并交易的股票，全天候服务的背后都离不开金融机构搭建的云计算服务器时刻不停的工作；对于机构来说，研发创新产品，提供多样服务，开展精准营销，这些业务顺畅高效的运行也都受益

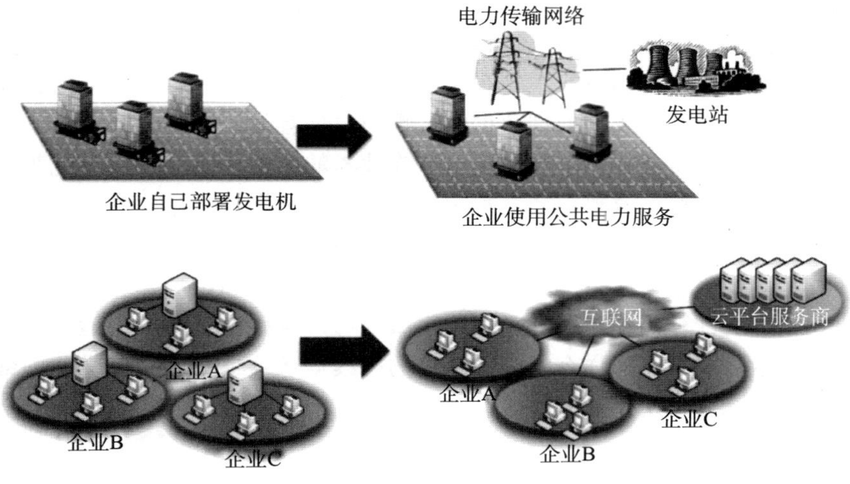

图 3-3 云计算与电网的模式相似

于云计算对于应用部署时间的缩短和研发成本的节约。

二、云计算在银行业的应用

银行业在运用云计算时相对更看重数据存储的安全性和稳定性。我国银行业务规模庞大且处在深刻转型时期，内部长期积累产生的复杂交错的 IT 系统和业务平台既加大了企业管理难度，又很容易造成员工操作失误，数据损坏和丢失的风险很高。如果继续保持原有的数据管理模式，不仅无法连通银行不同系统中的数据，使业务产生需求时难以调取和分析，还为银行在高度市场竞争中灵活开发新应用以占据市场优势地位设下了障碍。一家银行要想实现业务模式和运营模式的创新，在银行业转型的过程中占据潮头，就需要利用好云计算对现有业务进行整合和协同。

对大型银行来说，它可能偏向于使用私有云服务，通过设置几个区域性的云计算数据中心，向其遍布全国的各级单位提供业务平台和应用，集中收集和存储业务数据。对于中小银行来说，在保证安全和合规的情况下，它可以招标有金融服务资质的公有云或混合云平台提供服务，按需付费，节省自建数据中心和培养技术人才的成本。公有云、私有云与混合云的示意图如图 3-4 所示。

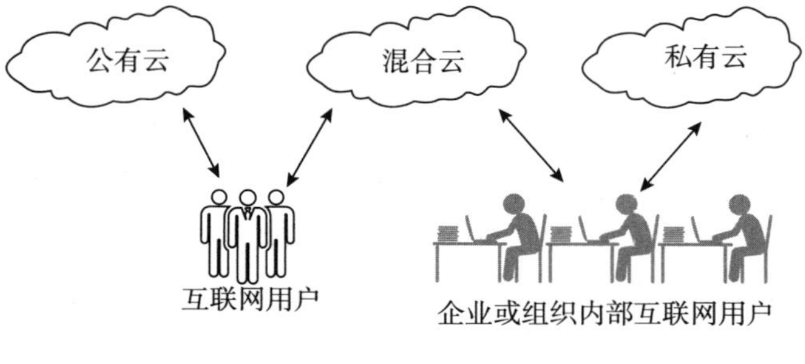

图 3-4 公有云、私有云与混合云的示意图

云计算对于银行的意义无疑是深远的。第一，它能增强银行的数据存储能力和可靠性，这源于云计算的可扩展性和内部高度冗余。相较于独立终端的有限存储空间，云计算充足的容量和便利的扩展方式保障了银行每日交易中生成的种类繁多、数量巨大的数据存储需求。其内部有至少两倍于需求的空间冗余可以满足信息备份的需要，加之专业化团队对数据灾备和病毒防控的管理，即使某台服务器出现故障，也能够迅速通过备份数据恢复业务，将银行业务数据的可靠性推上了一个新台阶。第二，它为银行充分处理和分析数据提供了可能，这得益于云计算的平台特征和足量算力。在大数据时代，日积月累的海量数据蕴藏着银行改善业务的巨大潜能。运用服务器将要处理的庞大程序划分成大量较小的子程序，充分调用未使用的硬件资源单位进行计算，即可开展深度的数据挖掘。第三，它便于银行灵活调度各种资源，实现银行降本增效。在线上，基于很多客户已经更加习惯使用网上银行、手机银行的事实，云计算能够帮助银行动态配置硬件资源来满足客户的在线指令；在线下，对于实体网点的调整和扩张，银行可以将大部分技术成本转嫁给云计算部门或服务提供商处理，极大提高了效率。

我们还可以通过几个典型场景对云计算在银行业中的应用获得一些直观的感受。

个人客户主要能够接触到基于云计算的一站式产品销售、征信评估与信贷审批。先来看看一站式产品销售，手机银行等金融类应用页面上各式各样的理财产品推荐就是云计算在支撑的前台业务。我们可以通过一个应用了解银行及其合作伙伴发布的多种金融产品，使用任何一张持有的银行卡进行购买，还能够在一个界面获得存款和理财账户的实时信息，大幅降低了个人通过银行渠道进行投资理财的操作门槛。接下来是征信评估与信贷审批，云计算的引入可以扩展征信的维度和广度，将分布在诸如交管部门、铁路公司等不同系统中的信用信息整合在一起，有效进行整理，使征信更加精准。在征信系统对客户信用已经有一个合理评估之后，银行再审批贷款，特别是消费信贷等小额贷款时，又可以运用云计算实现客户资料的上传录入，自动审核，乃至账单日自动扣缴还款，在实现信贷业务风险预估的同时，也让信贷业务覆盖到更多客户群体。

对于企业客户来说，云计算能够为银行介入供应链金融和采购到支付流程进行赋能。供应链金融将企业置于产业链之中进行评估，通过与核心企业的业务关系为上、下游中小企业进行增信。云计算进入供应链后，实现了上、下游企业的采购、销售和物流环节协同，即时传输供应链中的信息。对于银行来说，通过云计算反馈的供应链信息，一方面能够动态分析整个生产过程中的状况，判定供应链的稳定性，及时控制风险；另一方面能够为供应链的各个环节提供融资、结算等服务，加深与供应链的合作深度。而企业标准化的采购到支付流程可以基于银行与传统财务系统提供商共建的云上的财务系统，银行在这一过程中能够及时全面掌握企业的业务信息，为实体业务的拓展提供融资和服务。

在现实中，银行业已经开始广泛与云计算厂商进行合作。在国内，比如中国民生银行与百度云合作进行信贷风险管理，通过云计算构建风险识别模型，对于授信企业的底层数据进行风险信号判断，从而减少银行的不良贷款损失。在国际上，比如巴克莱银行基于Pingit云构建了新型的移动支付平台，为终端客户提供丰富的功能，从而在英国移动支付市场占据先机。Pingit云支付服务的运作模式如图3-5所示。

图 3－5　Pingit 云支付服务的运作模式

三、云计算在证券业的应用

证券交易不同于银行业务，其报价机制对于数据的即时性要求更高，必须达到毫秒级，加之证券市场的交易量大，数据系统的高负载对于可靠性提出了更高的要求，传统的独立数据系统愈发难以满足证券业的这些需求。使用云计算能够提高数据交换效率，增强稳定性，与证券业日新月异的业务和产品模式创新高度契合。

交易所、券商、基金公司和期货公司是证券市场中的主要主体，业务上云在这几个主体中都有很多应用场景。

对于交易所来说，使用云计算撮合交易能够降低系统宕机的风险，避免跨境交易失败问题的出现，显著提升交易的稳定性和效率。展望未来，如果能将全球主要交易所的云服务连通，即可利用交易所的营业时差，更加充分地挖掘利用一套硬件系统的计算资源。

对于券商来说，云计算对其经纪业务的发展意义深远。云计算对于客户终端的硬件要求较低，其自动进行账户管理和交易的功能使得客户随时随地可以自助进行证券交易，券商不必再投入大量财力建设线下营业部，而是转向轻型营业部的建设。同时，云计算对于历史行情的记录和回溯分析也有助于帮助客户进行投资分析。未来甚至可能出现券商联盟云，既避免了公有云的安全风险，又可以在同业间统一维护和监管，有助于降低业务成本和实现穿透式监管。

拓展阅读

证券业利用云计算的案例

对于基金公司和期货公司来说，云计算服务商提供的巨大算力使得高度依赖硬件资源的量化交易业务开展更加方便，通过服务器预测市场行情和个股股价，可以提升投资的稳健性，实现由于人工操作和分析局限性所不能实现的交易模式。

四、云计算在保险业的应用

云计算在保险业的应用主要是传统数据的上云，但云计算技术发展到一定阶段，建立云计算保险服务平台后，云计算在保险业的应用就像为保险业建设了一个云端的交通指挥中心，一方面各保险平台的信息在这里可以得到汇总，另一方面各保险公司的运营效率因为有了这个交通指挥中心而得到了显著的提升。此外，也因为这个交通指挥中心的出现，保险号列车能够开往更多的目的地，或者说险种得以更加丰富。

（一）云计算实现保险信息整合

云计算这个交通指挥中心为不同的服务器之间的数据共享提供了可能，保险信息共享的范围能得到扩大。不同保险服务器上的数据像一趟趟列车驶入中心站点，汇总到云端的交通指挥中心，交通指挥中心利用强大的算力帮助保险号列车的乘客（保险用户）快速找到需要的信息，保险号列车的乘客只需要通过云端架构的服务平台自助服务即可查询有关车险、寿险服务的信息或是咨询相关保险业务信息。图 3 - 6 展示了保险云服务平台的功能。

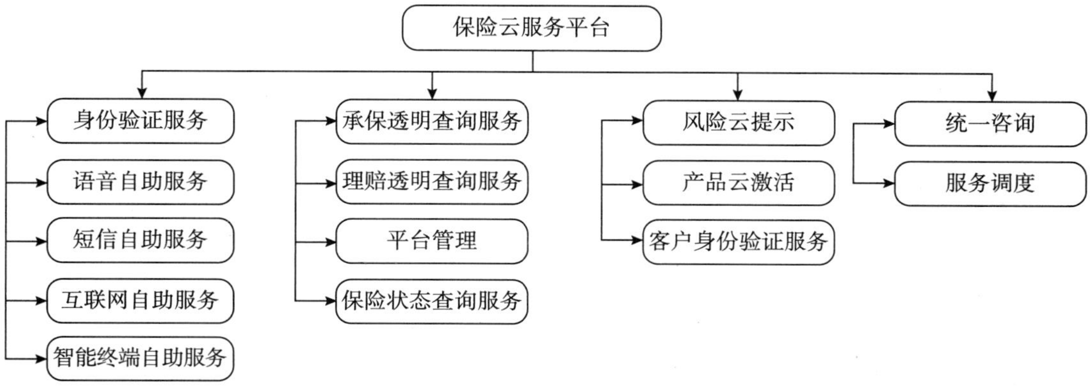

图 3 - 6　保险云服务平台的功能

具体来说，基于云计算的保险云服务平台通过整合原有保险公司独立的信息系统，能够对车险的投保信息、理赔信息等实现整合，实现保险全流程监督；对寿险来说，它能实现风险云提示、产品云激活、客户身份验证服务等功能，为保险投保人提供便利，同时也降低了保险公司的服务成本。

（二）云计算提升保险公司运营效率

云计算具有低成本、高速、便捷和按需收费的特点，保险公司业务上云带来的是运营效率的整体提升，保险公司在数据和基础设施上的投入得到相应的降低，保险公司可将更多的精力用于保险产品的开发和服务的提升上。

云计算带来的运营效率提升主要体现在计算能力的快速迭代、底层硬件投入的削减带来的效率提升和业务的高度可扩展性。传统保险公司在短期内提升算力是较为困难的，计算能力受到数据中心硬件的制约。保险公司建设数据中心一次性投入在 500 万元以上，系统的维护费用每年在 100 万元左右。出于风险防范的需要，保险公司通常还需要建有灾备中心。底层硬件的高额投入和维护费用使计算能力的更新迭代比较慢。保险公司将基础设施架构在云上后，不用再花高额费用架设底层硬件，投入得到了有效的控制。另外，这也给予了资金实力相对薄弱、无法大额投入建设数据中心的中小型保险公司发展的机会，保险业的竞争更加多元和公平，提升了整体行业效率。

底层基础设施上云带来的另一优势是保险公司的业务的高度可扩展性。保险公司在日常运营中需要满足客户不断变化的动态需求，传统小型保险公司受限于原有底层数据硬件，不具备快速开发测试产品的能力。保险上云消除了对底层数据硬件的依赖，提高了保险公司根据实际用户需求调整业务的灵活性，节约的底层数据硬件投入的成本可以更高效地分配到诸如业务创新和新产品开发等领域。

云计算已在保险业得到了较多的应用，且形成了相应的规范。2016 年，安心保险成为中国首个全业务上云的保险公司，利用云计算对大流量、高并发的处理能力，在网约车保险业务上崭露头角；天安人寿使用阿里云 SaaS 服务实现了保险服务的线上闭环，减少了投保的人工干预，引入了人脸识别系统，提高了保险业务运行的效率，降低了成本；众安保险利用阿里云的服务满足了其业务在大规模计算方面的需求；泰康保险采用公有云和私有云结合的混合云模式建立了自己的云平台，满足了其面向互联网业务需要处理短时高流量访问和交易的计算能力。拓展阅读展示了阿里云保险公司上云解决方案。

拓展阅读

阿里云保险公司
上云解决方案

总体而言，云计算为保险业带来的是保险业资源配置效率的优化和保险服务水平的提升。

（三）云计算助力保险公司业务拓展

如前所述，云计算在保险世界里建立了一个交通指挥中心，在提升效率之余更能指引保险号列车开向更多的目的地，即使保险公司业务拓展成为可能。

云计算处理短时内高流量交易的能力使保险业务场景得以拓展到互联网领域，互联网领域相关保险具有业务量大、产品更迭快等特点，如网约车保险、电商物流险等险种对保险公司的数据处理能力要求较高，这些业务原本因为算力不够无法开展，现在利用云计算和大数据，互联网场景下的业务开展具有了数据基础。云计算的出现就像是使道路修到了原本无法通行的地方，原本闭塞的环境得以大幅改善。

云计算带来的保险业态的拓展也反作用于云计算本身，保险为云计算的发展提供了风险保障。企业在上云过程中会遇到不同的问题或风险，针对这种风险本身，保险也应发挥相关的作用。众安保险于 2015 年推出了云计算保险，旨在对云计算用户上云后极小可能遭受的泄露和数据销毁风险进行保障，为机构实现业务上云保驾护航。

五、云计算在资产管理中的应用

云计算技术与金融业态结合的核心是提供原来无法满足的算力，在资产管理领域，云计算的应用场景主要是和大数据、人工智能相结合，为原来没有投资经验的客户提供资产智能投资管理服务，即智能投顾。智能投顾的准入门槛并不高，想象一下，我们只需要在相应的界面填写用户评估问卷，背后基于云计算和大数据的系统就会对我们进行风险和行为分析，之后我们便可以根据系统的资产配置情况选择投资组合了，得益于金融科技的底层技术，一切都显得简单起来。

智能投顾的发展大致经历了三个阶段，即在线投顾阶段、机器人投顾阶段和人工智能投顾阶段。云计算对智能投顾的助力主要在第三阶段，为短时高频的交易需求提供算力，满足智能投顾在运行过程中的需要。云计算在投顾业务上的运用和大数据是密不可分的，如果说大数据是矿藏的话，云计算便是矿井，矿井的可靠性决定了矿藏获取的效率和结果，即通过云计算才能对大数据进行有效的挖掘和分析。

得益于云计算的推广，智能投顾可以面向广泛的投资人群实现动态决策，上云后的智能投顾业务在短时内可以处理高频的用户交易和智能投顾所需的机器学习运算要求。由于上云对底层数据硬件依赖的消除，因此智能投顾的咨询管理费可仅为0.15%～0.35%，要低于传统的投顾业务。

当前智能投顾上云的方案采取较多的是混合云模式，即公有云和私有云相互结合共享的模式，部分采取私有云自建基础设施是为了满足监管的需要和对策略保密的需要，而公有云部分则是为了利用相应的算力。云计算在智能投顾场景下的应用使市场竞争环境相对公平，传统的金融机构和新兴的金融机构能够在同一起跑点上一较高下。招商银行曾经推出的摩羯智投便是采用云计算的底层技术，为用户提供推荐不同基金组合的智能投顾；蚂蚁金服旗下的蚂蚁财富利用阿里云的云计算技术为支付宝用户提供多种投资组合的管理和推荐；腾讯旗下的理财通利用腾讯云计算的优势，着力布局智能投顾业务；中国平安旗下的金融壹账通借力平安集团的云计算布局，推出“智能财富管家”，打造具有优势的智能投顾品牌。

除了金融机构和云计算结合外，各大云计算服务平台也提供了全套的云计算智能投顾解决方案，如腾讯云利用自身的算力和合作伙伴的金融科技能力，为需要实现云智能投顾场景的客户提供基于大数据分析的KYC（客户识别）、人工智能和量化投资等技术；阿里云为需要定制相关上云服务的金融机构提供整套的定制上云服务等。

第四节　云计算的风险和挑战

毫无疑问，上述种种分析展示了云计算技术在金融领域的全方位应用，云计算让一切看起来都十分高效，金融系统有了云计算的赋能可运行得更加顺畅，但是它也像一颗定时炸弹，如果理解不到位、管理不佳，一个又一个的风险与挑战就会凸显。存储在云上的信息是否得到了很好的保护？链接各个终端的云服务系统能否稳定运行？如果操作者不够理解云计算会出现什么问题？金融机构原来的系统能否顺利地转移到云上并被恰当地使用？云计算的应用是否让监管机构的工作变得更加困难？这些都值得我们深思。

一、云上信息安全风险

传统的金融机构大多把有关自身运营的财务数据、客户相关的信息数据都保存在各自的系统中，多数情况下只有有权的内部人士才能调取并利用信息进行操作。但现在我们想象一下，如果你所有的身份信息、银行卡数据乃至你联系过的亲戚朋友的关联信息都被放在了基于互联网架构的云上，且不说通过高等算法计算出的结果的信息安全问题，恐怕连这些存放在云上的数据信息的隐私安全都难以得到保证。

若在云计算的存储环节中数据信息加密的问题得不到有效解决，再加上不法分子企图通过黑客攻击等手段盗取信息，则从技术上难以百分之百保证这些信息的安全，尤其是当金融机构通过行业云扩大了信息的应用范围，或是由第三方云服务提供商来提供云计算基础设施时，更加剧了相关参与者利用特权收集、泄露业务数据的风险。多年前索尼云计算服务器遭到黑客攻击，使众多用户的敏感信息遭到泄露，另外，网易邮箱过亿条云上信息也曾遭泄露，这些云计算导致信息泄露的事件增加了金融机构对应用云计算所产生的信息保密问题的担忧。

二、云计算系统不稳定风险

2018年，云服务市场三大巨头AWS、微软Azure和谷歌云平台多次宕机。2018年7月和2019年3月，腾讯云广东区域和阿里云华北地区也出现了大规模宕机，导致大规模的云服务器企业使用者、终端客户受损。我们由此可以直观感受到云计算系统的不稳定性。当具有不稳定性的云计算系统被应用于数据信息庞大、联动性极高的金融行业时，其带来的风险与损失更是不容小觑。纳斯达克股票交易所曾发生服务器宕机事件，整个服务器瘫痪3个多小时，整个证券业务停摆，整个纳斯达克股票下跌5%，直接经济损失达上万亿美元。

金融领域中的行业云、公有云主要由独立的第三方服务商提供，如果第三方服务商安全防护漏洞、数据储存混淆等潜在技术上的漏洞导致系统应用时发生无法预测的运行错误或中断事故，那么金融机构的网络安全、业务安全、数据安全等都会受到威胁，这些漏洞带来的损失难以度量，而且云计算的不稳定性很可能通过金融系统的联动演变为系统性风险。

三、人员操作风险

人员操作风险主要指由操作人员安全意识淡薄、操作流程不规范或不熟悉操作规程，乃至恶意明知故犯出现差错所导致的风险。提到金融领域的操作风险，我们可以回想一下20世纪巴林银行倒闭事件，一个交易员为掩盖操作失误故意采取欺骗行为，使得管理上亿英镑资产的银行倒闭，可见金融应用中的任何一个小的操作风险都可能进一步放大系统性风险。由于云计算是近年来新兴的科技手段，传统金融机构若是对云计算系统不够熟悉、对其操作流程不够规范、对相关云服务提供商和操作人员管理不到位，再加上监管部门对云计算应用的监管不严密，很容易出现包括存贷交易、信用管理等业务的操作差错，防止巴林银行倒闭类似事件的再次发生可谓至关重要。

四、云计算服务评估标准尚不完善

云计算作为近年来快速兴起的行业，行业本身尚不成熟，云计算技术企业良莠不齐，云计算产品较多，难以标准化，其安全性、稳定性、高效性本身难以定论。金融机构要想选择合适的云计算服务商，就要对它们进行全面的、深入的评估考量，但是具体将哪些指标纳入考量体系，如何以量化、浅显易懂的形式体现这些指标，如何管理云服务提供商并进一步降低风险与成本，都需要金融机构本身及监管部门谨慎的分析与决策。

五、金融机构运营管理的控制权被削弱

金融机构作为云计算系统的用户，实质上没有权利控制管理云服务底层的基础设施，也没有权利涉入每个分布式计算环节的数据处理中，因此金融机构只有通过服务协议的方

式才能间接管理并约束云提供者的行为，但若云提供者没有严格遵守约定的服务事项，导致云计算提供的结果与金融机构本身的要求和预期不一致，就会严重降低云系统及金融机构运营的效率。同时，金融机构运用的云系统是构建于互联网之上的，彼此之间的物理距离很远，如果互联网出现异常情况，金融机构的云系统必然难以正常运行。我们由此可以看出相较于基于传统 IT 系统的业务模式，应用云计算系统带来的外部性的确削弱了金融机构对自身业务运营管理的控制权。

六、云计算对金融监管的双重作用

我们不可否认的是云计算技术本身的确可以应用于金融风险监管，通过大量可共享的云上数据及高性能的计算系统，解决传统金融监管系统技术上的难题，并对各方面风险进行更加全面的侦查，更加准确地预测风险并及时地做出预警，从而对现有金融监管模式进行良好的赋能。但同时通过我们以上的种种分析也不难看出，云计算在金融领域的广泛应用显著地增加了多方面的风险，监管部门对于应用云计算技术的金融机构应如何进行有效监管，是其带来的最大挑战之一。

一方面，连接云计算系统的一端是云计算技术的提供商，另一端是作为使用者的金融机构，那么监管对象到底是云计算系统本身，还是云计算技术的提供商，抑或云服务的使用者呢？如果它们同处监管之下，那么当出现风险损失或监管问题时，由谁来承担责任呢？可见云计算技术带来的市场参与主体的多元化使监管对象和监管范围难以明确划分。另一方面，云计算的应用使得金融机构的业务操作更加高效，所需要的数据信息更加庞杂，业务复杂程度及多样性也随之提升，金融监管面临如此复杂的业务技术，若无法琢磨清楚每个技术节点与输出的业务结果之间的联系与逻辑，恐怕很难找到切入点进行监控管理。

值得一提的是，我国有关部门已表示要进一步制定云计算等技术应用的监管政策，对其应用在金融领域的业务稳定性、技术架构、安全管理提高要求，预期在不久的将来，云计算可以稳定、安全、高效地应用于金融领域，在风险得到有效控制的条件下赋能传统金融模式，从而更好地服务实体经济。

思考题

1. NIST 云计算架构参考模型中定义的角色和其功能是什么？
2. 从用户的角度来看，云平台主要有哪几种部署资源的方式？它们各有什么优劣？
3. 云计算的特点有哪些？
4. 云计算应用于金融的理论基础是什么？
5. 云计算发展过程中面临的风险和挑战是什么？

第四章

人工智能

导　言

本章对人工智能进行概览式介绍。人工智能起源于20世纪中叶，随着人工智能算法与算力的不断发展，人工智能正成为推动人类进入智能时代的决定性力量。人工智能近年来迅猛发展，在自然语言处理、计算机视觉、机器学习、数据挖掘等技术研发方面取得了明显突破。全球产业界已经充分认识到人工智能技术引领新一轮产业变革的重大意义，纷纷转型发展，AI技术对于金融行业的产品创新、流程再造、服务升级也起到了重要作用。

学习目标

1. 掌握人工智能的定义与特点，了解人工智能大致的演进过程。

2. 了解人工智能的核心技术，了解人工智能的发展方向、应用以及当前面临的风险与挑战。

核心概念

人工智能　机器学习　自然语言处理　数据挖掘

曾几何时，人工智能基本存在于科幻电影的想象中。然而，2016年3月，由谷歌旗下公司开发的阿尔法围棋（AlphaGo）与围棋世界冠军、职业九段棋手李世石进行围棋人机大战，以4比1的总比分获胜，成为第一个战胜围棋世界冠军的人工智能机器人。人工智能的威力不可小觑。2022年11月OpenAI发布聊天机器人程序ChatGPT，大幅提升了人工智能的先进程度，引发了全球热切关注，开启了人工智能发展的新篇章，有人甚至认为人工智能的迅速发展将会引发“第四次工业革命”。那么，人工智能是什么？它的原理是什么？它到底有什么作用？它会最终替代人类吗？本章试图回答这些问题。

第一节　人工智能概况

一、人工智能的定义

人工智能发展至今已超半个世纪，但仍未有统一的定义。

人工智能先驱人物约翰·麦卡锡（John McCarthy）于1956年给出的定义是“制造智能机器的科学与工程”。安德烈亚斯·卡普兰（Andreas Kaplan）和迈克尔·亨莱因（Michael Haenlein）将人工智能定义为“系统正确解释外部数据，从这些数据中学习，并利用这些知识通过灵活适应实现特定目标和任务的能力”。中国电子技术标准化研究院领导编写的《人工智能标准化白皮书（2018年）》指出：“人工智能是利用数字计算机或者数字计算机控制的机器模拟、延伸和扩展人的智能，感知环境、获取知识并使用知识获得最佳结果的理论、方法、技术及应用系统。”

此外，人工智能还有弱人工智能、强人工智能、超人工智能等衍生概念。

弱人工智能（artificial narrow intelligence，ANI）指那些不具有人一样的思考方式，只是机械重复命令，无法独立自主学习，但是外部行为看似智能的机器。当前多数人工智能处于弱人工智能阶段，并且大部分为某一特定技术领域的人工智能。弱人工智能还可以指代擅长单个领域的人工智能。

强人工智能（artificial general intelligence，AGI）指能够真正进行推理和解决问题的机器，而根据推理方式的不同又可分为类人的人工智能、非类人的人工智能。类人的人工智能是指机器的思考、推理同人是一样的；非类人的人工智能是指机器运用和人不一样的推理方式，产生了和人截然不同的意识、知觉。强人工智能还可以指代全方面能与人类比肩的人工智能。

超人工智能（artificial super intelligence，ASI）指在几乎所有领域都比人类强大的人工智能。

总体而言，人工智能指由人制造出来的机器所表现出来的智能。人工智能在计算机领域内得到了愈加广泛的应用，并在机器人、经济政治决策、控制系统、仿真系统中得到推广。

二、人工智能的发展历程

（一）人工智能的起步发展期（1943年—20世纪60年代）

1943年，美国神经科学家麦卡洛克（McCulloch）和逻辑学家皮茨（Pitts）提出神经元的数学模型，这是现代人工智能学科的奠基石之一。1950年，艾伦·图灵（Alan Turing）提出“图灵测试”（测试机器能否表现出与人无法区分的智能），让机器产生智能这一想法开始进入人们的视野。

1956年，在达特茅斯学院，约翰·麦卡锡、马文·明斯基（Marvin Minsky）、纳撒尼尔·罗切斯特（Nathaniel Rochester）、克劳德·香农（Claude Shannon）和其他学者聚在一起讨论如何用机器模仿人的智能。虽然会议开了两个月，但专家们并没有达成一致意见，不过会议的召集人约翰·麦卡锡为这次讨论拟了个名字——人工智能夏季研讨会（Summer Research Project on Artificial Intelligence），这是人工智能首次出现在学术会议上，它标志着人工智能这门新兴学科的正式诞生，1956年也被公认为人工智能的元年。

在此期间，最耀眼的便是世界首个可以实现人机对话的程序伊莉莎（Eliza），它是在1964—1966年间由麻省理工学院人工智能实验室的计算机科学家约瑟夫·维森鲍姆（Joseph Weizenbaum）开发的。

（二）人工智能的反思发展期（20世纪70年代）

1970年，能够分析语义、理解语言的系统SHRDLU诞生，由于它能够正确理解语言，因此它被视为人工智能研究的一次巨大成功。但是在1973年，英国著名应用数学家莱特希尔（Lighthill）在书面报告和电视节目中两度用“海市蜃楼”来表达对人工智能前景的悲观看法。这便是人工智能第一次低谷的开始。莱特希尔怀疑人工智能是否有必要作为一门独立学科存在，他认为人工智能就是ABC，A代表先进自动化（advanced automation），C代表基于计算机的中枢神经系统（computer-based CNS），B代表试图将A、C连接起来的制造机器人的桥梁活动（bridge activity of building robots）。

（三）人工智能的繁荣发展期（20世纪80年代）

中文房间（Chinese room）是美国哲学家约翰·希尔勒（John Searle）在1980年提出的一个著名理论。一个人拥有一箱中文字片（数据库）及如何处理中文字片的英文手册（程序），身处图灵测试中所提及的房子中。另一个人则在房间外向此房间发送中文提问。房间内的人只需按照手册返回手册上的中文答案，房间外的人就会以为房间内的人是一个会中文的专家，然而实际上房间内的人可能对中文一窍不通，更谈不上什么智能思维。因此，希尔勒将人工智能分成了强人工智能和弱人工智能两类。

人工智能的第二次高潮始于20世纪80年代，主要成就集中于专家系统、多层神经网络。

专家系统是一种程序，能够依据一组从专门知识中推演出的逻辑规则在某一特定领域回答或解决问题。20世纪70年代人工智能的教训就是智能行为与知识处理关系非常密切，有时候还需要在特定的任务领域有非常细致的知识，所以专家系统仅限于一个很小的知识领域，从而避免了常识问题；其简单的设计又使它能够较为容易地通过编程实现或修改。

另外，在这个时期多层神经网络盛行，误差逆传播算法（back propagation algorithm，简称BP算法）被提出，用于多层神经网络的参数计算，以解决非线性分类和学习的问题。然而，人工神经网络的设计一直缺少相应的数学理论支持，之后BP算法更被指出存在梯度消失问题，无法对前层进行有效的学习，所以人工智能的研究很快进入第二次低谷。

（四）人工智能的平稳过渡期（20世纪90年代—2011年）

在20世纪90年代，被称为“智能代理”（intelligent agent）的新范式被广泛接受。智能代理是类似于计算机程序的抽象功能系统，是定期地收集信息或执行服务的程序，它不需要人工干预，具有高度智能性和自主学习性，可以根据用户定义的准则，主动地通过智能化代理服务器为用户搜集最感兴趣的信息，然后利用代理通信协议把加工过的信息按时推送给用户，并能推测出用户的意图，自主制订、调整和执行工作计划，比如数字图书馆、网络信息检索。

越来越多的AI研究者开始开发和使用复杂的数学工具。人们广泛地认识到，许多AI需要解决的问题已经成为数学、经济学和运筹学领域的研究课题，AI已然成为一门更严格的科学分支，例如广泛使用贝叶斯网络、隐马尔可夫模型、信息论、随机模型和经典优化理论，针对神经网络和进化算法等“计算智能”范式的精确数学描述也被发展出来。

（五）人工智能的蓬勃发展期（2012年至今）

2012年，华裔科学家吴恩达及其团队向世人展示了一个超强的神经网络，它能够在自主观看数千万张图片之后，识别那些包含有小猫的图像内容。这是历史上在没有人工干预下，机器自主强化学习的里程碑式事件。2016—2017年，AlphaGo战胜了围棋冠军。2022年11月，OpenAI发布ChatGPT，它可以根据情境回答问题、求解数学方程式、撰写文本、修复和调试代码以及总结文本，颠覆了以往我们对人工智能的传统看法。自ChatGPT以来的自生成大语言模型代表了人工智能领域的最新成果和发展方向。

人工智能的第三次高潮来临，是因为深度学习的出现引起了广泛的关注，多层神经网络学习过程中的梯度消失问题被有效地抑制，网络的深层结构也能够自动提取并表征复杂的特征，避免传统方法中通过人工提取特征的问题，尤其是当被应用到语音识别以及图像识别中时，人工智能取得了非常好的效果。

三、人工智能的核心技术

人工智能的核心技术包括机器学习、监督学习、无监督学习、强化学习、深度学习等，这些算法之间的关系如图4-1所示。

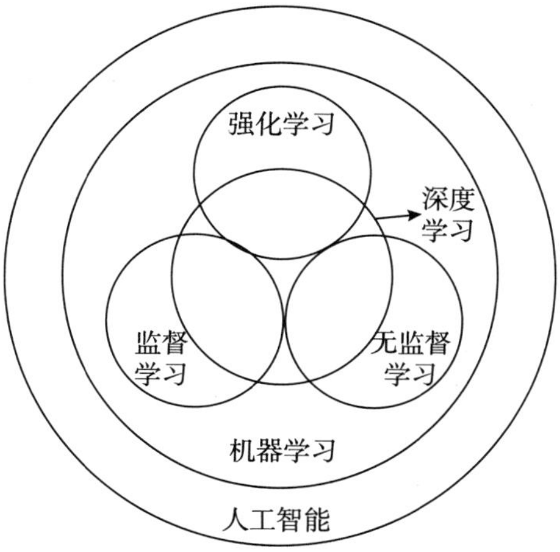

图4-1 各算法关系示意图

（一）机器学习

机器学习（machine learning）是指从数据中自动分析获得模型，并利用模型对未知数据进行预测。经过多代发展，机器学习已经形成了丰富的模型结构，例如线性回归、逻辑回归、决策树、支持向量机、贝叶斯模型、正则化模型、集成模型、神经网络等。机器学习的主要流程可以概括为：

（1）获取数据。

（2）数据基本处理。

（3）特征工程。特征工程是对原始数据进行一系列工程处理，提炼出特征，作为输入供算法和模型使用。从本质上来讲，特征工程是一个表示和展现数据的过程。在实际工作中，特征工程旨在去除原始数据中的杂质和冗余，设计更高效的特征以刻画求解的问题与预测模型之间的关系。

（4）机器学习模型训练。

（5）模型评估：若结果达到要求，则上线服务；若没有达到要求，则重新进行上面的步骤。

每种机器学习的模型都有自己的特点，在一些任务中表现不错，但在其他方面表现不佳。选择不同的模型是一个非常棘手的问题。机器学习的主要障碍是特征工程这个步骤，特征工程需要大量专业领域知识，因此它成为当今大多数机器学习任务的主要瓶颈。

（二）监督学习

监督学习（supervised learning）是指利用一组已知类别的样本调整分类器的参数，使其达到所要求性能的过程。譬如，如果训练数据集给出了若干种不同花朵的花瓣长度特征，并且已经知道这些花的种类（即标签），那么对于一朵未知种类的花，监督学习就可以根据它的花瓣长度来判断它所属的种类（即测试样本标签）。监督学习主要研究的问题是回归（regression）和分类（classification）。如果我们把机器学习的过程看作 $y=F(x)$ 这样的函数，那么分类和回归的区别如下所述。

（1）分类。如图 4－2 所示，方框和圆圈是两类样本，分类的意思是要找到一个函数把两类样本分开。通过算法可以学习到怎样的特征会对应怎样的标签，当输入一个崭新未知的点的特征时，算法就会返回它认为的该点属于的标签。

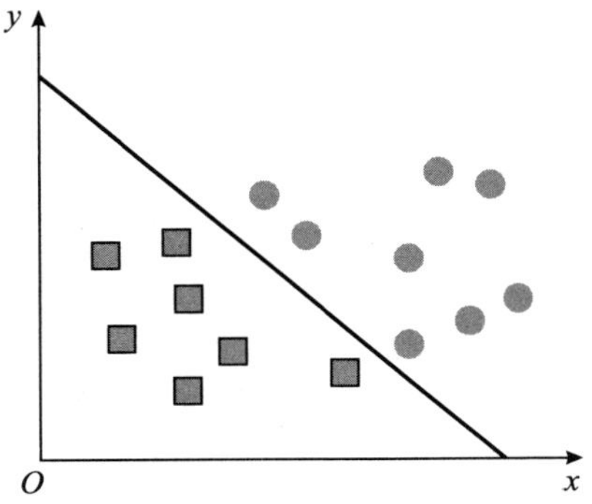

图 4－2　分类的概念

（2）回归。回归需要预测的目标不是类别，而是实数值（如图 4－3 所示）。股票价格预测、房价预测、洪水水位线预测都是机器学习回归问题。计量经济学里就有很多回归案例。

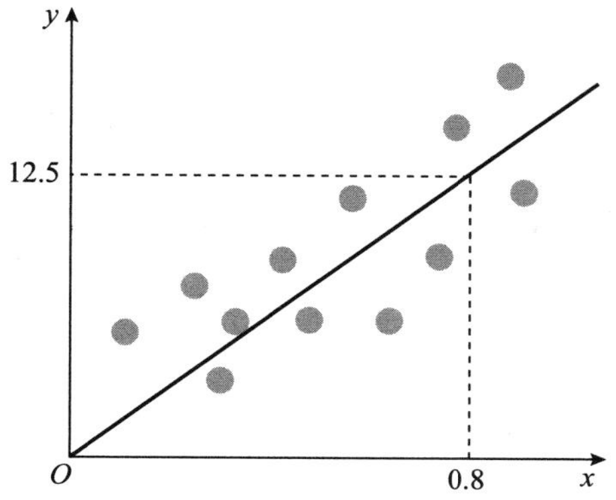

图 4-3 回归的概念

回归和分类的区别主要在于输出连续与否。分类的输出通常是离散的，而回归的输出是连续的。分类的本质是寻找决策边界，回归是为了找到最优拟合。评估分类模型好坏的指标主要为精度、混淆矩阵等适合离散数据的指标，而回归模型的评价指标通常为拟合优度等。分类的主流算法包括 K-近邻算法、贝叶斯分类、决策树、随机森林、逻辑回归、神经网络等；回归的主流算法包括线性回归、岭回归等。

（三）无监督学习

无监督学习（unsupervised learning）和监督学习相反，即数据没有标签，比如给了一堆样本，但是我们事先不知道样本之间有什么样的关系。

无监督学习主要研究的问题是聚类（clustering）和降维（dimension reduction），降维在某种程度上也属于聚类，而聚类的含义近似于分类。

（1）聚类。图 4-4 是一个典型的聚类的例子。左图是未处理的原始数据。因为原始数据没有标签，所以把它们同等看待，都用一样的圆圈表示，但是我们会发现这些数据成团成簇，很显然可以把它们分成三团，每一团内部都很紧密，团与团之间有比较大的间隔。右图就是聚类分析之后的结果。聚类的关键在于找出类中心（centroid），即右图中的三个五角星。

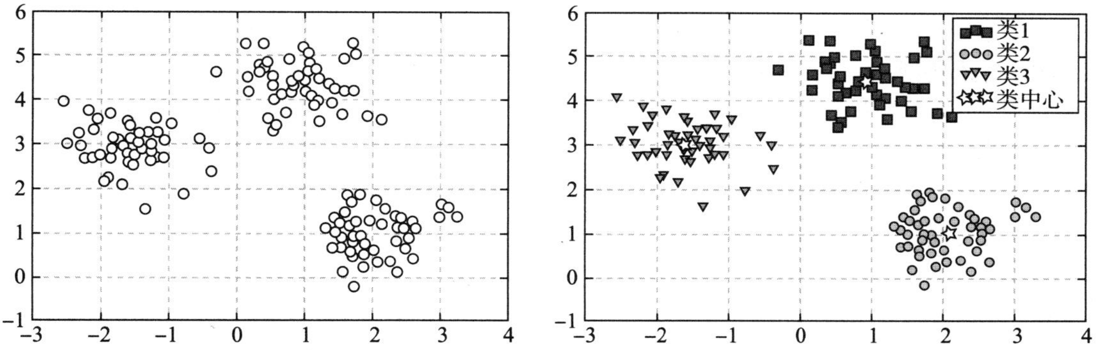

图 4-4 聚类的概念

（2）降维。比如每只猫的毛色、体型、身高、体重、年龄、性别等特征各不相同。这里的猫就是对象，“猫”是这个对象的标签，毛色、体型、体重等特征就是对象的属性。在实际中，属性的维数可能超乎想象，占用的磁盘空间和内存较多，所以需要降维，减少一些不必要的属性。降维的本质是数据压缩或者特征选择。而降维重在最优分区（即可分离性）和最优描述（即保真性），这和聚类划分数据团如出一辙。图 4－5 直观地展示了降维的概念。

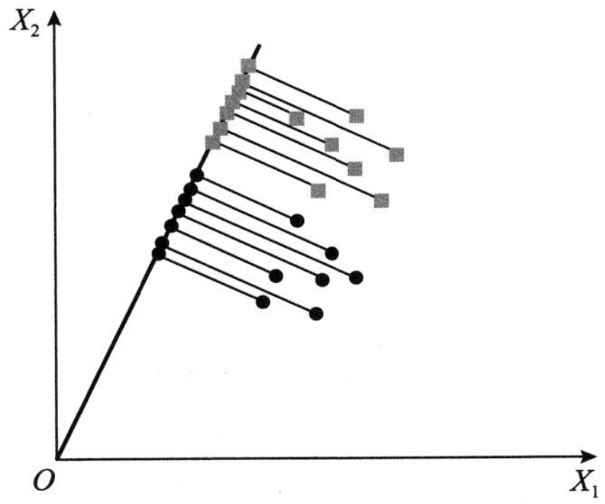

图 4－5　降维的概念

聚类的本质是不经过训练把样本划分为若干类，降维的本质是减少要考虑的随机变量的数量。聚类的算法主要有 K-均值、AP 聚类、层次聚类、DBSCAN 聚类等；降维的算法主要有主成分分析、非负矩阵分解等。

（四）强化学习

强化学习（reinforcement learning）是机器学习中的又一个领域，强调如何基于环境而行动，以取得最大化的预期利益；其灵感来源于心理学中的行为主义理论，即有机体如何在环境给予的奖励或惩罚的刺激下，逐步形成对刺激的预期，产生能获得最大利益的习惯性行为。

强化学习主要由智能体（agent）、环境（environment）、状态（state）、动作（action）、奖励（reward）、策略（policy）、目标（objective）等组成。

智能体和环境通过状态、动作、奖励进行交互的方式为：智能体执行了某个动作后，环境将会转换到一个新的状态，对于该新状态，环境会给出奖励信号（正奖励或者负奖励）。随后，智能体根据新的状态和环境反馈的奖励，按照一定的策略执行新的动作。强化学习示意图如图 4－6 所示。

智能体通过强化学习，可以知道自己在什么状态下，应该采取什么样的动作使得自身获得最大奖励。因此，强化学习实际上是智能体在与环境进行交互的过程中学会最佳决策序列。由于智能体与环境的交互方式和人类与环境的交互方式类似，所以可以认为强化学习是一套通用的学习框架，用来解决通用人工智能的问题。因此强化学习也被称为通用人工智能的机器学习方法。ChatGPT 背后的技术就是人类反馈强化学习（RLHF）。

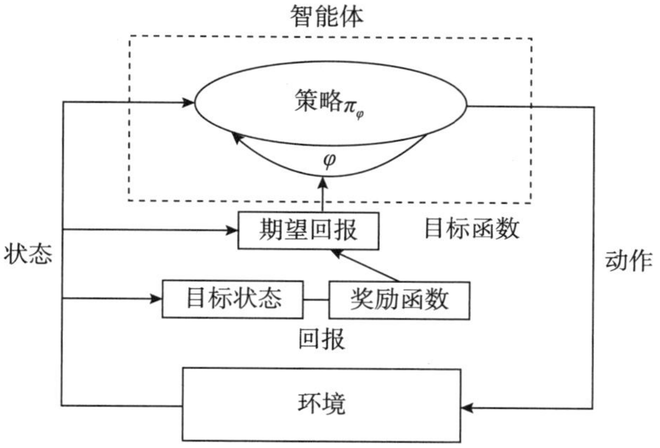

图 4-6　强化学习示意图

（五）深度学习

深度学习（deep learning）是机器学习中一种基于对数据进行表征学习的算法。最原始的 DNN（深度神经网络）可以将原始信号直接作为输入值，而不需要创建任何特定的输入特征。通过多层神经元，DNN 可以“自动”在每一层产生适当的特征，最后提供非常好的预测，极大地消除了特征工程的麻烦。DNN 示意图见图 4-7。因此，深度学习的本质是用无监督式或半监督式的特征学习和分层特征提取来替代手工获取特征。DNN 也演变成许多不同的网络拓扑结构，例如 CNN（卷积神经网络）、RNN（递归神经网络）、LSTM（长短期记忆网络）、GAN（生成对抗网络），所有这些都被统称为深度学习。

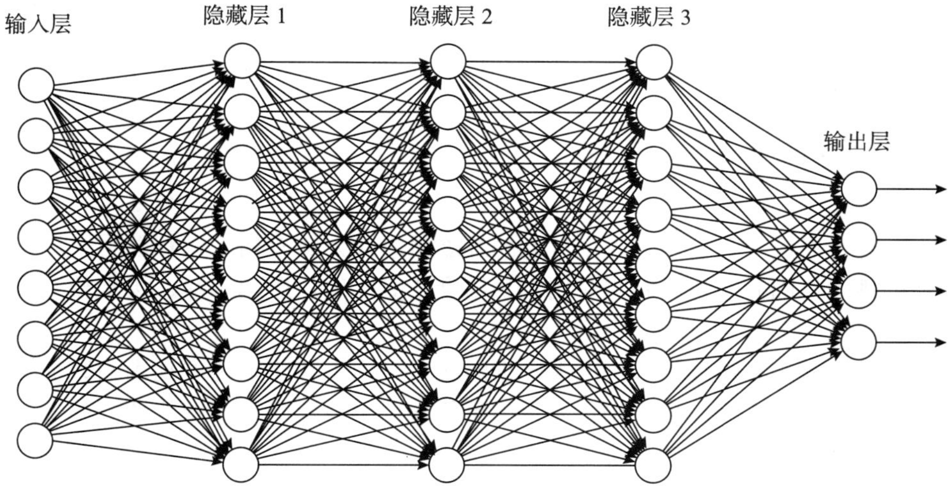

图 4-7　DNN 示意图

四、人工智能的特点

人工智能具有以下五个特点：一是从人工知识表达转向大数据驱动的知识学习技术；

二是从分类型处理多媒体数据转向跨媒体的认知、学习、推理，这里讲的“媒体”不是新闻媒体，而是界面或者环境；三是从追求智能机器转向追求高水平的人机相互协同和融合；四是从聚焦个体智能转向聚焦基于互联网和大数据的群体智能，它可以把很多人的智能集聚融合起来变成群体智能；五是从拟人化的机器人转向更加广阔的智能自主系统，比如智能工厂、智能无人机系统等。

五、人工智能的发展现状及展望

（一）人工智能研究方向

（1）自然语言处理（natural language processing，NLP）。

NLP是以语言为对象，利用计算机技术来分析、理解和处理自然语言的一门学科，即把计算机作为语言研究的强大工具，在计算机的支持下对语言信息进行定量化的研究，并提供可供人与计算机共同使用的语言描写。NLP主要应用于机器翻译、舆情监测、自动摘要、观点提取、文本分类、问题回答、文本语义对比、语音识别、OCR（光学字符阅读器）、知识图谱等方面。

（2）计算机视觉（computer vision，CV）。

CV是指用摄影机和电脑代替人眼对目标进行识别、跟踪和测量等，并进一步做图形处理，让电脑处理成为更适合人眼观察或传送给仪器检测的图像。CV试图建立能够从图像或者多维数据中获取信息的人工智能系统。CV主要应用于行人检测、人脸识别、自动驾驶、图像分类、目标检测、智能安防等。

（3）数据挖掘（data mining，DM）。

DM是指从大量的数据中通过算法搜索隐藏于其中信息的过程，DM主要应用于广告计算、推荐系统、用户画像、各类预测分类任务等方面，DM的诸多领域也需要用到NLP的知识。

（二）趋势分析

（1）基础层。

其一，芯片形成产业生态。人工智能的发展对芯片计算架构、运算能力、算法适用性等提出新的挑战，同时芯片只有与应用场景结合才能落地，形成芯片、场景相互绑定的产业生态。

其二，数据利用更加高效。进入大数据时代后，人工智能系统可利用的数据资源从样本数据转变为大规模多源异构数据，海量高价值数据不断提高人工智能预测的准确性，并促进人工智能技术在多场景的深度应用。

（2）技术层。

其一，从感知智能迈向认知智能。人工智能发展阶段包括感知智能、认知智能、决策智能。随着科技的发展，人工智能正在迈向认知智能，即应用于复杂度高的场景中，通过多模态人工智能和大数据等技术，实现分析和决策。

其二，从专用智能向通用智能发展。专用智能具有领域局限性，通用智能则减少了对特定领域知识的依赖性，提高了处理任务的普适性，是人工智能未来的发展方向。

其三，通过开源构建生态。开源的深度学习框架为开发者提供了可以直接使用的算法工具，减少了二次开发，提高了效率。国内外巨头纷纷通过开源的方式推广深度学习框架，布局开源人工智能生态，抢占产业制高点。

（3）应用层。

其一，发展势头相对趋稳。近年来，人工智能方面的投融资更为理性，新增企业数量趋缓。产业稳步增长，投融资事件数量相对减少，金额相对增加。产业更加看重底层基础设施建设、核心技术创新和上层应用赋能，产业链条更加明晰。

其二，与实体经济融合加速。我国"十四五"规划纲要明确要大力发展人工智能产业，打造人工智能产业集群以及深入赋能传统行业成为重点。人工智能与实体经济实现加速融合，为零售、交通、医疗、制造、金融等产业带来提效降费、转型升级的实际效能。无人商店、无人送货车、智能投顾等新产品、新服务大量涌现，加速培育产业新动能，开拓实体经济新增长点，有力推动我国经济结构优化升级。我国人工智能市场潜力巨大，应用空间广阔，尤其是在数据规模和产品创新能力等方面占据优势。另外，5G 商用后，人工智能与行业深度融合，并逐步向复杂场景深入，推动更多行业进入智能化阶段。

其三，政策红利日渐凸显。2017 年来，人工智能先后出现在政府工作报告和党的二十大报告中。工业和信息化部支持创建 11 个国家人工智能创新应用先导区；科技部支持苏州、长沙等地建设国家新一代人工智能创新发展试验区。各地方结合自身优势和产业基础，积极布局人工智能发展规划，大力发展人工智能。未来，资本将更多聚集在应用层细分领域的龙头企业，投资焦点将从应用层逐步下移，人工智能芯片和深度学习框架将获得资本市场的更大关注。

第二节 人工智能的功用

一、高效数据处理

第一，人工智能的优势在于数据处理，不仅能够高效处理大量级数据，而且能够将图片、语音、视频等复杂的非线性、非结构化数据转化为标准化、结构化数据进行分析。此外，人工智能还具有自然语言处理能力，能够从语义层面上对数据信息进行分析，而不仅仅是停留在符号处理上，能够帮助监管机构从数以亿计的交易信息中筛选出具有较强相关性或者可疑的交易数据，还可以帮助从业人员从中提炼有价值的交易信息，提高监管人员的监管效率。

第二，人工智能可以避免传统的人工核查、统计报表、现场检查等方式的时滞性。智能合规技术，又称"监管雷达""智能合规官"，是建立在认知计算基础上的应用程序，通过数字化监管协议，用"机器可读"规则辅助标准化，通过使用标准化规则集以减少歧义和解释错误，可以辅助金融机构和金融科技企业进行合规审核和持续合规评估。当业务系统在运行时，智能合规官会实时发现、识别违反合规性要求的流程，并且提出建议。同时，在线学习手册会嵌入机构的各个系统中，只要有相关的业务发生，在线学习手册就会出现，提示有关的规定和要求。除此之外，人工智能还能通过自主学习监管政策、案例，分析比较不同国家监管文件之间的关联和差异，帮助实现全局化计算，进行风险评估，辅助跨国公司准确把握境外监管规则，为金融机构实现合法的跨境业务提供保障。

二、智能系统管理

智能化的核心在于机器和系统实现自适应、自感知、自决策、自学习，以及能够自动反馈与调整。人工智能、互联网等相关技术的融合应用能逐步实现对工业、金融等业务各流程环节效率的优化。比如对工业而言，主要路径是由工业物联网采集各种生产、物流等数据，放到云计算资源中，通过深度学习算法处理后提供流程、工艺等方面的优化建议，甚至实现自主优化，以及在未来实现人类工人与智能机器融合的协同制造。

人工智能除了可以减少人工费用外，还可以快速、高效、无差错地自动生成支出和费用报表。比如，文档的处理等需要耗费大量的脑力工作，人为错误的发生不可避免，尽管当前的人工智能还不够先进，无法彻底取代人类，但它完全可以快速验证和检查重复的项目，以及避免其他常见的错误。另外，因为机器学习能够识别特定的模式，并能在不同的任务中持续改进，所以随着时间的推移，它处理信息的能力将会变得更快。有些人工智能允许金融机构对服务过程进行自动化重组，极大丰富了业务的灵活度。

此外，人工智能与机器人技术一起部署，不仅可以调整工作流程或优化基于数据的操作的性能，还可扩展到物理基础架构，例如让人工智能在监控流量时识别出可能的安全漏洞。譬如受感染的系统无法阻止恶意软件传播，直到有 IT 人员能够切断传播路径。如果人工智能扩展并与机器人技术集成，它可以立即对网络内的物理连接进行适当的调整，从而减弱威胁传播能力。这种即时行动可能意味着滋扰和灾难性事件之间的差异。

三、群体智能赋能生产力

人工智能的价值还体现在提供数据。金融科技的未来很大程度上依赖于收集数据，并在竞争关系中保持领先地位。使用人工智能可以处理海量数据，这些数据反过来会给使用者带来一些改变规则的独到见解。人们利用这些见解可以创建投资报告，不仅提高了生产力和收入，还有助于减少复杂的决策过程。

在决策方面，人工智能最广为熟知的功用便是内容的智能推荐。具体场景包括：根据用户相似性推荐他可能感兴趣的内容，用户根据关键字找到对应主题的内容，用户在阅读某份报告的时候向其推荐类似的报告，等等。在此基础上，人工智能还可以实现内容的智能排序，在不同的时间点和地理位置，同一个数据消费者可以获得不同的内容进行决策。

人工智能的另一个决策功用是问询式数据服务，即通过语音或者文字就可以发起数据的查询。用户无须了解是否已经存在现成的报表或者图表，只需要告知引擎他心中的问题，引擎就会自动提取合适的分析维度与指标。结果可能是一个数字，或者一个图表。

此外，人工智能还能实现数据的自动可视化呈现与解读。同一份数据，机器可能更知晓最合适的呈现方式，是基本饼图、条形图、折线图，还是热图、树图、数据地图或者散点图。解读需要技术能力的积累，财经新闻、科技报道、咨询报告里包含着对各类数据的解读，机器通过智能学习，可以训练出类人的解读能力。

四、智能人机互动

人工智能对客户的便利首先体现在客户可获得 7×24 小时全天候关怀，在正确的时间提供正确的信息。实体机构的营业时间是有限的，在过去，客户等待服务的时间很长。但人工智能正在改变这一点。比如，在线聊天机器人可以每周 7 天、每天 24 小时地工作，客户可以轻松地使用软件程序进行咨询，并完成许多传统而言需要面对面交流的服务。在线聊天机器人之类的工具可以为客户的问题提供即时答案，并收集数据以优化未来的服务内容。随着银行等金融机构越来越善于部署在线聊天机器人，消费者有更多的渠道了解额外的服务和产品，银行也可以把人力、物力从处理客户查询、个人交易讨论等机械简单的事情中抽离，投入更有经济效益的业务中。

其次，数据自动收集让人工智能能够实现个性化，针对特定需求量身定制服务。譬如若客户资产指标发生异常，具有 AI 功能的指定软件可以简单地警告客户。再如智能投顾可以根据智能建议和过去客户的数据（例如产品偏好或过去的问题）更精细地了解客户，提供高度个性化的客户体验。

另外，基于分析的 AI 改善了企业与客户之间的对话。人工智能可以跨渠道收集、监视、分析和共享客户数据，并且借由自然语言处理完成情感分析，检测客户愤怒或沮丧的程度，再在必要时将信息转发给后台管理人员。通过语音分析，客户体验团队可以从客户与客服代表之间对话的语音语调中判断其对特定产品或服务的兴趣程度。现在企业甚至还有实时语音分析，通过巧妙的对话分析确保最佳的咨询体验。

第三节 人工智能在金融中的应用

一、金融信息处理

金融的发展离不开高效的信息获取。在金融领域，每天都会产生大量的新闻资讯和公告以及人与人之间的沟通对话，这些庞大的信息量的处理正是自然语言处理在金融领域的用武之地。

（一）智能问答和语义搜索

智能问答和语义搜索是 NLP 的关键技术，目的是让用户以自然语言形式提出问题，深入进行语义分析，更好地理解用户意图，快速准确获取知识库中的信息，在用户界面上，既可以表现为问答机器人的形式（智能问答），也可以表现为搜索引擎的形式（语义搜索）。智能问答系统一般包括问句理解、信息检索、答案生成三个环节，并且智能问答系统通常与金融知识图谱相关，知识图谱是 NLP 在语义层面提供知识的表示、存储和推理的可视化方法。基于知识图谱的智能问答相比基于文本的智能问答更能满足金融业务的实际需求。

智能问答和语义搜索的价值在金融领域越来越被重视，主要应用的场景包括智能投研、智能投顾和智能客服。在智能投研领域，投研人员日常工作需要通过多种渠道搜索大量相关信息，而有了智能问答和语义搜索的帮助，信息获取途径将是简单的问答，并且返回的结果不仅是平面化的网页信息，而且是能把各方面相关信息组织起来的立体化信息，还能提供一定的分析预测结论。在智能投顾和智能客服领域，智能问答和语义搜索的应用主要是机器人客服。机器人客服当前的作用还只是辅助人工客服回答一些常见问题，但已能较大地节省客服部门的人力成本。

（二）资讯与舆情分析

金融资讯信息非常丰富，例如公司新闻（公告、重要事件、财务状况等）、金融产品（股票、债券等）资料、宏观经济（通货膨胀率、失业率等）资料、政策法规、社交媒体评论等。每天产生的金融资讯数量非常庞大，要从浩如烟海的资讯库中准确找到相关文章，还要阅读分析每篇文章的重要内容，是费时费力的工作。NLP 帮助人工快速获取资讯信息，大大提高了工作效率。资讯与舆情分析的主要功能包括资讯分类标签（按公司、产品、行业、概念板块等分类）、情感正负面分析（分析对文章、公司或产品的情感）、自动文摘（提取文章的主要内容）、资讯个性化推荐、舆情监测预警（发现热点、生成关键词云图、负面预警等）。在这个场景中，金融知识图谱提供的金融知识有助于更好理解资讯内容，更准确地进行资讯舆情分析。

资讯与舆情分析的应用主要在智能投研和智能监管这两个场景。在当前市场上的辅助投研工具中，资讯与舆情分析是必不可少的重要部分。资讯与舆情分析作为通用工具更多是对海量定性数据进行摘要、归纳、缩简，以更加快捷方便地为投研人员提供信息，支持他们进行决策，而非直接给出决策结论。在智能监管领域，资讯与舆情分析对金融舆情进行监控，发现违规非法活动后进行预警。

（三）文档信息抽取

信息抽取是 NLP 的一种基础技术，其结果可以进一步用于数据挖掘，甚至构建知识图谱。信息抽取采用的方法包括基于规则模板的槽填充的方法、基于机器学习或深度学习的方法等。信息抽取按抽取内容可以分为实体抽取、属性抽取、关系抽取、规则抽取、事件抽取等。在这里的文档信息抽取特指一种金融应用场景，指从金融文档（如公告、研报等）抽取指定的关键信息，如公司名称、人名、指标名称、数值等。文档格式可能是格式化文本或纯文本。对格式化文本进行抽取时需要处理并利用表格、标题等格式信息。文档信息抽取的应用场景主要是智能投研和智能数据，促进数据生产自动化或辅助人工进行数据生产、文档复核等。

（四）自动文档生成

自动文档生成指根据一定的数据来源自动产生各类金融文档。自动文档生成属于生成型 NLP 应用。它的数据来源可能是结构化数据，也可能是从非结构化数据用信息抽取技术取得的结果，也可能是在金融预测分析场景中获得的结论。简单的文档生成方法是根据预定义的模板，把关键数据填充进去得到文档。进一步的自动文档生成需要比较深入的 NLP 技术，它可以把数据和分析结论转换成流畅的自然语言文本。自动文档生成的应用场景包括智能投研、智能投顾等。

二、金融数据挖掘

从海量金融数据中提取出有价值的信息，为金融机构决策服务，是数据挖掘的重要应用领域。

（一）客户管理

数据挖掘可以覆盖客户管理生命周期的各个阶段。

在获取客户阶段，通过探索性的数据挖掘方法，如自动探测聚类和购物篮分析，可以找出客户数据库中的特征，预测其对于金融活动的响应率。那些被定为有利的特征可以与新的非客户群进行匹配，以增加营销活动的效果。数据挖掘还可以根据事先设定的标准找到符合条件的客户群，也可以把客户进行聚类分析让其自然分群，通过对客户的收入、风险等相关因素的分析、预测和优化，找到新的可盈利目标客户。

在保留客户阶段，通过数据挖掘发现流失客户的特征后，可以在具有相似特征的客户流失之前，采取额外增值服务、特殊待遇和激励忠诚度等措施保留客户。数据挖掘还可以对大量的客户资料进行分析，建立数据模型，确定客户的交易习惯、交易额度和交易频率，分析客户对某个产品的忠诚程度、持久性等，从而为他们提供个性化定制服务，以提高客户忠诚度。

在优化客户服务阶段，数据挖掘可以发现重点客户，如通过分析客户对产品的应用频率、持续性等指标来判别客户的忠诚度，通过对交易数据的详细分析来鉴别哪些是金融机构希望保持的客户。找到重点客户后，就能为客户提供有针对性的服务。

（二）风险控制

数据挖掘的方法，如特征选择和属性相关性计算，有助于识别重要的因素和非相关因素。数据挖掘可以构建信用评估模型，评估借款人或信用卡申请人的风险。这种对于高、低风险的评级或分类是基于每个客户的账户特征，如尚未偿还的贷款、信用调降报告记录、账户类型、收入水平及其他信息等。信用评估可采用直观量化的评分技术，将客户的海量信息数据以某种权重加以衡量，针对各种目标给出量化的评分。

人工智能可以解决金融安全隐患。当前，人脸识别、指纹识别等人工智能技术可用于验证客户身份、远程开户、刷脸支付等，它们已经发展成熟，正在逐步推广。譬如，京东金融在客户信息收集与验证的基础上，基于完备的 KYC 流程建立反洗钱模型，充分运用人脸识别、指纹识别等人工智能技术进行身份甄别和风险排查，提高了客户身份识别效率。除了识别客户身份，人工智能还可以用于客户风险评级。机器学习、自然语言处理等人工智能技术可帮助金融机构从更多维度刻画客户身份，建立客户风险视图，实现精准客户风险评分，利用规则引擎和算法模型，减少反洗钱误报率，提高金融机构了解客户及监管合规能力。

通过数据挖掘，还可以发现异常的使用情况，确定极端客户的消费行为。比如对客户的资信和经营情况进行预测，运用系统的方法对信贷风险的类型和原因进行识别、估测，发现引起贷款风险的诱导因素，有效地控制和减少信贷风险的发生。通过建立信用欺诈模型，帮助金融机构发现具有潜在欺诈性的事件，开展欺诈侦查分析，预防和控制资金非法流失。

三、金融交互服务

在金融业，内部流程优化以及客户交互服务领域主要应用到计算机视觉，应用场景的特点是简单、重复性比较高。计算机视觉在金融领域的应用基本围绕人脸识别，主要应用场景包括远程在线支付认证、柜台身份验证、移动身份验证（手持终端用户移动信贷、移动保险、贵重物品物流实名制等）、远程开户等。远程开户是金融业先发展起来的应用场景。另外，基于人脸识别的远程购买保险也已经开始落地。对于应用频率高的支付场景，刷脸支付也已经开始应用。

（一）远程开户

在基于人脸识别技术的远程开户过程中，一方面，用户使用手机、电脑或其他手持终端将自己的身份证件进行拍照，通过 OCR 识别相关信息，联网进行真实性核查；另一方面，系统提示用户矫正采集姿势，提示用户读取数字验证码，采集设备摄像头视频帧，通过人脸检测和关键点定位计算人脸角度，检测遮挡和光线情况，决定是否需要重新拍照，如果通过则获取满足质量要求的人脸，并提取嘴部特征进行唇语识别，通过唇语对比判断是不是活体，对通过活体检测的人脸进行压缩加密和传输，最后调用人脸识别对比服务并将对比结果返回。

（二）远程购买保险

远程购买保险对人员的身份、签名等信息的确认流程非常严格，人脸识别、声纹识别等人工智能技术可为每位客户建立起生物档案，可以完成对人、相关行为及属性的快速核实，使保险业从保单制跨越实名制直接到达“实人、实证、保单”三合一的“实人认证”，使保险业长期以来不安全、不便捷、不省心的痛点得以根本解决。

（三）刷脸支付

随着人脸识别技术的成熟和人们对支付便捷安全性需求的提升，刷脸支付不断出现在大众视野。刷脸支付，即基于人脸识别技术的新型支付方式，将用户面部信息与支付系统相关联，通过拍照把获取的图像信息与数据库中事先采集的存储信息进行比对来完成认证。按照当前移动支付流程来看，刷脸支付的流程可分为刷脸确认、账户确认、输入密码和完成支付四个步骤，其中输入密码就像支付宝目前的应用一样，消费者可以选择在一定的额度内免密支付，如果担心安全问题仍然可以输入密码支付。在这里，刷脸其实替代了刷卡和扫描二维码的过程。

第四节　人工智能的风险和挑战

一、人工智能刑事责任问题

人工智能刑事责任问题其实早就不是什么新鲜问题。无人驾驶便是典型案例。2018

年3月，全球首例无人驾驶车辆撞死行人事故在美国亚利桑那州发生，该车辆为优步（Uber）的无人驾驶实测车辆。事故发生时，被害人伊莱恩·赫茨伯格（Elaine Herzberg）推着自行车正在过马路，Uber无人驾驶车辆的传感器未曾识别这种情形，车内的备用驾驶员拉斐拉·瓦斯克斯（Rafaela Vasquez）则因为在看手机而未曾采取有效措施，被害人因而被撞死。最终检方宣布Uber无刑事责任。

尽管当前机动车交通事故责任法律法规丰富成熟，但在处理无人驾驶刑事案件时依旧存在模棱两可的情况。决定责任归谁的最大不确定因素就是，谁控制具有不同自动驾驶级别的车辆，驾驶员在其中参与了多少。无论是使用者、生产者还是销售者应承担刑事责任，无人驾驶汽车本身在当前法律体系下都被认为不具备民事权利和民事行为能力，无法独立承担民事责任。

前瞻性预设人工智能的未来是必要的。有学者认为在强人工智能时代，只要人工智能具备辨认能力和控制能力，突破程序实施了严重危害社会的行为，就与具备刑事责任能力的自然人所具有的辨认能力和控制能力并无本质上的不同，理应承担刑事责任。人工智能如能成为法律上的主体，必然会引发法律系统及法律理论的震荡和危机，人的历史将被改写。因此，更多的学者对人工智能的法律属性仍采取谨慎态度，依然坚持人工智能的法律客体论。

未来的人工智能能否成为刑事责任主体，取决于技术本身，技术能否完成“机器人也是人”的革命，是否会产生一种具有自主性智能，而不是接受预定程序的机器人。从当前人工智能的发展态势来看，当前的弱人工智能没有自主意识，但也可以增进人类福祉，那么具有与人等同的智能意志的人工智能是否真的能带给人类更多的福祉有待全社会的思考。

二、人工智能造假

俗话说：“耳听为虚，眼见为实。”但是现在人工智能早已颠覆这一说法。人工智能领域近年来涌现出一个新词——深度造假（deepfake）。该词起源于2017年，一位匿名作者在Reddit网站上上传了他使用AI技术伪造的名人的色情影片，这种AI换脸技术日后一度伤及好莱坞一众女明星。而令人心寒的是，2020年6月荷兰DeepTrace实验室发布的深度造假发展报告显示，截至2020年6月，DeepTrace实验室检测出的深度造假视频已经是2018年末的6倍左右，年复合增长率约为236%，这也意味着人工智能造假技术正不断受人关注，而且用途不明。

深度造假主要是指用人工智能模仿语音和形象，编造出另类现实，让人们貌似说出或做出他们从未说过或做过的事情。但是人工智能造假并非局限于语音和视频，骚扰电话、好评灌水等也都属于人工智能造假的范畴。譬如，2018年美国《纽约时报》就披露了一家名叫“Devumi”的公司，它专门在脸书、推特等社交网络上制造“机器人水军”账号，然后卖给那些想在互联网上施加影响力的人。此外，Devumi还提供YouTube评论、音乐网站SoundCloud上的播放点击等业务，价格低廉。

深度造假、机器人水军等技术带来的最大的问题便是信任体系的崩坏。随着AI造假技术变得越来越先进，区分真假新闻变得比以往任何时候都要困难，人工智能可以根据简单的提示快速生成令人信服的文本段落、改变影像中物体的运动轨迹或者重塑人物形象，最后炮制出让人相信的虚假故事，并且在社交媒体上，假新闻的传播速度总比真相还要快，所以这些假新闻将最终影响公众舆论，导致谣言的迅速扩散，甚至影响舆论走向。一旦 AI 造假进入低成本、低技术知识的阶段，世界会陷入一个信息真假难辨的处境。

三、人工智能算法偏见

算法偏见是在信息的生产、分发及核查的过程中对用户造成的非中立立场影响，从而导致片面、失实的信息观念的传播。算法偏见造成的最棘手的问题是从事编程的工程师即使主观上没有种族歧视、性别歧视、年龄歧视等倾向，也有可能造成偏见。为算法注入偏见的主要有三个环节：数据集构建、目标制定与特征选取（工程师）、数据标注（标注者）。在现实生活中，算法偏见可能发生在每个人身上。从领域和对象出发，可以将算法偏见的表现分为有损群体包容性的偏见、有损群体公平性的偏见及有损个体利益的偏见。

有损群体包容性的偏见一般集中于黑色肤色的人种、特定环境下的弱势群体或女性，他们容易成为被算法忽视的对象。比如推特的研究团队通过实验证实了其缩略图算法在裁剪图片时更偏向白人，在裁剪多人照片时会更多裁掉黑人。后来推特取消了在手机 App 上自动裁剪照片的功能，并发起算法偏见黑客竞赛，寻找代码中可能存在的偏见。

有损群体公平性的偏见一般集中于消费、就业和犯罪风险检测等应用场景，算法可能导致预测、决策的不公。路透社曾在 2018 年报道，亚马逊设计的 AI 招聘算法中暗含对女性求职者的偏见，当读取到带有“women”（女性）的相关词时，算法会降低简历的权重。

有损个体利益的偏见一般是指如“大数据杀熟”等通过记录分析消费者的消费痕迹来对不同消费者差别定价，从而剥夺消费者剩余。早在 2000 年就已有“大数据杀熟”事件发生。一名亚马逊用户在删除浏览器 cookie 后发现此前浏览过的一款 DVD（数字通用光碟）的售价从 26.24 美元变成了 22.74 美元。近年来，国内的一些订票软件、打车软件也时常被爆出存在“大数据杀熟”现象。

四、人工智能信息茧房

信息茧房（information cocoons）概念是由哈佛大学法学院教授、奥巴马任总统期间的法律顾问凯斯·桑斯坦（Cass Sunstein）在其 2006 年出版的著作《信息乌托邦——众人如何生产知识》中提出的。通过对互联网的考察，桑斯坦指出，在信息传播中，公众自身的信息需求并非全方位的，公众只注意自己选择的东西和使自己愉悦的资讯领域，久而久之，会将自身桎梏于像蚕茧一般的“茧房”中。

当前主流的推荐算法，就是所谓的“个性化推荐”，主要围绕用户的需求推荐其感兴趣的文本、信息、视频等内容。具体而言，一是更好地了解用户；二是对文章等内容的特征进行刻画，例如文本、图片主题词、兴趣标签、热度、时效性、质量、数据来源等；三是结合环境特征，如时间、地理位置、网络、天气等，针对不同需求和人的关系进行匹配；四是协同过滤，根据准确、全面了解到的用户信息，找到和其兴趣最相似的用户，如果发现目标用户没看过的内容，就推荐给他们，这为拓展用户兴趣提供了新途径。字节跳动公司开发的今日头条、抖音及其国际版 TikTok 等 App 就是个性化推荐的典型产品。

在算法的帮助下，用户可以轻易地过滤掉自己不熟悉、不认同的信息，只看其喜欢看的，只听其喜欢听的，在不断重复和自我认证中强化固有喜好和偏见，陷入相似信息的“回音室”，久而久之如同蚕一般作茧自缚。不过这种质疑仍停留在讨论阶段，人工智能带来的信息茧房尚待进一步求证。

信息传播的一个重要目标是社会整合，促成不同人群连接，促进公共对话，这就要打破个人的作茧自缚，因此，推荐算法也需要兼顾满足个性化与公共整合双重目标。技术界对推荐算法的评测指标主要包括准确度（用户对推荐内容的满意度）、排序合理性、覆盖率、多样性（用户间的多样性和用户内的多样性）和新颖性等。当前提出的评测指标更多是面向电子商务平台中的商品推荐系统，因此准确性被放在第一位，这种准确性主要考虑与用户的惯性、需求的吻合度。但是，对推荐算法的评估还缺乏相应的标准。虽然人文社科领域的研究者呼吁要在推荐算法设计中体现“专业价值观”，但如何将这些价值观嵌入算法中，仍然是一个很大的挑战。

思考题

1. 请简要概述图灵测试、希尔勒的“中文房间”理论的具体内容。
2. 请说出人工智能概念的含义，并分辨弱人工智能、强人工智能、超人工智能的区别。
3. 解释机器学习、监督学习、无监督学习、强化学习、深度学习的具体含义，以及它们之间的联系是怎样的。
4. 请就自然语言处理、计算机视觉、数据挖掘三大研究方向，各举出一例实际应用。
5. 深度造假、信息茧房的含义是什么？你认为这二者会带来怎样的社会危害？

第五章

区块链

导　言

本章对区块链进行概览式介绍。自比特币诞生之日起，区块链就成为公众广泛关注的技术。区块链的一个核心特征就是“去中心化”，不同记账人通过共识机制进行账本同步，并通过激励机制促进更多的节点持续参与区块链的运作，最终实现一个公开、可信、可追溯的账本。区块链的发展十分迅速，除了以比特币为代表的虚拟货币，各国政府也在积极开发法定数字货币。此外，区块链技术还被应用于商业、供应链、民生、城际互动、政务等多个领域。区块链技术有很大的应用前景，但也存在很大的不确定性和风险。

学习目标

1. 掌握区块链的定义与特点，了解区块链大致的演进过程。

2. 了解区块链的核心技术及分类，了解区块链的发展方向、应用以及其当前面临的风险与挑战。

核心概念

区块链　分布式记账　去中心化　加密货币　智能合约

2008 年，中本聪阐述了基于区块链等技术的数字货币系统构架理念，比特币概念被提出。伴随着比特币、DeFi（去中心化金融）、NFT（非同质化通证）、数字货币、元宇宙等一系列概念接踵出现，区块链似乎成了一种无所不能、深不可测的技术，引发了无限的遐想与期待。那么，应该如何理解区块链这一概念？区块链究竟是什么？它又能有什么用？这些问题都将在本章中找到答案。

第一节　区块链概况

一、区块链的定义

根据中国信息通信研究院的定义，区块链（blockchain）是一种由多方共同维护，使用密码学保证传输和访问安全，能够实现数据一致存储、难以篡改、防止抵赖的记账技术，也称为分布式账本技术（distributed ledger technology）。中国人民银行在《区块链技术金融应用评估规则》中提出：区块链是一种由多方共同维护，使用密码学保证传输和访问安全，能够实现数据一致存储、防篡改、防抵赖的技术体系。总的来看，区块链是密码学、网络技术的集合，典型的区块链以块-链结构存储数据。作为一种在不可信的竞争环境中低成本建立信任的新型计算范式和协作模式，区块链凭借其独有的信任建立机制，正在改变诸多行业的应用场景和运行规则，是未来发展数字经济、构建新型信任体系不可或缺的技术之一。

二、区块链的发展历程

（一）全球区块链的发展历程

从时间线来看，区块链的发展实际经历了较为曲折的发展历程。

在全球范围内，区块链的发展一直和比特币等数字货币的接受程度相契合。区块链主要经历了以下四个阶段的发展：

技术试验阶段（2008—2009 年）：2008 年，一个名为“中本聪”的用户在网站上发表了《比特币：一种点对点电子货币系统》，在这篇报告中，中本聪阐述了基于 P2P 网络技术、加密技术、区块链技术等的数字货币系统构架理念，提出了比特币的概念。2009 年 1 月 3 日，中本聪开辟了序号为 0 的比特币创世区块，并在创世区块中留下了当天《泰晤士报》的头版文章标题“The Times 03/Jan/2009 Chancellor on brink of second bailout for banks”（《泰晤士报》2009 年 1 月 3 日，《财政大臣正处于实施第二轮银行紧急援助的边缘》），纪念了该区块的产生时间，同时也表现出了对传统中心化金融机构脆弱性的质疑和挑战；几天后序号为 1 的区块出现并与序号为 0 的创世区块相连接形成了链，标志着区块链的正式诞生。区块链技术的核心在于建立了一套基于密码学原理的账本，创造了一套全新的分布式记账方法，具备去中心化、不可篡改、不可伪造、可追溯等特点。

小众交易阶段（2010—2014 年）：比特币出现之后并没有很快被人们接受，在最初的较长时间内，比特币都没有任何价值，也没有人接受比特币交易。2010 年 5 月 22 日，早期比特币爱好者——美国程序员拉兹洛（Laszlo）用 10 000 个比特币交换 2 个价值 25 美元的比萨，这使得比特币第一次有了价格。同年 7 月，著名的比特币交易所 MT. GOX 成立，一度成为世界最大的比特币交易所，标志着比特币真正进入了市场。此时市场仍然以关注互联网技术的少部分人群为主。

大众市场阶段（2015—2017 年）：2016 年全球经济下滑，比特币的避险功能凸显，韩国、日本、拉美市场的比特币价格飙升，由 2016 年初的约 400 美元升至 2017 年底的约

20 000 美元，比特币迅速进入大众视野，相关的虚拟货币、区块链应用快速发展，芝加哥商品交易所上线比特币期货。在这一阶段，区块链技术在金融领域的应用得到重视，越来越多国外公司开始加入区块链源代码的开发和贡献，根据 GitHub 平台的数据，2010 年各个公司开发的区块链项目占所有项目的比例不超过 1%，到 2017 年各个公司开发的区块链项目占比达到 11%，形成了围绕比特币、以太坊、超级账本（Hyperledger）、瑞波币（Ripple）等多个核心开源平台的公司及个人合作开发生态。同时，国际上多个区块链行业联盟也应运而生，例如 R3 区块链联盟、Linux 基金会支持的超级账本区块链联盟、企业以太坊联盟（EEA）等，为后续区块链技术进一步发展奠定了开发者基础。这一阶段区块链技术的进步在于在原有的数字加密货币基础上加入了智能合约，可以在此基础上做其他的应用开发。

多样化发展阶段（2018 年至今）：比特币疯狂的造富效应引来各国政府强势关注，各国政府开始加强监管并合理规划推进，促使区块链更有效地发挥作用。2018 年 2 月欧盟成立区块链观察站与论坛，制定区块链相关政策，联动产学研，制定标准推动项目开源。2018 年 2 月 14 日，美国众议院召开第二次区块链听证会，“拥抱技术”与“不要封杀”成为对待区块链技术的共识。2021 年 10 月，美国证券交易委员会（简称证监会，SEC）批准了美国专业交易所交易产品（ETP）提供商 ProShares 提交的首个比特币期货交易所交易基金（ETF），标志着比特币等数字货币开始被主流金融机构接受，NFT、DeFi、DAO（去中心化自治组织）的兴起，代表着区块链这一技术逐渐深入社会组织、艺术、身份识别等领域，逐步走向大众。这一阶段区块链的应用不再局限于金融领域，人们在全球各地构建了去中心化的组织或社区，由区块链构建了一个全球性的分布式记账系统，能够对于每一个互联网中代表价值的信息和字节进行产权确认、计量和存储，从而实现在区块链上追踪、控制和交易资产。

需要强调的是，尽管区块链的发展与数字加密货币密不可分，但区块链不等于数字货币本身。2015 年 10 月 31 日，《经济学人》刊登了《信任机器——比特币背后的技术如何改变世界》一文，提到了区块链是创造信任的机器，区块链这一项技术创新所承载的意义远远超出了加密货币本身。

（二）中国区块链的发展历程

在区块链技术高速发展的过程中，中国也一直在稳步跟进。回顾这十多年的发展历程，区块链在中国主要经历了三个阶段：

第一阶段，加密货币阶段（2011—2015 年）。与大多数国家相同，区块链金融在中国的萌芽也是与加密货币相关。2011 年，中国第一个比特币交易网站“比特币中国”上线，使得比特币这一新兴产品进入公众视野，加密货币的金融属性开始受到关注。2013 年，比特币交易平台火币网和 OKCoin 问世，比特币交易一度火爆。中国政府开始关注比特币与区块链相关发展情况，起初总体态度审慎宽容，但后期随着比特币价格骤然走高，以及空气币、传销币的野蛮生长，2013 年年底，中国人民银行等五部委发布《关于防范比特币风险的通知》，明确了比特币的性质，认为比特币不是由货币当局发行，不具有法偿性与强制性等货币属性，并不是真正意义的货币，同时要求各金融机构和支付机构不得以比特币为产品或服务定价，不得买卖或作为中央对手买卖比特币，不得承保与比特币相关的保险业务或将比特币纳入保险责任范围，不得直接或间接为客户提供其他与比特币相关的服务。但加密货币的交易仍未得到有效控制，公众对于区块链的认知也仍然与加密货币密不可分。

第二阶段，监管探索阶段（2016—2019 年）。2016 年 10 月，工业和信息化部发布了《中国区块链技术和应用发展白皮书（2016）》，从过程和方法、可信和可操作、信息安全等方面考虑，提出了我国区块链发展的标准化路线图，为我国后续区块链产业发展规范了基础和发展方向。同年，国务院《“十三五”国家信息化规划》将区块链列入“战略性前沿技术”，区块链在中国的发展开始走上正轨，但仍缺乏有效的监管措施以及代表性应用。2017 年，中国人民银行、银监会和证监会等七部门联合发布了《关于防范代币发行融资风险的公告》，将代币发行融资列为非法。同年，中国人民银行数字货币研究所正式成立，中国从加密货币着手开始进行系统性探索与规范。2018 年，无币区块链发展思路的提出为联盟链在中国的发展奠定了基础。2019 年 2 月，国家互联网信息办公室发布的《区块链信息服务管理规定》正式施行，国内所有区块链信息服务提供者开发上线新产品、新应用、新功能时，需要按照有关规定报国家和省、自治区、直辖市互联网信息办公室进行安全评估，这一规定的出台标志着中国正式进入区块链服务的“规范监管时代”。

第三阶段，合规发展阶段（2020 年至今）。中国区块链产业链条从上游的硬件平台服务，到下游的技术应用服务几乎已经基本完备。中共中央总书记习近平在主持中共中央政治局集体学习时强调，区块链技术的集成应用在新的技术革新和产业变革中起着重要作用，我们要把区块链作为核心技术自主创新的重要突破口，明确主攻方向，加大投入力度，着力攻克一批关键核心技术，加快推动区块链技术和产业创新发展。随着中央对区块链技术发展的规划指引，我国区块链明确了以联盟链为基础，围绕服务实体经济、优化公共服务为目标的发展思路，产业发展方向进一步清晰。2020 年 4 月 20 日，国家发展改革委将区块链技术正式纳入新基建的范畴，区块链在数字经济中的重要地位进一步提高。2020 年后，我国国家部委、各省政府及省会城市发布的与区块链技术有关的政策、法规、方案文件累计数百份，主要集中在创新发展、金融、政务及公共服务等领域，此外也涉及农业、贸易、公共卫生、交通运输、知识产权等方面，推动区块链技术服务于实体经济的趋势明显。

区块链标准体系框架见图 5-1。

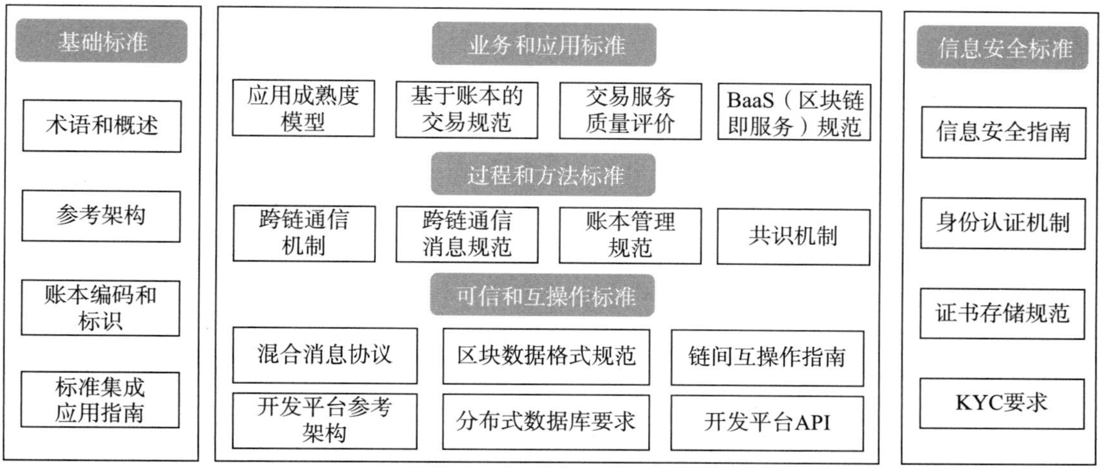

图 5-1 区块链标准体系框架

三、区块链的核心技术及分类

（一）区块链的核心技术

区块链的出现离不开密码学技术、共识机制、智能合约和互操作性技术的共同发展。

（1）密码学技术。

区块链的基石是密码学，不同于传统有中心的分布式数据库系统设计了严格的用户权限管理和存取控制，区块链架构本身就是去中心化的，Hash 算法、数字签名、数字证书等密码学技术的使用，在数据公开透明的前提下保障了区块链数据的安全性和匿名性。

Hash 算法（哈希算法，又称哈希函数）是将任意长度的消息映射成一个较短的输出定长消息的函数，其主要形式为 $h=H(M)$，其中 M 为变长的消息，h 是定长的哈希值（即 Hash 值，又称散列值）。哈希函数的目的是为文件、报文或其他的分组数据产生“数字指纹”。它一般满足三个性质：①单向性。对于给定的 y，寻求 x 使得 $H(x)=y$ 成立在计算上不可行。②弱抗碰撞性。对于给定的 x，找到另一个 x'，使得 $H(x')=H(x)$ 在计算上不可行。③强抗碰撞性。寻找任意的 x 和 x'，使得 $H(x')=H(x)$ 成立在计算上不可行。

从区块链的整体来看，各个区块之间的连接（见图 5－2）运用的就是 Hash 算法，每一个区块的头部记录了前一个区块头的 Hash 值，由于 Hash 值是唯一的，因此区块链中的所有节点能够通过其中一个区块中的信息准确地找到该区块的父区块，依此类推便能完成整个链的溯源。若要修改某个历史区块中的交易内容，则必须将该区块之后的所有区块的交易记录及密码学证明进行重构，而当区块达到一定的高度时，这几乎难以做到。

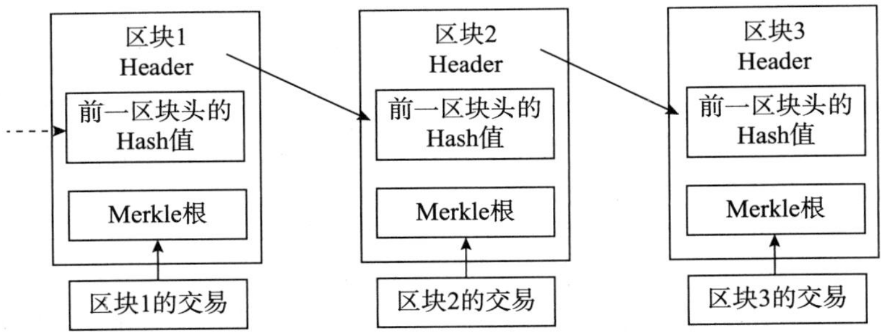

图 5－2 各区块之间的连接

注：Header 即头部，Merkle 根即默克尔根。

从单个区块来看，Merkle 树［比特币系统中运用的是二叉 Merkle 树，以太坊则采用 Merkle 树的变种默克尔帕特里夏（Merkle Patricia）树］的使用能够快速归纳和校验区块数据的存在性和完整性。图 5－3 所示为比特币系统中的某一个区块，单个区块中记录的所有交易都生成一个 Hash 值，它们两两生成一个新 Hash 值，再由新 Hash 值两两再次进行 Hash 运算，最终得到 Merkle 根。从验证角度来看，只要 Merkle 根有效，就可以证明所有交易都没有被篡改过；从防篡改的角度来说，如果某一个攻击者要篡改交易 1 而不被发现，就要保证 Hash1、Hash12 等都不变，难度会显著提高。

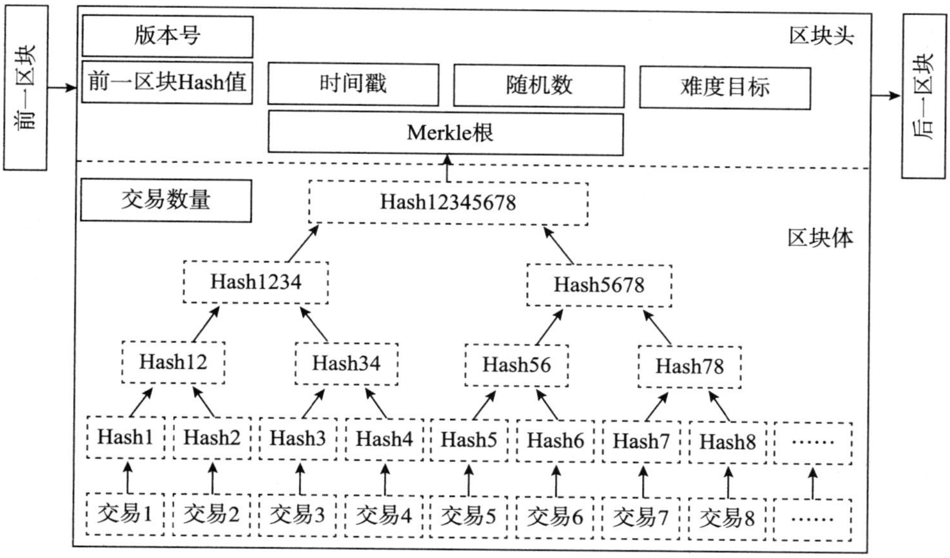

图 5-3　区块的结构及 Merkle 树

数字签名与数字证书的应用也为区块链中交易的建立信任、不可否认提供了便利，以比特币为例，每一位电子货币所有者将电子货币转移给下一位所有者的过程是：对前一次交易和下一位所有者的公钥签署一个数字签名，并将这个签名附加在交易的末尾，收款人通过验证签名，就可以验证电子货币的所有者链条。

（2）共识机制。

共识机制是区块链技术的核心，直接影响区块链系统的性能效率、可扩展性、资源消耗等。共识机制保证了在一个无数据处理中心的节点网络控制下，各中心节点之间能够完全遵循相同的现有数据中心记账信息处理操作规则，实现所有不同分布式数据的记账实时性和一致性。共识机制主要解决两个基本问题：第一个问题是谁写入数据；第二个问题是如何同步数据。在区块链中，每个节点都独立维护同一份数据，为了避免数据混乱，必须设计公平的选举机制和合理的激励机制。当被选择的节点写入数据时，其他节点必须准确及时同步数据，并验证写入数据的合法性，避免数据的伪造及非法写入。区块链中常见的共识机制包括：证明类共识机制，如工作量证明（Proof of Work，PoW）机制等、权益证明（Proof of Stake，PoS）机制和授权股权证明（Delegated Proof of Stake，DPoS）机制等，这些都是通过经济惩罚来限制恶意参与；选举类共识机制，包括 PBFT（实用拜占庭容错算法）、Paxos 和 Raft 等，参与共识节点在每一轮共识过程中通过投票选举方式选出当前记账节点。表 5-1 展示了常见共识机制的对比。

表 5-1　常见共识机制的对比

特性	PoW	PoS	DPoS	PBFT	Paxos	Raft
交易时延	高（分钟级延迟）	较低（秒级延迟）	较低（秒级延迟）	较低（秒级延迟）	较低（秒级延迟）	较低（秒级延迟）
吞吐量	低	高	高	高	高	高

续表

特性	PoW	PoS	DPoS	PBFT	Paxos	Raft
能耗	高	低	低	高	高	低
安全边界	恶意算力不高于 50%	恶意权益不超过 50%	恶意权益不超过 50%	恶意节点不超过 1/3	恶意节点不超过 50%	恶意节点不超过 50%
代表应用	比特币、以太坊	以太坊 2.0、点点币（Peercoin）	比特股（BTS）	Hyperledger Fabric	Chubby	Corda
扩展性	好	好	好	差	差	好

（3）智能合约。

智能合约封装在合约层，是区块链可编程特性的基础，中国电子技术标准化研究院将其定义为以数字形式定义的能够自动执行条款的合约。开发者通过编写智能合约，能够将数据管理逻辑、应用逻辑、业务规则和合同条款集成进分布式应用程序，从而利用区块链技术提供多样化的服务。智能合约最大的特点是由计算机系统自动执行，具有数字化、不易修改、强制性、可定制性的特点，由此可以降低签订合约、督促执行和监管方面的成本，尤其是在金融领域，智能合约有广阔的发展空间。

（4）互操作性技术。

区块链技术在发展早期聚焦在各个独立链自身的技术创新与生态建设，网络逐渐被拥有特定利益的子群体隔离，随着区块链生态的发展，当前已经呈现多链并存的态势。每个链的生态就如同互联网上一个或多个独立的网站，不同链由于结构不同，相互之间不能进行信息交换，类似于各个独立的网站之间无法通过互联网协议实现跳转与交互。在这种情况下，区块链的互操作性技术由于可以带来价值自由流动、促进链间协同工作，因此成为区块链向着网络效应规模化发展的强力推手，逐渐成为应用需求的新热点。

互操作性技术主要包括哈希锁定、公证人机制、侧链和中继链等，表 5-2 显示了它们之间的性能对比。应用场景从双链资产互通逐步过渡到多链间全状态的自由流通，同时中继链这一融合公证人机制与侧链的技术在新型区块链互操作性平台中发挥影响力。虽然当前区块链的网络效应初显，但仍需要在技术上针对相关组件进行趋同化设计，如各链统一跨链消息的输入输出口径，构建标准消息格式，设计高效可验证的数据结构等；同时需要提升应用层交互的用户体验，增进对链上与链下现实世界互操作性的认知。区块链的互操作性技术当前处于技术发展早期，从业者的持续研究将会加速技术的不断突破，带来应用的不断迭代与创新。

表 5-2 主要互操作性技术性能对比

	哈希锁定	公证人机制	侧链	中继链
信任模型	链自身安全	大多数诚实的公证人	链自身安全	大多数诚实的中继链验证人或接入链自身安全
传递消息类别	仅限资产	不限	不限	不限
参与链数量	双链	使用中间路由连接实现多链	双链	多链

续表

	哈希锁定	公证人机制	侧链	中继链
实现难度	简单	中等	中等	困难
局限性	场景单一，发起人握有主动权，可挑选时机完成交易套利	依赖第三方公证人集合	有效性验证对区块数据结构有要求	适合接入拥有绝对一致性共识的链

（二）区块链的分类

按照系统是否具有节点准入机制，区块链可分类为许可链和非许可链。许可链中节点的加入和退出需要区块链系统的许可。根据拥有控制权限的主体是否集中，许可链可分为联盟链和私有链，其中联盟链预先设定一部分节点能参与记账和交易，而私有链的写权限在一个节点、一个组织手里，其读权限也会受到限制。非许可链则是完全开放的，亦可称为公有链，节点可以随时自由加入和退出，也都可以参与竞争记账权。不同类型区块链的对比见表 5－3。

表 5－3　不同类型区块链的对比

	公有链	私有链	联盟链
准入限制	无	有	有
读权限	任何人	仅限受邀用户	相关联用户
写权限	任何人都有机会通过竞争获取写权限	获批用户	获批用户
所属者	无	单一实体	有限的多个实体
参与者身份认证	无	有	有
交易速度	慢	快	快

四、区块链的特点

区块链相较于传统数据库主要有四个特点：一是从传统数据库的复式记账演进到分布式记账。区块链打破了原有的复式记账，变成“全网共享”的分布式账本，参与记账的各方之间通过同步协调机制，保证数据的防篡改和一致性，规避了复杂的多方对账过程。二是将传统数据库中的“增删改查”变为“增查”两个核心操作。区块链通过区块和链表这样的“块链式”结构，加上相应的时间戳进行凭证固化，形成环环相扣、难以篡改的可信数据集合（但这里的修改和删除不是绝对意义上的不可行，而是假设没有一个节点的算力超过全网算力的 51%，相当于在实际操作上的不可行）。三是将传统数据库的中心化机构维护变成多方维护。针对各个主体而言，传统数据库是一种单方具有高度控制权的记录形式。区块链引入了分布式记账，是一种多方共同维护、不存在单点故障的分布式信息系统。四是从人工审核合约发展为智能合约。智能合约的出现使得区块链的运行能够始终遵循事先约定的规则，通过代码运行保证执行的及时性和有效性。

从技术本身来看，区块链技术具有以下特点：

（1）分布式去中心化（又称弱中心化）。区块链的基础是分布式网络，整个账本并没有放在中心化的数据中心内，而是在网络中的每个节点都有备份。网络中的节点都是平等的，它们所保存的副本同步更新并且记录所有的交易数据，这种架构是区块链网络去中心化的重要体现，通过数据的高度冗余，规避了单点故障的问题，同时也能够有效地削减信息中介的成本。

（2）不可篡改公开化。区块链中的每个区块都引用前一区块的哈希值，若强行对先前任意区块进行破坏，则需替换自该区块后的所有区块以满足哈希值的变更，这使得数据篡改的可能性近乎为零。同时区块链网络上的数据对于每个参与进来的节点都是开放透明的，任何节点都可以查询任何区块的相关记录，同时，每个节点都有整体账本的备份，能够记录每一笔交易数据。

（3）时序数据可追溯化。区块链中有时间戳服务器在运行，会为每一个区块的生成印上时间戳。在链式结构下，每一个区块的时间戳引用前一个区块的时间戳，时间信息随区块高度增高而增加，结合入链信息无法篡改的特性，可以追溯交易发生的先后。使用区块浏览器，个体可轻易查询到交易时间、区块生成时间、区块确认时间等。

（4）安全信任加密化。共识算法与智能合约是区块链技术的核心，保证了数据的真实性和合约执行力，区块链网络中的用户都认同相关运行法则并且难以违约。因此，交易双方不需要第三方权威机构进行监督和背书，而是基于法则认同产生的信任进行交易。同时账户采用不对称加密方式，由公私钥完成加解密过程。只有公私钥匹配才能解锁账户价值，私钥由用户保存，只要私钥不泄露，黑客就无法对账户进行攻击。另外，由于每一节点都分布式地存储全部数据，其可利用冗余性抵抗攻击。

五、区块链的发展现状及展望

当前中国区块链的发展方兴未艾，在政府政策、专利申请、标准制定、公司数量等多方面呈现蓬勃发展态势。

在政府政策方面，根据零壹智库的 2021 年度区块链产业普查结果，截至 2021 年 12 月 31 日，中央、各部委及各省市地方政府发布区块链相关政策达 1 101 项，其中，2021 年中央及各部委出台区块链相关政策 132 项。2021 年 3 月，区块链被写入《中华人民共和国国民经济和社会发展第十四个五年规划和 2035 年远景目标纲要》，规划提出打造数字经济新优势，加快推动数字产业化。推动区块链技术创新，要以联盟链为重点发展区块链服务平台和金融科技、供应链管理、政务服务等领域应用方案，完善监管机制。此外，各地也纷纷出台政策，其中广东省以 111 项政策成为全国出台区块链政策最多的地区，山东、北京、江苏和上海等地也出台了大量发展区块链产业的政策。

在专利申请方面，2021 年，全球区块链专利申请数量为 18 931 项，其中，中国区块链专利申请数量达 15 985 项，位居全球之首，专利申请数量占全球总规模的 84%；美国 2021 年申请专利 1 456 项，占全球总规模的 8%，位居全球第二。2021 年，全球区块链行业专利总价值达 11.31 亿美元。

在标准制定方面，2018 年 5 月，工业和信息化部结合国内外发展现状拟定了我国区块链标准体系的未来规划，包括 5 个大类共 22 项拟制定的国家标准，现阶段我国区块链标准体系发展基本按此框架进行。截至 2021 年底，我国已发布 153 项区块链标准，其中包含 8 项国家标准、3 项行业标准、18 项地方标准、70 项区块链团体标准以及 54 项企业标准。2021 年是中国区块链标准化工作突飞猛进的一年，单年新增 82 项区块链标准，占区块链标准总数的 53.6%。其中，2021 年共新增 5 项国家标准、1 项行业标准、3 项地方标准、44 项区块链团体标准以及 29 项企业标准。

在公司数量方面，截至 2021 年 12 月，全国共有 120 810 家企业在企业名称/曾用名、经营范围或产品资料等工商信息中含有“区块链”字样。从区域分布情况看，我国区块链相关企业已形成三大聚集区：以陕川渝为代表的西部聚集区、以鲁苏浙为代表的东部聚集区和以粤琼闽为代表的南部聚集区。三大聚集区的区块链相关企业数合计占比接近全国总数的 80%。

第二节　区块链的功用

区块链的用途不胜枚举，通过区块链技术，能够将物质世界的资源分配、交易过程、生活轨迹等信息转移到数字世界。区块链的革命性创造能够构建有效而完善的系统，以解决现有社会中部分产业运行效率低下、成本较高的问题，从而推动全社会的进步。

基于区块链技术去中心化、不可篡改、可追溯、安全加密的特点，区块链技术不仅可以成功应用于数字加密货币领域，同时在经济、金融和社会系统中也存在广泛的应用场景，其在不同场景中的功用主要可分为数据存储、数据鉴证、资产交易、资产管理和选举投票等。

（1）数据存储。区块链的高冗余存储、去中心化、高安全性和隐私保护等特点使其特别适合存储和保护重要隐私数据，以避免因中心化机构遭受攻击或权限管理不当而造成大规模数据丢失或泄露。与比特币交易数据类似，任意数据均可通过哈希算法生成相应的 Merkle 树并打包记入区块链，通过系统内共识节点的算力和非对称加密技术来保证安全性。区块链的多重签名技术可以灵活配置数据访问的权限，例如必须获得指定 5 个人中 3 个人的私钥授权才可获得访问权限。当前，利用区块链来存储个人健康数据（如电子病历、基因数据等）是极具前景的应用领域。此外，区块链对存储各类重要电子文件（视频、图片、文本等）也有一定应用空间。

（2）数据鉴证。区块链数据带有时间戳，由共识节点共同验证和记录，不可篡改和伪造，这些特点使得区块链可广泛应用于各类数据公证和审计场景，例如，区块链可以永久地安全存储由政府机构核发的各类许可证、登记表、执照、证明、认证和记录等，并可在任意时间点方便地证明某项数据的存在性和一定程度上的真实性。包括德勤在内的多家专业审计公司已经部署区块链技术来帮助其审计师实现低成本和高效的实时审计；Factom（公证通）则基于区块链设计了一套准确的、可核查的和不可更改的审计公证流程与方法。

（3）资产交易。区块链技术与金融市场应用有非常高的契合度。区块链可以在去中心化系统中自发地产生信用，能够建立无中心机构信用背书的金融市场，从而在很大程度上实现金融脱媒，这对第三方支付、资金托管等存在中介机构的商业模式来说是颠覆性的变革。在互联网金融领域，区块链特别适合或者已经应用于股权众筹、互联网保险等商业模式。证券和银行业务也是区块链的重要应用领域，传统证券交易需要经过中央结算机构、银行、证券公司和交易所等中心机构的多重协调，而利用区块链自动化智能合约和可编程的特点，能够极大地降低成本和提高效率，避免烦琐的中心化清算交割过程，实现方便快捷的金融产品交易。同时，区块链和比特币的即时到账的特点可使银行实现比 SWIFT（环球银行金融电信协会）代码体系更为快捷、经济和安全的跨境转账。

（4）资产管理。区块链在资产管理领域的应用具有广泛前景，能够实现有形和无形资产的确权、授权和实时监控。对于无形资产来说，基于时间戳技术和不可篡改等特点，可以将区块链技术应用于知识产权保护、域名管理、积分管理等领域；而对有形资产来说，通过结合物联网技术为资产设计唯一标识并部署到区块链上，能够形成“数字智能资产”，实现基于区块链的分布式资产授权和控制。通过结合物联网的资产标识和识别技术，还可以利用区块链实现农产品、工艺品等的供应链管理和产品溯源等功能。

（5）选举投票。投票是区块链技术在政治事务中的代表性应用。基于区块链的分布式共识验证、不可篡改等特点，可以低成本高效地实现政治选举、企业股东投票等应用。同时，区块链也支持用户个体对特定议题的投票，例如，通过记录用户对特定事件是否发生的投票，可以将区块链应用于博彩和预测市场等场景；通过记录用户对特定产品的投票评分与建议，可以实现大规模用户众包设计产品的“社会制造”模式等。

2019 年 10 月 24 日，习近平总书记在中共中央政治局第十八次集体学习时强调，要把区块链作为核心技术自主创新的重要突破口，加快推动区块链技术和产业创新发展，积极推进区块链和经济社会融合发展。区块链六个核心的应用场景为金融、商业、民生、城际互通、政务和智慧城市（见表 5-4）。区块链在其中发挥的也主要是上述五种功用。

表 5-4 区块链应用场景概要

应用场景	说明
金融	解决中小企业贷款融资难、银行风控难、部门监管难等问题
商业	探索数字经济模式创新，为打造便捷高效、公平竞争、稳定透明的营商环境提供动力，为推进供给侧结构性改革、实现各行业供需有效对接提供服务，为加快新旧动能接续转换、推动经济高质量发展提供支撑
民生	积极推动区块链技术在教育、就业、养老、精准脱贫、医疗健康、商品防伪、食品安全、公益、社会救助等领域的应用，为人民群众提供更加智能、更加便捷、更加优质的公共服务
城际互通	利用区块链技术促进城市间在信息、资金、人才、征信等方面更大规模的互联互通，保障生产要素在区域内有序高效流动
政务	探索利用区块链数据共享模式，实现政务数据跨部门、跨区域共同维护和利用，促进业务协同办理，深化“最多跑一次”改革，为人民群众带来更好的政务服务体验
智慧城市	探索在信息基础设施、智慧交通、能源电力等领域的推广应用，提升城市管理的智能化、精准化水平

然而，需要注意的是，区块链不是万能的，技术上去中心化、难以篡改的鲜明特点使其在限定场景中才具有较高的应用价值，而在一些不适合的场景中反而会降低业务效率。针对区块链技术特点，可以将区块链适用场景总结为“多主体”“多流程”“多标准”的

“三多”场景。

首先，“多主体”。区块链的创新场景需要是一个跨主体、多方写入的应用场景。多个主体各自维护账本，往往因为数据信息不共享、业务逻辑不统一等原因，导致账对不齐的现象。而区块链中的每个主体都可以拥有一个完整的账本副本，通过即时清结算的模式，保证多个主体之间数据的一致性，规避了复杂的对账过程，提高了多主体之间信息共享的效率。

其次，“多流程”。区块链在技术层面保证了系统的数据可信（密码学算法、数字签名、时间戳）、结果可信（智能合约、公式算法）和历史可信（链式结构、时间戳），适合于在不可信的环境中建立基于数学的信任，尤其是能够解决流程冗长导致的信任链条过长、数据层层传递导致信任度难以保证等问题，同时也保证了回溯数据的真实可信。

最后，“多标准”。区块链通过共识算法和智能合约，预先规定系统运行的规则，并保证系统始终按照既定规则运行，能够有效地解决一些业务中行业标准和实际操作存在差异的问题，也促使参与方预先商定统一标准。

第三节　区块链在金融中的应用

在金融行业，区块链技术和具体场景的结合主要可以带来以下三个方面的改变：

第一，建立新的信任机制。在区块链系统中，交易双方不需要事先了解对方的信息，也不需要第三方担保，利用数字签名就能够核验对方的信息并保证交易的可信，利用共识机制保证记录、传输、存储结果的可信。同时，开发者可以将金融合约条款写入区块链智能合约，参与交易的双方在相应场景的智能合约规范下进行交易，在交易清算条件触发时自动执行，降低了交易中的道德风险。

第二，提高信息透明度。区块链的信息是公开的，能够实现信息的“自披露”，通过核验签名可以追溯前面的交易信息，各方都对它记录的真实性、完整性和可靠性在共识机制下达成一致，并实现广泛认同。同时监管机构也能够利用这个特性介入并掌握详细动向，提高了可追责性。但在这个过程中，区块链各节点的地址与个人信息不是直接关联的，其他节点不能通过地址和交易获取用户详细的个人信息，在保证交易信息公开的同时保护了交易者的隐私。

第三，减少中间环节，提高交易效率。区块链系统通过自身的共识算法对交易进行验证，之后写入分布式账本并进行广播，多个验证环节可以由多个节点同时进行，交易确认和清算结算可以瞬时完成，避免了传统金融业务信息在托管机构、银行、权威公证机构等环节层层传递带来的低效。

具体而言，区块链可以在数字加密货币、供应链金融、金融征信、保险、交易清算、贸易金融等领域发挥作用。

一、数字加密货币

以比特币为代表的数字加密货币是区块链的典型应用场景之一，也是最为人所知的应用场景。借助区块链技术和现代科技的发展，这种新形式的“货币”有可能使现代支付的成本进一步降低。

货币是现代社会的核心要素之一，其出现与发展在一定意义上来说是为了适应不断扩张的贸易需求。随着经济全球化的不断深化，贸易变得日趋复杂，贸易关系变得难以追溯。数字加密货币的本质是将货币转移变得数字化——以区块链技术为基础，借助计算机网络，在云端进行集体记账。

数字加密货币的发展对于现代金融体系的冲击巨大。2019 年 6 月，社交巨擘 Facebook 进军区块链产业，发布 Libra 白皮书，引发了全球关注。根据白皮书的表述，Facebook 发布 Libra 意在让全球 17 亿无法接触金融服务的人以较低的成本享受便捷高效的金融服务。这一宗旨的目标意在拓展新兴经济体市场，若 Libra 成功落地，毫无疑问将是对全球支付领域的巨大挑战，甚至将冲击整个金融行业的格局。对于区块链本身来说，Libra 对于区块链概念的普及将起到巨大的推动作用。Libra 在未来发展的可能性同样也引发了各国政府对区块链及数字加密货币的密切跟进。但是，数字加密货币的未来发展还存在许多不确定性，政策、技术和市场波动等问题都可能对数字加密货币的发展产生影响。2020 年 12 月，Facebook 宣布原本拟推出的超主权数字货币 Libra 更名为 Diem，这一更改是为了强调该项目的独立性，从而获得监管部门的批准。此后，Diem 面临日益增大的监管压力，面临清退风险。

二、供应链金融

随着社会生产力的发展，产业链内部的联系日益密切，行业生产上、下游之间的配合与联系在现代生产中日趋重要。企业想要发展，就需要在各自的供应链中掌握足够的资源与话语权，从而借助供应链优势形成自身发展的优势。现代社会的生产竞争在一定程度上成为供应链之间的竞争，而供应链金融则是金融机构基于产业链核心企业，将企业与供应链中的上、下游通过物流、资金流、信息流紧密联系（见图 5 - 4），从而提供金融服务、获取企业信息、控制企业个体风险的金融模式。

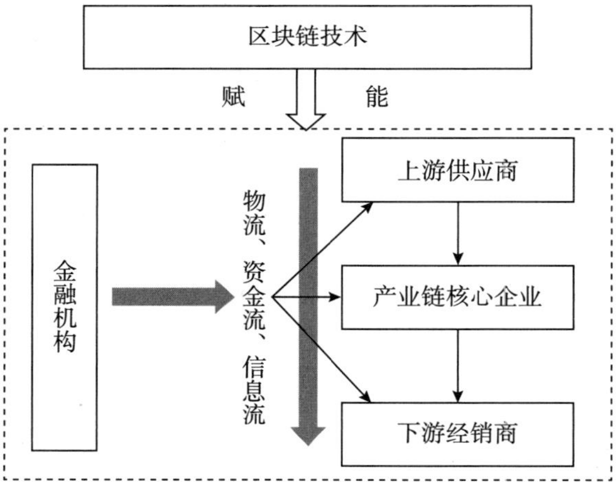

图 5 - 4　区块链技术赋能供应链金融

在现代社会的供应链中，具有强话语权、议价能力的企业通常处于核心地位，而其他议价能力相对较弱的企业，尤其是中小微企业，则长期在产业链中处于弱势地位。现代商业的赊购赊销模式成为常态，在供应链中，处于劣势地位的小微企业长期存在资金周转困难、融资成本高、融资渠道狭窄的问题。相对应地，产业链中的真实交易情况获取难度较高，商业银行由于信息不对称问题，无法掌握小微企业的有效信息，在为小微企业提供贷款过程中始终存在成本高、风险高的难题，只能通过提高贷款利息来补偿风险，从而进一步加剧了小微企业的融资难度。

当前小微企业规模小、财务数据不规范、业务真实性难以追溯、账款收回情况无法预期等因素成为其信用水平难以满足融资要求的重要因素。从根本上说，供应链中处于弱势的小微企业的融资问题，在很大程度上是由供应链的信息难以被可靠、真实、有效地获取导致的。银行获取信息的成本高、进行贷款的风险大，自然就会要求更高的风险补偿。

针对小微企业的问题，区块链技术在供应链金融的应用极具代表性。区块链技术能够在供应链金融中展现出极其强大的优势：一方面，区块链与供应链在结构上存在着高度的契合，信息流、资金流、物流在链上被记录，同时确保不被篡改；另一方面，区块链可追溯、不可篡改的特性又使其能够保证在整个供应链金融中的票据具有真实的交易背景，对各项有记载的交易进行权属确认，保证各方的交易凭证、债务凭证的真实性，从而让融资过程中的信息更容易被获得，银行的信贷风险更可控，从而进一步降低银行的贷款利率，解决供应链中处于弱势地位的中小微企业、供应商、经销商的融资问题。当前，我国以平安集团旗下的金融壹账通为代表的金融机构和互联网公司在供应链金融领域的实践初具成效。

三、金融征信

信息是金融行业的重要资源，征信市场是信息的重要需求方，信息对于我国征信系统的建立健全、对于我国征信市场的持续健康发展意义重大。我国的征信市场规模居于世界前列，但金融业界的信息资源并没有能够得到充分利用，当前的金融机构拥有我国绝大多数企业和个人的信息。但相对应地，各机构之间的信息并没有得到充分的交流和释放，机构之间的信息渠道与往来不够畅通，相互之间信息交流的成本高昂。此外，当前的数据库存在着可被篡改和无法溯源的缺陷，数据的有效性和真实性难以保证，需要有更为有效的技术手段，降低信息获取成本，促进行业信息的交流与共享。

在区块链技术下，征信方面的信息共享问题能够在一定程度上得到解决，各个金融机构的数据与信息能够在链上共享，在成本相对降低的同时，能够弥补传统金融领域中信息不可溯源、可被篡改的缺陷，保障数据的真实有效，从而促进我国金融征信行业的发展。

四、保险

信息不对称是保险领域的常见现象，信用也同样是保险领域的重点。在实务中，保险活动的经营有赖于信息和信用的透明度及真实性。保险业的大量资源被投入了验证信息的真实性当中，以避免骗保等产生的更大损失。传统保险业的信息验证手段相对原始且低效，高额的成本也导致金融服务的质量和消费者满意程度较低。对于财产保险而言，保险标的是否具有真实性在传统保险技术下难以得到保证，可能存在伪造、变造情况。

区块链的广泛实践能够有效解决保险业标的物和信息真实性的问题。太平洋保险曾提出了保险业应该积极拥抱区块链的设想。区块链的特性决定了其包含的信息具有真实、不可篡改、可溯源的性质，任意的保险标的都能在区块链的应用中得到真实性保证。此外，在唯一时间戳和分布式记账的特点保障真实性的同时，财险领域区块链结合物联网的实践能够实现保险服务成本的节约和保险创新业务的实施，进而提升保险业的服务质量与水平，促进保险业发展。

五、交易清算

从商贸和企业诞生起，交易和清算就始终是需要得到重视的领域。在现有的交易与清算模式下，企业之间大多采用双方记账、合同文书备查的方式进行记录，确保交易和清算的顺利进行。然而，在这一模式下，需要交易双方投入大量的成本与资源，并且在实务中容易出现双方记账出现差异的情况，进而使效率受到极大影响。此外，清算信息储存的相对集中也为当下模式的交易清算带来了较大的集中风险。

区块链在交易清算领域有着极大的潜力。区块链的及时性能够极大地改善全系统的清算效率。同时，在链上的各方有着相同的备份账本，在节约成本的同时，保障了各企业之间交易与清算关系的真实性和可靠性，提高清算效率，进而推进全社会交易效率的提高，推动全商业、全金融体系的发展。

六、贸易金融

贸易金融中区块链的价值如图 5－5 所示。传统的贸易金融主要存在以下痛点：(1) 信任缺失。在传统贸易金融环境中，没有可靠的电子化流程，支持信任的技术匮乏，容易导致数据源真实性难以确认、数据层层传递影响可信度等问题。(2) 数据孤岛。贸易金融属于数据密集型业务，由于参与主体众多、业务流程复杂等特点，容易产生数据零散难以充分利用、数据私密性阻碍共享、数据缺乏统一规范、中心化统治力难获得等问题。(3) 流程协同低效。由于贸易金融参与方众多、跨境业务管辖权特殊等，各主体之间协同性比较差，物流、资金流、信息流中任何一个环节的缺失，都会直接影响贸易金融的效率。(4) 中心化平台瓶颈。在传统贸易金融环境中，中心化存在违约风险，中心化统治力难获得。

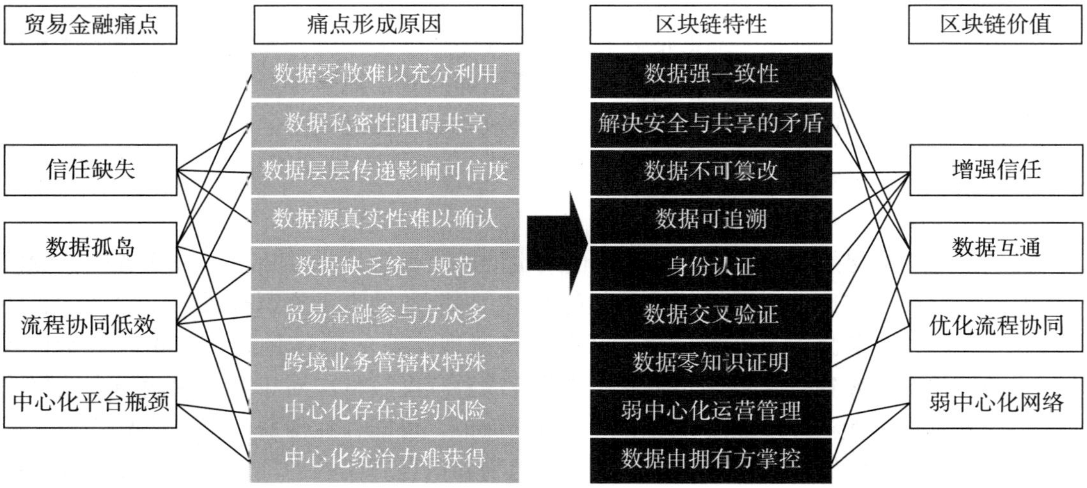

图 5－5　贸易金融中区块链的价值

区块链技术本质是通过分布式记账、共识机制以及密码学技术构建的分布式存储网络，其应用优势主要在于存储可信性增强，避免中心化存储的单点失效问题，增强了系统的稳健性，可以满足大型商业应用的容灾性要求。分布式的存储结构通过多副本存储实现了数据的不可篡改。区块链分布式冗余存储能显著提升容灾级别，以应对意外发生的数据备份与恢复问题。

因此，借助分布式存储、点对点运输、共识机制、加密算法构建业务平台可解决各类贸易融资中的数据孤岛与信任缺失难题。利用区块链平台后，业务数据透明、不可篡改、安全性强，新流程中的监管机构可在事前、事中、事后实时调取数据发挥完善监管作用，这甚至满足了容灾性的监管需求。此外，区块链技术自身的特点非常好地保证了贸易融资的公开透明，降低了融资业务过程中的风险概率。买卖双方、中间商等所有在区块链贸易融资平台上参与贸易业务流程的参与方，可以利用区块链的技术特点，简化交易的过程，将复杂冗长的流程工作通过创新的技术手段全部电子化，加强了参与方之间的流程协作，既节约了企业的交易成本，也提高了业务处理的效率，公开透明的方式也降低了参与方的市场风险。

第四节　区块链的风险和挑战

一、算法、算力风险

（一）哈希算法风险

随着密码学理论和计算机技术的发展，即使是国际公认安全的哈希算法，也存在被破解的可能性。在 2004 年的国际密码学会议上，山东大学的王小云教授发表了破译 MD5、HAVAL-128 等哈希算法的报告。而在此之前，MD5 是应用广泛的世界通行密码标准，其最广泛的应用便是用于验证文件是否经过篡改，王小云教授的发现使得篡改文件而不改变其 MD5 码（一种哈希值）成为可能，这使得该算法无法保证信息的完整性。

当前的区块链技术的安全性依赖于哈希算法的抗碰撞性，即假设每个区块的信息被篡改后其哈希值也会发生变化，这个性质保证了信息的原始性。被篡改后拥有相同哈希值的现象被称为哈希碰撞，哈希算法的定义域远大于值域，因此原理上来讲哈希碰撞（即不同的输入值被赋予同样的哈希值）是不可避免的。当前认为哈希算法的抗碰撞性本质上是指受限于当前的计算能力，无法实现人为的哈希碰撞。但随着计算机技术和密码学理论的发展，哈希算法的抗碰撞性将如何变化仍是一个未知数。

（二）量子计算与算力风险

算力的提升对于区块链而言是一件利好消息，但当算力的提升方式实现质的突破后，反而会给区块链带来前所未有的风险。当前区块链账户的创立和使用依赖于公钥和私钥的加密体系，可以利用公钥加密、私钥解密来实现信息的定向加密传输，还可以利用私钥加密、公钥验证来实现电子签名。其中私钥被用来对账户进行操作和验证身份，而公钥由私钥进行非对称加密得来，被公开在网络上用于验证私钥和进行对私钥的定向加密。

由于公钥是公开的，理论上来说，通过穷举私钥并计算对应的公钥即可实现对私钥的暴力破解。当前认为该加密体系安全的基础是在摩尔定律的限制条件下，当前计算机的算力发展速度无法实现通过穷举在有意义的时间内完成对私钥的破解。

而近年来，量子计算机逐渐开始从理论界走向实用化。2019 年 9 月，谷歌宣称其在实验中证明了量子计算机对于传统架构计算机的优越性，在世界第一超级计算机“顶点”(Summit) 需要计算 1 万年的实验中，谷歌的量子计算机只用了 3 分 20 秒。在算力如此提升的背景下，先前认为无法被破解的加密体系便会瞬间失效。

二、黑客与合约漏洞风险

智能合约是伴随着区块链技术发展而兴起的技术，其本质是将执行条件和执行操作写入计算机程序，使得在满足执行条件时自行执行操作。因为区块链的不可篡改性，所以智能合约一经部署就不可更改，因此智能合约常常被称为“最公正的数字合同”。但作为一种计算机程序，智能合约难以避免地存在逻辑漏洞或恶意后门，即智能合约编写者有意或无意的设计使得该智能合约存在套利空间。著名的 The DAO 安全漏洞、Parity 多重签名钱包安全漏洞等安全问题都由智能合约的不完善引起，均产生了巨大的损失。最具代表性的是 BEC 代币被盗事件，由于智能合约中一行代码的逻辑疏漏被黑客利用，其市值几乎归零。

智能合约的漏洞一直是区块链金融领域的担忧。在传统金融业务中，一般情况下，合同签订双方内部审计部门会对合同条款内容的准确性、合法性、无歧义性进行全方位的审核，当前已经形成一套较为成熟的体系。但在智能合约场景下，对智能合约的审计不仅需要对金融业务较为熟悉，还需要对程序设计语言具有较高的掌握程度，这对参与方甚至监管部门都提出了较高的要求。一些机构也在探索自动化审计智能合约，如 IBM 尝试使用形式化验证方法对智能合约代码进行安全性分析，苏黎世联邦理工学院也开发了 Securify. ch 用于针对以太坊合约的初步审计服务，但大多处在初级阶段。当前监管部门也缺乏行之有效的工具对新部署的智能合约进行批量审计。经区块链机构估计，在当前已部署的智能合约中，绝大部分都没有经过充分的审计，给区块链金融产品带来了较大风险。

三、私钥安全风险

区块链账户的所有交易都依赖于私钥和公钥组成的加密体系，所有交易安全实现的前提便是私钥的妥善保管。密钥用于为区块链交易提供数字签名。用户的资金交易和私人信息的安全性完全依赖于私钥，私钥的公开或丢失便等同于账户的丢失。一旦私钥泄露或丢失，根据现有的区块链技术规则，黑客的非法操作将无法恢复，会给用户造成财产损失。因此私钥的丢失风险成为用户在使用区块链账户中重要的风险。

当前个人云服务的发展为私钥的丢失、窃取问题提供了良好的解决方案。阿里云便对云存储中的文件提供了良好的多重备份和加密功能，其可以将本地文件丢失或被窃的风险锁定为阿里账户被窃的风险，将私钥丢失的风险锁定到一个非常低的水平。

四、交易性能风险

区块链技术为了实现安全性，在其数据结构和记账方式上都做了严格限制，这些限制在保证区块链存储信息的安全性的同时，也在一定程度上限制了区块链系统的运算能力。以使用范围最广的比特币系统为例，由于比特币系统采取工作量证明来保证其不可篡改，其打包区块的间隔需要为10分钟，每个区块的存储能力为4 194笔交易，因此比特币交易系统的理论最大性能仅为每秒处理7笔交易。而VISA的电子支付网络VisaNet每秒可处理超过65 000笔交易。在2020年“双十一”，天猫的交易峰值甚至达到了58.3万笔/秒。这些情况表明，比特币区块链网络距离承担日常交易功能还有很大差距。

表面上来看，交易性能低下是由打包间隔时间和区块大小所限制的，而这两个参数背后的核心原因则是当前的矿机算力、分布式存储能力和网络传播速度。比特币的每一个区块的大小只有1兆字节，假设通过提升区块大小来解决交易性能问题，每一个区块需要变为约500兆字节大小，这使得交易延迟变为原来的500倍，且对每个分布式存储节点的存储能力要求同步变为了原来的500倍，这几乎使得区块链系统不可用；而缩短打包时间则会降低区块链整体的安全性。

许多研究机构都在研究提升区块链性能的方案，主要包括共识优化、第0层扩容、分片等主流方案。例如，英国的埃明·居恩·西雷尔（Emin Gün Sirer）教授团队提出了存在可行性的解决方案Teechan，其在理想情况下可以在低延迟条件下实现2 480笔/秒的交易速度；中国信息通信研究院2019年开展的可信区块链性能测试结果显示，在16个节点配置下联盟链最快处理效率是23 685笔/秒。但这些方案都有节点数限制，并且倾向于采用联盟链的方案。未来如何提升区块链尤其是公有链的处理效率，仍是一个值得关注的问题。

思考题

1. 如何理解去中心化和中心化？日常生活中哪些场景更应该是去中心化的？哪些场景应该是中心化的？中心化和去中心化是否有绝对的优劣之分？

2. 我国对加密货币的态度如何？我国对区块链技术的态度如何？如何看待这种区别？

3. 区块链的特点有哪些？请从区块链的技术特点和发展现状分析为什么金融是区块链最主要的应用领域之一。

4. 智能合约是什么？智能合约的发展面临哪些问题？智能合约的审计面临哪些问题？

5. 区块链能够在哪些领域应用？它不能在哪些领域应用？

6. 请选择一个具体场景，分析区块链应用于该场景的原因、逻辑和效果。

第六章

移动支付

导　言

本章对移动支付进行整体介绍。随着智能手机的普及和移动互联网的快速发展，移动支付已经成为人们生活中不可或缺的一部分。移动支付是指利用移动终端完成的一种电子支付方式，它无须使用现金或银行卡，而是直接通过手机等移动终端完成支付操作。移动支付的优势在于快捷、便利、安全、实时等，大大提高了消费者的支付体验。同时，移动支付也推动了各种衍生产品的发展，如预付卡、电子钱包、移动POS机等。这些产品进一步丰富了支付方式，为商家和消费者提供了更多的选择，并促进了商业的发展。随着移动支付的不断创新和发展，它将进一步改变人们的生活方式，成为数字经济发展的重要驱动力。

学习目标

1. 掌握移动支付的定义、基本模式，了解移动支付大致的演进过程和国内外发展简史。

2. 了解移动支付对金融体系的影响，了解移动支付的应用以及其当前面临的风险与挑战。

核心概念

移动支付　互联网货币基金

第一节　移动支付概况

一、移动支付的定义

支付方式的分类见图6-1。相对于传统的现金支付、银行卡支付等而言，移动支付是指在支付过程中以移动终端为中心、以移动互联网为载体对服务、实物和虚拟商品购买进行支付的过程，当前的主要表现是手机支付。移动支付体系由用户、终端设备制造商、电信运营商、支付服务商、金融机构、商家等组成，相较于传统的仅由交易双方和银行组成的支付体系来说更为复杂。

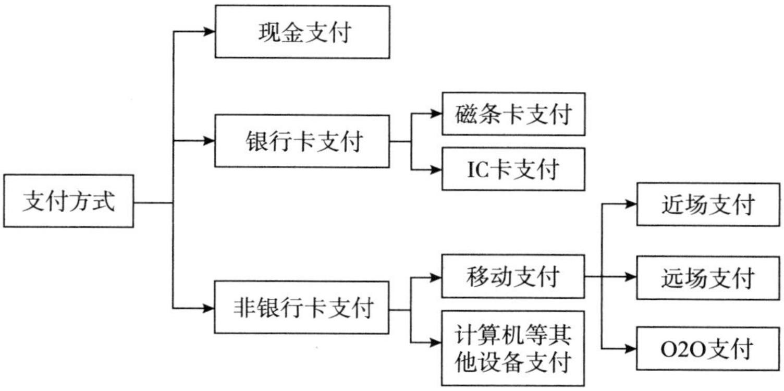

图 6-1　支付方式的分类

注：IC 卡即集成电路卡；O2O 支付即线上到线下支付。

移动支付是伴随着电子商务和第三方支付产生兴起的，第三方支付是指在电子商务交易中，由一个对买卖双方都具有公信力的第三方机构来作为支付的中介，为支付过程提供信用保障，消除交易双方的信息不对称风险。随着中国电子商务规模的爆发式增长（见图 6-2），移动支付蓬勃发展，演变成了覆盖居民消费、社交转账等几乎所有日常支付活动的电子货币支付体系，加快了无现金社会的发展趋势。

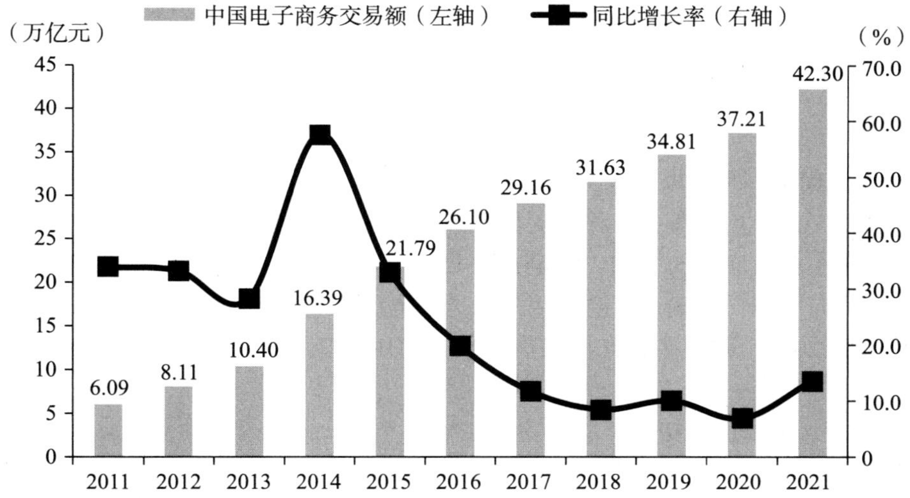

图 6-2　中国电子商务交易额及同比增长率

资料来源：国家统计局。

二、移动支付的主要分类

移动支付按支付距离可以分为近场支付、远场支付和O2O支付。

近场支付是指消费者在使用移动终端即时进行支付时，支付过程发生在现场的支付，如使用手机近场通信（NFC）、基于位置的服务（LBS）、红外线、蓝牙等通道，实现与自动售货机、POS机、地铁闸机等终端设备的本地通信。大部分近场支付不需要联网，可以实现离线交易，例如基于NFC技术的Apple Pay（苹果支付）。然而，LBS技术将移动网络和GPS（全球定位系统）结合在一起，获得移动终端用户的位置信息来提供支付服务，因此需要联网使用。红外线、蓝牙技术在终端设备关机的状态下无法使用，且红外线对于视距要求较为苛刻，因此二者普及程度不如NFC。

远场支付是指通过发送支付指令（如手机支付、网上银行、电话银行等）或借助支付工具（如通过汇款、邮寄等）进行的支付，例如使用微信、支付宝等第三方支付平台进行支付，通过手机银行App进行支付，应用场景主要有网络购物、线上充值缴费、远程汇款等。当前，大部分移动支付表现为远场支付。

O2O支付介于近场支付与远场支付之间，旨在实现线上与线下的闭环，例如条形码、二维码支付。用户在线下商超购买心仪的商品时，使用微信、支付宝、云闪付等支付软件扫描商家收款码进行无须现金交割的移动支付，就是O2O支付的一种表现形式。此外，O2O支付也可借助以“收钱吧”为代表的智能POS机完成。用户进行支付结算时，商家通过“收钱吧”POS机扫描用户付款码，实现支付过程。

三、移动支付的基本模式

移动支付的基本模式可以按照使用技术和发起主体进行分类。

（一）按使用技术分类

（1）SMS（短信）移动支付。

2002年，我国出现了以短信为媒介的第一代移动支付模式。SMS移动支付即通过短信的形式进行支付。用户事先在移动支付服务供应商处建立账户，并与银行账户绑定，通过发送短信至服务供应商的方式，约定支付金额与收款人手机号码，随后，服务供应商通过短信的形式向用户再次确认，要求用户发送密码确认资金划拨；资金划拨成功后，服务供应商通知收款人。SMS移动支付操作简单、使用门槛低，但是存在短信交互具有时间差、效率较低等缺点。

（2）WAP（无限应用协议）移动支付。

2003年，我国出现了基于WAP技术的第二代移动支付模式。WAP是一个在互联网、数字移动电话以及其他个人数字助理（PDA）与计算机应用之间进行通信的开放性全球标准。用户通过手机网页、移动客户端等实现无卡支付，代表产品为银联手机网页支付。

（3）NFC移动支付。

几乎与第二代同时，基于NFC技术的第三代移动支付开始在我国起步，分为基于可信服务管理（TSM）平台和SIM卡（用户识别卡）的模式、基于SD卡（存储卡）的

NFC-SD模式和基于全手机的NFC模式。NFC是在RFID（射频识别）技术的基础上，结合无线互联技术发展而来的，通过距离较近的设备之间的通信完成信息交互，在支付、安防、标记等领域得到广泛使用。NFC应用于支付领域，是通过把带有NFC功能的手机虚拟成银行卡或一卡通来实现的，该技术常应用于Apple Pay、华为Pay、银联HCE等产品中。用户将装载有NFC芯片的手机靠近POS终端，POS终端读取芯片后，将手机的序列号、交易代码等数据发送给商家的收单银行，收单银行将信息发送给消费者账户所在银行，该银行利用信息验证手机支付的有效性，并决定授权付款或终止交易。

（二）按发起主体分类

（1）移动运营商主导的移动支付。

在移动运营商主导的移动支付模式中，运营商利用其已有的技术、平台优势与银行开展合作，开展移动支付业务。在网络结构上，该支付系统位于其发起主体的移动运营商的网络范围内，此时用户的手机同时充当通信工具与电子支付钱包。在该商业模式中，银行赚取用户的信息定制费，同时从商户和移动运营商中收取利益分成；移动运营商可以收取通信流量费、信息传递费，并从银行和商户收取支付平台使用费；商户可以从用户的购买行为中获利。移动运营商凭借手机用户资源与无线通信网络资源，在该种移动支付模式中起主导和协调的作用。

（2）金融机构主导的移动支付。

在该种移动支付模式中，金融机构作为发起主体，独立运营移动支付平台，其余的移动运营商仅仅作为平台的信息通道，商户作为移动支付系统上的一个POS终端。其中，商户向金融机构缴纳利润分成与平台使用费，移动运营商收取一定的通信费用，用户无须缴纳使用费，但是可能需要缴纳短信通知费等信息定制费用。

（3）第三方运营商主导的移动支付。

在第三方运营商主导的移动支付模式中，第三方独立开发、运营支付平台，移动运营商充当结算通道或代理结算单位，最终的结算单位是银行。在此种商业模式中，第三方运营商向商户收取利润分成和平台使用费，并与银行等金融机构共享利润分成，此外，移动运营商在其中收取通信费用，用户向银行缴纳金融信息定制费用，向移动运营商缴纳通信费用。第三方运营商需要灵活的运营机制，协调并整合客户、金融机构与移动运营商的关系，以扩展业务范围。若合作的金融机构为银联，则可以实现不同银行之间的连接，使商户和用户不存在跨行的交易壁垒；金融机构与商户接入第三方交易平台，也可以共享不同移动运营商网络下的客户。因此这种业务模式集合的资源更为广泛，信息交流更为便捷。

第二节　移动支付的发展历程和现状

一、国际移动支付发展历程和现状

（一）萌芽阶段（1998—2002年）

1998年12月，美国第三方支付平台公司PayPal创立，标志着移动支付方式正式诞生，其初衷是帮助商家和客户完成国际网上支付交易。在2002年被eBay收购后，它借助其网络平台迅速壮大。发展至今，PayPal支持25种货币，覆盖200多个国家和地区，已成为成千上万用户的国际化支付平台。

（二）发展阶段（2003—2013年）

2004年前后，移动支付的方案在日本、韩国出现。日本的移动运营商NTT DoCoMo推出了基于FeliCa芯片的移动支付业务。韩国的三大移动运营商STK、KTF、LGT主推基于红外线技术的移动支付业务。

2004年，索尼、飞利浦和诺基亚共同创建了非营利性的NFC论坛，旨在推动NFC技术的发展和普及。手机搭载这种近距离无线通信技术可以作为终端支付，不需要借助网络。早期由于POS机、3G网络的兴起，以及NFC技术尚不成熟，因此支付终端过少。

2007年，肯尼亚最大的移动运营商Safaricom推出了M-PESA，通过手机发送简讯的方式就可以完成汇款等业务。在银行业务系统相对落后的肯尼亚，M-PESA的移动支付方式凭借操作便捷、支付成本低廉且兼顾偏远贫困地区的优势迅速扩张，很快在非洲其他国家也得到普及。

2010年，Paytm于印度成立。它最初是一个DTH（卫星直播电视）充值平台，后来于2013年增加了固定电话账单支付等功能，于2014年推出了Paytm钱包，可用于印度铁路与优步的支付，并于次年增加了水电费、燃气费支付等功能。

（三）推广阶段（2014年至今）

2014年10月，苹果上线了采用NFC技术的移动支付解决方案——Apple Pay。它在美国上线后的72小时内，绑定的信用卡数量达到100万张，上线两个月即占据数字支付市场交易额的1%，用户平均每周使用Apple Pay 1.4次，这极大地推动了NFC技术的发展。此外，谷歌于2018年发布了支付平台Google Pay。2024年2月，谷歌宣布Google Pay将在2024年6月4日在除新加坡、印度以外的大部分地区停用，全面转向Google Wallet。Google Pay和Google Wallet通过NFC技术为安卓用户提供移动支付服务，用户可以通过拍照或手动输入银行卡信息等操作，将银行卡绑定到设备上，支付时将安卓设备靠近商户的NFC接收器，在用户验证并解锁手机后即可支付，也可以在网页或谷歌应用中进行实时转账支付。

各国正在不断推进移动支付发展。美国公司eBay旗下的PayPal是世界上最大的网上支付公司。在跨国交易中，近70%的在线买家通过PayPal支付海外款项，它具备成本低、安全保障高等优势。美国的移动支付技术逐渐渗透到交通行业，Google开发的Google Wallet绑定用户信用卡、银行卡等，是一个虚拟的“钱包”，可以完成公交车和火车的移动支付，但由于美国人的出行方式大多为自驾而不是公交，这一领域的发展受到限制。信用卡巨头VISA在移动支付领域投入大量研发成本，推出基于NFC技术的产品payWave。韩国政府出台了近场支付消费可退税2%的政策。受益于国家的政策引导，韩国银行与运营商深度合作，各自发挥其独有优势，推出一系列远场、近场支付的产品。日本移动运营商牵头移动支付的发展，NTT DoCoMo公司借助自身客户资源，积极与银行合作，扩大市场占有率，与三井住友银行协作推出的借记卡更是打破了只能小额支付的限制。肯尼亚银行基础建设落后，大部分居民没有稳定的银行账户，但运营商主导的移动支付取代了传统银行支付的功能，M-PESA 不需要 3G/4G 网络，通过非智能手机实现付款，使得国家移动支付普及率居于世界前列。

二、国内移动支付发展历程和现状

（一）起步阶段（1999—2002 年）

1999 年，中国移动与工商银行、招商银行等金融机构合作，在广东等一些省市开始进行移动支付业务试点，这也是移动支付概念首次正式在我国实施。

2002 年，银联推出第一代手机支付模式，即通过手机短信完成互动交易，提供话费查询和缴纳等服务。方式主要是将银行服务功能输入特定的 STK（用户识别应用发展工具）卡，基于身份认证后完成交易，但受限于当时各方面技术还有缺陷，如 STK 卡容量有限、通信成本高、信息留痕不安全等因素，普及门槛过高，年开通手机银行支付业务的用户不到手机使用用户的 0.1%。

（二）缓慢发展阶段（2003—2010 年）

2003 年，阿里巴巴为了解决淘宝网支付问题而推出支付宝。2004 年 12 月，支付宝正式转型为独立的第三方支付平台。2005 年 2 月，支付宝推出全额赔付业务，打出“你敢用，我敢赔”的口号，初期业务主要源自淘宝消费者。为了拓展外部业务空间，2006 年支付宝从网游、数码、航空运输打开突破口，借助电子商务网络的高速发展，逐渐吸引了大量用户。2008 年 2 月，支付宝发布移动电子商务战略，推出手机支付业务。同年 10 月，支付宝纳入公共事业缴费服务，支持水、电、燃气等生活服务在线移动缴费。同时支付宝进军京东商城、卓越亚马逊等独立 B2C 平台，成为其支付方式之一，并推出 WAP 手机版。随后支付宝继续拓宽业务领域，先后与艺龙、携程等达成合作，又与友邦保险共同拓展电子商务保险销售渠道……其业务范围几乎覆盖生活的方方面面，支付宝的移动支付体系逐渐趋于成熟。

在 NFC 领域，2006 年，我国推出了金融芯片支付技术，先是由中国移动联合飞利浦、诺基亚、厦门易通卡公司开展 NFC 手机支付技术测试，随后中国银联和诺基亚宣布在上海启动第 2 个 NFC 试点项目，这也是全球范围首次进行 NFC 空中下载试验。

2010 年，中国银联联合中国联通、中国电信两家运营商，以及工商银行、农业银行、建设银行、交通银行等 18 家商业银行，加之联想等手机制造商，共同成立“移动支付产业联盟”。联盟各方拟联合推广采用 ISO（国际标准化组织）有关非接触通信的国际标准、基于金融账户的智能卡手机支付业务，并共同推出适合我国国情、可广泛服务于社会应用需求的移动支付平台和技术方案，借助银行的信用度，通过运营商的网络平台，打造移动电子商务互通圈。这一举措被视作对中国移动的回击，且二者应用的 NFC 技术标准并不一致：银联的是 13.56MHz 而中国移动的是 2.4GHz。直至 2012 年 6 月，中国移动与银联签订移动支付业务合作协议，放弃自主开发的 2.4GHz 标准，这一分歧才结束。

（三）高速发展阶段（2011—2016年）

2011年5月26日，中国人民银行发放了首批第三方支付牌照，包括支付宝、财付通、银联商务等在内的27家公司获批。

2011年7月1日，由支付宝推出的条码支付（barcode pay）业务横空出世，正式开启我国乃至全球线下扫码支付新时代。但早期的二维码技术尚不完善，尤其是安全性保证不足。2014年3月央行发布紧急文件《中国人民银行支付结算司关于暂停支付宝公司线下条码（二维码）支付等业务意见的函》，禁止了支付宝的二维码线下支付活动。但同年7月，支付宝就低调重启二维码支付业务，并在上海进行补贴推广。2016年，支付清算协会向支付机构下发《条码支付业务规范（征求意见稿）》，征求意见稿中明确指出支付机构开展条码业务需要遵循的安全标准，这也是官方首次正式承认二维码的支付地位。

在支付宝奠定第三方支付平台行业领导者身份的同时，腾讯旗下同样具备第三方支付牌照的财付通自2005年成立后始终不温不火。2013年8月，财付通与微信合作推出的微信支付在微信5.0版中正式上线。2014年1月27日，微信发布微信红包功能。时值新年期间，这种仿效我国春节传统红包馈赠习俗的手段，在以社交为导向的微信平台上受到了热烈的追捧。尝到甜头后，微信在2015年与央视春晚合作，通过"摇一摇"等抢红包的方式，彻底将微信红包理念植入人心，大量账号完成微信绑卡。红包抢夺战宣告了微信支付的强势崛起，支付宝的第三方支付地位受到严重挑战。

2015年12月，中国银联与20余家商业银行联手推出"云闪付"产品，开启移动支付"一挥而就"新时代。与支付宝、微信支付方式相比，云闪付通过云端验证、动态密匙等保证安全，支付时持卡人真实银行卡号被隐藏，安全性更高，且操作简便，只要点亮屏幕靠近POS机不需要联网即可完成支付。但当时其面对的最大的问题就是推广力度不够，实际知名度和普及率并不高。2017年5月，中国银联联合40余家商业银行推出银联云闪付二维码产品。

2016年2月，苹果公司在中国正式上线Apple Pay，采用NFC＋触控ID（苹果公司的指纹识别技术）＋SE（苹果手机产品）的方式，实现了支付体验便捷性和安全性的统一；2016年3月，三星电子公司与多家国内商业银行及中国银联合作，推出移动支付服务Samsung Pay；2016年8月，中国银联携手华为公司宣布，已联合25家银行通过云闪付全面支持华为支付（Huawei Pay）；2016年9月1日，小米公司发布采用NFC技术方案的小米支付（MI Pay）。尽管涌现出众多支付方式，但这些方式由于起步晚、用户习惯已经形成，很难再对市场份额形成冲击。在移动支付领域，支付宝与微信支付二者呈分庭抗礼之势。

（四）引领发展阶段（2017年至今）

2017年5月24日，支付宝推出香港版电子钱包——支付宝HK，正式为香港居民提供无现金移动支付服务；次年10月1日起，微信香港钱包为香港用户提供内地移动支付服务。

自2018年1月起，支付宝先后进入了以色列、瑞士、巴基斯坦、澳大利亚等国家，并先后开展了移动支付合作。如今，中国移动支付业务的发展规模已经是全球第一，远超美国、欧洲等地。

我国传统金融移动支付根据商业主体的不同，可分为以银联为主导的移动支付和以商业银行为主导的移动支付。此外，我国商业银行积极与互联网企业合作，形成银行＋第三方机构的新的支付产业链。国内移动、联通、电信三大运营商都推出了移动支付业务，但是同质化严重，其运行平台、支付模式、覆盖场景等大同小异，无法形成独特的优势吸引客户。我国第三方支付行业集中度明显，支付宝与微信支付两家独大。互联网企业扮演一个连接用户与银行的角色，用户只需要接入这个接口，就可以线上完成交易。在公共交通方面，我国支持使用乘车码、近场支付和离线支付的方式进行乘车。在生活服务方面，新冠疫情大大加快了移动支付的下沉速度，我国已经建立起了全面的移动支付生活服务体系。

第三节　移动支付的代表性公司和产品

我国移动支付发展迅速，已建立起完整的产业结构，由监管机构、侧重 B 端支付的公司和侧重 C 端支付的公司组成。

由于历史、文化、政治和经济发展水平的差别，在中国以外的世界不同地区，移动支付的发展参差不齐。图 6－3 展示了 2022 年一些国家的移动支付渗透率和平均交易金额，可以看出，具有较高移动支付渗透率的国家主要分布在亚洲和欧美等地区。在美国，虽然移动支付只有 25.6％的渗透率，但是由于美国互联网公司高度发达，其仍然诞生了一大批移动支付产品，例如 Apple Pay、星巴克支付、Google Pay、PayPal 和 Square 等。

拓展阅读

当前我国第三方支付产业图谱

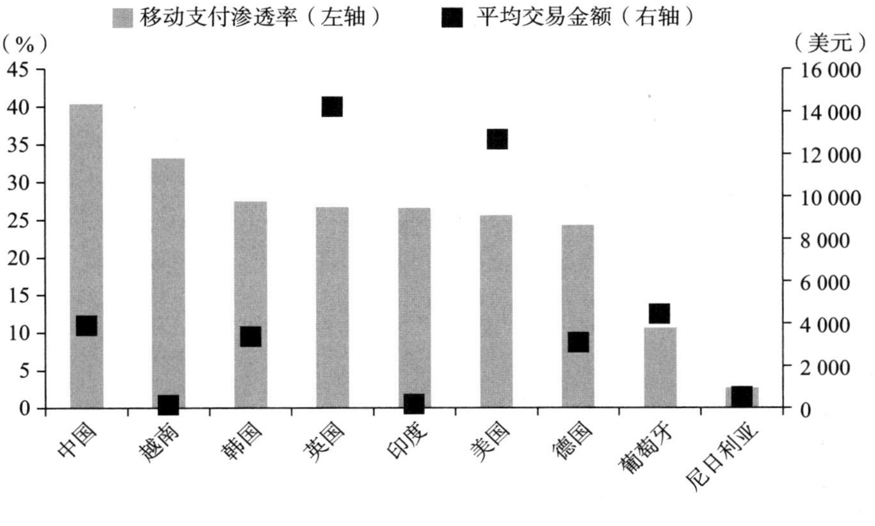

图 6－3　2022 年一些国家的移动支付渗透率和平均交易金额

资料来源：Statista 数据库。

一、支付宝

支付宝根植于商业，对个人免费，培育用户，形成壁垒，随后绑定商户，对商户收费，从生活场景出发，提高覆盖率，搭建城墙，抓牢大企业和商户，逐步由小及大、由浅入深，渗透居民生活的方方面面。

第一步，立足商业，绑定商户。支付宝根植于淘宝，发展早期与网购场景深度绑定，2003 年上线之初就是为商户和消费者提供信用担保，克服交易中的不信任问题，搭建起买卖双方信用的桥梁。因此，支付宝天然就具备绑定商户、服务商的属性。随后，支付宝通过对个人用户免费实现市场培育，逐步渗透，通过对商户收费盈利。

第二步，独立支付，产业协同。自 2005 年起，支付宝联合商业银行、信用卡组织等进行场景拓展，产业版图逐步拓宽，将淘宝单一用户拓宽至丰富的多元用户。截至 2006 年底，使用支付宝的非淘宝商家已经超过 30 万家，支付宝作为独立支付平台的地位逐渐受到认可，外部商家占比达 30%。2008 年 8 月，支付宝用户数突破 1 亿，超过淘宝 8 000 万用户，占网民总数的 40%。同年，支付宝进军公共事业缴费市场，使用户可以通过支付宝缴纳水、电、燃气、通信费用等日常费用，并与旅游在线平台合作布局移动支付领域，同时实现所有 B2C 网站的接入，外部场景进一步拓宽。2009 年底，支付宝外部商家达到 46 万家，全年交易额达 2 871 亿元，市场份额为 49.8%，2010 年底支付宝用户数突破 5 亿。图 6－4 显示了“双十一”支付宝总交易额，可见其呈明显上升趋势。

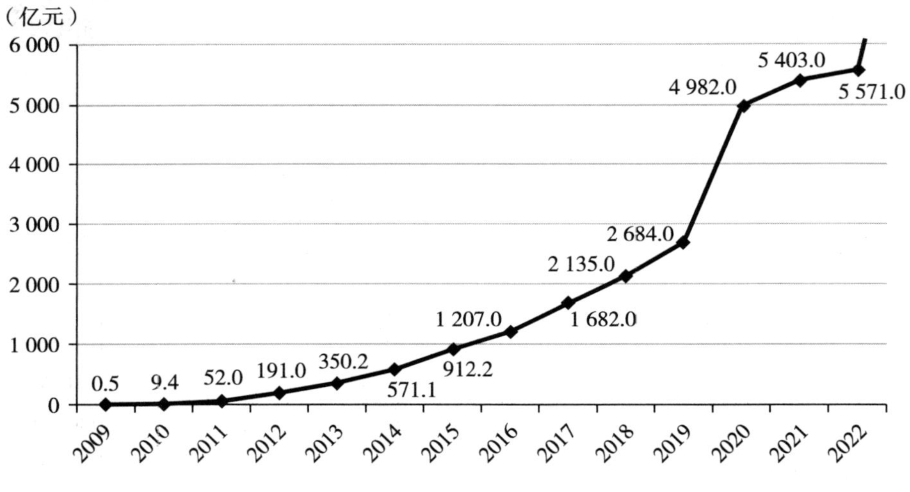

图 6－4 “双十一”支付宝总交易额

资料来源：Wind 数据库。

第三步，发展科技，布局金融。2013 年 6 月，余额宝上线，互联网理财逐渐发展；2013 年 8 月，支付宝用户无须再绑定信用卡或储蓄卡，即可直接透支消费，后期支付宝发展出蚂蚁花呗、蚂蚁借呗等消费金融业务；此外，芝麻信用渐受认可，成为重要的征信来源，蚂蚁保险在财险、寿险等领域全面布局，支付宝的全方位金融服务体验更佳。

第四步，海外扩张，技术输出。随着国内市场的饱和，支付宝瞄准中国海外旅游人群和海外客户，实行技术出海战略，通过建立战略合作关系、购买股份、合并或组建合资公司的方式推广金融服务，提供技术和风控系统支持，帮助合作伙伴实现产品本地化。典型的案例如印度的 Paytm，在支付宝的技术支持和帮助下，其用户数从不到 3 000 万快速增长到了 2017 年 4 月的 2.2 亿。

二、财付通

第一步，红包社交，金融游戏。微信红包诞生于 2014 年 1 月，凭借微信上亿社交用户，促进了社交金融小游戏微信红包在 2014 年春节的爆发，成功奠定了微信支付的市场地位。

第二步，社交转账，实时转账。立足 2014 年春节微信红包的强势爆发，微信逐步拓展社交支付，社交转账、实时转账的便捷性促进微信支付渗透率实现跨越。2015 年春节，央视春晚微信“摇一摇”互动总量达 110 亿次。微信活跃用户数从 2015 年 1 月的 3.8 亿跨越至 6 月的 5.4 亿，进一步奠定了微信支付在社交转账、实时转账领域的核心地位。

第三步，线下支付，服务商制。在社交支付发展成熟的基础上，微信开始探索线下支付，采取服务商制，与服务商互利互惠，一方面，微信支付为中小商户提供技术服务、运营支持和资金结算服务，另一方面，中小商户承担了微信支付的线下推动任务。因此，2016 年微信支付在线下迅速取得突破，接入线下门店超 30 万家，交易规模短期内迅速猛增，在线下支付领域筑起护城河。

第四步，持续赋能，涉足金融。微信支付界面九宫格出现微粒贷借钱、信用卡还款、理财通、保险服务等金融服务，金融场景在移动支付中的地位可见一斑。此外，腾讯金融依托腾讯公司在游戏、社交领域的优势，充分满足游戏及社交的巨大需求，在这些方面的支付业务实现稳健发展。微信支付通过金融场景的拓展不断为支付赋能，扎根消费互联网。

三、Apple Pay

在 2014 年苹果秋季新品发布会上，苹果公司发布了一种基于 NFC 的手机支付功能，并于 2014 年 10 月 20 日在美国正式上线，这就是 Apple Pay。

Apple Pay 的使用需要绑定银行卡，iPhone 用户将银行卡加入电子钱包，即可成功激活并使用。同一台设备可添加多张银行卡，既可添加借记卡，也可添加信用卡。在使用时，只需利用手机的 NFC 功能，将手机靠近终端读取器，然后输入密码或验证指纹即可完成支付，一两秒就可完成使用，十分方便快捷。

得益于苹果手机的庞大客户群，2019 年 Apple Pay 已拥有超 3 000 万用户，占美国移动支付用户的 47.3%，处于领头羊位置。自 2018 年以来，由于与 NFC 信号配合使用的新 POS 系统的普及，其取得了超过预期的高增长率。

四、PayPal

PayPal 成立于 1998 年，其最大的优势在于其是一家全球化支付公司，拥有更为广泛的客户群体。2010 年，基于安卓平台的 PayPal 应用上架，PayPal 正式进军移动支付领域。2013 年，PayPal 收购 Venmo。

PayPal 主要是与零售店绑定，使用者绑定银行卡后，可以在应用程序界面内搜索指定的餐馆或商店，并提前完成支付。而其旗下子公司 Venmo 则是一款 P2P 支付软件，这里的 P2P 是指点对点转账服务。使用者使用该 App 转账时，每次转账都要写下转账理由，这让 Venmo 同时融合了社交功能，提高了客户忠诚度。

五、互联网货币基金

互联网货币基金不属于移动支付，但其发展壮大与移动支付密不可分，是移动支付的重要衍生产品。2013 年，阿里巴巴推出的余额宝产品将“互联网货币基金”这一概念引入公众视野。其上线不足 6 天用户数即超过 100 万，仅 1 年时间，用户数突破 1 亿，资金规模近 6 000 亿元。余额宝的受众为广大个人消费者，通过支付宝手机软件、官网上的简单“转入”“转出”操作，用户就可以实现余额宝货币基金的买卖。此外，在淘宝网等电商平台进行消费时，用户可以直接在通过支付宝实现的支付过程中，勾选使用余额宝支付，无须额外的转出操作，简化了余额宝货币基金的赎回流程。可以认为，余额宝实现了“电商平台＋货币基金＋第三方支付”的创新模式，如图 6－5 所示。

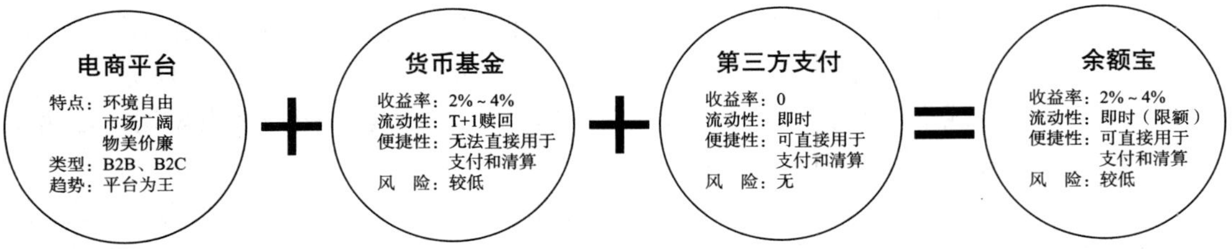

图 6－5 余额宝的创新模式

注：B2B 即企业对企业；B2C 即企业对用户；收益率为早期数据。

2023 年，余额宝已关联 34 只货币基金，用户可以根据年化收益率等信息进行主动选择。截至 2022 年 12 月末，规模最大的天弘余额宝货币市场基金规模达到 6 892.74 亿元。图 6－6 显示了天弘余额宝货币市场基金规模变化情况。

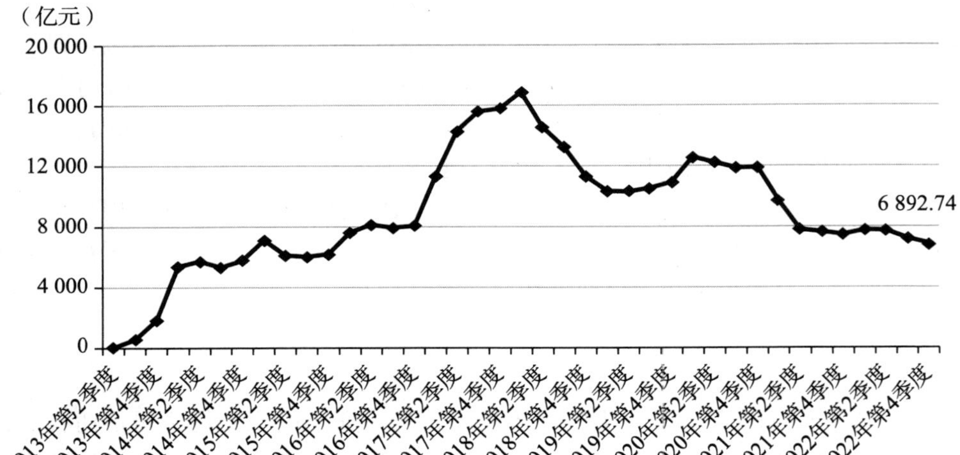

图 6－6 天弘余额宝货币市场基金规模变化情况

资料来源：同花顺 iFind 金融数据终端。

相较于传统的货币基金，以余额宝为代表的互联网货币基金在基金申购、用户体验和使用大数据等技术方面实现了创新。第一，降低了申购门槛。在申购操作方面，在余额宝诞生前，传统的货币基金需要在柜台购买，因此对于客户的金融知识、操作能力具有一定要求，而余额宝借助互联网渠道，简化了申购流程与操作难度，扩大了互联网货币基金的影响范围。此外，在申购金额方面，传统商业银行的理财产品最低起售额一般为 5 万元，传统货币基金最低申购金额一般为 100 元，而余额宝可以实现 1 元申购，甚至是 0.01 元理财。第二，拓宽了货币基金的应用范围。对于 C 端消费者，传统的货币基金主要功能为实现价值增值，而余额宝结合支付宝的支付功能，使货币基金可以一键转出进行网络购物、生活缴费、转账等，赋予了货币基金支付属性，进一步提高了流动性。第三，利用大数据进行分析。利用第三方支付公司与电商平台庞大的客户群体，搜集用户的消费行为数据，加之互联网公司的大数据分析技术，可以对用户申购、赎回互联网货币基金的时间与周期进行预测，进而即时调整资产头寸，更好地进行流动性风险管理。

然而，互联网货币基金同样存在着不可忽视的风险。第一，互联网货币基金容易引发流动性风险。"互联网＋"的特性使得互联网货币基金连接更多散户，散户投资者更容易表现出非理性投资行为，导致挤兑现象发生，使得赎回额大于申购额。为了实现即时赎回，互联网公司被迫承担资金垫付人的角色，引发流动性风险。货币市场基金作为同业市场流动性需求与供给的对接管道，一旦出现流动性危机，可能引发连锁效应，传染至整个金融市场。第二，互联网货币基金存在"大而不倒"的道德风险。余额宝迅猛发展之后，头部互联网公司、银行等传统金融机构争相发展相近的"宝宝类"产品，但余额宝的管理规模仍稳居前列。互联网货币基金通常不属于中央银行充当最后贷款人角色需要救助的对象，然而，一旦规模较大的互联网货币基金出现问题，其"大而不倒"问题就可能倒逼中央银行出手施救。

第四节　移动支付对金融体系的影响

一、移动支付对传统金融机构的影响

近年来，中国移动支付产业蓬勃发展，在社会经济中所发挥的作用日益显著。作为金融科技作用于金融服务创新的重要产物，移动支付对传统金融机构所产生的影响是多方面的。

如图 6-7 所示，伴随着网络购物等行业的发展，自 2015 年开始，中国第三方移动支付交易规模大幅增长。随着线下扫码支付的普及，2019 年后，第三方移动支付对我国居民的渗透已经比较完全，逐步进入平稳发展阶段，增速逐步放缓。

（一）改变传统金融中介体系结构

移动支付的发展催生了以第三方支付平台为代表的大量新型金融中介机构及产品。在我国最为活跃的移动支付产品莫过于支付宝和财付通（微信支付），二者皆依托于强大的互联网平台而产生和发展，其用户获取和维护渠道、业务模式与盈利模式皆与传统金融机

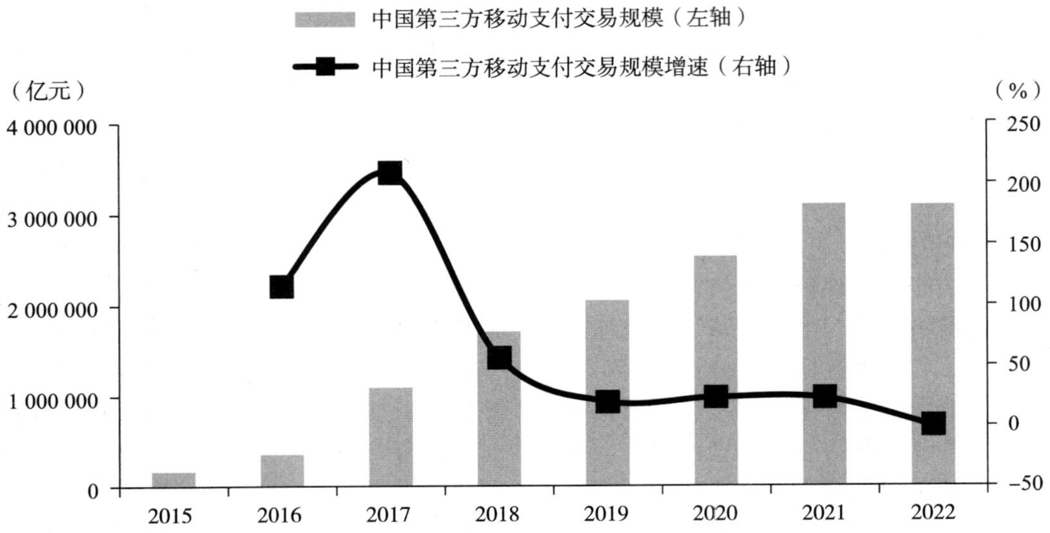

图 6－7 中国第三方移动支付交易规模及增速

资料来源：同花顺 iFind 金融数据终端。

构有很大区别。支付宝和财付通无疑对我国整个移动支付市场的创新发展起到了重要的推动作用，以其为先导，市场上涌现了大批移动支付及其周边金融产品，这些金融产品的出现极大地丰富了我国金融体系的多样性。

在 2015 年以前，银行卡收单在中国第三方移动支付交易规模结构中占据主体地位，POS 机等线下支付手段是人们最常用的第三方支付工具。2015 年之后，支付宝、财付通等互联网移动支付产品蓬勃发展，非银移动支付逐步占据主体地位，在丰富我国第三方移动支付业务及金融体系的同时，也对传统银行业移动支付（银行卡收单）产生了重大挤出效应。

（二）推动支付结算服务的完善和升级

区别于传统银行业的支付结算业务，支付宝等互联网移动支付产品的发展依托于网络平台，这一模式具备诸多优势。首先，互联网支付产品免去了人们“跑银行”的辛苦，简化了支付结算的程序和步骤，这一方面提高了服务效率，优化了用户体验，另一方面也为金融中介节省了大量人力、物力，显著降低了服务成本。其次，支付宝等产品能够有效利用其背后的互联网平台所获取的大数据，借助云计算，对用户画像进行精准描绘。一旦获取准确的用户画像，平台就可以精准对接不同的用户需求，提供差异化、个性化的金融服务，提高金融服务水平。此外，涵盖用户衣食住行各个方面的大数据有助于平台对用户的信用等级进行有效评估，从而降低信用违约风险。

中国人民银行数据显示，2022 年银行共处理电子支付业务 2 789.65 亿笔，金额为 3 110.13 万亿元；支付机构共完成网络支付业务 11 278.19 亿笔，金额为 364.21 万亿元。不可否认的是，互联网第三方支付平台在满足客户小额、高频、实时的支付需求方面，对传统金融体系起到了重要补充作用。与此同时，非银移动支付产品的优质服务直逼传统银行业支付结算服务不断转型和升级。比如，银联推出的云闪付利用银行支付体系的天然客户和网点优势，推出了越来越丰富的精细化、高效化支付产品，各大商业银行也致力于搭建起高效的手机支付功能。总而言之，以互联网为依托的移动支付产品正推动着全行业金融支付结算服务的完善和升级。

（三）非银行金融机构移动支付业务的发展冲击传统银行业务，加剧金融脱媒

金融脱媒是指在金融市场化进程不断加快的背景下，商业银行的金融中介地位降低，市场资金脱离银行体系而直接完成供需对接的现象。近年来，非银行金融机构以移动支付为基础，拓展了诸如理财服务、消费信贷等多样化的附加金融服务，对银行储蓄起到重要的替代作用，吸引了大量的社会资本。这些新兴业务显著增加了资金在非银行金融机构的留存规模和留存时间，加剧了金融脱媒现象。此外，非银行金融机构多样化的创新服务对银行储蓄的替代，也将对银行的资金获取能力产生影响，从而进一步影响其贷款业务。当前存贷利差仍然是我国商业银行最重要的利润来源，在金融科技的冲击下，传统商业银行势必要加快业务转型和升级，谋求多样化的利润来源，从而提高自身在新形势下的竞争力。支付宝的优势不在于支付功能，而是为交易双方提供信用担保；余额宝的核心优势也不是货币基金，而是高流动性和低门槛。在传统银行对于渠道进行信息化升级时，也要考虑其提供的产品和服务的互联网化，从内在的产品角度进行升级转型。

二、移动支付对货币政策的影响

移动支付通过影响基础货币的总量和结构、货币乘数及货币流通速度等，对货币政策的传导机制及效果产生影响，从而给中央银行货币政策的制定和监管带来挑战。

（一）影响基础货币的总量和结构

基础货币的总量和结构对货币派生的影响是基础性的。伴随着移动支付在人们日常经济生活中的普遍应用，现金的支付功能逐渐被替代，人们持有现金的需求降低，理论上会使市场上流通中的现金（M0）减少（或使其在 M2 中的比重降低）。此外，依托移动支付平台发展起来的金融理财产品对银行活期存款（进而对 M1）也起到了一定程度的替代作用。因此，在移动支付的影响下，M0 和 M1 的存量减少，同时也有更多的 M0 和 M1 向更高层次的货币转化，基础货币的总量和结构都在不同程度上受到影响。而基础货币的变动同时也会影响到货币乘数的扩张能力，在此二者的共同作用下，货币供给的不稳定性加剧。

（二）影响货币乘数及货币流通速度，进而影响央行货币政策的传导

根据费雪方程式 $MV=PT$，在商品价格与交易总量一定的前提下，货币流通速度的变化也会对货币供给产生影响。移动支付便利、快捷的操作特征提高了资金流通效率，加速了社会资金的循环，提高了货币流通速度。同时，在移动支付的影响下，不同层次货币间的相互转化加快，这也加速了货币流通，对货币政策的传导产生显著影响。此外，移动支付使支付操作更为便捷，使人们可以减少持有的现金量，银行中的活期存款增加，因而降低现金比率，扩大货币乘数。同时，在移动支付的背景下，资金的流动性得到加强，银行可以在降低超额存款准备金率的同时实现资金的快速流转，进一步扩大了货币乘数。

总而言之，移动支付对货币体系的深度参与无疑给货币政策的传导机制增加了诸多不确定性。在新形势下，央行在制定货币政策时应当充分考虑移动支付给货币政策传导机制及作用效果所带来的冲击和挑战，因时而变，不断调整和更新货币政策，提高政策的有效性，增强整个货币体系的风险防御能力。

第五节 移动支付的风险和监管

一、移动支付的主要风险

（一）技术风险

技术风险主要指在支付发生前、进行中以及支付完成的后续流程中由于技术层面的问题而带来损失。这种技术层面的问题大致可以分为两种情况：外界因素干扰（如电脑病毒、黑客攻击等）和系统自身设计漏洞。技术风险带来的损失主要表现在用户数据泄露和货币资金损失两方面。具体而言，移动支付过程使用的主要是公开网络，开放性网络在安全性和稳定性方面存在缺陷，容易被外界攻击。外界对支付体系及网络的攻击干扰不仅会破坏其前端环境，更有可能会威胁作为整个系统基础的后端环境。同时，随着移动支付场景的不断复杂化，支付技术迅速发展，服务于整个支付体系的配套体系（包括安全系统以及支付清算系统）却没有得到及时更新，这就会导致支付系统的设计出现了漏洞。如果没有及时侦测并针对漏洞采取有效措施，系统就很有可能会在支付数据处理量较大的情况下出现崩溃或严重错误。

（二）操作风险

移动支付中的操作风险主要指在支付过程中不合规或违法操作带来的损失，可以按导致风险发生的操作主体分为行业内从业人员导致的内部操作风险和外部参与者导致的外部操作风险。内部不合规的操作会破坏移动支付既定运行流程，这可能会带来系统性的危害，不仅威胁支付公司本身，还会给相关配套产业造成不良影响。这种内部操作风险的发生传递了机构内部管理能力和管理结构均存在问题的信息，因此该风险在管理较为松散的中小型移动支付公司尤为突出。外部参与者涉及的范围较广，包括支付商户、消费者等。在支付的过程中，外部参与者有意或无意泄露支付信息会使已经建立的安全措施失效，例如删除支付类 App 后不注销账户、解绑银行卡，更换新手机后不删除原有手机的银行卡信息等。这种外部操作风险体现了用户风险意识不足。错误的移动网络使用习惯会导致在移动支付过程中对关键信息缺乏必要保护，从而埋下了风险的种子。

（三）信用风险

信用风险也称违约风险，根据违约主体的不同，大致可以将其划分为两种：平台信用风险和用户信用风险。前者是指移动支付业务的提供者，或者称之为平台，没有履行合同义务而给用户带来损失的风险；后者则指的是支付过程中，收款方或者付款方没有按照约定履行义务的风险。信用风险的产生主要有两个层面的原因：首先，移动支付的模式让交易双方在不了解对方的情况下也可以进行支付，这极大程度导致用户信任感降低，也一定程度上激发了某些用户不按规定履约的念头。虽然技术手段可以帮助预防和解决这一问题，但其带来的损失却无法完全挽回。其次，针对移动支付的法律体系尚未健全，这导致在处理相关案件中缺乏依据，法律对于失信行为的约束未能发挥，这就使得失信的成本较低，同时也使社会缺乏对移动支付中失信行为的足够压力。

（四）流动性风险

一般而言，流动性风险是指机构无法利用合理成本的负债来应对自身资产规模扩张或支付到期的债务。对于移动支付服务商来说，流动性风险体现在第三方支付平台对资金使用不合理，挪用客户备付金购买理财产品或进行其他高风险投资等，导致资金期限错配从而无法及时满足客户的提取、支付需要。第三方支付平台会占有大量的客户备付金，即由平台暂时保管的付款方支付给收款方的资金。平台只是一个渠道，但却能够占用这笔资金一段时间，这就给了平台利用资金进行投资的动力。对第三方支付平台对于负债的运用缺乏像对传统金融机构那样严格的风控措施，因此必须防范可能产生的流动性风险。

对此，中国人民银行于 2017 年 1 月 13 日发布了《中国人民银行办公厅关于实施支付机构客户备付金集中存管有关事项的通知》，自 2017 年 4 月 17 日起，支付机构应将客户备付金按照一定比例交存至指定机构专用存款账户，该账户资金暂不计付利息，非银行支付机构不得挪用、占用客户备付金。中国人民银行于 2021 年 1 月发布了《非银行支付机构客户备付金存管办法》，并于 2021 年 3 月 1 日正式实施。这是非银行支付机构客户备付金于 2019 年 1 月全部集中存管后，为规范集中存管后备付金业务发布的部门规章。这些政策文件体现了央行重视第三方支付机构可能存在的流动性风险，积极采取措施引导机构合规经营。

二、移动支付的风险监管

（一）完善移动支付监管的制度基础

国家已经出台了一些规范移动支付行业健康发展的法律法规，如《非金融机构支付服务管理办法》《非银行支付机构网络支付业务管理办法》《关于促进互联网金融健康发展的指导意见》《非银行支付机构客户备付金存管办法》《非银行支付机构监督管理条例》等。这些管理意见和办法为行业发展构建了初步的制度体系网络，但是也要看到这些规范主要针对移动支付体系中的某一环节，例如主要针对移动支付服务的提供者，技术和行业快速发展要求相关制度及时更新。因此监管者应积极推动全面制度体系的建立，同时要不断追踪行业的新发展新动向，调整制度的具体内容，做到在不阻碍技术创新、行业革新的同时又能够很好地在制度层面防范风险。

（二）监管部门间协调一致

移动支付行业涉及的业态较为复杂和广泛，仅仅依靠一个部门很难做到及时有效的监管。移动支付行业所提供的服务主要是资金的支付和清算，这是中国人民银行的职责范畴，因此央行要牵头进行监管。同时，其他的金融管理部门也要提供有效的监管支撑，这种支撑包括数据、信息、技术等多个层面。《金融科技发展规划（2022—2025年）》强调了监管协调性的问题，推动构建跨行业、跨机构的风险联防联控体系，为金融管理部门开展监管指导提供支撑。

（三）推动移动支付行业自律

行业自律组织是政府监管部门的有效补充，可以帮助形成对移动支付的立体监管。在一个行业发展进入成熟期后，行业自律组织逐渐会成为主要的市场秩序维护者。因为行业自律组织基于对本行业的参与，相比于监管机构更有信息优势，更了解商家的具体情况以及行业特点，对于行业的新动态掌握得更加快速和深刻，可以充当政府与商家的沟通桥梁，而且行业内的机构互相牵制和监督，提高了不合规的成本。行业自律组织还可以向社会公众宣传移动支付领域的知识，提升移动支付使用者对移动支付的认知水平。所以，要推动行业自律组织的建立，帮助行业维护良性的发展环境。

思考题

1. 请简述移动支付的基本概念。
2. 请简述移动支付有几种类型。
3. 请简述移动支付的发展历程。
4. 请简述移动支付的代表性公司。
5. 请简述互联网货币基金的特点。

第七章

大数据征信

导　言

征信是通过加工和处理信息为企业和个人提供信用评估的手段。在过去，信用评估主要依赖于传统的信用评估模型，这些模型基于有限的数据样本进行分析和判断。然而，由于数据量庞大且多样化，传统方法已经无法满足快速变化的市场需求和复杂的风险管理挑战。大数据征信和信用评级的出现改变了这一局面。它利用先进的数据收集、存储和分析技术来处理海量的、多源的数据，以更全面、准确的方式评估个人及机构的信用状况。大数据征信分为上游数据生产、中游数据处理、下游数据使用三个环节，其中中游数据处理是最能体现大数据征信平台核心竞争力的环节，通过使用各种机器学习算法，挖掘和分析大数据中蕴含的信息，大数据征信能够揭示出隐藏的关联性和模式，从而提供更精准的信用评估和风险预测。

学习目标

1. 了解征信的基本概念和作用，了解大数据征信的基本流程。
2. 了解大数据征信的代表性公司和产品。

核心概念

征信　大数据征信　信用分析　数据链

第一节　大数据征信概况

征信与我们生活息息相关，大到贷款买房，小到免押金骑共享单车，征信都在影响我们的生活。在发达国家中，征信观念早已深入每个人的意识中。如果你想申请一张新的信用卡或申请大额消费贷款，放贷机构几乎总是要审查你的信用报告。如果你的信用报告有你未按时还款的历史，或者是显示你目前负债较多，那么你很可能就不会成功获得新的信用卡，或是要以更高的利息来获得你申请的贷款。欧美国家的人非常习惯用信用卡消费，因此个人征信对他们来说非常重要。如今，随着信用消费被越来越多的人接受、电子支付越来越普及，征信信息越来越被我们重视。芝麻信用、微信信用分（支付分）的出现，也让我们对征信有了更直观的认识。

自工业化进入电子化时代后，征信业从定性分析进入了定量分析。现在进入了互联网时代之后，随着机器学习、云计算等大数据技术的进步，征信业进入了全面量化分析的阶段。在这个时代，广泛多维、动态实时的数据都更加真实地刻画了用户信用的画像。互联网时代的信用数据不仅仅来源于金融机构和政府机构，用户在电商平台、社交软件、移动支付上的所有行为都会被记录。这些数据还是实时追踪的，当一个人风险偏好变化时，互联网上的行为就会实时地反映出来。这些在互联网上的行为轨迹和细节可以更真实地反映人的性格和心理。相比传统的线下采集和整合，基于大数据的评估结果会更加科学和准确。可以说，大数据的出现重构了社会征信体系，由此产生了“大数据征信”的概念。

一、大数据征信的基本概念

据中国人民银行征信中心定义，征信是对企业、事业单位等组织的信用信息和个人信用信息进行采集、整理、保存、加工，并向信息使用者提供的活动。当前，大数据征信还没有权威明确的定义，但是我们可以“顾名思义”：大数据征信是将大数据相关技术应用到征信过程中，将大数据技术的算法与评价模型运用在信用信息的采集和储存、挖掘和加工、提供征信服务几大关键环节中，评估信用主体的信用状况的活动。大数据征信在传统征信的基础上开拓了更广泛的征信信息来源，通过筛选过滤改善征信信息的质量，优化了信息处理技术，提高了征信流程的效率，可以说是科技和金融的又一次融合。

二、大数据征信的主要分类

（一）按征信机构分类

（1）大数据个人征信机构。

大数据个人征信机构主要采集个人信息。这类征信机构采集各类公共信息，如法院判决信息、破产信息或担保物权登记系统等第三方数据库的信息，也从银行等各类信贷机构采集标准化的信息。此外，在大数据背景下它们也会采集一些非传统信用数据，如网上消费信息、互联网和社交平台行为信息等。大数据拓展了数据来源，使没有机会或资格与金融机构发生借贷关系的个人也能被纳入信用体系中，这有助于提高金融普惠水平，大数据也比冷冰冰的财务信息更透彻了解你的小习惯，能在观察到反常情况时警觉起来，检查你是否遭遇了欺诈。

（2）大数据企业征信机构。

大数据企业征信机构主要采集企业信息。这类征信机构的信息收集对象包含个人独资企业、合伙企业和公司制企业，采集的信息不会包括个人敏感信息，所覆盖的交易的规模也大得多。传统企业征信机构通过公共渠道、直接调查、供货商和贸易债权人提供的交易历史和企业内部数据化档案来获取信息，而在大数据背景下，征信机构获取和处理企业信息，构造企业详细的股权和交易的关联图，不仅能让债权方对信用风险形成动态检测与控制，还有助于上、下游企业挖掘合作潜力，给监管机构提供实时经营动向。

事实上，近年来，很多个人征信机构不再局限于个人征信信息主体。随着微型以及中小企业信贷业务的发展、信息技术的进步，越来越多的个人征信机构开始采集微型以及中小企业的信用信息，并提供其信用报告，因为在微型和中小企业中，业主的个人财务和企业财务常常密不可分，这样可以结合对企业与业主的信用评估，将业主信用信息纳入企业信用评估指标和模型，加大对股东和业主的监督力。

（二）按征信模式分类

（1）政府主导的大数据征信。

欧洲和中国的征信体系都是政府主导的。欧洲征信体系以中央银行建立的中央信贷登记系统为主，但中国的政府主导建立在商业银行数据基础上。中国人民银行征信中心早在2015年发布的《征信系统建设运行报告（2004—2014）》中就提出要开展征信系统二代软件开发和系统环境建设工作来适应现代通信信息技术、大数据技术和征信业务快速发展的需要，构建一个高效、可扩展、可配置、具有前瞻性的系统平台，支持数据挖掘的海量处理，支持各种征信业务的创新和发展，保障征信系统的技术性领先。可以预见，政府的主导能为市场化征信机构大数据征信技术发展营造良好的政策和法律环境，让市场化的征信企业在大数据征信的研究道路上大踏步向前进。

（2）市场主导的大数据征信。

英国、美国等发达国家征信市场以私人经营的征信机构为主导。这些机构可能手握自身原来的主营业务（如信贷、零售、网购等）中客户的数据，也可能基于互联网技术或来自第三方的数据购买逐渐建立起自己的大数据征信平台。它们涉足征信业务的初衷大多是在商业信用扩张的背景下自身业务的发展需要得到满足，如Equifax（艾可菲）和Experian（益博睿）的起源都与零售业有关，而TransUnion（环联）和Dun & Bradstreet（邓白氏）最初分别与油罐车和纺织业有关。

（3）行业协会共享模式大数据征信。

日本有很多自律性质的行业协会，大数据征信也不例外，在这种模式下，征信实行行业会员制，加入协会的组织即可分享数据，有一个以行业协会为核心建立起来的信用共享中心，为所有成员提供一定的数据支撑，以此扩大协会的数据源。在大数据征信趋势下，结合区块链等技术，行业协会共享模式大数据征信是最有利于扩大信息来源、提高信息质量、打破信息孤岛的征信模式，有利于形成开放包容的行业生态，在降低信息搜集和查证成本的同时也降低了模型风险。

三、大数据征信的基本模式

（一）流程与数据链

任何一个产业都存在产业链，即上游、中游和下游，在大数据征信领域，我们称之为“数据链”，数据要从上游的数据生产者进入中游的征信机构，再由征信机构提供给下游的数据使用者。上游数据生产即收集信用主体在和金融机构、政府部门等机构往来过程中产生的可用于信用分析的数据；中游数据处理是最能体现大数据征信平台核心竞争力的环节，一般指征信机构对原始数据加工、整合，从而形成信用评级报告等产品；下游数据使用则指征信报告被应用到各个场景。大数据征信数据链框架如图 7－1 所示。

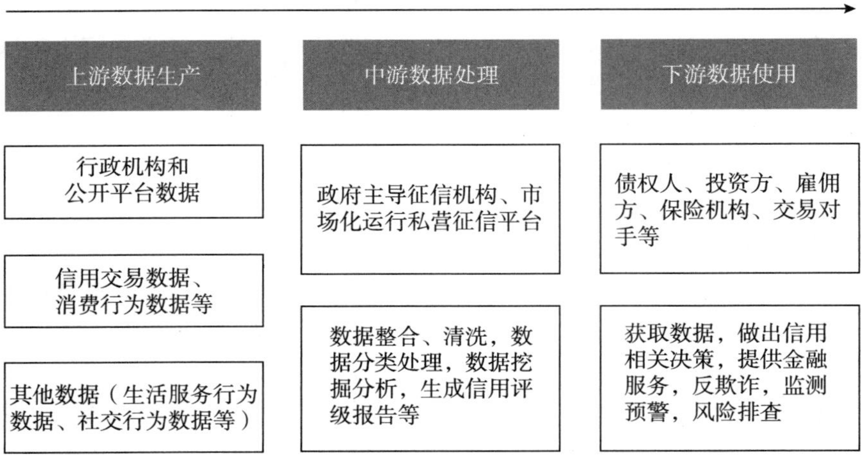

图 7－1　大数据征信数据链框架

（二）信用分析框架

我们进一步看看基于上述数据链的大数据征信是如何进行信用分析的。

第一步，搜集多维度动态实时数据。数据应既包括行政机构和公开平台数据，也包括信用交易数据、消费行为数据、生活服务行为数据等；既包括结构化数据，也包括半结构化、非结构化数据；既包括特定时点静态数据，也包括变化中的动态数据。

第二步，根据数据之间的关联性和不同的重要性进行分类与融合。并非所有原始数据都能被直接运用到模型中，需要先对数据进行关联性分析，淘汰无效数据；对于有效数据进行深度数据融合。

第三步，根据关联特征设计众多指标来反映个体不同方面的特征，从而构成模型中的变量。

第四步，运用机器学习对判断信用好坏进行学习，并运用统计技术对变量进行筛选，建立最优的信用评估模型。

在建立模型的过程中不只运用大数据技术这一现代信息技术，还综合运用多种技术，比如在数据采集阶段运用区块链技术进行数据共享和数据储存，运用人工智能进行非结构化数据的识别和归纳整理，运用云计算提高数据分析的运算速度，等等。大数据技术也许最能体现新生征信技术的特点，但在处理分析和运算中，其他技术的地位同等重要。

第二节 征信业的发展历程和现状

一、国际征信业发展历程和现状

（一）起步探索阶段（18 世纪初—20 世纪 20 年代）

现代征信起源于英国。18 世纪初，英国部分银行创建了客户档案，信用记录良好的客户更容易获得小额透支业务，这可以说是最早的个人征信服务。1830 年，世界上第一家征信机构在英国伦敦成立。1841 年，一个叫刘易斯·塔潘（Lewis Tappan）的人在美国纽约成立了一家商业征信所。从那时起，征信业务开始在美国大地上萌芽。随着信用消费的兴起，1860 年，第一家个人信用局在美国纽约成立。随后，越来越多的企业和个人征信公司开始萌芽，征信信息也逐渐在金融市场上扮演了越来越重要的角色。而刘易斯·塔潘创立的商业征信所也发展成为赫赫有名的邓白氏集团。1888 年，格瑞顿公司在荷兰成立，它是欧洲著名的企业征信机构，能提供上百个国家及地区的企业信用报告。

（二）快速发展阶段（20 世纪 30 年代—1955 年）

20 世纪 30 年代，西方资本主义市场爆发了大规模的经济危机，信用违约率不断上升。各国政府通过制定一系列的征信政策和法规来规避信用风险。政府的政策指引加上市场上迫切的需求，促使征信机构在一段时间开始了井喷式的增长。

随着第二次世界大战的结束，各国迎来经济腾飞，国际贸易范围扩大，人们更加重视企业的信用，大规模信用交易时代来临。在美国，欣欣向荣的经济使信用消费走入千家万户，银行、信托、保险等金融机构和零售企业越来越需要了解它们客户的信用情况。在这一阶段，大量原先非营利的征信机构开始收费，VISA、MasterCard（万事达卡）等银联机构相继诞生，美国逐渐出现了全国性的金融机构，促进了消费信贷的发展。

（三）量化征信阶段（1956—2008 年）

在这一阶段之前，征信停留在定性决策的层面，人工审核放贷效率较低、客观性不足。1956 年，费埃哲（FICO）公司开始用数据对借款人的信用进行量化，增进信贷的客观性。它会根据借款人的居住地、工作等是否稳定和年龄来预测借款人的违约率，后来它推出一种信用积分卡产品，根据用借款人的信息计算出的结果来判断借款人的违约率。随着信用卡的诞生，银行开始将信用评分应用于信用卡的申请。不过，那时 FICO 的信用评分应用场景有限，不能较好解决借贷双方的信息不对称问题。

20 世纪 80 年代，随着 FICO 信用模型被广泛应用于个人贷款、住房抵押贷款、小企业贷款等，信用量化分析越来越普遍。1989 年，FICO 与美国征信市场的三大征信机构 Experian、Equifax 和 TransUnion 联合发布了第一个通用的消费者信用评分产品——FICO 评分，其主要使用五个维度的指标，对每一个指标赋予一定的权重，进而根据模型计算出一个信用分数。FICO 评分一经推出，便被广泛应用于征信业。

（四）大数据征信阶段（2009 年至今）

互联网技术的飞速发展极大降低了信用信息获取、加工、运输等的成本，行业进入并购整合期，小型征信公司数量下降。2009 年，ZestFinance 的前身 ZestCash 成立，其建立了不同于 FICO 评分的信用评分体系，运用大数据采集能为客户进行信用评分的各类信息，帮助 FICO 评分较低或者信用记录空缺的客户获得信贷服务。

ZestFinance 带动了金融科技和征信业务的融合，Experian、Equifax、TransUnion、LexisNexis（律商联讯）等知名信用机构也纷纷推出大数据征信产品，向大数据公司转型。

二、中国征信业发展历程和现状

相比欧美国家成熟的征信业，我国的征信发展起步较晚、发展还不完善，尽管针对大中型企业的征信市场已经相对成熟，但中小企业和个人征信市场尚处于起步阶段，现阶段与信用管理相关的法律体系仍在完善。

（一）起步探索阶段（1932—2002 年）

1932 年 6 月 6 日，中国的第一家信用调查机构中国征信所在上海成立，中国征信业也开始了它的征程。在外贸往来的促进下，1988 年，上海远东资信评估有限公司成立，与国际征信机构邓白氏公司合作，互相提供中外企业的信用报告。1992 年，中诚信国际信用评级有限公司成立，为各种债券和其他固定收益产品提供评级服务。在这个阶段，一批信用中介机构开始先后出现，探索中国的征信业务。

在接下来的几年间，中国人民银行及政府机构开始大规模布局征信。1997 年，中国人民银行开始建设银行信贷登记咨询系统，从银行借贷记录获得企业的信用行为记录。2000 年，上海资信有限公司开通上海市个人信用联合征信服务系统，这是中国第一个个人信用查询系统。

（二）规范管理阶段（2003—2013 年）

2003 年，中国人民银行征信管理局成立。2006 年，个人信用信息基础数据库建成并实现全国联网运营。2008 年，中国人民银行征信中心在上海举行揭牌仪式。2013 年 3 月，《征信业管理条例》发布，将中国人民银行明确为征信业的监督部门。同年 12 月，《征信机构管理办法》施行，以政府为主导的央行征信自此确立。在这个阶段，相关的法律和负责部门的设立表明中国的企业征信开始了规范化发展的进程。

（三）大数据征信阶段（2014 年至今）

自 2014 年起，随着互联网金融的蓬勃发展，中国征信业开始快速发展，逐步迈入大数据征信的时代。许多互联网公司依靠大数据优势进军征信行业，第三方征信机构层出不穷。2015 年，中国人民银行向八家机构发布首批个人征信业务牌照，逐渐开放个人征信市场。首批获取个人征信试点资格的八家机构先后推出了芝麻信用分、万象信用分等个人信用评分，并应用在了人们的生活中，比如，蚂蚁花呗、免押金酒店入住等。2018 年，百行征信成立，成为国内首家个人征信机构。2021年2月，朴道征信在北京正式揭牌，成为继百行征信后第二家拿到国内个人征信牌照的机构。

我国的征信体系以金融征信为主、商业征信和行政管理征信为辅，中国人民银行征信中心为主导，央行的征信系统是基础数据库，主要的数据来源是商业银行、税务、医保和电网等机构。中国人民银行征信在方便个人信贷、辅助金融授信决策、防范信用风险和提升金融获得性等方面发挥着关键作用，而大数据征信活动主要用于从事个人征信业务的民营征信机构。

第三节 大数据征信的代表性公司和产品

一、ZestFinance

（一）ZestFinance简介

ZestFinance引起国内的关注始于2013年7月，当时PayPal联合创始人、知名投资人彼得·蒂尔（Peter Thiel）看好ZestFinance，带着另外一些投资者给ZestFinance投资了2 000万美元。2015年6月，京东投资了ZestFinance，两家企业还一起成立了合资公司。在这之后，京东金融的白条业务开始迅速发展。2016年7月，百度也投资了ZestFinance。

ZestFinance，原名ZestCash，成立于2009年。这家互联网金融企业的创始人有两个：一个是互联网巨头谷歌的前信息总监，另一个是金融机构Capital One（美国第一资本投资国际集团）的信贷部高级主管。ZestFinance的研发团队阵容也很强大，主要由数学家和计算机专家组成。

公司成立早期的业务还不是征信，是通过ZestCash平台提供发薪日贷款。经过一段时间的技术积累、数据积累，公司后来才专注于大数据征信与个人信用评估。美国发薪日贷款主要是为有工作的“月光族”提供贷款。个人在把工资花完以后，可以去金融机构申请贷款，说明自己很快就可以领工资，先借几百美元用于日常周转。这种借款的期限会比较短，综合费率很高。

在信用评估方面，ZestFinance通过大数据技术和独特的算法重塑了传统的贷款审批流程，不再像银行主要通过人工审核，规定的条条框框也比较死板严苛。ZestFinance专注于为那些“非典型性高信用者”，比如没有信贷数据的人，提供信用评级，降低他们的借贷成本。这些没有信贷数据的人的FICO评分一般都很低，想要从银行借钱也就难上加难。ZestFinance通过搜集一些非结构化的数据，加上算法处理，使审批放贷的效率相比传统金融机构有了很大的提高。在风险控制方面，ZestFinance的模型比传统信用评估模型的性能也有所提高。

ZestFinance的业务已向信用风险管理的其他领域扩展。2014年ZestFinance宣布推出基于大数据分析的收债评分（Collection Score），主要应用于汽车金融、学生贷款、医疗贷款等。ZestFinance的未来发展方向是希望把其发薪日贷款的信用评估模型继续拓展到其他贷款领域，包括信用卡、汽车贷款，甚至不动产贷款等。

（二）ZestFinance 的大数据征信

ZestFinance 笃信一切数据皆可用作信用分析，它使用的数据不仅包括传统的信贷数据，还有很多非传统数据，比如水电费、话费、社交数据之类。ZestFinance 对大数据技术的应用可以分成大数据采集和大数据分析两个方面。

（1）大数据采集。

ZestFinance 的大数据征信与过去的征信的区别在于两个方面：一是 ZestFinance 认为一切数据皆可用作信用分析；二是它重视对非结构化数据的采集。基于这两个方面，ZestFinance 在将大数据技术运用于征信方面做出了重大创新。这种创新体现在 ZestFinance 一方面充分借鉴传统信用评分体系，将个人信贷信息、账单还款记录、消费记录等结构化数据作为信用评分的重要依据；另一方面，借助大数据技术，广泛采集非结构化数据加以分析。非结构化数据有着更广泛的维度和来源，包括被分析者大量的网络行为数据、日常行为数据等。

ZestFinance 大数据采集渠道如图 7－2 所示。

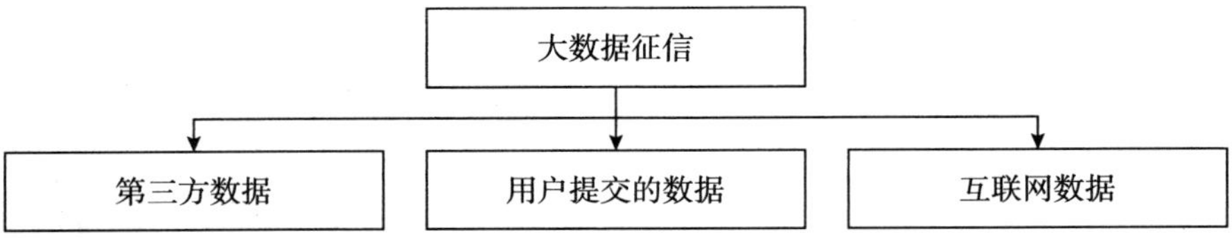

图 7－2 ZestFinance 大数据采集渠道

通过大数据技术采集的结构化和非结构化信息更充分地反映了个人的整体信用状况，也为信用分析提供了数据支撑。想要搜集到多维度的信用信息，需要开拓多方面的渠道。ZestFinance 的数据来源主要有三个：一是通过第三方机构获取传统信贷数据、法律记录等；二是平台会激励用户提交更多的信息，如水、电、气账单和电话账单等，以证明其还款能力；三是通过互联网抓取用户的网络行为信息。

（2）大数据分析。

对于大数据征信来说，大数据的采集只是产生原材料。加工原材料，即分析和理解数据，才是接下来的重点。ZestFinance 采集了大量非结构化数据，这类数据很不整齐，难以归类和处理，对计算机而言是杂乱无章的。因此计算机很难理解非结构化数据，曾经这些数据都被弃置不用。直到近来人工智能和机器学习的发展才使得非结构化数据的处理变得可能。ZestFinance 融合了多种数据，不仅包括结构化数据，也包括非结构化数据。对这些数据进行挖掘需要采用机器学习和集成学习的策略。

拓展阅读

ZestFinance 数据分析处理流程

二、芝麻信用

（一）芝麻信用简介

2015 年 1 月 5 日，中国人民银行印发《关于做好个人征信业务准备工作的通知》（以下简称《通知》），要求芝麻信用管理有限公司、腾讯征信有限公司、中诚信征信有限公司、深圳前海征信中心股份有限公司、鹏元征信有限公司、中智诚征信有限公司、拉卡拉征信管理有限公司、北京华道征信有限公司等首批八家机构在 6 个月的时间内做好个人征信业务的准备工作。

《通知》印发后，在短短 1 个月时间内，蚂蚁金融服务集团下属的芝麻信用管理有限公司就在 2015 年 1 月 28 日迅速上线了信用产品——芝麻信用分，这是国内首个个人信用评分。

芝麻信用分的评分区间（见图 7－3）为 350～950 分，分数共分为五个档次，由低到高依次为：较差（350～549 分）、中等（550～599 分）、良好（600～649 分）、优秀（650～699 分）、极好（700～950 分），分数越高就意味着用户的信用越好。

图 7－3　芝麻信用分的评分区间

芝麻信用分的打分依据主要有五个，分别是历史、行为、履约能力、身份、人脉，它们所占的权重分别是 35％、25％、20％、15％、5％（见表 7－1）。这五个打分依据的设置参考了包含品质、能力、资本、抵押、条件的 5C 评估法。

表 7－1　芝麻信用分打分依据、权重及内容

打分依据	权重	内容
历史	35％	用户过往的守约或失信情况
行为	25％	用户在购物、缴费、转账、公益等活动中体现出来的行为特点
履约能力	20％	综合考虑用户社保、公积金、动产、不动产等方面的信息判断出的履约能力
身份	15％	用户的年龄、性别、职业、家庭状况、收入水平、学习及职业经历信息、实名消费行为等
人脉	5％	用户好友的身份特征及用户与好友的互动特征

（二）芝麻信用的大数据分析模型

（1）数据来源。

芝麻信用打分所用的数据是从哪里来的呢？事实上，用以计算得出芝麻信用分的数据来源大体上可以分为三类：阿里巴巴集团内部数据、从阿里巴巴集团外部获取的数据、用户自主上传的数据。

拓展阅读

芝麻信用的应用

A. 阿里巴巴集团内部数据。

内部数据大致可以分为三块，分别是电商平台交易数据、互联网金融数据、娱乐及生活业务数据。其中，电商平台交易数据指淘宝、天猫等电商平台产生的交易信息，也就是我们在网购的时候产生的数据；互联网金融数据指支付宝、余额宝、蚂蚁花呗等产品产生的交易信息，也就是我们使用阿里集团提供的金融服务时产生的数据；娱乐及生活业务数据指阿里游戏、阿里影业、优酷、高德地图等产品产生的信息。

B. 从阿里巴巴集团外部获取的数据。

芝麻信用主要通过两种方式从集团外部获取数据：其一是购买，主要针对政府部门拥有的数据，如法院审判结果、学历学籍信息、水电气使用情况等；其二是通过合作、交换、提供服务等方式从一些从事大数据业务的商业公司手中获取的相关数据。

C. 用户自主上传的数据。

芝麻信用开通了用户信息上传功能，用户可以主动上传身份证、护照、学历学籍、工作职业、驾驶证、车辆、房产、公积金等个人信息。由于用户主动上传的信息一般都较为可靠，芝麻信用利用这些信息可以更全面地评估其信用状况。同时，在上传了个人信息之后，用户的芝麻信用分也会有一定程度的提高。

值得注意的是，《芝麻信用数据安全及隐私权保护政策》（2019 年 1 月 6 日发布版本）明确约定不会收集用户的宗教信仰、基因、指纹、血型、疾病和病史信息，也不会收集用户的聊天、通话内容和用户在社交媒体上的言论。此外，当用户关闭芝麻信用账户后，其芝麻信用账户内的信息将被清空，但该用户的信用不良记录不受账户关闭的影响，仍将自该不良行为终止之日起保存五年。

（2）数据处理。

A. 数据处理流程。

芝麻信用是通过什么流程把原始数据转化成芝麻信用分的呢？答案是：芝麻信用利用阿里巴巴通用的大数据平台来对相关数据进行存储和处理，最终生成芝麻信用分。这个强大的平台可以按照数据处理流程分为阿里云业务部、数据平台事业部和商业智能部三个部门（见图 7－4）。其中，阿里云业务部负责提供数据采集、存储和处理的基础服务；数据平台事业部负责初步清洗和处理基础数据，将初始难以直接使用的“杂乱”数据转变成后续分析能够直接利用的“整齐”数据；商业智能部负责对数据进行建模分析，将数据转化为各个业务部门开展工作时需要的业务指标，比如我们手机上显示的芝麻信用分。

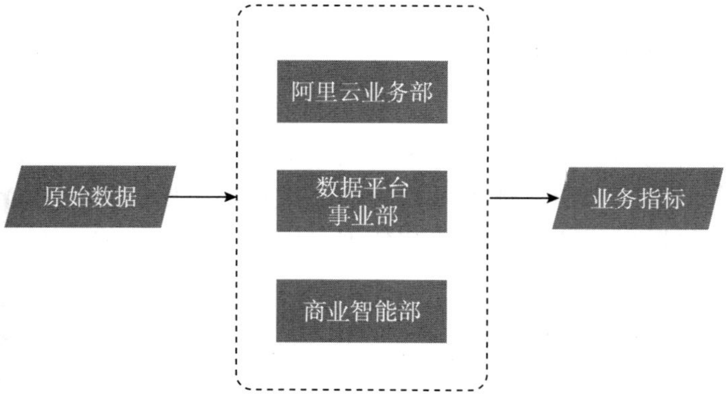

图 7－4　芝麻信用数据处理流程

B. 数据处理方法。

芝麻信用构建信用评分模型体系所采用的具体模型属于阿里巴巴内部的商业机密，外界无法获知计算芝麻信用分的具体模型设置。但从公开的资料和芝麻信用自身的产品介绍中可以发现，在技术上，芝麻信用采用了机器学习方法对经典的信用评估模型进行了改良，并利用云计算理念大幅提升了海量数据关联性分析的效率；而在算法上，芝麻信用还在积极尝试随机森林、决策树、神经网络等前沿算法，深度挖掘与信用表现有密切稳定关联的用户原始特征及衍生组合特征，以进一步提升信用评估的效率。

（3）总结。

芝麻信用通过三种途径获取原始数据，原始数据经过阿里巴巴集团的大数据处理平台清洗、处理和分析后形成芝麻信用分，不同用户根据各自的芝麻信用分可以在不同的应用场景下享受到相应的便捷服务，而用户的服务记录又会变成大数据分析的原始数据。通过上述过程，芝麻信用逐步形成信用分析的闭环，对用户信用状况的分析也越来越准确。芝麻信用数据分析环如图 7－5 所示。

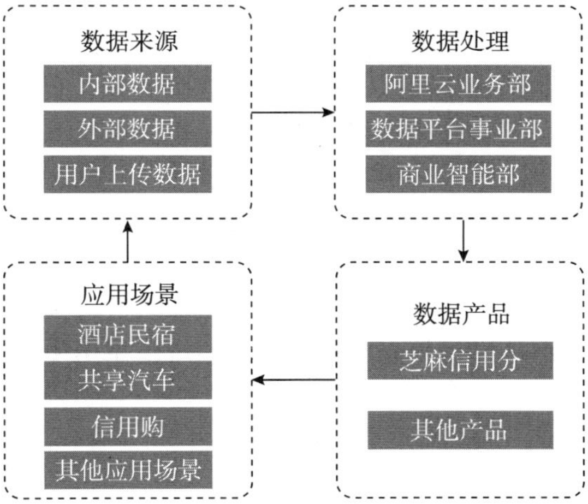

图 7－5 芝麻信用数据分析环

第四节 大数据征信对金融体系的影响

在大数据时代，征信所使用的数据包含的范围大大拓宽。大数据技术大大提高了征信数据的可获得性，丰富了数据维度和种类，提高了征信模型的预测性，拓宽了征信服务的应用场景和服务对象，对征信的各个环节都产生了影响。

征信行业的产业链包括上游的数据生产者、中游的征信机构和下游的数据使用者，三者分别对应着征信服务价值链的核心内容，即数据收集、数据处理、商业应用。征信机构从金融机构、政府部门、工商企业、个人等数据的产生方收集到信贷数据、商品和服务交易数据、消费者行为数据、政府公开和公共服务数据等，以及利用爬虫等技术爬取数据，将数据进行筛选、加工、整合、输入征信模型等，形成面向不同使用方、针对不同应用场景的征信报告、信用评分和各种增值服务。接下来我们将从征信行业的产业链入手，分析大数据技术带来的影响。

一、对数据源的影响

（一）拓宽征信数据来源

大数据极大地拓宽了征信数据的来源范围。传统的征信机构主要从政府部门、银行等金融机构收集企业和个人的历史信贷数据，相比之下，大数据时代下的征信机构的数据来源非常广泛和丰富，不仅可以从传统的银行等渠道获取数据，还能从社交平台、电商平台、支付平台等获取征信个人数据，从企业的财务报表、物流信息等获取企业征信数据。

（二）拓展征信数据的维度

大数据给征信体系带来更加多元化、多维的数据，使评估结果更加全面、准确。如上文所讲，传统的征信大多为从历史信贷数据中来判断个人和企业的信用状况，因此数据类型多为比较规则的结构化数据，而大数据征信数据来源范围的广泛导致其获取的数据类型包含了大量的描述行为的非结构化数据，这些数据多以文本、音频等形式存在，传统的征信模型很难对其进行处理，但是这些描述行为的信息也侧面反映出借款人的偏好、性格等特征。

另外，大数据征信也使用了更多的非传统征信机构所使用的数据。以个人征信为例，传统征信中用于评估消费者信用状况的数据主要有账户数、历史信贷、违约记录、收入等，而大数据征信加入了缴税、阅读、网络点击、搬家次数等更多维度的数据，从多个角度来对消费者信用状况的评估进行补充，有助于对传统信用历史空白的客户进行准确的信用情况评估，极大拓宽了征信体系覆盖的范围。

（三）获取海量实时动态数据

传统征信使用的数据主要为借款人基本信息、借贷历史等静态数据，这些数据在一定时间段内不会变化，更新周期较长。当借款人的状况发生变化时，这些数据无法及时更新，信用评估模型也无法及时反映新情况。而来源于社交、消费、支付等多个场景的多维度数据可以使用不同的指标来描述借款人的某一行为，如可以用最近一年的税收下降/上升的次数、用电量下降/上升的次数、用水量下降/上升的次数来刻画借款人的经营活跃度，这些数据更新频率更高，能够动态及时地跟踪借款人的交易行为、经营状况等，评估其违约风险。

二、对数据处理的影响

大数据征信提升了信用评估的效率，提高了信用风险的识别和防控能力，降低了市场信用风险，提高了交易效率且扩大了交易范围。

为了更加直观地理解大数据征信对信用评估的影响，我们首先来看非常具有代表性的传统信用评分——FICO 评分。FICO 评分是美国使用最广泛的信用评分，超过 90%的美国贷款在进行决策时都会使用 FICO 评分。

FICO 从美国三大征信机构取得借款人的征信数据，通过对五个维度的指标进行加权平均来衡量客户信用评级。从各指标的分布（见图 7－6）可以看出 FICO 使用的数据主要为历史信贷资料，评估的标准比较单一。

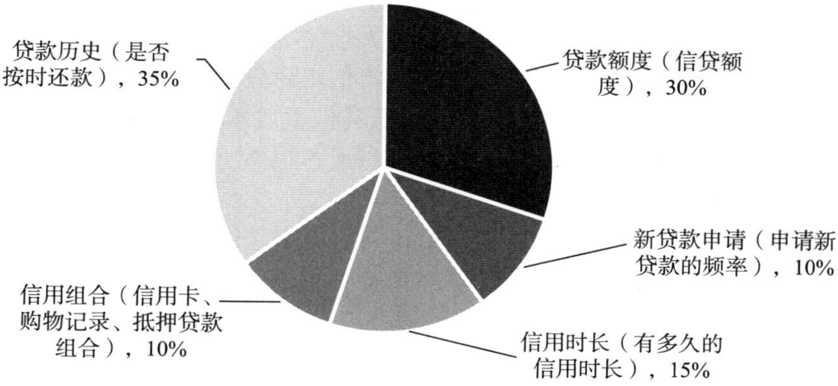

图 7－6　FICO 评分模型使用的指标及其权重

在大数据构架下，征信所获得的数据种类非常多、数据量非常大，但是这些数据都是碎片化、分散化的，而近年来的数据挖掘、深度学习、人工智能、云计算等前沿计算机创新技术提供了收集、储存、过滤、整合、处理、深度挖掘这些不同维度的海量数据并将之变成有用的数据的技术基础，这将极大地提高征信机构处理信息的能力和效率。

由于大数据背景下征信数据维度更多，也更加杂乱，传统的信用评估模型如线性判断分析及逻辑回归分析等处理能力十分有限，因此计算机技术也推动了信用评估模型的升级，它们纳入了十分丰富且庞大的评价指标（不仅有 FICO 使用的传统的历史信贷数据，还有各种非结构化的非传统的数据），使得模型能够从海量的数据中分析识别出借款人的信用情况。更多变量的输入也使得评估结果更加全面和准确，信用风险识别能力得到大大提高。如 ZestFinance 公司的模型往往要考虑众多变量，利用欺诈模型、身份验证模型、预付能力模型、还款能力模型、还款意愿模型以及稳定性模型等分析预测模型，使得评价结果更加准确全面，模型评估效率得到极大提高。

三、对应用场景的影响

大数据征信拓宽了征信体系的服务范围，解决了金融体系中长尾用户征信数据收集难、收集贵的难题。借款人至少拥有一个已经开设 6 个月或者更长时间，并且至少在最近的 6 个月内向征信机构报告数据的账户，FICO 才能对其进行评分。根据广泛应用的 FICO 分数标准，美国所有的个人消费者的信用评级分数处于 300～850 分，而分数低于 580 分的会被评级为信用状况较差，高于 670 分的则是信用状况优良。因此在这种情况下，有两类人无法获得正常的信贷服务或者借款成本很高，其中一类人是没有银行账户，或者没有开设足够时长的银行账户，或者该账户没有向征信机构报告数据的人，FICO 估计美国有上千万成年人没有办法获得 FICO 评分，这些人因为没有信用数据而无法享受到基本的信贷服务。另一类人就是虽然具有银行账户，也有征信评估记录，但是由于其收入水平较低、无借贷经历或其他信用记录不完善等原因，信息不对称使得征信机构给予其较低的信用评级，导致他们的借款申请会被拒绝或者借款成本很高的人。

大数据征信的数据来源包含了大量的非结构化、非传统性的数据，征信机构从借款人的网络浏览记录、社交媒体记录、手机使用习惯、水电缴费等更多关于借款人多个维度的数据掌握着借款人的实时数据，这样征信机构在进行评级时就不仅仅依赖于银行和信用账户所包含的信息，因此原来没有银行账户的借款人也能被涵盖在征信体系之中，能够享受到金融服务。原来由于信贷数据不完善而没有获得信用评分的群体获得了信用评分，原来信用评分很低的群体得以提高其信用评分，降低其借款成本。同样对于企业征信领域来说，大数据征信将原来无法获得信贷服务或者信贷成本很高的企业纳入征信系统，降低了其融资成本。

FICO 也开始利用大数据技术来完善其信用评估模型，例如推出 FICO Score XD，该评分根据公共事业缴费、移动电话支付历史等来评估信用，使得原来因信用报告里信用信息不足而没有 FICO 评分的人也能获得信用评分。2018 年 FICO 推出了一个新的评分体系——UltraFICO，这个评分体系包含了经过消费者授权的支付、储蓄、货币市场账户交易等数据，FICO 估计该评分体系将会使得原来大部分没有信用评分的消费者获得信用评分，同时也将有助于原来评分低的消费者提高评分。

四、对传统征信行业的影响

大数据征信虽然给征信行业带来很多创新性的改变，但是并不会取代传统征信，因为大数据征信并没有改变征信的基本职能和商业模式，即从不同数据产生方那里搜集数据，然后将数据进行加工处理，形成信用评估结果，用于征信产品使用方的风险控制、信用管理等。大数据征信由于数据来源更加广泛、数据维度更加多元、应用场景更加丰富、评估模型更加全面、服务范围更广的优势极大拓宽了征信的宽度，弥补了传统征信在这些方面的缺陷，而传统征信侧重于从借款人的历史信贷信息中挖掘深度信用信息，因此大数据征信与传统征信的关系应该是优势互补。

第五节　大数据征信的风险与监管

一、大数据征信的主要风险

（一）损害信用主体权益

随着大数据技术的蓬勃发展，各种互联网平台纷纷开展征信业务，然而部分平台并不具有合法的征信业务资格，而是打着信用服务、信用评分等旗号提供征信产品，产品质量也存在参差不齐的问题，可能使得征信市场秩序混乱，损害客户权益。

各方网站、App 等记录了个人的社交信息、生活经历等，从而为大数据征信提供信息支持。在这种情况下，信用信息和隐私信息的边界也更加模糊。信息收集机构在收集、处理信息的过程中可能不对两种信息进行区分，使得个人用户为享受信用评估等服务，被迫让渡对隐私信息的控制权，基本权益无法得到保障。此外，部分平台可能在使用协议中设置霸王条款，使得用户的敏感性数据被出售给第三方征信机构；部分平台可能在用户不知情的条件下违规采集用户不良信息并出售给第三方机构。2018 年，因“支付宝年度账单事件”，国家互联网信息办公室对相关企业进行约谈。为加强征信行业市场规范性，中国人民银行于 2021 年发布《征信业务管理办法》，促进大数据征信技术在合理监管的情况下发展。在大数据时代下，征信行业的发展仍需要更多完善的法律法规。

（二）信息泄露风险

现如今，征信业务需求日益增长，征信机构及大数据公司对客户数据的采集日益频繁，采集范围和数量日益增长。相关机构会将来自客户的信息进行集中储存，以便提升数据分析和信用评估的效率，但数据库可能成为黑客等不法分子的目标，网络病毒与黑客攻击等带来信息外泄的风险。云端信息一旦被非法访问甚至篡改，将严重阻碍征信系统的运营，也给居民日常生活带来困扰。2017 年，美国征信巨头 Equifax 数据库被黑，约 1.43 亿用户信息遭窃，此事件引发用户集体诉讼。无独有偶，万豪旗下酒店也因数据库遭黑客入侵，最多约 5 亿客户的信息存在泄露可能。此外，在信息外包的过程中，操作人员也有可能泄露客户信用信息。如今，市场中的征信机构层出不穷，管理效率与运营能力参差不齐，部分征信机构的应急处理能力不足，无法及时防范及处理紧急信息安全问题。

二、对大数据征信的监管

（一）国际对大数据征信的监管

由于传统征信条例不能完全覆盖大数据征信模式下存在的风险，各国不断改善监管法案，以规避相关风险。在此方面，欧盟走在前列。2018 年 5 月 25 日，欧盟正式实施《通用数据保护条例》（GDPR）。GDPR 被视为隐私保护领域最为权威和细致的立法，大体思想是通过约束企业信息处理行为，赋予公民对其个人数据更大的控制权。GDPR 的正式实施提升了社会各个领域对个人数据保护的重视程度，引发了为个人隐私保护立法的热潮。之后，美国的《加利福尼亚州消费者隐私法案》于 2020 年 1 月生效，它把所有和加利福尼亚州居民有关的商业数据业务行为纳入监管范围，消费者有权要求征信机构公开如何进行信息收集和共享、删除其个人数据等，这一法案的颁布引发了各界机构的热议。

2020 年 11 月，欧盟《数据治理法案》被首次提出，该法案着眼于加强对信息获取机构的治理，从而维护欧盟公民和企业的利益，促进欧盟各部门之间的数据共享。这表明欧洲的数据治理模式从个人治理方式向以欧盟共同价值观为基础的新型治理方式转变，从而加强了数据可用性。

（二）国内对大数据征信的监管

2013 年 1 月 21 日，为规范征信活动，维护征信主体的合法权益，《征信业管理条例》发布，初步建立起征信市场的法律体系。2013 年 12 月，《征信机构管理办法》的施行进一步加强了对征信机构的监督管理。

随着数字经济的发展，大量替代数据被收集和用于分析企业及个人资信情况，原有法规政策不能完全覆盖对新业态的监管。在此背景下，《征信业务管理办法》等法律法规应运而生。2021 年 8 月 20 日，第十三届全国人民代表大会常务委员会第三十次会议通过

《中华人民共和国个人信息保护法》，自2021年11月1日起施行。自此，我国形成以《中华人民共和国网络安全法》《中华人民共和国数据安全法》《中华人民共和国个人信息保护法》三法为核心的网络法律体系。2021年9月17日，中国人民银行发布《征信业务管理办法》，自2022年1月1日起施行。《征信业务管理办法》扩展信用信息和征信业务的范畴，是对《征信业管理条例》的必要补充，也是《中华人民共和国民法典》《中华人民共和国个人信息保护法》等法律法规在征信领域的具体展现。《征信业务管理办法》将新型征信活动纳入法制监管轨道中，明确对征信替代数据的监管条例，从而规范大数据征信活动，切实保障大数据征信时代下征信主体的合理权益。

2021年11月14日，《网络数据安全管理条例（征求意见稿）》发布，意在进一步规范网络数据处理活动，强化对互联网企业的监管，推动互联网平台数据治理模式的变革。

思考题

1. 什么是大数据征信？
2. 大数据征信可以分类为哪些形式？
3. 大数据征信带来了哪些影响？
4. 大数据主要的风险有哪些？
5. 你认为大数据征信有可能替代传统征信吗？请阐述原因。

第八章

网络借贷

导　言

本章介绍网络借贷。网络借贷是利用大数据和 AI 技术，不需要抵押和第三者担保的借款人与银行或第三方机构之间的一种借贷。在金融科技极速发展的当下，互联网巨头依托其电商、社交平台中庞大的用户信息对借款人进行精准描摹，预测用户的借款需求与未来还款能力，建立起属于个人的信用报告与纪录，并在这个基础上对用户授信。同时，这些互联网公司也针对融资难、融资贵的小微企业建立风险评估模型，预估小微企业的资金需求和还款能力，改善小微企业的融资环境。网络借贷的出现一定程度上加速了金融脱媒，推进了金融体系的创新。

学习目标

1. 了解网络借贷的基本概念、主要分类和基本模式。
2. 了解网络借贷对金融体系的影响。

核心概念

网络借贷　P2P 网络借贷

第一节　网络借贷概况

蚂蚁花呗、蚂蚁借呗、京东白条等名词相信你并不陌生，它们与我们的生活密切相关，在消费时提供一定便利。2022 年 11 月 11 日，“双十一”购物节全网交易额为 5 571 亿元（截至 11 日早 8 点）。这么高的消费纪录离不开金融信贷领域的支持。蚂蚁花呗、京东白条等仅仅是科技蔓延到金融领域的冰山一角。从个人到企业，从现金贷到消费贷，移动互联网技术通过与金融业结合，衍生出了网络借贷这一全新的业态。

一、网络借贷的基本概念

我们通常所说的信用贷款指的是以借款人的信誉发放的贷款。网络借贷则是互联网技术的触角延伸到金融领域而产生的全新业态，即建立在网络提供中介服务的基础上，不需要抵押和第三者担保的借款人与银行或第三方机构之间的一种借贷。

二、网络借贷的主要分类

按照《关于促进互联网金融健康发展的指导意见》，网络借贷分成 P2P 网络借贷和网络小额贷款两类（见图 8-1），在网络小额贷款的实现形式上，有针对个人的现金贷、消费贷和针对企业的供应链金融。

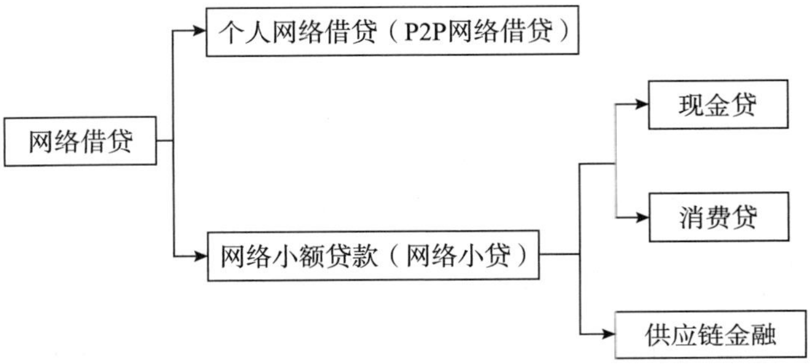

图 8-1 网络借贷的主要分类

2015 年，包括中国人民银行在内的十部委发表了《关于促进互联网金融健康发展的指导意见》，该指导意见将网络借贷分为两类：个体网络借贷（即 P2P 网络借贷，简称 P2P 网贷）和网络小额贷款（即网络小贷）。P2P 网络借贷平台是指专门从事网络借贷信息中介业务的金融信息中介公司。此类机构以互联网作为主要渠道，为借款人与出借人（即贷款人）的直接借贷行为提供信息搜集、信息公布、资信评估、信息交互、借贷撮合等服务。网络小贷指的是小额贷款公司通过网络平台获取借款客户的业务。网络小贷平台运用网络平台积累的网络消费、网络交易等借款人的行为数据、借款即时场景信息等，通过分析评定借款客户信用风险，确定授信方式和额度，完成贷款审批、风险审核、贷款发放和回收的全线上业务操作。

P2P 网络借贷和网络小贷虽然都是通过网络向个人借款人提供现金的贷款方式，但在以下几点，两者有着显著的不同。

（1）资金来源。

网络小贷的资金主要来自小额贷款公司背后的互联网公司或者银行机构，而 P2P 网贷的资金来源绝大多数是个人投资者，P2P 网贷平台充当一个桥梁连接借贷双方。

（2）盈利模式。

网络小贷的资金源自贷款机构本身，所以利息收入是其主要收入来源。而 P2P 网贷的中介属性使得其主要盈利模式为在满足借贷双方各自的资金使用和配置需求后，通过收取手续费盈利。

(3) 风险控制。

网络小贷平台多以在线申请、实时审批、极速放款、无须抵押的噱头扩大业务规模。其无法控制资金流向、无资产抵押的特点导致网络小贷平台的坏账风险很高。然而，随着部分互联网公司和银行机构的入局，网络小贷平台的风险把控能力逐步提高。与之相比，P2P 网贷平台对资产端的把控较为严格，部分 P2P 网贷平台会对融资者做出资产抵押、控制资金用途等方面的限制。不过，由于我国大部分 P2P 网贷平台并没有规范经营，导致行业乱象丛生，违约现象频发，国家颁布政策清退 P2P 网贷平台。到 2020 年底，我国 P2P 网贷平台数量归零。

(一) 现金贷

现金贷，也就是借款人向互联网平台进行申请，以获得现金的贷款，是一种无场景依托、无指定用途、无客户群体限定、无抵押特征的个人贷款。现金贷具有以下特征：一是短期小额。大多数现金贷产品分期期数在 24 期以内，集中在 3 期、6 期、9 期，且额度较小，通常不超过 2 万元，主要集中在 3 000 元以下。二是实时审批，快速到账。现金贷平台根据已有风控评估模型对借款人评分授信，完成审批后即放贷，多数平台下款时间不超过一天。三是纯信用贷款。无法提供担保或名下无固定资产的用户通常很难从传统金融机构获得个人贷款。相比之下，这些用户既不需要提供抵质押品等，也无须提交任何纸质材料，即可利用现金贷平台满足小额贷款需求。

(二) 消费贷

消费贷是借款人在消费时提出贷款需求，由贷款机构借出资金用于该借款人的消费行为的业务。和现金贷相比，消费贷有具体的资金使用场景和资金使用用途。随着互联网技术延伸到金融领域，互联网消费金融兴起，以蚂蚁集团、京东为首的互联网巨头推出了蚂蚁花呗和京东白条等产品，以互联网为依托，实现传统消费金融的电子化、信息化。互联网消费金融产品一经推出，迅速扩大用户规模占领市场。

根据授信方式，消费贷可以分为单笔授信额度和预售额度两类。单笔授信额度主要指根据借款人的单笔借款申请，根据每笔申请的贷款条件（额度、还款时间安排、定价等）进行单独安排的额度授予方式。预售额度则是银行或者互联网公司根据借款人的条件向其授予一定额度，借款人可以在额度内一次或者多次使用贷款的结款方式。我们熟悉的蚂蚁花呗即为典型的预售额度类借贷产品。

(三) 供应链金融

供应链金融作为依托互联网技术帮助企业解决融资难、融资贵问题的新兴业态，近年来随着大数据、云计算等技术的进步而快速发展。供应链金融即以供应链上企业的交易关系为纽带，以供应链上的物质和资金流为依托，以供应链核心企业为出发点，向供应链上相关企业提供包括融资和结算在内的综合性金融服务。在供应链金融发展初期，实施主体主要是商业银行。而随着互联网的逐渐发展，除了商业银行以外，其他相关机构纷纷入局。掌握了供应链上、下游企业真实贸易信息的行业龙头企业、供应链管理企业、B2B 平台、外贸综合服务平台、物流企业、金融信息服务平台等各参与方纷纷利用自身优势，切入供应链金融服务领域。

三、网络借贷的基本模式

由于网络借贷业务基本不存在抵押品，依靠借款人信用给予额度，因此风险控制的重要性与日俱增，从事互联网借贷业务的机构必须提升风险控制能力。融资中介及作为资金融出方的互联网巨头和银行机构关心如何获取借款人的信息，通过风险评估解决借贷过程中的信息不确定性以决定是否提供贷款、贷款额度等问题。

传统商业银行大多利用自身或者政府平台的数据信息，如交易流水、征信数据、公积金、税务信息等自行搭建借款人的数据库以开展网络借贷业务。此外，商业银行也可以与互联网公司合作，利用借款人在其他平台的互联网使用数据。和其他机构相比，传统商业银行的数据质量高，有利于风险的鉴定。

在金融科技快速发展的当下，许多互联网公司引入大数据及 AI 技术进行信用风险评估。互联网巨头依托其电商、社交平台中庞大的用户信息以对借款人进行精准描摹，预测用户的借款需求与未来还款能力，建立起属于个人的信用报告与纪录。以蚂蚁集团旗下的网商银行的“水文模型”为例，该模型依据小微企业的种类、历史交易、经营情况、同业地位等信息针对性地发放贷款，不仅可以完善风险管理，平滑各种特殊因素对于授信对象的影响，帮助授信单位站在更详尽数据基础上进行授信，还可以对小微企业自身经营的走向及小微企业资金需求的节点和量等进行预判。

以新网银行为代表的新型互联网金融机构探索出了网络借贷大数据搜集的“第三条道路”。除了征信报告、电信运营商信息这些传统外部数据，新网银行依托信息科技系统和精准的在线实时风控体系来判断某一借款申请是否为真实借款人的真实借款需求。以操作痕迹为例，如果系统检测到 GPS 定位在短时间内有巨大变化，则可能存在欺诈行为；位置信息可以具体到某一楼宇，如果检测到非正常的聚集比如某个位置的申请人在短时间内激增，系统也会发现并做出相应的管控。这种以用户的互联网使用轨迹、行为数据等大数据为基础，运用深度学习、机器学习等先进算法精准进行借款人全方位画像的方式，为不能像蚂蚁集团、京东数科一样背靠海量数据的金融科技公司提供了一种全新的视角，开辟了新的可能。

第二节　网络借贷的发展历程和现状

一、国际网络借贷发展历程和现状

信贷业务是一个很古老的业务，却在社会变迁与科技发展中不断脱胎换骨。信贷搭上互联网这辆快车开始于 2005 年，全球第一家 P2P 网贷平台 Zopa 诞生于英国。Zopa 通过撮合个人对个人的借贷交易获取一定手续费，开创了将贷款业务转移到网络的先河，这种升级在减少交易成本、提高服务便捷性上卓有成效。2006 年，Prosper 在美国上线，标志着美国网贷行业的开始。2006 年，LendingClub 诞生，它是第一家美国证券交易委员会将其产品注册为证券并在二级市场上提供贷款交易的P2P网贷平台。

二、国内网络借贷发展历程和现状

（一）萌芽阶段（2007—2011年）

我国网络借贷的发展可以追溯至2007年。2007年，阿里巴巴发布了"e贷通"，为其平台上的4家网商提供贷款，这是网络借贷的雏形。同年，中国首家P2P网络借贷平台"拍拍贷"成立，标志着我国P2P网贷行业的开端。随后，红岭创投、人人贷陆续成立。我国第一家银行系P2P网贷平台上海陆家嘴国际金融资产交易市场股份有限公司（简称陆金所）则于2011年开始经营。在这一时期，P2P行业处于最初萌芽阶段，行业发展速度较慢。截至2011年末，我国P2P网贷平台约有60家，其中只有不到20家平台的交易较为频繁，月均成交额约为5亿元，约1万人在平台上进行有效投资。

2010年6月，阿里巴巴成立小额贷款公司，并获得电子商务领域第一张小额贷款公司的营业执照。之后，各大厂依据自身数据和技术优点抢占金融服务市场，阿里小贷、苏宁小贷等接连出现，P2P行业也迎来迅猛发展。

（二）快速发展阶段（2012—2015年）

从2012年开始，我国网络借贷行业进入快速发展阶段，我国P2P网贷平台增长速度显著提升。2012年末，P2P网贷平台月均成交额约为30亿元，有效投资人为2.5万～4万人。

2013年通常被认为是"互联网金融元年"，随着余额宝等互联网理财产品热度上升，互联网理财的观念兴起，P2P网贷、第三方支付、虚拟货币领域乘着互联网春风飞速发展。截至2013年末，我国P2P网贷平台数量超过800家，平台总交易金额超1 000亿元。2014年1月9日，人人友信集团宣布获得了行业单笔最大融资金额，完成了总额为1.3亿美元的A轮融资，其旗下有人人贷平台。宜人贷也于2015年12月18日成功登陆纽约证券交易所（简称纽交所）。截至2015年底，我国P2P网贷平台数量接近4 000家，成交总金额超过1万亿元，实现了300%的年增长幅度。

不过，随着P2P行业发展进入快车道，由于监管缺位，各类风险问题也随之而来，平台自融、发放假标劣标、"借新还旧"庞氏骗局、网络传销等市场乱象频发。2014年，P2P行业出现第一次爆雷潮，全年爆雷平台数量265家，2015年全年爆雷平台数量更是高达867家，持续的爆雷事件冷却了行业的增长态势，投资者纷纷抽离资金。2015年12月，"e租宝"出现了重大风险问题，大量资金无法兑付，这成为强化网贷行业监管力度的重要转折事件。

（三）监管规范阶段（2016年至今）

2016年4月，国务院办公厅发布《互联网金融风险专项整治工作实施方案》，指出P2P网贷是重点整治领域。2016年8月，我国正式颁行了《网络借贷信息中介机构业务活动管理暂行办法》，标志着对P2P行业的监管迈入正轨。在之后一年中，各监管部门频繁颁布监管政策，建立起P2P行业一个办法、三个指引的监管框架。各地也陆续推出针对P2P网贷的监管政策，形成了相对完善的监管框架。由于监管政策趋严，P2P行业野蛮发展趋势难以为继，不符合规定的P2P网贷平台陆续清盘退出，P2P行业开始走向下坡。

2018 年，随着宏观经济形势面临下行压力，P2P 再次迎来大范围爆雷潮。2018 年 6 月，唐小僧倒闭，标志着本次大范围爆雷潮的开始。据网贷之家数据统计，2018 年 6—9 月间，我国 450 多家平台爆雷，270 多家平台停业或谋求转型。此次爆雷潮彻底导致 P2P 行业发展进入寒冬，国家逐步发力引导企业转型或退出。2019 年初，《关于做好网贷机构分类处置和风险防范工作的意见》出台，它以推动 P2P 网贷平台退出为主要工作方向，除严格合规的经营机构外，其他机构能退尽退、应关尽关，加大整治力度且加快整治速度。2020 年，新冠疫情来袭加剧了 P2P 行业发展困境，截至 2020 年 11 月中旬，我国 P2P 网贷平台完全归零，这意味着我国 P2P 行业正式退出历史舞台。

我国个人贷款迅速发展，个人贷款中最重要的一部分是消费贷款。我国政策支持消费信贷发展。银行作为消费信贷领域的传统势力，从存量规模上看仍是整个市场的主体；消费金融公司作为银行的补充，相比银行，有审批快、灵活服务、无须抵押担保等独特的优势和竞争力。截至 2023 年 6 月，持牌消费金融公司已从首批试点的 4 家扩大至 31 家。招联、马上、兴业、中银、中邮、杭银、长银五八等消费金融公司是我国消费金融行业的重要组成部分。互联网公司涉足信贷业务，本质上是一种流量变现，相比商业银行线上发展信用卡客户、开展线上信贷业务高昂的获客成本，互联网公司在这方面具有天然优势。在涉足消费信贷的互联网金融平台中，电商、支付平台占据着主导地位。它们利用自身平台数据，例如京东、淘宝的消费记录、购物评价，腾讯的社交信息，借助大数据、云计算等金融科技手段进行潜在客户挖掘、信用评级、贷后监控等工作。京东、阿里巴巴、腾讯等互联网巨头纷纷推出消费金融产品。蚂蚁招股说明书显示，2019 年，其花呗、借呗服务用户数突破 5 亿。

拓展阅读

我国政策支持消费信贷发展

网络借贷在金融科技的助推下服务更多通过传统方式无法获得贷款的“长尾用户”，成为普惠金融发展过程中强有力的支撑，对于企业贷款尤其是小微企业意义重大。线上供应链金融虽然来源于线下，但也不是简单平移，而是一种金融创新。利用区块链可提高数据可信度，降低银行风险控制成本，链上电子凭证也可以将核心企业信用传递到多级供应商，金融科技将中小微企业在整个产业链中的经营数据变成了可评价的信用和可流通的资产。供应链金融市场的主要参与方有核心企业、资金提供方、技术提供方三类。参与方在专业化分工上不同，因此在信息优势、资金充裕情况、技术领先水平上各有不同。各个参与方已经开始探索行业合作的可能，这有利于各自发挥优势、分散风险、降低投入资金。

第三节　网络借贷的代表性公司和产品

一、个人业务

（一）LendingClub

LendingClub 于 2006 年在美国旧金山成立，起初是仅提供 P2P 网贷的网络平台，经过不断的发展，现在已经开始提供小型企业的贷款业务。2014 年该公司在纽交所上市，成为当年科技行业的黑马股票。当前该公司已经成长为美国个人贷款业务市场的龙头企业。

该公司的主要经营模式如图 8-2 所示。

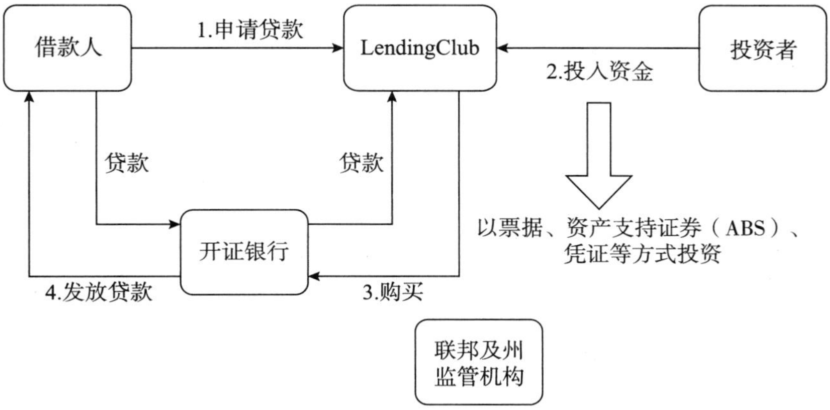

图 8-2 LendingClub 的主要经营模式

借款人向平台申请贷款，投资者可通过票据、资产支持证券（ABS）、凭证等方式以“债券份额”的模式进行投资。LendingClub 募集到投资者资金后，购买借款人在开证银行申请的贷款，开证银行发放贷款给借款人。在这种模式下，投资者和借款人并没有产生直接交易的行为，但投资者的收益情况取决于借款人的还款情况。这是一种类似于资产证券化的 P2P 网贷模式。

LendingClub 的信用风险控制基于 FICO 评分，这个评分体系是美国个人信用评估公司制定的一种个人信用评级法，在全美使用非常广泛。借款人申请贷款后，平台会依据借款人的 FICO 评分、历史还款记录等要素进行初步筛选，然后再按照一定的模型进行量化打分，将借款人归入不同的信用等级，实行有差异的利率定价。

该公司能够取得成功，主要有以下原因：第一，LendingClub 成立之初就遇上了次贷危机，许多在正规银行无法借到款的人转向 P2P 公司借款，推动了 LendingClub 的最初发展。第二，LendingClub 的市场模式是通过寻找并匹配合适的借款人来为其节省借款资本成本，通过产生有市场竞争力的回报率和期限分散效果来吸引投资者。这样的商业模式能够使借贷双方均获得较高的收益。第三，由于 LendingClub 已经是全美最大的 P2P 公司，因此其业务和客户范围非常大，这使得公司能够为更多的、不同信用等级的借款人提供服务，并提高营销效率。第四，规模、数据、创新和强监管使得 LendingClub 在风险控制方面做得很好。

拓展阅读

英国短贷平台 Wonga

（二）蚂蚁花呗

蚂蚁花呗是一种互联网消费信贷产品，为信用较好、网上交易活跃的用户提供透支消费的额度，使用户体验先消费、后付款。蚂蚁花呗的功能类似信用卡，但是信用卡的使用门槛更高，而蚂蚁花呗的门槛更低，从而在消费分期信贷领域受到欢迎。蚂蚁花呗于 2015

年4月上线，在淘宝、天猫等多个电商平台广泛应用，也支持线下支付。蚂蚁花呗上线仅半个月，就获得了超过150万商户的青睐。商户接受蚂蚁花呗付款方式后，成交转化提升了40%。蚂蚁花呗的还款方式包括主动还款和被动还款，用户可以在下月还款日期前主动还款，或者在下月还款日期被动还款。蚂蚁花呗对按时还款的用户不收取利息费用，对未能按时还款的用户收取相应利息费用。

拓展阅读

蚂蚁花呗的具体业务模式

二、企业业务

（一）网商贷

网商贷是浙江网商银行的系列贷款产品，包括阿里信用贷款、淘宝天猫信用贷款等。其中淘宝天猫信用贷款是为了满足淘宝天猫的经营者在经营中的融资需求，申请者为企业。贷款的额度会根据店铺等级、经营状况等决定，且处于动态变化的过程中。

网商贷的业务模式如图8-3所示，网商贷是纯信用贷款，并不需要任何抵押，按时还款、信用优良的商家在再次贷款时可以享有更低利率，且网商贷全年无休。

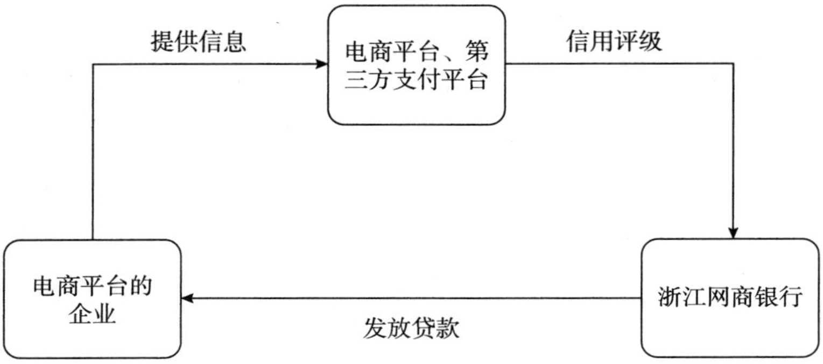

图8-3　网商贷的业务模式

在放贷之前，网商贷利用大数据的手段进行评估，同时通过视频沟通，以此降低风险。网商贷会从自身的数据库之中获取商家的信息，对满足好评率95%以上、退货率不高于20%或行业平均水平的2倍、提交申请表前一个月成功交易笔数不少于半年月均成功交易笔数的30%等条件的商家才会发放贷款；在放贷中，网商贷会对企业贷款的使用进行实时的监控；而对于放贷后而言，网商贷增加了用户逾期还款的成本，并组建了专门的催收团队，如果商家没有按时还款，则会降低商家的信用，进而影响其再次贷款。催收团队会及时提醒商家还款，若逾期情况严重，团队会采取适当的法律手段。

网商贷有很多优势，如拥有丰富的数据库，不仅节约了成本，而且较传统商业银行评估可信度更高，贷款效率高，节省人力消耗；用户资源更优，用户大多为质优的商户，便于管理；可以对企业贷款进行实时的监控，有利于问题的及早发现；整个流程都通过互联网办理，操作方便。

（二）京保贝

京保贝是京东推出的第一个互联网供应链金融产品，也是国内首个平台自营融资模式的供应链金融产品，主要为京东商城的供应商和其他电商平台提供服务。京东借助云计算等技术，对与供应商业务往来的财务数据进行整合分析，从而形成自身的信用评级系统。在供应商提出融资申请后，京保贝依据历史财务信息进行信用评级，确定企业贷款额度，给予贷款。在整个业务流程中，京东金融采取大数据等技术自动审核融资申请、确认额度、进行放款，从而提升融资效率。

京保贝的融资流程如图 8－4 所示：

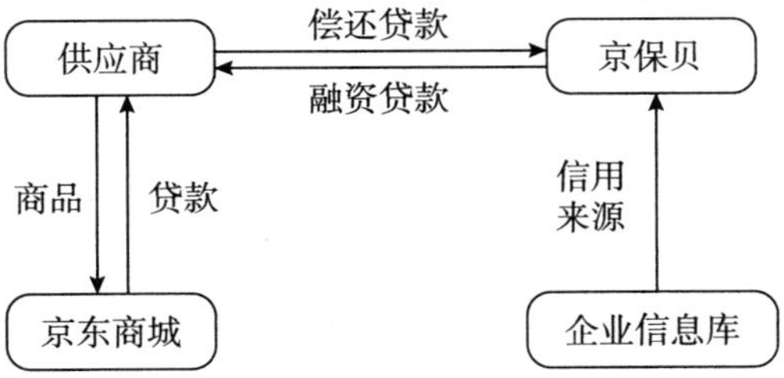

图 8－4 京保贝的融资流程

京保贝依赖于京东金融获得大数据，京东金融的大数据来源广泛，既有京东多年经营积累的电商及支付数据，也有投资数据公司获得的外部数据。京东金融使用这些数据搭建评级、授信、定价等风控模型。京保贝以独有的线上风控体系进行风险识别和规避，对待融资企业的资质建立门槛限制，并实时更新数据库，从而提供动态授信。

第四节 网络借贷对金融体系的影响

一、加速金融脱媒

网络借贷极大地缩短了交易时间，降低了交易成本，为交易双方都带来了巨大的便利，这无疑深化了金融脱媒。网络借贷的蓬勃发展正在不断地对银行的传统信贷业务进行侵蚀，最为突出的是在小微金融领域，因此一些服务于中小企业的中小银行受到的冲击比较严重。

二、推进金融体系的创新

网络借贷出现后，由于其绝大部分操作都是在线上完成，因此极大提升了投融资效率，且其取得贷款的整个过程和对借款人资金规模的要求均远远低于传统的金融机构，民众更易得到贷款了，这在一定程度上规范了民间借贷市场，又在一定程度上侵蚀了传统金融机构的市场份额。

在金融科技的浪潮下，互联网巨头纷纷推出了自己的信贷产品。阿里推出的蚂蚁花呗、蚂蚁借呗就由于其低门槛、无担保、效率高，并且能够借助大数据、云计算等技术手段，依靠支付宝、淘宝的信用状况及交易量等指标对中小微企业进行风险评估，缓解了中小微企业在传统渠道融资难的问题，在信贷业务中分得一杯羹。

传统金融机构也纷纷开始谋求创新，开发新产品和服务，比如招商银行就推出了闪电贷，借款人在线上自助申请贷款，过程中的申请、审批、签约全由系统自动化处理，无人工干预，全天运行，仅需 60 秒就可完成贷款的发放。中国农业银行也研发出了金穗快农贷，这款产品应用了大数据技术，主要以信用方式向符合条件的农户发放用于满足生产经营资金需求的贷款产品。它可以针对不同产业的农户制定特定信贷模型，不但支持线上，还支持线下，同时实行系统自动审查审批、快速到账、随借随还，从而实现农户贷款批量化、标准化作业。其最高贷款额度可达 30 万元，并且实行免担保和利率优惠，只要征信良好且生产情况真实有效，即可获得贷款，过程十分简单便捷，获得审批后，农户可在手机银行上自助操作。

三、加速影子银行的市场化

影子银行是指金融信用中介活动游离于银行监管体系之外、可能引发系统性风险和监管套利等问题的信用中介体系，大致可以分为以下两种类型：

第一种类型是自己本身不属于银行，却从事着一些银行业务的金融机构，比如一些在监管范围之外发放贷款的金融机构。

第二种类型是自身是商业银行，对出于某些考量无法进行的贷款业务借助其他非银行机构来处理的金融机构。

网络借贷的发展能迫使影子银行降低门槛，它们之间的竞争会越来越激烈。网络借贷会直接挤占影子银行的市场，最终实现价格机制的市场化，市场的参与门槛越来越低，产品的透明度越来越高，这些都将加速影子银行服务的市场化，促进金融体系的健康发展。

四、推动国内征信体系建设

随着中国经济的腾飞，中国官方的征信体系已无法满足金融市场运行的需要，央行收集的个人信用数据一般就是平时的信用卡消费及还款信息，而在我国信用卡消费并不是主要的支付手段，信用卡的使用频率也远不如西方国家，因此凭借这方面的数据建立起来的征信体系仍然有不少发展空间。

网络借贷的发展无疑可以进一步推动国内征信体系建设，首先，网络借贷的客户主体正是传统银行体系无法覆盖的中小微企业或者一些资金供求量小的群众，而这些恰恰是支持我国经济生活的大多数，了解了这些群体的信用情况，才能真实地反映我国信用发展进程。其次，借助大数据，网络借贷可以从多个角度确保借款人的身份、借款人的目的以及还款能力，从而做到信用评估的全方位、立体化。

第五节　网络借贷的风险与监管

一、网络借贷的主要风险

（一）信用风险

（1）借款人的资质问题。

因为互联网的虚拟性，在网络借贷中，平台很难对借款人的资质进行准确评价，这就会造成借贷欺诈、无力还款等违法行为时有发生。在实际的做法中，许多网络借贷机构设置审核环节，对借款人的个人信息、还款能力、信用状况等资质进行调查。但是，通过这些还是无法获取借款人真实的资质情况。借款人为了尽快通过审核，可能会选择伪造证件；还有很多违法分子会冒用他人身份信息来骗取贷款。

（2）信贷平台的资质问题。

网络借贷市场鱼龙混杂，行业进入的门槛很低，有很多公司并没有拿到牌照，但也打着网络借贷的旗号，从事监管较严的业务如小额贷款等，甚至还有一些公司从事非法集资诈骗等，以高收益承诺募集资金然后潜逃。网络借贷兴起后，不时出现信贷诈骗和平台非法集资等违法案件。由于监管真空和监管责任不明确等问题，很多不合格的网贷公司也是大行其道，使得投资者和监管部门难以辨别网贷公司的资质，客户的资金安全无法得到保障。

（二）经营风险

如果网络借贷平台破产，投资者便无法收回收益和本金。当前网络借贷平台良莠不齐，这些公司发展之初都需要先投入高额的启动资本，而且最初一段时间可能都是无法获取收益的。这就有可能造成资金链的断裂，进而造成平台破产。

网络借贷与传统银行借贷相比，前者门槛低、效率高，但审核要求和过程非常简单，借款人的资质更难判断。一些网络借贷平台的利率会远高于银行同期贷款利率，高利率会加重逆向选择和道德风险。借款人在向银行系统借贷时，银行一般都会要求进行资产抵押或者第三方担保，这对贷款人起到一定约束作用，也对银行的本金安全起到保障作用。而网络借贷平台是没有抵押或者担保的，一旦借款人无法还款，就会影响到整个平台的运作，甚至会导致平台破产。

网络借贷平台存在资金转账风险。在网络借贷中，出借人和借款人的资金是通过平台进行周转的。网络借贷支付方式会引发不同程度的转账风险。借贷双方资金通过平台周转，在一段时间内平台无疑会控制大量滞留资金。网络借贷平台的自有资金和客户资金难以做到分离，如监管不到位，会导致网络借贷平台可以自由取用，增大了平台带着客户资金跑路的风险。如果网络借贷平台将沉淀的大量客户资金用于高风险投资，一旦投资失败，网络借贷平台很可能破产倒闭，投资者也将血本无归。

（三）违法风险

尽管网络借贷中存在的风险多种多样，但最敏感的应该就是网络借贷平台自身可能发生的违法风险。

网络借贷平台打着贷款中介的旗号，实际将出借人的资金转入自有账户，从而经营起从投资者吸收存款，进而向借款人发放贷款的违法经济业务。国际上比较成熟的做法是借贷双方直接签约。我国有部分平台将借贷分割为两个过程。首先网络借贷平台以平台内部人员的名义发放贷款，然后平台再以理财产品的名义向投资者募集资金。这种模式实际上已经涉及了非法集资。例如 e 租宝涉嫌一年半内非法集资 500 多亿元。

网络借贷平台为各类经济型犯罪提供了便利条件。网络借贷平台具有人员众多、人员混杂、地域广泛、监管真空等特征，非常容易成为非法集资、网络诈骗、非法吸收公众存款等经济犯罪的场所。互联网的虚拟性加大了公安机关查处和打击的难度。在我国的网络借贷实践中，很多不法分子以网络借贷的名义，通过炒作包装、虚假宣传等诱骗投资者购买产品，而后卷款潜逃。另外，网络借贷中的现金流不受对银行资金那样的严格监管，这就为洗钱活动提供了一个新途径。

网络借贷中存在用户隐私安全问题。投资者和借款人在注册、申请贷款时需要提交详细的个人资料，包括个人身份、家庭地址、银行流水、手机号码等。此外，网络借贷还会要求尽可能提供关于自己信用状况的其他数据记录。如此，网络借贷平台便掌握了用户大量重要的经济隐私。如此不法分子可利用黑客技术进入平台网站，盗取大量个人信息。最重要的是平台的内部员工可能为了谋求非法利益，将用户信息出售给第三方，用户的财产安全将受到巨大威胁。

二、对网络借贷的监管

曾经监管责任不明晰是我国网络借贷行业监管面临的最大问题。多个监管部门都负有相关的责任，但是每个部门都按照自己的职责范围进行监管，信息无法做到互通有无，部门之间缺少协调和配合，监管真空和监管重叠等问题无法解决，很容易出现监管漏洞，最终导致监管失灵。

2023 年，中共中央、国务院印发了《党和国家机构改革方案》，我国的监管体系发生了一定的变化。在党中央层面，组建中央金融委员会、中央金融工作委员会；在国务院层面，不再保留中国银行保险监督管理委员会，组建国家金融监督管理总局。新成立的国家金融监督管理总局统一负责除证券业之外的金融业监管，强化机构监管、行为监管、功能监管、穿透式监管、持续监管，统筹负责金融消费者权益保护，加强风险管理和防范处置，依法查处违法违规行为。可以预期，过去监管责任不明晰的问题会得到改善。

思考题

1. 什么是网络借贷？它有哪些分类？
2. 网络借贷主要有哪些产品？
3. 我国网络贷款的发展历程是怎样的？
4. 引发 P2P 行业爆雷的原因有哪些？
5. 当前网络借贷体系给金融行业带来了哪些影响？

第九章

互联网众筹

导　言

互联网众筹是一种通过网络平台集结大量个人投资者的资金来支持创业项目、社会公益事业或个人创意的融资方式。它利用互联网的便捷性，为有创意和需求的项目提供了一个更广泛的融资渠道。根据回报方式的不同，互联网众筹可以分为权益众筹、公益众筹、股权众筹和债权众筹。互联网众筹的流程主要是项目发起人在众筹平台上发布项目的详细信息，包括项目的背景、目标、计划和所需资金等。众筹者可以在平台上选择参与支持该项目，通常是以小额捐款的形式。不同的众筹模式决定了众筹者将获得不同的回报。互联网众筹的优势之一是打破了传统融资的限制，为创业者和其他有创意的人提供了一个更广泛的资金来源，不再依赖传统的投资渠道或贷款机构。

学习目标

1. 了解互联网众筹的基本概念、主要分类和基本模式。
2. 了解互联网众筹对金融体系的影响。

核心概念

互联网众筹　权益众筹　公益众筹　股权众筹　债权众筹

第一节　互联网众筹概况

一、互联网众筹的基本概念

依据国际证监会组织的定义，互联网众筹为通过互联网平台，从大量的个人或组织处获得较少的资金来满足项目、企业或个人资金需求的活动。如第一章导论中所述，互联网众筹的特点包括大众、小额、公开等，借助互联网渠道，融资方能够直接与个人投资者建立关系网络、获取资金支持，而不是从专业投资者和投资机构手中获取融资，每位投资者不必提供很大笔的资金，融资方能够无偿获取资金或者以产品、服务乃至货币等有偿方式来回报投资者。互联网众筹已成为互联网金融的一个重要领域，拓宽了融资方的融资渠道。

二、互联网众筹的主要分类

随着互联网的发展，众筹已经成为一种非常流行的融资方式。根据回报方式的不同，互联网众筹可以分为权益众筹、公益众筹、股权众筹和债权众筹等。这些不同类型的众筹方式都有其各自的特点和适用范围。

（一）权益众筹

权益众筹，又称“奖励式众筹”“产品众筹”，资金需求方以“预售＋团购”的方式向公众募集资金，再进行产品、服务的生产，在众筹完成后，出资方未来可以获得相应产品、服务等。权益众筹与直接团购的区别在于用户可以提前验证和锁定需求，避免产品出现方向性错误。典型的权益众筹平台有淘宝众筹、京东众筹等。

权益众筹有以下主要特点：

（1）加强用户互动性。权益众筹平台会设置众筹交流板块，在该板块中，对众筹项目有疑问的人可以提出自己的观点，通过交流收集有关产品、服务等的多方面信息，在轻松有趣的互动交流中，既讨论了项目的前期可行性，也收获了真情实感的人际交流。

（2）提升用户忠诚度。好的产品与好的销售模式需要市场的认可与支持。权益众筹的好处在于项目的全过程公开透明，用户可以参与项目前期讨论，及时了解项目发展的进度，就像看着自己的孩子成长一样，这里面倾注了用户的心血与感情。权益众筹项目一旦受到用户的肯定与认可，用户对产品的忠诚度往往会高于普通购物时的忠诚度，这可以增进产品的核心竞争力。

（3）综合用户反馈。对即将上线的新产品，跟投的支持者是第一批使用产品的人，这些人往往都是一些极为有见解的人，他们对项目方案的反馈，对产品、服务的评价能够直接指出产品、服务的关键问题或优点，有助于产品、服务进一步优化，更好迎合用户。

（二）公益众筹

公益众筹是互联网众筹与公益项目的结合，是指通过在互联网上发布众筹款项的项目，筹集资金支持公益性活动的开展。这类项目通常是由个人或一些非营利性的组织机构来发起，发起人不会收取营利性质的费用，也不会对投资者提供物质上的回报。水滴筹、易宝公益、腾讯乐捐等都是专门发布公益众筹项目的平台。

公益众筹性质较为特殊，众筹参与者并不是为了赚取利润，而是为了帮助他人。相比于传统的公益机构发起的公益活动，公益众筹具有许多优点：

（1）受众面更广。不同于传统的公益机构发起的公益活动，公益众筹面向广大的互联网用户，看到这个项目的公众都可以参与进来。

（2）门槛更低。公益众筹几乎没有资金门槛，参与者可以只投入 1 元钱。尽管单人的资金投入额可能不大，但由于互联网众筹具有广大的潜在受众，总投资额往往能够达到预定的目标。

（3）更具有开放性。由于互联网带来的便捷，通过公益众筹，即使是普通人也能够筹集到资金，而不再需要通过公益机构的重重审核。可以说，公益众筹向任何人开放，民众既可以成为受益者，也可以通过它来帮助他人。

（三）股权众筹

股权众筹，又称“股票众筹”“私募股权的互联网化”。在这一模式下，项目的筹资人通过互联网向投资人出让股权，以此获得资金。投资人以资金换取项目或者公司的股权，以出资额为限，与公司共同承担风险，未来有获得公司分红的权利，一些项目的投资者也能行使部分股东权利，如公司经营决策权、重大事项表决权。权益的具体内容根据众筹过程中投融资双方的协议确定。一般而言，创业起步阶段的企业倾向于给予投资者更多的经营权，而经营已经渐趋稳定的企业倾向于给予投资者更多的收益权，以保障企业经营管理的稳定性、一致性。

从投资者的投资方式与享受权利的角度划分，股权众筹包括凭证式众筹、会籍式众筹、天使式众筹三种模式。凭证式众筹指的是通过给予投资者与项目股权直接挂钩的凭证进行筹资。通俗来讲，投资者付出了资金，但并不能直接获得公司的股权，成为公司股东，而是获得一张凭证，仅有收益权，而无表决权等其他权利。比如小王为一个项目投资，与其投资金额相对应，本应获得企业 0.1％的股权，但是在凭证式众筹下，小王仅能够获得与 0.1％股权挂钩的凭证，可以享受 0.1％份额的分红，但并不能参与正式股东的表决等事项。从这一角度而言，投资者很像是有限合伙企业中的有限合伙人的角色。在我国典型的凭证式众筹项目如美微会员卡项目中，投资者同时也是消费者，可以在淘宝店购入不同金额的会员卡，凭借这张卡享受权益。当前该类众筹方式已被监管部门叫停。

会籍式众筹是一种规模相对较小的众筹模式，项目的投资者多来源于熟人介绍，提供资金后即成为企业股东，具有作为股东的基本权益与职责。这种模式与一般私募股权投资极其相似，区别在于需要借助互联网平台。此外，该模式下的项目的一般股东人数与筹集资金的规模都较小。我国典型的会籍式众筹项目如 3W 咖啡，其投资者具有相似的社会地位与兴趣爱好，形成了一个由知名人士牵头打造的朋友圈，因此可以减轻运营的风险与费用。

天使式众筹的投资者更像是风险投资中的投资者，在互联网众筹平台上寻找投资对象，一般会提出比较明确的回报目标。由于有互联网的加持，因此天使式众筹中投资者的可选对象更广泛，门槛更低，投资空间也更大。我国典型的天使式众筹平台如大家投，通过投资款托管的服务连接各类投融资者，解决信任问题，为成长性较好的高科技企业带来融资。

股权众筹有以下特点：

（1）公开、小额、大众，这是证监会对股权众筹特点的明确表述。公开与大众即面向社会公开发行股份，使得众多分散的投资者都可以参与到项目之中，这是区别互联网非公开股权融资的关键。小额是对投资与融资额度的限制，实际上提高了众筹平台的准入门槛，只有真正需要资金的小微企业与初创企业可以通过这种模式进行筹资，而资金雄厚的大企业则受到限制，以达到股权众筹融资模式的初衷。就投资者而言，限制其对单个项目的投入金额，防止风险过度集中。

（2）借助互联网平台。这是区分股权众筹与发行股票的关键，筹融资方都需要通过共同的众筹平台连接，完成所有交易。众筹平台在其中需要承担起平台运营、中介服务、条件审核、资金托管等责任。

（3）风险较高。我国当前对股权交易平台的规定较少，股权众筹平台存在审核不严等情况，放任高风险项目进入平台，增大了投资者的风险。采用股权众筹模式融资的企业多为小微及初创企业，其应对风险的实力本就比较弱，宏观环境的一点改变都可能造成企业破产。另外，投资者多为散户群众，对风险的认识能力有限，盲目跟投很可能导致失败。

（四）债权众筹

债权众筹的本质就是融资方通过互联网进行贷款。投资者向看好的项目或者公司投资，成为公司的债权人，未来有收回投资本金和获得利息的权利。在美国及其他地区，随着技术与认证程序的成熟，债权众筹迎来飞速发展，代表性平台有美国的 LendingClub 和 Prosper 及英国的 Zopa 等。我国较为典型的平台有人人贷、拍拍贷等。债权众筹模式在我国以 P2P 网贷形式兴起，由于缺乏相应的监管，经历了长时间的野蛮生长，其中酝酿着极大的投资风险。近年来，随着监管政策的收紧，出现了大量 P2P 网贷平台爆雷事件，给投资者带来了巨大损失。该领域众筹投资的发展也陷入停滞。

三、互联网众筹的基本模式

（一）互联网众筹的参与主体

互联网众筹的参与主体主要包括融资方、投资者和众筹平台。

互联网众筹的融资方也称作项目发起人，在互联网众筹项目中，融资方的众筹目的具有多样性。部分融资方是由于自身资金不足，通过众筹以获得资本投资和金融资源，推动产品生产、项目落地等，一部分融资方在完成产品、服务设计方案后，通过众筹调研市场需求，及时叫停市场反响较差的项目，减少生产成本。此外，一些融资方通过发布众筹方案，提早进行产品或者服务的营销，在产品问世后减少顾客对新产品或者服务的适应时间，强化自身的竞争力。

互联网众筹的投资者不是专业投资者和专业投资机构，而是具有一定闲置资金的普通大众，相较于专业投资者而言，普通大众不具备对项目进行充分尽职调查的条件，缺乏专业金融知识，他们主要因兴趣参与众筹活动。投资者预期得到的回报主要分为三种：产品/服务回报、资金回报及精神回报。精神回报多见于公益众筹，也可以理解为“不求回报”，投资者出于善意支持项目及融资方。

众筹平台是为融资方和投资者建立联系的中介服务平台，为融资方提供项目展示的平台，也给予投资者发现项目的渠道。众筹平台不只起到中介作用，也需要按照法律法规对融资方和项目进行监督，从而维护投资者的权益。众筹平台需要对项目信息真实性进行核查，在筹资成功后持续监督跟进项目情况；若筹资失败，众筹平台有义务督促融资方对投资者进行补偿。

众筹平台主要采取两种筹资方式："all or nothing"（全有或全无）模式和"keep it all"（保留全部）模式。在"all or nothing"模式下，融资方若未能在限定时间内筹集到目标金额，则需要全部退还已筹集资金，众筹项目宣告失败。美国知名众筹平台 Kickstarter 平台坚持"all or nothing"模式，在缺乏必要资金额的时候，融资方不必推行其项目，投资者也没有财物损失，这保障了双方权益。"keep it all"模式则规定，即使融资方没有筹集到目标金额，也有权保留已募集到的资金，RocketHub 平台便采取了这种模式。Indiegogo 平台灵活采取两种筹资方式，给予融资方更多选择。

按照平台包含的项目的行业种类不同，众筹平台可以分为垂直类众筹平台和综合类众筹平台。垂直类众筹平台主要提供专门行业的众筹服务，而综合类众筹平台则提供多方面的众筹服务。

（二）互联网众筹的流程

互联网众筹流程框架如图 9－1 所示。

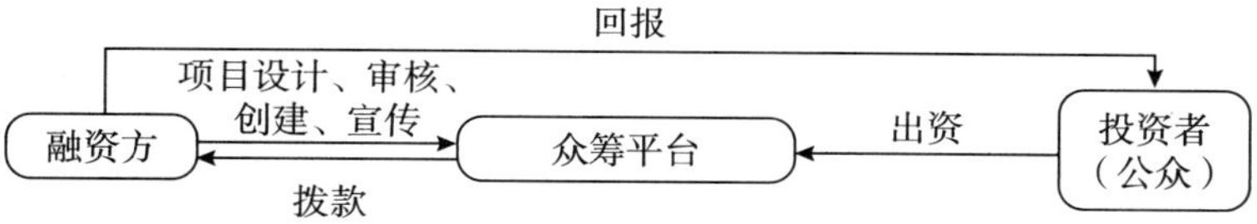

图 9－1　互联网众筹流程框架

互联网众筹主要包含以下五个步骤：

（1）项目设计。

融资方对筹资项目进行策划，匹配合适的众筹平台，制定资金金额、募集天数，按要求披露项目运作方式、资金使用战略、团队信息等内容。

（2）项目审核。

众筹平台依据相应法律法规，对融资方的个人情况和项目的真实性、合法性等方面进行审核，对信息披露不充分的项目提出反馈，协助众筹项目进行完善。

（3）项目创建、宣传。

信息审核通过后，众筹平台会在网站上公布项目方案、团队信息、预期成果等内容，供投资者选择。融资方利用社交媒体账号、线下发布会等方式对其项目进行广泛宣传。

（4）项目筹资。

在规定的期限内，投资者依据自己的兴趣或者偏好的项目回报对众筹项目进行投资。若众筹期限到期时，筹资目标达成，众筹平台将募集的资金分拨发放给融资方，并对项目后续过程进行监管。若筹资目标未达成，则可能将资金原路退回给投资者或者交由融资方处置。

（5）项目回报。

项目落地后，融资方依据当初承诺的回报方式给予投资者相应产品、服务等，某些筹资项目可能依据投资金额不同，设定不同的投资回报。

第二节 互联网众筹的发展历程和现状

一、国际互联网众筹发展历程和现状

（一）早期阶段（2001—2011 年）

随着互联网的发展，众筹逐渐进入线上平台。众筹金融的先锋 ArtistShare 网站是世界上最早的众筹网站，该网站于 2001 年开始运营，2003 年开始发布众筹项目，主要面向艺术家的支持者，为企业家提供领先的创意项目服务。ArtistShare 开启了互联网众筹时代。2007 年，ASSOB 网站出现，这是世界上第一个股权众筹平台，后来成为澳大利亚本土乃至世界上排名前列的股权众筹平台之一。2009 年，Kickstarter 正式上线，服务于影片、音乐、艺术、剧场、游戏、漫画、摄影等多种项目。Indiegogo 和 Kickstarter 都是美国较早出现的众筹平台。2011 年，股权众筹平台 Crowdcube 诞生，它是全球首个筹资额度达到 1 亿英镑的股权众筹平台。

（二）成长阶段（2012—2017 年）

由于 Kickstarter 等平台的成功，越来越多的国家和地区开始出现众筹平台。同时，互联网众筹开始向不同的领域延伸，如教育、医疗等。2012 年，Seedrs 获得英国监管部门审批上线，它是世界范围内第一批获得当地金融监管机构批准的股权众筹平台。2012 年，为了 Oculus 的虚拟现实头盔 Oculus Rift 项目，其创始人在 Kickstarter 上发起众筹，筹得大约 240 万美元。

（三）规范发展阶段（2018 年至今）

随着众筹参与者数量的增加，国家和地区对众筹的监管越来越严格，建立了一些众筹行业的标准和规则。同时，众筹平台也越来越重视风险管理和信息披露。2019 年，英国金融行为监管局（FCA）发布了新的众筹平台监管指南，要求众筹平台对风险和投资者合规性做出更加全面和透明的披露，保障用户权益。2020 年，《欧洲商业众筹服务提供商条例》生效，该条例为欧盟内的互联网众筹平台制定了共同的监管标准和要求，提高了市场透明度和用户保护程度。

当前互联网众筹仍在为创业者和投资者提供着更多机会，据世界银行预测，2025 年全球众筹市场规模将达到 3 000 亿美元。

二、国内互联网众筹发展历程和现状

中国互联网众筹起步较晚。2011 年 5 月，国内首家众筹平台“点名时间”诞生，这标志着中国互联网众筹开始发展。2011 年 6 月，“创投圈”成立，它是天使会和创新工场共同投资的第一家股权投融资平台。同年 11 月，“天使汇”创立，它是专注于早期创投服务的天使合投平台。“创投圈”和“天使汇”的建立标志着股权众筹在中国萌芽。2012 年，国内首家垂直类众筹网站“淘梦网”上线。2013 年，“众筹网”成立，这成为当年我国互联网众筹领域的里程碑事件，众筹网将“众筹”理念推广开来，各路巨头纷纷进场。

2014—2015年是互联网众筹发展最迅速的时期，互联网大厂和电商纷纷建立众筹平台，京东众筹、百度众筹、平安众筹等如雨后春笋般出现。

自2016年开始，互联网金融风险暴露，我国监管部门加强对互联网众筹的整治。2016年10月公布的《互联网金融风险专项整治工作实施方案》指出，P2P网络借贷和股权众筹是互联网金融整治的重点，伴随着后续系列监管政策的出台，国内正常运营的众筹平台数量持续下降，行业进入洗牌状态。

总体来看，国内互联网众筹平台发展时间较短，还没有形成稳定的格局。根据世界银行预测，2025年发展中国家众筹市场规模将达到960亿美元，其中中国众筹市场规模将达到500亿美元。

第三节　互联网众筹的代表性公司和产品

一、权益众筹的代表性公司和产品

（一）造点新货（原淘宝众筹）

权益众筹的好处在于能够从各方各界遴选出不同的创新想法，也能通过网络平台寻找到合适的出资人，其身份不仅是消费者、投资者，更是参与者。

在产品诞生之初，参与的网友就可以深入参与研发、投产、定价等方面，不仅可以与项目方进行深入细致的交流，更可以共同探讨产品的发展方向和预期目标。这种形式不但有趣新奇，还能够促进各界交流，实实在在地形成了一种新型商业互动模式。

造点新货（原淘宝众筹）是由阿里巴巴旗下的淘宝推出的一种新型众筹模式，也是国内较早的众筹平台之一。造点新货以产品众筹模式为主，提供各种新兴产品的预售和众筹支持，涉及生活家居、智能硬件、数码家电、玩具娱乐等多个领域。支持造点新货的用户可以根据支持的金额获得不同等级的回报，如价格优惠、赠品、礼品等。同时，众筹成功后，用户还可以成为产品的合伙人，分享产品销售收益。造点新货在中国市场受到了广泛的认可和支持，有助于推动企业和创业者的发展，并同时满足用户的创新消费需求。

权益众筹的出现与发展真正做到了消费升级，使得消费不再是物物交换，一手交钱，一手交货，而是开始进行整体社会资源的共享。权益众筹作为一种开始受到市场认可的新型商业模式，起初是为实现梦想而生，但是渐渐地已经成为新科技改造社会潮流的一个重要力量。

（二）Oculus

Oculus 2012年成立后，便在Kickstarter上进行首秀，向世界展示未来头戴式设备的前景。它对虚拟世界的实现方式是一款虚拟现实头盔Oculus Rift，它集成了显示器与传感器，让人以三维全景方式走进数字虚拟世界。Oculus筹得大约240万美元，远超过预期的25万美元募资目标，资助者超过9 500人。之后它在2013年6月完成了1 600万美元的A

轮融资。随后在 2013 年底，它完成了规模高达 7 500 万美元的 B 轮融资。最后它被 Facebook 以 20 亿美元收购。

拓展阅读

出版众筹案例

（三）出版众筹

近年来，出版众筹的上升趋势非常明显。互联网企业如众筹网、众筹家、京东众筹等，出版社自建平台如知识产权出版社的来出书自出版平台、学林出版社的人文社科学术著作自出版平台等，都是较受关注的出版众筹平台。在出版领域，三类产品适合众筹：第一类是明星类的产品；第二类是作者有其他增值服务的产品；第三类是精准的分众市场、小众出版。除了小说、漫画、随笔等大众读物，对于一些“藏在深闺”的小众书籍的出版，众筹提供的募资平台显得尤为珍贵。

二、公益众筹的代表性公司和产品

拓展阅读

水滴筹的特点

（一）水滴筹

水滴筹兴起于 2016 年，是一个免费的医疗类众筹平台，主要依托于腾讯微信平台。由于平台原因，水滴筹可以通过微信朋友圈来进行宣传，是一种依托于社交的公益众筹。

水滴筹主要包括个人大病筹款、水滴公益和水滴集市等业务。其中，个人大病筹款通常是由个人发起的，用于为那些大病缠身但是因为家境苦难而没有条件得到救治的人提供一个筹集医疗费用的平台，而且该服务是免费的。

水滴公益是民政部指定的慈善组织互联网公开募捐信息平台之一，为爱心用户提供随手做公益、指尖献爱心的便捷通道。

水滴集市的受众主要是偏远山区的农民，它试图通过互联网的优势，帮助农民利用自然资源，将自然资源的优势转换为经济的发展与增长。

（二）GoFundMe

GoFundMe 是美国医疗众筹平台。2010 年 5 月，GoFundMe 在美国硅谷正式成立，该网站的宗旨是使任何人都能够以任何事由在其平台上募资。GoFundMe 平台致力于给人们创造条件，为个人事由和生活事件募资。

拓展阅读

GoFundMe 的特点

GoFundMe 虽然起步较晚但发展迅猛，自 2010 年成立以来，它在加拿大、英国等 18 个国家设立了分支机构，共筹集资金超过 50 亿美元，成为全球最大的个人项目众筹平台。GoFundMe 平台涉及媒介、志愿者、教育、运动、家庭、慈善等多种分类，项目总量超过 200 万个，参与众筹人数高达 5 000 万人。GoFundMe 平台上最多的项目是医疗筹款，占到大约 17%，筹集学费占 11%，然后还有 10%的项目是筹集旅行费用。

三、股权众筹的代表性公司和产品

拓展阅读

36氪的特点

（一）36氪

36氪股权众筹平台于2015年6月正式上线，为初创企业提供股权融资服务，也为众多具有资产配置需求的投资者提供多种投资选择，受到众多TMT（科技、媒体、通信）类创业公司的青睐。

36氪的投资模式主要有两种。第一种模式是在众筹行业中比较常见的“领投＋跟投”模式，大家投、人人投等平台亦采用了这种模式。该模式将投资者划分成领投人与跟投人两类，领投人一般为专业的机构投资者，其投资的项目对跟投人的行为将产生较大影响，故领投人需要通过平台的严格审核才可获得资质，责任重大。领投人需要担负起分析项目风险、进行估值、投后管理等责任，也是融资方与其他众多分散投资者之间的一个沟通中介。跟投人只需要参与投资即可，其审核程序相对宽松，责任与收益也相对较小。

第二种模式是“老股众筹”，这是36氪股权众筹平台的一个创新。该模式适合需要二次融资的成熟创业公司，公司的创始人可以在不改变公司的实际控制权及股权结构的情况下，将少量的原始股份放在平台上进行众筹。这样一来，对于投资者而言，成熟公司的原始股份具有比较稳健的收益水平；对于筹资人，即公司的创始人或者老股东而言，过去出让少量股权一般都是由机构或单一投资者承接，现在通过股权众筹平台进行融资，投资者数量增加，也就意味着更多资源的介入。

（二）AngelList

AngelList于2010年1月在美国硅谷成立。其创始人是纳瓦尔·拉维坎特（Naval Ravikant）和巴巴克·尼维（Babak Nivi）。在成立AngelList前，两人于2007年一起创办了一个能够帮助创业者学习创业与融资流程的博客Venture Hacks（创业黑客），他们在博客上发表了大量文章，吸引了很多创业者的关注，于是两人开始作为联系中介为创业者联系天使投资人，并在2010年成立了正规的众筹平台——AngelList。如今，平台上的项目已经涉及各行各业，有金融、科技、传媒、教育、医疗等许多细分领域。平台集初创企业投融资、求职招聘及社交服务为一体，拥有庞大的用户规模。

AngelList有三种投融资模式。第一种模式是联合投资模式，也就是上文提到的“领投＋跟投”模式，这是AngelList全球首创，也是该平台主要使用的模式。在各个主体的角色分配上，此处不再赘述。在各个主体的利益分配上，若项目成功，领投人与平台可以按照整个项目投资收益计算提成。领投人的收益占比由自己设定，一般可获得5%～20%甚至更高，平台一般可获得5%，剩余收益按比例分配给跟投人；若项目失败，领投人也无须承担责任。

第二种模式是自发合投，该模式适用于一些要求较高的领投人。他们希望自己的跟投人拥有较强的资金实力，而不想多花时间在与那些投资金额小的投资者沟通上。在这种模式下，项目的资金募集与投后管理等工作事实上由平台承担，因此普通合格投资者在参与自发合投的跟投时需要向平台支付约10%的附带收益。

第三种模式是基金投资，投资者并不是针对某一个初创企业进行投资，而是向“指数基金”投资，每个基金大约覆盖100家具有优秀领投人的初创企业，它们大部分是科技类企业。某一个投资者的投资事实上被按比例分配给了100多个项目，且投资者不能单独要求退出其中的某一个项目。在这种模式下，每一个项目的收益优先向项目领投人、基金负责方分成，其次是平台，而基金投资者获得剩余收益。

第四节　互联网众筹对金融体系的影响

一、互联网众筹对金融体系的积极影响

（一）优化金融资源配置

互联网众筹是一种新型的融资模式，被投资者不再通过银行等金融机构筹集资金，而是利用网络平台直接面向大众获取来源广泛的资金支持；大众作为投资者不论身份高低、财富多寡，都可以不受到金融机构的约束，基本完全根据自己的意愿进行资金的分配，这可以促进资源充分利用。在众筹的过程中，个人或集体所拥有的少数财富和闲置金融资源被集合起来，形成可以被集中使用的资源——股权众筹将通过众筹获得的资金入股公司，从而获得未来回报；债权众筹将资金集合起来投资公司，取得一定的债权，未来收取利息、收回本金；权益众筹使用筹集的资金进行产品、服务创造；公益众筹以筹集的资金推动公益性活动的开展。对小微企业和创业者来说，传统融资渠道融资难、融资贵问题突出，它们难以获得足额资金，众筹能够高效快捷地实现项目融资，推动项目落地。

（二）降低成本和风险

作为互联网平台，众筹平台既起到中介作用，也是不错的宣传推广平台。借助众筹平台，项目可以直接展示给潜在的消费者和投资者，增强广告效应，信息传递能够提升融资效率。项目的众筹过程也是对市场进行调研的过程，投资者的评价与认可反映在资金募集金额等地方，一定程度上反映了产品未来投放到市场后的情况，有助于项目团队及时进行产品优化，做出更符合消费者心意的产品，降低生产成本和风险。此外，因为投资者数量多、分散程度高，众筹模式下的融资风险较传统融资模式更低。

二、互联网众筹对金融体系的消极影响

拓展阅读

众筹风险案例

（一）资金流通情况复杂、风险高

互联网众筹相比过往的筹资方式来说，资金来路相对较宽，而且由于基于互联网平台，资金流动非常快，这需要众筹平台十分强大的资金管理能力。由于互联网众筹的参与者大多是投资者个人，而且金融知识的普及教育还没有到位，这使得大多数投资者只通过简单主观的判断便把钱投了进去，并没有依靠专业的投资咨询或者指导，所以很多众筹参与者的投资几乎获得不了什么回报。又因为众筹发展十分迅速，很多人开始参与其中，很多项目筹集的资金量也越来越庞大，资金来源也越来越复杂，而资金去向由于没有完善的监管系统，并不能得到

十分有效的管理，这也就造成了众筹资金流通情况非常复杂，甚至会掺杂洗钱等犯罪行为。而本身参与众筹的投资者数量就非常多，如果出现卷款跑路或者投资损失，投资者维权成功的可能性很小，投资者对众筹的不信任也会使得众筹风险上升。

（二）金融体系稳定性易受冲击

互联网众筹融资其实隐藏着诸多风险，包括制度设计存在缺陷、针对性的金融监管体系尚不完善等。在互联网平台上，投资者基本没有辨别众筹项目可靠性的能力，只能依靠简单的主观判断进行选择。众筹项目资金运用情况往往不够清晰透明，这也使得投资者难以监督自己投资的钱到哪去了。如果发生了恶性的金融诈骗事件，必然会导致社会对互联网众筹的信任危机，这甚至可能牵连金融业其他领域的稳定运行。在互联网时代，在当前风险程度还很高的众筹中一旦发生严重的信任问题，其所伴随的蝴蝶效应可能会对金融行业造成重大的短期甚至长期的冲击。

（三）与传统融资恶性竞争，阻碍金融业发展

互联网众筹融资模式对传统融资模式是一个很好的补充，但同时也会对传统金融业带来较大的冲击。众筹融资门槛较低，成本相对较低，可以很大程度上广泛吸纳资金，为一些资金需求量不高的用户提供资金支持。这也使得传统融资会与众筹融资产生竞争关系，而众筹融资仍然处在发展过程当中，监管缺位、风险较高等因素依旧限制着众筹融资的发展，如果双方违背市场规律，过分抬高投资者回报或者采取其他恶性竞争方式，则不利于金融资源的有效利用，对金融业发展会带来不良影响。二者应该取长补短，谋求良性的竞争合作关系，共同促进金融行业平稳健康发展。

第五节　互联网众筹的风险与监管

一、互联网众筹的主要风险

（一）信息不对称风险

众筹的投资者不像机构投资者那样具有丰富的金融知识，难以通过对项目和团队进行尽职调查来充分评估项目，且由于其投入的资金金额较少，对项目进行持续监督的意愿相对较弱，因此互联网众筹可能存在较高的逆向选择和道德风险。此外，虽然众筹平台有义务对众筹项目进行信息审核和后续监督，但部分众筹平台的专业性不足，难以审核出问题。在这种情况下，部分项目发起人可能隐瞒不利的信息，夸大可能的收益以获得资金，投资者对项目失败的风险缺乏了解，最终利益受到损害。

拓展阅读

众筹欺诈风险案例

（二）欺诈风险

个人投资者分辨虚假信息的能力不足，给予了项目发起人制造虚假信息进行欺诈的空间。虽然很多众筹平台建立了信息筛选机制，但是在缺少实地调查的情况下，欺诈情况往往难以避免。

很多非法集资案例打着互联网众筹的幌子来诈骗人们的资金，以高回报率、正规众筹平台等来蒙骗投资者，其中主要的受害群体为老年人。这种现象严重扰乱了金融体系的秩序，威胁到了群众的资金安全。

二、对互联网众筹的监管

（一）互联网众筹的国外监管

美国作为最早开始发展互联网众筹的国家，于2012年颁布《促进创业企业融资法案》（简称“JOBS法案”），该法案对股权众筹的发行豁免问题进行了规定。2015年10月，美国颁布《众筹条例》，进一步细化了JOBS法案中有关发行豁免的条例。美国对股权众筹的条例规制集中在筹资额和投资额限制以及对众筹平台进行监管两个方面。

英国分别于2013年和2014年颁布了《关于众筹和其他类似行为的监管规则》和《关于网络众筹和通过其他方式发行不易变现证券的监管规则》，在对股权众筹的监管条例中，侧重对投资者进行限制规定，要求投资者具有一定的专业金融知识。

（二）互联网众筹的国内监管

为保障互联网众筹领域合规发展，我国不断推出或尝试推出相关监管政策（见表9-1），在2016年互联网金融风险持续暴露的情况下，监管政策趋严，其中大部分与股权众筹相关。

表9-1　互联网众筹相关监管政策

发布或提出时间	机构	文件	内容
2014年12月	中国证券业协会	《私募股权众筹融资管理办法（试行）（征求意见稿）》	规定股权众筹融资性质、投资者保护等内容
2015年7月	中国人民银行等10部门	《关于促进互联网金融健康发展的指导意见》	规定股权众筹融资活动要在股权众筹融资平台开展
2015年8月	证监会	《关于对通过互联网开展股权融资活动的机构进行专项检查的通知》	对开展股权融资活动的互联网平台进行核查，强调股权融资活动需要获得证监会批准
2016年10月	国务院办公厅	《互联网金融风险专项整治工作实施方案》	打击互联网金融风险事件，重点整治P2P网络借贷和股权众筹业务
2016年10月	证监会等15部门	《股权众筹风险专项整治工作实施方案》	规划对股权众筹项目的整治重点和禁止的事项
2017年1月	工业和信息化部	《关于进一步推进中小企业信息化的指导意见》	提出发挥股权众筹、网络借贷的高效便捷、参与范围广的优势，及时满足小微企业融资需求
2017年7月	国务院	《关于强化实施创新驱动发展战略进一步推进大众创业万众创新深入发展的意见》	引导和鼓励众筹融资平台规范发展，强化风险管控

续表

发布或提出时间	机构	文件	内容
2018年	证监会	《股权众筹试点管理办法》	尚在制定完善，准备开展股权众筹试点

思考题

1. 什么是互联网众筹？
2. 互联网众筹分为哪些形式？它们各自有什么样的特征？
3. 互联网众筹遵循什么样的过程？
4. 互联网众筹给金融体系带来了怎样的挑战？
5. 近些年来我国股权众筹受到了怎样的监管？

第十章

量化交易

导　言

随着计算机技术的发展和数据处理能力的不断提高，量化交易得到了更为广泛的应用。这种交易方式可以更快、更准确地做出决策，并能够在瞬间处理大量的数据。越来越多的金融机构和投资公司开始使用机器学习和人工智能算法来发现市场中的规律和机会，并利用这些规律和机会来制定更加高效和精准的交易策略。因此，量化交易已经成为金融领域的一个重要的发展趋势。

学习目标

1. 掌握量化交易的基本概念，了解量化交易大致的发展过程及现状。

2. 了解量化交易的基本模式及分类，了解其对金融系统的影响以及其当前面临的风险与监管。

核心概念

量化交易　高频交易

第一节　量化交易概况

一、量化交易的基本概念

量化交易是指借助现代数学与统计学的方法，利用计算机技术来进行证券投资的交易方式。深圳证券交易所（简称深交所）对量化交易给出的定义是：量化交易是使用计算机技术、金融工程建模等途径，用很明确的方式去定义和描述金融操作方式，用来协助投资者进行投资决策，并且严格按照上市所设定的规则去执行具体的交易策略的交易方式。

从深交所的定义来看，金融操作方式还是相同的，只不过原来以人工的方式进行，但量化交易通过计算机技术、金融工程建模等手段进行。在量化交易中，具体到交易证券的选择、交易量的决策等由计算机运行并最终完成，但量化交易需要人在此层级之上做出决策，整体的交易策略、面对环境变动时的交易系统选择等决策都需要人来完成。

由于量化交易基本操作由计算机完成，相对于传统交易而言，除效率优势外，它还具有其他一些优点。首先，量化交易具有严格的规则，在这种严格的规则下，传统交易容易出现的人性如侥幸、恐惧、贪婪等心理都能得以克服。如在交易中，面临价格的短期下跌，由于人性中的恐惧心理，传统交易容易否认原来的价值判断而贸然卖出，但在量化交易下这种情形很难出现。其次，量化交易相对传统交易更加完备、系统，量化交易在各个层次如从资产类型选择到行业选择再到股票选择都有相应的选择策略，且其交易角度涵盖从宏观经济到财务分析再到行为金融等层面，其数据处理也更大更广。传统交易下很难做到这一点。最后，量化交易相对于传统交易更关注价值低估，而传统交易更多研究行业与公司的发展与盈利性，后者相对而言更容易错过市场上短暂出现的套利机会。

20 世纪 70 年代，在美国股票市场中，计算机与证券交易所联机，投资者可直接进行股票交易，量化交易取得发展，之后程序化交易迅速发展。当前美国大部分股市成交量由量化交易方式贡献，这种交易方式已经渐渐普遍化，这进一步说明量化交易是大势所趋。

二、量化交易的主要分类

根据对计算机技术的使用方式和采用的数学模型的理念不同，可以将量化交易进一步分类为自动化交易、程序化交易、算法交易、数量化投资以及高频交易（见图 10-1）。这五种交易方式是量化交易技术发展到不同阶段的产物，侧重点也有所不同。其中，高频交易由程序化交易和算法交易发展而来。在现实世界中，五种量化交易的名词经常被交叉使用。

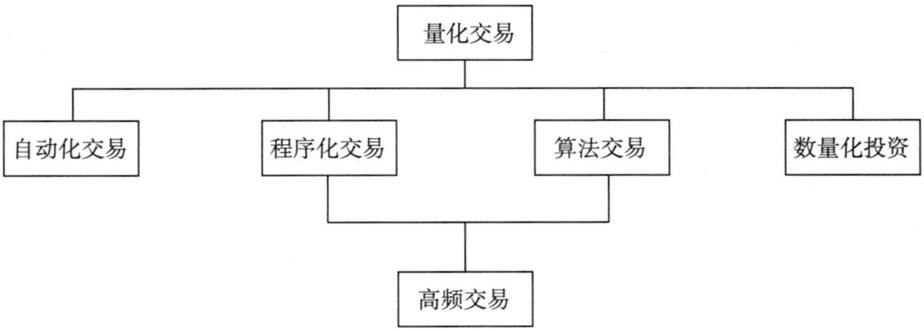

图 10-1 量化交易的分类

资料来源：深圳证券交易所发布的《数量化交易：现状与挑战》。

（一）自动化交易

自动化交易是利用计算机对传统技术分析方法与投资方式进行自动化处理的投资过程。

具体来说，即将技术分析的方法实现程序化，内化为计算机模型和易于理解的指标，计算机将根据市场行情的变动和事前设定的模型、指标自动生成投资策略，并且执行该策略。

这里的模型和指标主要是交易进入、退出和资金管理的精准规则，既包括简单的移动平均交叉，也包括需要全面了解特定于用户交易平台编程语言的复杂策略。建立了规则之后，计算机就可以实时监测市场，寻找买卖机会。根据特定规则，输入交易后，计算机将自动生成保护性止损且追踪止损和获利目标的订单。在瞬息万变的市场中，这种即时订单输入能够有效避免由人的反应迟缓导致的大额损失。

由此看来，自动化交易赋予计算机的自主权较大，人所需要做的就是在一开始设定好反映技术分析方法的模型和指标即可。也正是由于此特点，该交易方式能够有效避免人的情绪波动和不理性行为，最小化情感交易，严格地执行既定策略，是最为“彻底”的技术分析投资方法，也是基本的量化交易方式，因其简单方便的操作而被广泛应用于外汇、期货市场。

（二）程序化交易

纽交所对程序化交易的定义是：包含 15 只（或以上）指数成分股的同时进行的组合交易，总共价值超过 100 万美元。交易量大、交易频率高、交易产品种类多是程序化交易的几个特点。根据交易方向的不同，程序化交易又可分为程序化卖出和程序化买进。程序化卖出即同时卖出一篮子股票，程序化买进即同时买进一篮子股票。

使用程序化交易本质上有两个原因，一是有同时交易许多股票的需求（如当一个共同基金收到大量资金时，它倾向于增持该基金的标的股票）；二是对相关金融工具（如指数及其组成部分）之间的临时价差进行套利。程序化交易增长的主要原因之一在于过去几十年中个人股票持有方式的变化。投资者不再是通过零售经纪人直接交易几只股票，而是倾向于通过共同基金或养老基金间接持有一篮子股票，而机构投资者对大额交易的需求远大于个人投资者。此外，程序化交易还经常被追求指数套利或其他套利策略的对冲基金和其他机构投资者使用。指数套利是一种特殊的程序化交易，它试图从构成股票指数的一篮子股票与其衍生产品（如基于该指数的期货）之间的价格差异中获利。举个例子，投资者在纽交所买卖 15 只指数成分股，同时，在芝加哥商品交易所或芝加哥期权交易所交易相对应的股票期货或股指期权等，以实现套利的目的。

程序化交易策略每天可能执行数千笔交易，而其他策略则是隔一段时间执行一次调整策略以重新平衡长期投资组合。因此，程序化交易占日交易的很大一部分，对市场走势的影响很重要。由于短期内交易量过大，在 20 世纪 80 年代和 90 年代期间，程序化交易在很大程度上被认为是股票市场的过度动荡和某些重大崩盘的罪魁祸首。因此，纽交所出台了一些规则来限制程序化交易的时间点以避免其对市场的过度影响。

（三）算法交易

算法交易（又称黑盒交易、自动交易）是指通过设定一组指定交易量的买进或卖出指令（算法），由计算机根据价格、时间、基准以及特定的目标自动产生执行策略并执行交易。该方法的主要特点是可以将指定数量的大额交易拆分成多笔小额交易，以减少对市场的冲击。同时，算法交易可以以人类交易者无法实现的速度和频率来产生利润。

与基于交易者直觉或本能的方法相比，算法交易为主动交易提供了更系统的方法，适用于多种形式的投资活动。

当中长期投资者或机构投资者（养老基金、保险公司或共同基金等）不希望离散的大量投资影响股票价格时，可以使用算法交易来大量购买股票。

短期交易者、做市商、投机者和套利者可以从自动交易执行中受益；此外，算法交易有助于为市场中的卖方创造足够的流动性。

趋势追随者、对冲基金或成对交易者［采取市场中立的交易策略的交易者，他在一对高度相关的工具（例如股票、ETF或货币）中将多头头寸与空头头寸相匹配］会更加有效地编写其交易规则并让该程序自动进行交易。

（四）数量化投资

数量化投资又可称为“定量化价值投资”，与自动化交易反映技术分析手段不同的是，数量化投资则是传统基本面分析方法的计算机化的投资方式。投资者设计好编程语言，利用计算机对宏观经济、行业层面和公司层面的基本情况进行数据分析，选择资产组合并通过数学模型研究未来资产组合资产数量和盈利变化。简而言之，数量化投资帮助投资者以更加科学的数据语言分析基本面情况，选择实质性的关键信息，并转化为投资策略。

数量化投资首先由人设计和编程，再由计算机执行系统框架，以此代替基本面投资分析师使用的许多临时性财务分析，从而避免了人的认知缺乏或偏差导致的劣质投资策略。从机器学习的角度来看，数量化投资是使计算机自动分析数据，并从中总结规律，利用分析生成的结果对未知数据进行预测，最后做出交易决策。

（五）高频交易

高频交易（high-frequency trading，HFT）源于程序化交易与算法交易，它通过运算和执行速度极快的电脑分析历史高频交易数据中的价格的变化规律，并从中获利。高频交易的特点是利用高频金融交易数据和电子交易工具来实现高订单交易比率和高周转率，在几秒或几分之一秒内建立和清算头寸。高频交易一般为超短期持有，不会累积头寸或持有隔夜投资组合。

高频交易增加了市场的流动性并消除了小的买卖差价。对于高频交易存在两种批判的声音：一是它使得机构投资者利用算法优势在市场中获取超高收益，而使得小投资者处于劣势状态，违背了资本市场公平公正的原则。二是它尽管增加了流动性，但是也放大了市场的无故大幅变动。2010年5月6日，道琼斯工业平均指数（DJIA）遭受了有史以来最大的日内点跌幅，在短短30分钟内下跌了约1 000点。一项政府调查认为高频交易下的一项大规模订单的抛售是此次波动的主要原因。

以上的量化交易的五大分类存在交叉以及各自的侧重点。自动化交易、数量化投资的投资策略属于交易策略的自动化，只需要事先设定好相关指标和模型，计算机就给出具体的投资策略，侧重反映机器学习在量化交易中的作用；而算法交易、程序化交易和高频交易尽管具有不受监督或人为控制的特点，但其自动化程度更低，属于交易执行的自动化，更侧重于发掘计算机对大数据的运用和交易速度的提升，而实际的买卖决定控制权仍在投资者手中。

三、量化交易的基本模式

（一）量化交易的主要过程

简单来说，量化交易主要是这样进行的：

第一，提出相关的待验证的可能会盈利的方法，如在股价显著高于近几日的平均价格的情况下进行卖出操作，在股价显著低于近几日的平均价格的情况下进行买入操作。

第二，将这种可能会盈利的方法细化成明确的可执行的交易策略，如明确上述方法中有关“显著低于”“显著高于”“近几日”的具体参数，买入卖出的具体数值与操作。例如在每个交易日对国内所有股票的股价进行检测，在股价高于近20日平均价格达到20%的情况下卖出所持有的这只股票，在股价低于近20日平均价格达到20%的情况下使用全部资金买入这只股票，这样就将先前的模糊的方法明确为可执行的交易策略了。

第三，将明确后的交易策略经过计算机编程翻译转化成可运行的代码程序。

第四，通过计算机代码程序，对上述交易策略进行验证，主要包括模拟交易以及回测两种方法。前者根据实际行情应用计算机程序对交易策略进行模拟执行，基于模拟执行结果进行相应的分析改进。后者根据过去的历史数据用计算机运行上述程序，对交易策略进行模拟执行并根据结果进行分析改进。回测与模拟交易均对交易策略进行了模拟，前者使用历史的市场数据进行模拟，后者使用市场中实际的行情进行模拟。

举一个关于回测的例子：选定某一时段的一组资产，并利用计算机技术获取该时段的股价等数据，根据这些历史上的市场数据，计算机模拟出市场并执行设定的交易策略程序。最后，程序以报告的形式得出执行策略后虚拟资产的盈亏情况、每只股票的持仓变化、股票种类与交易时机及相关的统计指标，根据这些数据对交易策略进行相应的评估与改进。

模拟交易则选择进行模拟交易的时间，并选择相应的一组资产，计算机从开始设定的时点模拟执行交易策略，同时实时接收真实的市场数据，从设定时点开始执行交易策略，可以得到实时更新的交易结果报告。模拟交易得出的分析报告与回测报告类似，同样能据此评估交易策略的好坏。如果利用模拟交易以及回测得出的盈利情况稳定的话，可以进行实盘交易。

第五，进行实盘交易并对交易策略进行不断修正与维护。实盘交易是计算机根据策略程序，依据实际行情来执行策略进行下单交易。在实盘交易下计算机能够给出与验证阶段相似的不断更新的报告，从而可以时刻检验交易策略的实盘表现并进行调整修正，以实现持续平稳盈利。

上述进行的方法是量化交易的基本原理，但真正的内部交易并非如此简单，且细分下不同种类的量化交易都有相应的偏向性。其中发展迅猛的程序化交易指的是按照一定策略制定程序，利用计算机技术大规模且高速地自动执行的交易。其中更加依赖于计算机技术的细分门类为高频交易，它是一种特殊的程序化交易。高频交易的含义是程序化交易的频率超过一定程度的交易方式。高频交易利用超高速的计算机对交易数据进行分析，并从价格变化中获利，对计算机运行速度有非常高的要求。为达到这一要求，高频交易常常建立在主服务器附近以谋求更快的速度。

另外，新兴的方向是应用大数据和机器学习的量化交易。应用大数据的量化交易分析金融市场海量的结构化数据，以及利用图像识别和自然语言处理技术，对非结构化的数据进行分析，通过历史数据预测未来并在非结构化数据中获得经济行业等方面发展的线索。在大数据的分析中，人工智能也参与其中。

应用机器学习的量化交易基于上述的数据挖掘与分析，让 AI 自身利用数学与统计学的理论，从历史信息以及相关的数据分析中寻找并搭建获得超额收益的投资策略，AI 进行自博弈训练，可以产生大量的模拟交易数据，进一步通过对数据的深度学习，生成更加有效的交易策略。如可对机器输入近 10 年的全球经济和市场数据，机器可以通过学习找出不同变量影响各资产类别、行业和地区价格的作用途径。这并非系统输入的固定的投资策略，而是系统自动学习下的规律结果。

应用大数据与机器学习的量化交易的基本原理与传统的原理存在一些明显区别：传统量化投资方法通常严格依赖已经预先设置好的交易策略，基于目前的相关性会无限持续到未来的假设。但市场变幻多端，这种方法可能造成较大误差，而应用大数据与机器学习的量化交易能够伴随原有的相关关系的衰减以及新的相关关系的产生，不断修改完善自己的投资策略，进而实现更好的收益。

（二）金融科技在量化交易中的应用

作为一种投资的工具和方法，量化交易可以借助金融科技的力量进行选股策略的完善和优化。其中运用最广泛的是机器学习和人工智能、大数据和数据分析。

（1）机器学习和人工智能在量化交易中的运用。

区别于编写特定的程序来命令计算机执行某些任务，机器学习的核心在于将计算机当作具有学习能力的个体，使得计算机自行开发一个算法来完成给定的任务。前者的核心在于“执行”，后者的关键在于“开发”，显然赋予了机器更高的自主性。机器学习对于量化交易的意义在于可以最大程度地节省人的时间和避免人的认知错误，让机器去分析数据、预测股价、优化选股策略。如用支持向量机（SVM）这一算法构建的股价预测模型已在实验中被证明有效。下面简单举一个例子说明 SVM 预测股价的过程。首先选取一定时段的历史股票交易数据；接着用“小波理论”进行数据的去噪过程，使得在不改变股价曲线变化趋势的同时，去除异常值，填补空白值，有助于之后的预测准确性；接着选取几个特征值作为机器识别的对象，可以选择日最高价、最低价和收盘价；接下来把历史数据分成训练组和预测组，并利用训练组进行训练，教它学习预测股价，用预测组作为计算机预测结果正确与否的参照系；最后设置好选股指标，计算机将自行构建选股策略。SVM 算法构建策略过程如图 10－2 所示。

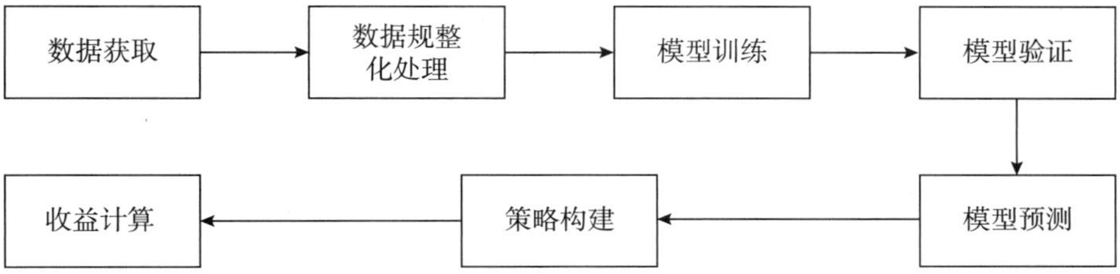

图 10－2 SVM 算法构建策略过程

强化学习是机器学习的一个分支，它强调个体在环境赋予的奖励或惩罚的刺激下，对环境进行解析，逐步形成对刺激的预期，进而产生能获得最大利益的习惯性行为。它是人与环境的动态演进的过程。最初有一个决策，环境在此决策上反馈一个结果，个体再在反馈结果之上优化决策，环境继续改变并再次反馈结果，个体再基于新的环境和结果进行决策优化，最终达到决策的优化和结果的改变。强化学习不涉及得到唯一“正确的”答案。相反，它关注的是相机决策的过程，这反映了人类根据积极或消极的结果进行学习。强化学习在算法交易中的应用在于能够让计算机就像交易员一样，通过不断操作获取经验，再不断基于经验事实进行交易的优化拆分，使得大宗交易被更合理地拆分成小宗交易。计算机先根据历史数据做出交易的拆分判断，再根据此判断的收益情况改进策略。它将所有的信息都记录在知识库中，作为未来交易的信息指导，同时每一次交易及收益情况又成为下一次交易的可用信息。

此外，机器学习还有助于优化高频交易监管，具体操作是借助历史高频交易的数据，通过深度学习获取高频交易的行为特征，在此基础上可以对高频交易账户进行分类，精准判断各类交易行为对市场和风险的影响，从而实施精细化监管，降低高频交易的负面作用。

如果说量化交易是利用计算机技术和数理模型，从海量过去的事件中发现可以带来超额收益的大概率事件，并利用这些事件制定策略，自动完成交易，那么人工智能的加入则进一步减少了人的干预程度，分析师无须写出具体的策略代码，计算机在一定程度的训练之后可以自行根据历史数据生成策略，而这无疑进一步放大了量化交易的优点。

在应用层面，机器学习在多因子模型中应用广泛。机器学习可以用于构造因子和给因子配权重。构造因子是指在已有的数据库里，用机器学习的方法尽可能地挖掘信息。比如在传统的市盈率$\left(\frac{P}{E}\right)$和市净率$\left(\frac{P}{B}\right)$的基础上，我们可以探索$\frac{P}{E}\times\frac{P}{B}$或者其他表达形式中是否存在有效信息。通俗地讲，就是利用计算机的快速、大批量处理能力来尽可能地挖掘有用信息。但这类方法也存在一定的问题。机器学习所得到的结论也许是数据拟合的结果，而非真的有效，因子的背后可能缺乏理论依据支撑。

（2）大数据和数据分析在量化交易中的应用。

量化交易的高频、高速决定了对信息的强需求性。大数据最大的特征是“大”，这体现在数据量大、维度高、层级丰富和结构的复杂性上。自动化交易和数量化投资是技术分析和基本面分析的计算机化，此类交易策略对宏微观各层级的数据的需求本质上没有改变。由于量化交易的时间短、速度快，它不仅需要历史数据，还需要考虑当下市场环境、交易对手的策略以及各个分割市场的互动和影响。如此庞杂和时效性要求极高的信息需求必须借助基于互联网的大数据和数据分析来满足。大数据提供了过去难以提供的多样化、高维度的数据，而计算机的数据分析可以将似乎毫无关系的数据以过去难以想象的速度和规模集合在一起进行分析，从而有概率产生额外的有用信息。此外，大数据还可以降低量化交易的信息获取成本，提高信息有效性和收益率。

在应用层面，大数据可用于量化交易中的舆情分析，即通过自然语言处理，对非结构数据如微博、推特等社交网站上的内容进行抓取，进行舆情识别和分析，从而做出投资决策。例如，投资者可以基于搜索引擎指数如百度指数等构建交易策略。通过分析海量网民行为数据、研究金融相关关键词的搜索趋势，可以洞察投资者情绪与市场预期，监测舆情动向，进而构建更加合理的投资组合。

第二节　量化交易的发展历程和现状

一、国际量化交易发展历程和现状

（一）量化交易的奠基

股票交易从 17 世纪开始萌芽，之后期权、期货等多种衍生工具逐渐出现，起初全球股票市场基本采用相近的交易方式，后来随着现实经济的发展和投资需求的变化，出现了各种不同的交易流派，量化交易也是由此开始流行并加速发展的一种典型的交易形式。

从 20 世纪 70 年代开始，随着计算机技术的发展，传统交易理念得以依托技术基础呈现更为规则化、模型化的趋势，很多投资策略能够通过计算机和模型的应用得到验证与升级或者修正。量化交易是这样一种非常技术性的交易（投资）方式，它以金融市场数据为基础，利用编程和代码破解数学模型中的规律来总结金融市场的收益模式，作为之后投资识别与预测的信号。

量化交易区别于传统交易的特征之一就是数学模型的广泛应用，主要是利用准确客观、便于量化的数学概念来衡量交易的策略构建与实际收益等，将交易的每个指标量化体现在系统的模型中，通过历史数据获得对模型的估计值，在此基础上展开预测，并不断地进行检验与修正。随着数学理论与模型的不断推广，以量化为基础的现代金融理论得到了建立和发展，金融界开始广泛引入模型理论来解释金融市场的收益、风险与异象，比如资本资产定价模型（CAPM）以及基于此扩展的詹森的阿尔法模型作为现代金融理论的代表，都具备一定的解释能力与收益预测能力，这种在市场的高不确定性中利用数理模型挖掘规律的做法为后来更为复杂的量化交易提供了契机。全球顶尖量化基金公司 AQR 对于因子的模型研究从该公司成立初始一直延续至今。

如果说系统数学模型的构建为量化交易提供了契机，那么让量化交易成为可能的就是计算机技术的开发与挖掘。起初，股票的各种交易以场内交易为主，由交易员负责管理交易，根据对市场行情的判断进行买入和卖出。随着金融市场的发展，股票的种类和组合情况越来越复杂，仅仅依靠人为的盯盘与管理已然很难达到效率、客观度和准确率的要求。另外，自 20 世纪以来，计算机技术得到了快速发展，世界上第一台微处理器在硅谷诞生，由此推动计算机进入微型时代，计算机的应用领域得以拓宽，软件领域的数据库和多种计算机语言也得到了初步开发。依托既有的计算机技术，交易决策所需依据的规则和数据指标量化判断得以通过计算机程序自动完成，使得传统量化策略得到了自动化实施的机会，同时大量数据收集与分析的可实现性也使得交易管理者可以更为高效地评价与修正原有模型，量化交易由此真正起源。20 世纪 70 年代初期，巴克莱国际投资管理公司发布了世界上第一只被动管理的指数基金。在 20 世纪 70 年代中期，证券交易所基本实现了和计算机的联机，投资者可以直接进行对所选证券的买卖，这就是量化交易中引入计算机后发展出的形态——程序化交易的雏形。但在这个阶段，量化交易仍基于传统交易策略，比如趋势跟踪、均线策略等，其本质是传统交易策略的另一种实现形式，用以提高传统交易策略的执行效率和规模，同时降低人工交易员的雇佣成本，但计算机和IT技术并没有参与交易策略本身的构建过程。

综上，模型的构建为量化交易提供了契机并成为其基础之一，计算机与IT技术的不断发展使大量、高效的数据处理和准确模拟、测试模型成为可能。

（二）量化交易的发展

更为程序化的交易从20世纪80年代开始得到了快速发展。得益于电信网络的发展、证券交易所对股市买卖最小变动差价的缩小等，用计算机技术来分割交易指令，更快更精确地获取执行价格的必要性凸显，由此算法交易诞生，计算机技术被更深层次地应用于量化交易过程，同时金融工程的发展使得交易策略能够不局限于程序化的范畴，细分出更具体、适用性更强的种类。因此，从这个阶段开始，量化交易的种类迅速增多，交易规模迅速扩大。

2004年至今是量化交易发展最迅速的时期，量化交易中技术驱动的策略类型得到显著发展，主要是通过对算法和硬件的升级积累在计算精度和速度上的优势。这一时期高性能的计算机系统和升级的数据分析算法使得算法交易、高频交易在欧美市场兴起。以高频交易为例，它从极短暂的市场变化中捕捉微小变化并快速交易以在高频大量的交易中抢占机会，比如某个证券在买入价格和卖出价格上的细微差别，或者股票在全球不同交易所的细微差价，以此来将收益积少成多。这种交易的速度之快甚至促使一些交易机构调整自己的计算机服务器安装位置以缩短大量指令通过光缆的时间。由于技术驱动，量化交易已经发展至在追求客观、高效的同时保证其收益稳定性的阶段。在这个阶段，量化交易中的统计套利、高频交易将市场带入了秒、毫秒级时代，在该领域中个人已经无法完成交易操作，机器实现了对人类交易员的替代。

同时，随着金融市场的演变与复杂程度的提高，投资者和金融市场对于收益预测准确性的要求不断提高。金融市场价格，比如股票价格序列是一种动态的高噪声序列，价格序列的演变主要呈现随机游走的特点，均值和方差也都随着时间不断变化。因此传统的统计模型有时无法提高预测的精准度，而机器学习就能够根据构建算法从已有数据中进行学习并预测，对接模型并向其提供数据，使模型自动调整参数来使预测结果更为精确，即无须具体编程就能随着数据经验展开学习调整。机器学习和大数据作为人工智能领域的重要分支，越来越深刻地展现了金融科技在量化投资领域的应用。

大数据本身就是量化交易的驱动力。近十年来，大数据领域的不断发展为量化交易提供了适用性更强的实现途径：Python已成为金融量化领域的标准编程语言。它参与量化交易的过程主要包括对金融数据的采集、根据量化技术指标整理分析策略所需数据，因而它对于量化交易的策略分析至关重要。主流的Python量化框架基本可以分为三种：第一种是Web（万维网）在线网站模式的量化系统；第二种是客户端模式的量化系统；第三种是策略回溯模式的量化系统，只做策略分析与回溯测试，是目前较热的一种模式。

机器学习主要分为三类，即监督学习、无监督学习和强化学习，其中监督学习目前得到了最为全面的开发，其在量化投资中主要应用于对未来事件进行预测，比较常见的分支有神经网络与决策树。神经网络由于其出色的容噪性和对复杂非线性关系的处理，在股票收益预测中得到了持续开发。其最初形态主要是静态网络结构和动态网络结构。在这两种网络结构中，时间序列都必须转换成向量集，因此带来了过拟合及容易限于局部的缺点。直到万普尼克（Vapnik）提出新型神经网络，即支持向量机以及后来的支持向量回归机，神经网络的泛化能力得到大幅提高，且得以获取全局最优解。神经网络加强了机器学习对非线性关系的模拟与预测，而决策树则提高了算法与模型的可演示性，在每一个节点都通过信息增益程度来对数据进行分类，迭代重复这一过程，最终覆盖对可能出现的异常或缺失数据的预测。

由上可见，人工智能领域的不断发展使得大数据与机器学习等技术不断与量化交易结合，逐渐深化了量化交易的算法与模型研究，使得量化交易海量化和精益化都得到了进一步发展。

（三）国外量化交易现状

量化交易的前沿在美国，它拥有世界上规模最大的量化基金，应用到的量化策略也是种类最全面的。美国量化交易的发展大致经历了以下阶段：随着网络系统的发展，美国率先实现了金融市场交易的电子化，为其量化交易的迅猛发展奠定了最重要的基础。接下来也是美国率先实施了报价制度改革，股市买卖最小变动差价的缩小推动市场进入微观竞争状态，各投资主体展开了利用技术抢占先机的模式。对冲基金行业兴起，利用计算机技术和金融模型展开量化交易的对冲基金表现稳定。根据对冲基金研究公司 LCH Investment NV 公司历年的报告，依靠计算机技术而非单纯人工管理的量化基金在波动显著的市场环境下收益更为稳定。到 2016 年，净收益榜单前三名首次被此类量化基金包揽，也显现出身处计算机技术发展前沿的美国在量化交易领域机器与人为管理的竞争态势。美国量化交易的发展热点在高频交易和人工智能的结合应用，即机器学习模型的应用，由计算机自身生成交易所需的模型，这种模型随市场变化的速度更快更及时，能够通过人工智能中不同的语言技术更精确地跟上瞬息万变的金融市场，比较成功的例子是桥水基金和 Kensho 公司。这些处在量化交易前沿的公司在引领着美国甚至全球的量化交易趋势的同时，也在不断拓宽金融交易和计算机技术的结合范围。

美国量化交易市场规模如今仍然在加速增长，其中更值得关注的是从增长的结构角度来看，人工主动管理资产规模减小，而被动管理资产规模增加，量化策略、机器学习、大数据等非主观化的因素被不断结合到管理过程中，这种转变也深刻影响着美国量化交易市场的投资跨度与交易速度、广度，支撑美国量化交易发展进入一个新的阶段。在量化交易存在自身风险的同时，机器学习以及大数据影响下的主观因素剔除使得量化投资更有迹可循，高频自动化操作对于市场主观信息的捕捉缺失是否会带来新的隐藏风险也是一个不可忽视的问题。

二、国内量化交易发展历程和现状

我国的量化交易发展较晚，最早的量化交易从证券市场开始，其中量化基金从 2008 年后开始逐步成为热点，以公募量化基金为主，早期主要是人为主动管理股票，通过数据分析来管理基金的较少，之后随着量化交易在我国期货市场的迅速发展，市场对于更深化的数据分析和量化模型的需求增加，量化基金的交易策略和程序化程度得到了进一步的开发。在参与者方面，逐渐出现了一批引入算法交易和 IT 技术应用的投资公司和跟踪国外量化交易前沿的专业投资者；从平台建设的角度来看，由最初的无专业化量化交易平台发展到了有一些互联网、软件公司着手开发系统的交易平台网站。同时，金融市场加快了量化交易产品线的开发与丰富（如图 10－3 所示），为国内量化交易提供了一个发展空间，使得更多元的交易策略得到了一定的制度支持。

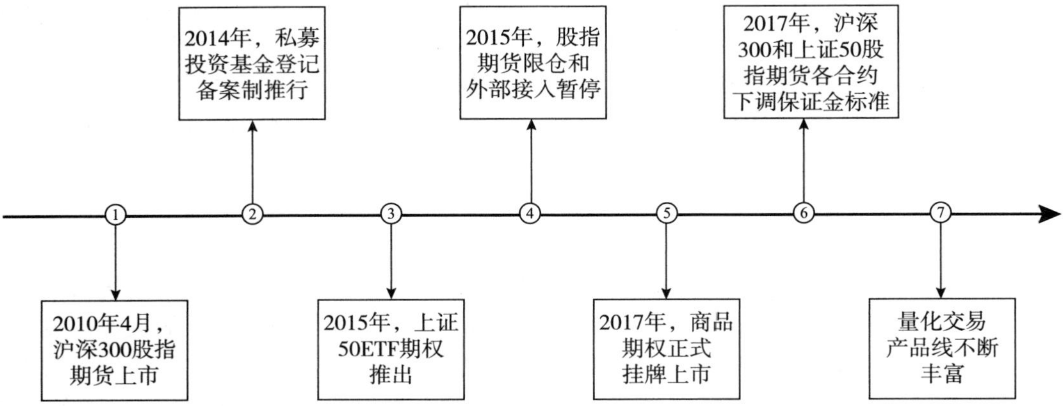

图 10－3 我国的量化交易产品线情况

2010 年，沪深 300 股指期货上市，国内开始研究股指期货的实际应用，量化基金具备了可行的对冲工具，各种量化策略如阿尔法策略、股指期货套利策略开始逐渐兴起，大量从事量化基金研究的机构开始投入量化策略的大潮中。

2013 年到 2015 年 9 月是量化投资快速发展的阶段，2013 年以来创业板、2014 年下半年以来主板走出了波澜壮阔的大牛市。在此期间，买创业板、抛股指成了最流行也最拥挤的量化策略。2014 年，中国证券投资基金业协会开始实施私募投资基金管理人登记和基金备案，促进了私募基金的透明化和阳光化，加快了私募投资基金产品的发行速度，其中也涵盖了量化对冲型私募产品。

2015 年至今，量化投资的发展趋于稳定，由于 2015 年的“股灾”，中国金融期货交易所（简称中金所）在 2015 年 9 月 2 日颁布了限制股指期货日内交易的严厉措施，导致市场流动性急剧减弱，这也使得大量阿尔法策略量化基金开始转向相对价值复合策略。在这种情况下，市场上已经形成的一些有实力的量化团队逐步开始转型。一方面，它们摒弃了低风险、低收益的套利对冲策略，开始向多空策略、股票多头策略转变；另一方面，它们也开始将焦点从股票对冲转向商品期货、国债期货等品种的 CTA（商品交易顾问）策略。然而，这些看似被动的转型实际上开创了量化投资的新时代。

整体来说，我国的量化交易领域发展空间较大，一是当前缺少统一的方向和趋势，参与主体参差不齐；二是交易策略与指令都比较单一，多层次交易环境的开发受到较为严格的金融监管，比如我国实行的 T＋1 制度本质上限制了高频交易等需要大量、频繁买卖才可实现的量化交易操作。

受到金融领域开放和国内投资者理念不断发展的驱动，量化交易的潜在需求仍待挖掘，比如我国期货市场与国际市场联系越来越紧密，随着期货市场的国内外投资者对于量化交易的开发和挖掘，获得更稳定收益的需求随之上升，因此国内量化交易的前景仍然值得期待。

在机器学习和大数据方面，我国量化交易的发展仍然有很大的提升空间，其发展体现在人工智能量化投资交易平台的初具规模上，比如 BigQuant、阿尔法等平台和社区的出现与发展，使人们对于人工智能与量化投资的结合有了越来越多的讨论与关注，但在实际投资应用层面缺少主流体系，算法与模型上的系统开发有待完善。

第三节 量化交易的代表性公司和产品

一、代表性公司

自 1997 年以来，全球对冲基金发展势头良好，资产管理规模不断扩大，虽然 2008 年金融危机对基金规模造成了很大冲击，但对冲基金在之后很快重回增长轨道。2019 年海外对冲基金研究机构 HFR 的数据显示，全球对冲基金产品总数超过 8 200 只，其中量化基金管理的规模占总管理规模 30%左右。在全球排名靠前的对冲基金公司中，大部分都与量化投资有着密切关系，量化基金空间广阔。以下列举几家量化基金的代表性公司。

（一）Bridgewater Associates（桥水联合）

桥水联合成立于 1975 年，是世界上最大的对冲基金，其创始人为瑞·达利欧（Ray Dalio）。40 多年来桥水联合为投资者创造了无数财富，即使是在 2008 年金融危机中也获得了正收益。桥水联合管理的资金有上千亿美元，其客户分布于国内外，主要是机构投资者，包括公共和企业养老基金、慈善基金、超国家机构、主权财富基金和中央银行等。达利欧的投资方式主要是通过分析各国宏观经济形势并探究其影响因素，如政治、文化、金融监管、财政政策、货币政策等，在货币、商品、股市之间跨国家地进行不同程度的套利交易。

桥水联合开发了许多创新投资工具。桥水联合立足于全球宏观策略，提出了绝对阿尔法（pure alpha）策略、全天候投资策略等。其中，绝对阿尔法策略是建立一个足够分散的投资组合，组合里的这些资产相关性很小，甚至不相关，并通过积极的资产管理技术来分散投资风险，避免投资于单一市场所造成的价格大幅度波动，从而在不同的市场环境中获得较稳定的市场超额收益。建立最优的阿尔法组合时最常用的方法是可携阿尔法（portable alpha）策略。可携阿尔法是指市场风险为零（贝塔为 0）的投资组合的收益。它与市场表现以及运行方向是完全独立的，即阿尔法收益与贝塔收益是完全分离的，因此基金收益完全由基金经理的投资能力和技巧所决定。而全天候投资策略是强调通过在宏观经济运行的不同阶段调整资产组合，根据经济形势将资金配置于不同类别的资产以分散风险，并始终保持较稳定的盈利。

（二）Man Group（英仕曼集团）

英仕曼集团是一家具备世界领先水平的投资管理公司，在纽约、伦敦等世界多地都设有办公组织。随着大数据时代的到来和计算机技术的快速发展，英仕曼集团和其他许多对冲基金开始在交易中使用 AI 技术。从 2014 年开始，英仕曼集团将机器学习算法应用于其管理的 AHL 多元化基金，进行自主交易决策，取得了卓有成效的结果。工程师为 ML 算法（一种机器学习算法）设置边界参数，用于资产类别选择、交易成本控制、风险敞口管理等方面，然后通过向算法提供数据，发现人类所观察不到的有效信息。ML 算法会不断将新数据和历史数据进行比较，并预测未来如何变化。

（三）AQR

AQR 成立于 1998 年，是一家量化对冲基金，总部在美国康涅狄格州的格林尼治，管理规模达上千亿美元，在世界多地设立了办公室。AQR 将金融理论和实际应用相结合，强调研究驱动并辅以高科技来进行严格的风险管理。AQR 投资策略十分丰富，包括长短仓、套利、全球宏观、绝对收益、动量、多策略等。它的首要目标是价值股和动量股。在构建投资组合时，AQR 同时关注基本面与量化分析，并通常采取自下而上的分析方式来进行股票选择。其投资核心是系统化方法、多样化投资和阿尔法。

（四）Millennium Management（千禧管理）

千禧管理成立于 1989 年。千禧管理的投资方法注重风险控制，其风险厌恶的投资理念是交易团队进行交易的一项基本规则。千禧管理一直致力于在低风险下尽可能地获取较高收益。由于低风险、低收益的原理，虽然交易团队在赚钱的日子里有较小的收益，但在亏钱时其亏损程度也较小，因此，在这种情况下团队需要争取较多的赚钱日。千禧管理注重全球化投资，并强调分散化投资来控制风险，其投资策略包括相对价值、统计套利、并购套利和大宗商品等。此外，千禧管理还十分注重高科技的运用。它的附属量化部门有能够让业余交易员提交算法来进行特定交易的系统。公司专门成立了量化交易部门，并提供专业化系统给交易员来通过计算机算法进行交易。

（五）Renaissance Technologies（文艺复兴科技）

文艺复兴科技成立于 1982 年，其创始人为詹姆斯·西蒙斯（James Simons）。詹姆斯·西蒙斯以其独特的“壁虎式投资法”而闻名，它是指在投资时进行短期快速的操作，在投资者对市场短期预测下同时进行多品种的大量交易来赚取收益。值得一提的是，詹姆斯·西蒙斯管理的大奖章基金（量化基金的标杆）始终能保持较好的收益，即使在金融危机时期也依旧表现出色。

文艺复兴科技是量化交易方面的先驱，在数据库中通过对大量历史数据进行分析，在统计意义上预测出证券的价格趋势。文艺复兴科技采用大数据概念进行交易这一传统已经有 20 多年了。文艺复兴科技在搜集大量数据后建立复杂的数学模型和程序模型去分析并执行交易，很多过程实现了完全自动化。

二、代表性产品

量化交易作为一种不依赖人的主观判断的投资方法，从先进的数学和统计模型出发，依靠计算机技术对海量的历史数据进行分析，并制定策略进行交易，具有交易的客观性和一致性。因此，量化交易凭借其纪律性、系统性、套利思想等特点，能很大程度降低投资者个人情绪对投资的影响，避免投资者在极度乐观或悲观的情况下做出错误决策。

基于以上优点，量化投资策略多应用于量化基金。总体来说，量化基金采用的策略包括量化选股、量化择时、统计套利、期权套利、股指期货套利、商品期货套利、算法交易、资产配置等。

量化基金按募集方式可分为公募量化基金和私募量化基金。截至2021年末，我国在中国证券投资基金业协会备案且勾选量化的私募基金规模达1.08万亿元，占私募证券投资基金规模的17.1%。[①] 根据Wind数据库的资料，截至2022年底，我国公募量化产品的总规模已达到2 447.11亿元。此外，量化与对冲相结合可形成所谓的量化对冲基金。量化对冲基金常用的策略类型包括股票多空、市场中性、CTA套利、高频、宏观对冲等。

量化基金按其运作模式主要可以分为主动型量化基金、指数型量化基金、对冲型量化基金三类。

(1) 主动型量化基金。它通过量化模型来筛选个股，找到高阿尔法的股票，使得基金表现超越业绩基准。

(2) 指数型量化基金。它也是一种主动型量化基金，但同时采取了指数增强策略作为投资依据。不同于传统指数基金被动跟踪指数的策略，指数型量化基金将指数化投资与量化主动性投资相结合，通过量化方法筛选成分股，实现高于标的指数回报水平的投资业绩。

(3) 对冲型量化基金。它以降低风险为前提引入对冲机制，通过使用衍生产品或融券等做空手段，对冲持有的股票多头头寸的风险暴露，达到降低投资组合市场风险、获取选股阿尔法收益的目的。

在我国，由于证券市场效率相对低下，国内市场对冲工具相对来说比较单一，且受到交易规则等因素制约，量化策略发展起步较晚，量化投资难以充分发挥优势。我国最早的量化投资基金诞生于2004年，名字为光大保德信量化核心基金。2005年第二只量化投资基金上投摩根阿尔法基金成立。在这之后，量化交易策略逐渐丰富并发展起来。

受金融市场政策的制约，早期的量化产品多以套利策略为主。量化基金真正为国内投资者所关注是2008年金融危机期间，这是由于当时大部分基金都严重亏损，但部分采用量化策略的基金却获得了较好的收益，加上预期国内指数期货的推出，许多海外量化人才选择归国寻找机会，为我国量化交易的发展注入了活力。2011年，量化选股和多因子体系在国内得到发展和重视，并且受益于2010年沪深300股指期货上市和融资融券推出，量化投资成为市场热点，发展比较迅速，各大机构开始组建量化投资团队或部门，使得阿尔法策略、股指期货套利等多种量化策略进一步发展。在随后的发展过程中，量化投资策略在私募投资管理机构当中的应用发展越来越广泛，我国采用量化投资策略的产品的数量不断增加。但2015年股指期货受限、保证金比例提升，使得量化对冲类策略受到了较大的冲击，基金管理人开始向其他方向拓展，促进了如CTA策略、期权策略、基金中的基金（FOF）等量化产品的发展。此外，随着商品期权、原油期货等衍生产品的陆续出现，量化基金开始从原来的低风险量化对冲策略向主动量化策略转变。

---

① 参见中国证券投资基金业协会公布的《2021年私募基金统计分析简报》。

第四节 量化交易对金融体系的影响

一、提高资本市场质量

量化交易借助计算机技术，基于金融数学模型来构建交易策略、实践金融投资理念，本质上是一种数据驱动、技术驱动的金融模型。随着科技的快速发展，传统的统计分析已经不能满足量化交易需求，对数据深度挖掘的机器学习、大数据分析应用和计算机算法提高了量化模型的有效性，有效地采集与分析高频数据，对海量数据实现深度挖掘，得到统计意义上更加可靠的结论，完善量化投资策略。量化交易不断发展，将会对金融市场的质量产生重要的影响，主要表现在市场流动性与市场稳定性两方面。

（一）市场流动性

市场流动性是衡量金融市场质量的一个重要因素，因为交易的买卖报价与成交量是所有市场运行的基础，而高频量化交易可以利用其数据传输速度优势，通过计算机算法实现高频次的交易，在极短的时间间隔内提供大量的报价和成交量（高频交易的指令间隔通常小于 5 毫秒）。这种交易特征有助于市场中的投资者降低搜寻成本，迅速地匹配到合适的交易对手，最终可以减小买卖价差与缩短匹配时间，从而降低交易成本，提高市场流动性。

当前已有许多国外文献对量化交易对市场流动性的影响进行了分析，国外学者对英国伦敦证券交易所的数据进行实证检验，发现高频交易通过限价指令报单向市场提供流动性，可以缓解短期的流动性不匹配问题。也有国外学者通过研究美国证券市场和日本证券市场的样本，发现高频交易的参与使得股价趋于随机游走，且在实证分析中高频交易可以通过提升市场流动性而降低交易成本。我国学者通过研究股指期货高频数据，发现量化交易在市场震荡时期、市场大幅上涨时期均可以提高流动性，从而提高市场质量。

（二）市场稳定性

市场稳定性则是代表市场质量优劣的另一个重要指标。我们通常通过研究市场的波动性间接考察稳定性，因为市场波动性往往可以用资产价格波动的方差、标准差等易于度量的指标衡量。总体而言，量化交易在一定程度上可以有效降低市场的波动性。

一方面，量化交易通过计算机算法实现，这种方法可以克服投资者的心理因素与思维局限造成的操作偏差，从而降低投资决策的总体非理性程度。传统投资者往往对宏观经济形势、行业背景以及投资标的质量进行深入研究，结合自身的实战经验做出决策，投资决策的主观性较强；而量化交易则是利用计算机强大的算法能力、对大量交易数据的深度挖掘来构建交易策略，提高对交易数据、基本面信息使用的效率，有利于降低投资决策的主观性。此外，普通的投资者在面临市场波动的时候往往反应更加剧烈，而量化交易在构建策略时不会受到市场波动和投资者心理预期的影响，根据策略设定进行量化选股、择时或套利，并且在设定之初设置止盈、止损条件，系统会严格执行已经编好的交易策略，从而降低市场波动性。

另一方面，利用高频交易技术可以实现分散化、高频率交易，使得大额委托单的交易不会显著影响股票价格变化，从而降低市场波动性。学术界也对此进行了实证分析。国外学者的研究表明，高频交易可以降低日常交易期间的市场波动性，并且在 2008 年发生金融危机期间同样起到了降低市场波动性、提高市场稳定性的作用。我国学者研究了 2012—2015 年股指期货高频交易数据，结果表明无论是在震荡、上涨还是下跌阶段，量化交易均能够有效降低市场波动性。

二、提高金融体系运行效率

根据传统的金融功能理论，金融体系具有信息提供功能，即金融体系可以通过提供价格信号减少交易过程的信息不对称，实现价格发现功能，帮助投资者进行理性投资决策。量化交易依托于计量模型、计算机技术实现，其发展可以提升金融体系的价格发现效率，进而提高市场的有效性。

量化交易提高金融体系运行效率可以从两个方面解释：一是基于数理统计模型、计算机技术构建的模型可以有效降低投资者情绪的影响，减少非理性价格的出现；二是高频交易数据可以提高价格发现效率。所谓“价格发现”是指交易双方在给定的时间和地点对某一商品的质量和数量达成交易价格的过程，高频交易数据可以通过提供高频率的报价与交易量，加快实现买卖双方的博弈，使得交易资产尽快达到均衡价格水平。

结合数理模型与计算机技术发展是未来量化交易的主流趋势，美国业绩排名前 20 名的对冲基金，包括文艺复兴科技、桥水联合，全部采用计算机根据算法自动交易的模式，金融与技术的结合无疑为交易效率的提高提供了核心驱动力。

高效的价格发现也会不断增强市场的有效性，提高金融运行效率。实证研究方面也为此提供了许多证据：国外学者通过研究美国股市表明高频交易可以显著减少股票价格错配现象，有效实现股票的价格发现；我国学者通过研究不同报价序列对于价格发现的贡献程度，发现交易频率越高的股票，最优报价对于价格发现的贡献程度越高，即高频交易将会提高市场有效性和运行效率。

三、完善金融体系格局，促进投资工具多元化

量化投资在海外的发展已有许多年的历史，而国内量化投资的发展存在明显的滞后，依旧处于起步阶段，存在交易规模相对较小、投资工具短缺等问题。在 2010 年之前，国内的量化基金市场发展十分缓慢，量化交易真正受到国内投资者关注是在 2008 年金融危机时期，许多海外量化从业者归国谋求发展，伴随着推出国内指数期货的预期，量化交易开始有所发展。

拓展阅读

我国量化交易与资本市场发展情况

从发展进程上来看，量化交易与资本市场的发展是相辅相成的。一方面，交易策略的实现离不开市场机制的完善、投资工具的多样化，如 2010 年交易所接受券商融资融券交易申报、沪深 300 股指期货的推出使得量化基金步入快速发展期；另一方面，量化交易本身的发展又在一定程度上促进市场进一

步走向成熟和完善，如伴随着 CTA 策略、FOF、期权策略等量化投资产品的丰富，我国的股票市场和期货、期权等衍生产品市场交易活跃程度相应地随之提高。

从市场规模来看，以公募量化基金为例，截至 2022 年底，我国市场上公募量化基金总计 434 只，总规模约达 2 447.12 亿元（见表 10－1），占比仅为全部公募基金的 0.94%，而美国量化对冲基金资产管理规模在 2019 年已突破 1 万亿美元，约占基金市场总管理规模的三分之一。从投资产品类型来看，国内量化交易主要集中在主动型量化基金、指数型量化基金，期权等其他衍生产品则涉及较少。国内量化交易关注度相对偏低、发展受到制约的主要原因在于投资工具短缺和市场交易限制。当前 A 股缺乏做空机制，可以做空的投资工具只有股指期货、50ETF 期权和部分场外互换产品，但这些投资工具交易体量较小，不能成为有效的对冲交易工具。

表 10－1　我国截至 2022 年底公募量化基金类型、数量与规模

类型	数量（只）	规模（亿元）
主动型量化基金	219	685.89
指数型量化基金	191	1 636.79
对冲型量化基金	24	124.44
公募量化基金总计	434	2 447.12

资料来源：Wind 数据库。

国内的量化交易无论从规模上还是交易产品方面都相对比较落后，未来仍有较大发展空间。伴随着资本市场的发展和量化交易与技术结合的程度不断提升，量化交易发展引致的市场需求必然也会促进投资工具多元化，市场的流动性提高，进而促进期货、期权等衍生交易市场发展趋于成熟，形成正反馈效应，为我国资本市场整体的稳健发展提供有效补充。

四、加剧市场风险

量化交易也可能加剧市场风险。量化交易的主要风险见下一节。量化投资者应制定完善的风险管理计划，尽可能降低风险发生的概率和风险造成的损失。

第五节　量化交易的风险与监管

一、量化交易的主要风险

尽管量化交易与传统的人工交易相比具有交易效率高、纪律性强等优势，但是其仍然存在许多无法忽视的风险：传统金融风险在量化交易中有了新的体现；同时在金融科技背景下，量化交易也表现出了新的风险特征。

（一）传统金融风险在量化交易中的新体现

量化交易中的传统金融风险的新体现可分为交易者自身风险以及系统性风险，前者包括模型风险、操作风险和合规风险等。

（1）模型风险。

模型风险是因量化交易所用的数学模型有缺陷或错误，导致投资策略的执行受到影响甚至产生亏损的风险。一方面，量化模型通常利用大量数据进行仿真测试而得到，数据的残缺和错误会导致模型不完整或不适用。另一方面，量化模型的建立大量依赖于数理基础及计算机技术，对理论把握不足或实现过程有误等都可能导致模型出现错误，尤其在大数据时代，大数据的“数据陷阱”（伪相关）、“先天缺陷”（传统统计方法可能不适用于大数据）等问题都给量化策略构建带来了挑战。另外，预先设定的交易策略缺乏应变能力也是模型风险的一个来源。

拓展阅读

风险事件分析

（2）操作风险。

操作风险是由于人员、内控流程、操作系统或外部事件等不完善或存在漏洞，因而带来直接或间接损失的风险。量化交易中常见的操作风险主要有因交易系统软件缺陷或故障导致交易出现错误的技术风险，设备、网络和通信等硬件的故障风险，计算机性能和网络连接速度差异带来的时滞风险，以及交易员对系统软件操作不熟练、过分追求交易速度导致的人为操作失误或者交易员不遵守交易纪律带来的风险。例如，利用爬虫技术抓取互联网大数据时，数据源和网络的不稳定可能使得数据质量下降进而影响投资决策。

（3）合规风险。

合规风险是指在从事量化交易的过程中出现市场操纵、内幕交易等违法违规行为的风险，这些行为通常都与量化交易的信息和技术优势有关。例如，高频交易者可从传统交易者的指令中提前窥探大单走向从而抢先成交，或利用算法进行“新闻聚合”，在新信息尚未被市场消化之前交易获利，这些行为涉嫌内幕交易，但明确的界定因不同国家监管要求不同而不同。另外一些策略涉及操纵市场，如幌骗、报价填充等。幌骗是指以幌子申报诱使市场上其他交易者进行交易，而自己撤单之后反向交易获利；报价填充是指短时间内发出大量申报干预其他交易者，自己利用相对时间优势获利。

（4）系统性风险。

量化交易在提升市场效率的同时，也加剧了系统性风险。一方面，由于金融市场的传导性和关联性，市场上模型和交易策略的趋同可能导致很多量化投资者同时发出买入或卖出信号，从而导致“追涨杀跌”，加剧市场波动，增加了系统性风险发生的概率。国内学者的实证结果表明大数据时代我国量化基金系统性风险呈现上升趋势，同质化倾向使各基金表现出对系统显著的风险溢出效应。另一方面，金融科技手段使得量化交易的潜在风险隐蔽性更强，一旦发生风险事件，其传播速度也更快，容易加深系统性风险的严重性（尤其像高频交易，一旦出现问题，即使立即采取措施，往往也已经产生了巨额交易量）。

（二）金融科技背景下新的风险特征

（1）信息安全风险愈显重要。

一方面，量化交易系统的信息安全对量化交易投资者至关重要，主要包括账户、数据库和通信的安全。信息安全风险出现的原因主要是内部人员的泄露或是外部的恶意攻击。另外，交易策略属于量化交易者核心竞争力和商业秘密，也是其信息安全保护的重心。

另一方面，从事量化交易的平台也可能为获取超额收益而违法搜集信息，损害他人信息安全。例如，一些平台通过黑客攻击、信息诈骗等方式获取公司商业秘密或个人信息，再通过社交平台等途径实现价格操纵；另外，爬虫技术获取数据的合法性也存在争议。

（2）风险归责困难。

量化投资者所使用的交易系统大多并非自己搭建，因而量化投资者面临着来自提供交易系统的金融科技公司的技术服务风险和技术安全风险。这些金融科技公司提供的技术服务（如投资模型、数据服务、交易策略等）的质量直接决定了量化投资者的投资收益。而国内量化交易由于政策调控较为频繁、模型实盘测试时间较短等，使得交易系统的实际使用效果存在很大不确定性，难以实现预期并控制风险。另外，操作失误、黑客攻击、网络系统崩溃以及电子信号错误等突发性事件也使得量化交易系统存在技术安全风险。而一旦出现问题，不仅量化投资者可能遭受严重亏损，整个市场都可能受到巨大的负面冲击。这时量化交易公司和提供技术支持的金融科技公司之间的责任难以量化和分割。

二、对量化交易的监管

（一）境外监管经验

（1）美国对量化交易的监管措施。

美国在金融危机尤其是“闪电崩盘”事件之后，对量化交易的监管日趋严格，具体措施主要有以下几点：

1）错单取消制度。交易商在发生错误交易时可按照规定程序，向交易所申请交易无效，之后通过协商、执行官裁决、仲裁等方式进行解决。该制度有利于维护市场的平稳运行。

2）错误交易预防机制。针对个股，建立涨跌停板机制，保证价格在合理范围波动；针对投资者，建立断路开关机制，当交易超出规定范围则切断交易通路以降低风险；针对整个市场，建立熔断机制，当市场的波动范围达到或超过熔断点时，市场就暂时停止交易。

3）主机托管的同质化要求。交易商通过托管缩短与交易所主机的距离以提高交易速度，而同质化托管要求保证服务器位置不会影响交易商的交易速度，从而维护交易权利的平等。

4）禁止无审核通路。无审核通路是指不经过经纪商审查，交易商的指令直接到达交易所，借此提高交易速度。美国证监会禁止无审核通路，进而减少错误指令的出现。

5）建立完善的监测系统。美国证监会建立了合并审计追踪系统，以解决不同平台交易无法合并监测的问题；建立了市场信息数据分析系统（MIDAS）来强化实时监控能力。此外，大额交易者和高频交易商还被分配有专门的识别代码，以便对其更有针对性地开展监管活动。

（2）欧盟对量化交易的监管措施。

欧盟对量化交易一直采取审慎监管的态度，监管措施较为严格，具体包括：

1）《金融工具市场指令Ⅱ》。2018年生效的《金融工具市场指令Ⅱ》（MiFID Ⅱ）对量化交易提出了更多限制要求。如MiFID Ⅱ明确了高频交易的定义，细化了对高频交易参与主体的责任界定，要求投资公司确保交易系统的安全性、负有相关交易信息的强制储存义务；交易所应该具备纠错止错能力、保证数据安全性、公平对待所有市场参与者。

2）最优执行制度。投资公司应综合价格、速度、成本等方面选择最佳的投资方式。最优执行制度限制了高频交易商无序的市场交易，更加强调高频交易商的注意义务，从而减少其干预或试探市场的具有欺骗性的交易指令。

3）建立交易信息数据库。监管机构对市场上的金融产品和相关交易记录建立统一的信息数据，便于监管机构及时有效地进行监管，提高市场的透明度。

（二）我国对量化交易的监管

我国量化交易的监管框架可按事前监管、事中监管、事后监管三个层面来划分（见图 10－4）。事前监管主要依赖期货公司、证券公司以及做市商等机构的自律管理，包括审查经纪业务、监督客户交易等；事中监管主要靠交易所、登记结算公司等的自律监管，它们有自己的管理条例，并且有条件获取实时数据进行监测；事后监管主要靠交易所、证监会，甚至公安部、国家发展改革委等部门的协同监管，往往是针对已经发生的负面事件。三个层面的监管应环环相扣、协同联动。

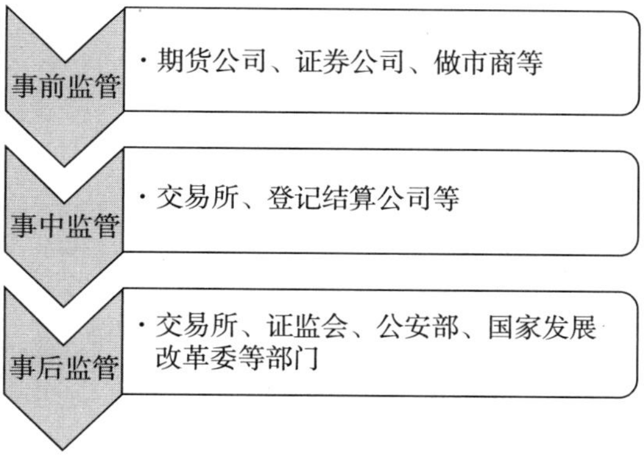

图 10－4 我国量化交易的监管框架

我国量化交易的主要监管依据是规章和行业自律。在规章方面，主要内容是建立高频交易申报核查报备制度、交易系统接入核查制度，制定差异化收费管理办法，明确各主体的法律责任等。在行业自律方面，主要内容是高频交易备案和对异常交易行为的监控等。总体上讲，我国并没有形成针对量化交易的完善的监管体系：第一，我国尚无专门的监管法律；第二，主要的监管依据仍是征求意见稿形式，其他文件都只是零星提到程序化交易和高频交易。同时，我国现有监管的力度也不尽合理，如对异常交易行为定义过于严格，导致量化策略发挥空间过小。

拓展阅读

我国量化交易的主要监管依据概况

因此，未来监管发展的方向有三个：一是要继续完善事前、事中、事后的全过程监管，加强监管协同协作，对内要实现证监会、交易所和证券公司的信息共享机制，加强机构监管、稽查执法、信息技术的协同监管；对外要建立联合公安部、工业和信息化部等部门的跨部门监管机制，提升监管效能。二是要加速完善监管制度，建立更加完备的监管体系，提升监管依据的法律级别，明确高频交易等相关概念的定义和各参与主体的责任；同时，在监管过程中注重维护市场公平、保证市场效率和限制市场风险三个目标之间的平衡。三是要在金融科技背景下注重发展监管科技，建立数据融合应用机制和金融监管智慧分析体系，利用跨部门、跨地区、跨层级的大数据进行分析和监管，随时掌握金融市场动态，达到防范风险和提高监管效率的目的。

思考题

1. 请阐述量化交易的定义。
2. 请阐述量化交易的基本原理。
3. 量化交易对金融体系会造成什么样的影响？
4. 请阐述量化交易存在的风险。

第十一章

智能投顾

导　言

智能投顾，又叫机器人投顾，是近年来被广泛应用的一种新型理财方式。随着人工智能技术的不断发展和买方投顾转型理念的持续推进，金融机构开始探索人工智能技术在财富管理领域的应用。智能投顾作为金融创新的一种，具有“一对多”的特性，并且服务过程能够实现全部或绝大部分自动化操作管理，在一定的规模效应下服务成本可以被大幅降低，因此智能投顾发展十分迅速。

学习目标

1. 掌握智能投顾的基本概念与基本模式，了解智能投顾国内外的大致发展过程。

2. 了解智能投顾的主要分类，了解智能投顾的代表性公司以及其当前面临的风险与监管。

核心概念

智能投顾　资产组合　规模效应

第一节　智能投顾概况

一、智能投顾的基本概念

智能投顾（robo-advisor），又叫机器人投顾，是 2008 年金融危机后被广泛应用的一种新型理财方式。业界和学界对于智能投顾的定义尚未达成统一的共识，各国相关的法令条例中关于智能投顾的名称和定义都不尽相同，但总的来说有两类说法，即“投资顾问说”与“资产管理说”。

（一）投资顾问说

投资顾问说发源于欧美，2017年2月，美国证监会公布了《智能投顾监管指南》，该指南指出，智能投顾的经营者应当披露以下信息：一是披露智能算法管理客户账户的方式、技术风险和局限性等；二是披露智能算法提供的投顾服务；三是披露怎样向客户提供信息。通过上述阐释，美国的智能投顾通常被认为是一种“自动投资工具”，使客户分类、资产配置、交易执行、证券投资等服务一体化。

在欧洲，智能投顾被叫做“金融建议的自动化”，可以理解为将投资顾问业务赋予了自动化工具。在开展业务时，首先需要投资者提供自己的信息，随后投资顾问利用自动化工具分析客户信息，利用算法为客户提供投资建议。财富管理（账户全权委托）、投资建议、理财规划服务、共同基金、对冲基金等多种资产管理，均可以纳入该种智能投顾的业务范围。

（二）资产管理说

“资产管理说”主要来自日本、韩国等国。日本将智能投顾称作“自动化的资产管理者”。在日本，根据《金融商品交易法》，投资咨询与资产管理是两种相互独立的业务。投资咨询业务向客户提供投资建议服务，其中投资顾问扮演了中介人的角色。而资产管理业务依据集合投资计划或自主投资管理协议，向客户提供包含集合投资计划、全权账户委托等服务的投资管理服务，其中自主投资管理协议是投资顾问或投资组合管理人以客户利益为最终目标，允许独立做出投资决定的协议。根据日本法律，投资顾问仅能提供投资的有关建议，不得代替客户行使投资的最终决定权；而在资产管理业务中，客户需要将投资决定权委托给资产管理公司。

与此同时，韩国对于智能投顾的定义与日本相近。韩国金融监督院发布的相关资料将“智能投顾”定义为“通过自动化算法、利用互联网管理客户的证券组合，向客户提供财务咨询服务”。因此，韩国研究机构将“智能投顾”认为是互联网化的“资产管理业务”，可以理解为“采用自动化算法的互联网资产管理服务”。日本和韩国分别设置了投资顾问牌照与资产管理牌照，而非像欧美使用“大投资顾问”牌照。

美国的投资顾问服务最初是投资咨询服务，但美国修改法律后，已将投资顾问服务的业务范围扩张至资产管理，而日本和韩国等国强调投资顾问服务的本质为投资咨询。实际上，投资咨询业务很难单独开展，常常与资产管理相结合。

根据智能投顾的界定与实际运行状况，有学者提炼出智能投顾的几个特征：一是智能投顾产生的原因是降低投资咨询业务的成本，使更多个人投资者可以享受到投资咨询服务，因此智能投顾采用自动化算法降低成本，其产生的本意是替代传统的投资顾问业务，而非替代资产管理产品；二是智能投顾是面向客户的服务，只有以客户利益最大化为目标的智能投资工具才属于智能投顾范围，销售基金公司产品使得佣金最大化，或引导客户购买机构提供的使用智能算法进行资产管理的产品，不应属于智能投顾的范围；三是智能投顾属于个性化的服务，需要针对每个客户利用自动化算法进行画像，给予个性化的投资建议；四是智能投顾除投资咨询、资产配置外，还需要有资产组合再平衡等功能。综上所述，智能投顾可以理解为在自动化算法的支持下，实现投资咨询、资产配置、资产组合再平衡等服务为一体的买方投顾业务。

然而在智能投顾本土化的过程中，我国的智能投顾逐渐异化为卖方投顾市场，这种模式的投资顾问主要通过代理销售基金公司产品赚取佣金，而非以客户的投资收益最大化为导向。这是由于我国《关于规范金融机构资产管理业务的指导意见》（简称资管新规）与《中华人民共和国证券法》（简称《证券法》）限制投资顾问不得代替客户进行投资决策，因此以人工智能形式开展的投资顾问业务仅能用于投资咨询服务，全权委托型的智能投顾在我国仍处于缺位状态。

二、智能投顾的主要分类

根据应用场景、专业度等不同维度，可以将智能投顾分为以下几类：

第一类是基于互联网平台的普惠型智能投顾。这种智能投顾定位于个人投资者的大众市场，使用简单，操作方便，普及程度高，广受欢迎，咨询门槛低，且对资金规模的要求相对宽松。它主要以较为普遍的自动化工具辅助用户进行资产配置、风险评估等。

第二类是机构级大数据智能投顾。这种智能投顾是给大型机构投资者使用的，并且具有更高的专业化、精细化、定制化程度。这类智能投顾使用先进的大数据算法和人工智能技术，可以帮助机构投资者更精细地识别、评估、管理风险，并在多种投资场景中为机构客户量身定制智能投顾服务。

第三类是社交型智能投顾。这种智能投顾利用社交媒体等平台，集合用户的意见和共识，实现智能化决策过程。用户可以通过平台内的智能匹配和交流，分享自己的投资分析，获得群体智慧的支持，进行更加准确的投资决策。此外，社交型智能投顾还具有较高的趣味性，让用户能够更轻松地了解投资方式。

第四类是基于 AI 技术的智能投顾。这种智能投顾使用人工智能、大数据、深度学习等技术，能够获得更加准确的数据分析和预测，从而提高投资组合的收益率。此类智能投顾的研发和应用门槛较高，一般由大型金融机构或专业的科技公司使用。

三、智能投顾的基本模式

从应用层面来看，智能投顾是在资产组合理论的基础上，依托人工智能、大数据、云计算等技术，根据投资者的财力、可接受的风险阈值、对投资结果的要求等，为投资者提供相应的资产配置建议，并对资产配置进行后续管理的一种新型理财技术。

智能投顾的第一个步骤就是要收集客户信息，在这个过程中除了需要客户填写与个人风险偏好和投资目标等信息相关的问卷外，还可以利用大数据技术收集客户在第三方支付 App 中的交易往来详情、目前的财务状况，甚至客户的社交情况等。收集到足够的客户相关信息以后，还需要对客户的相关信息进行处理，因为在收集到的信息里，很大一部分是非结构化数据。[①] 这个时候，就需要用到人工智能中的自然语言处理这个功能，将非结构化数据转化为计算机所能理解的结构化数据，这个功能可以简单地看作教会计算机理解人

① 非结构化数据是结构不固定、不能直接纳入数据库进行分析的数据。

类社会的自然语言。

第二个步骤就是要为客户（即用户）精准“画像”。所谓“用户画像”（也称“客户画像”），就是将你所掌握的信息放到一个预先设定好的模型中，这个模型会为你分析出这个或这类客户的一些特点，例如期望收益率与风险偏好等，这些特点能够定位一个或者一类客户。我们对于客户的特点和需求的把握精准与否，直接取决于我们所使用的模型是否具备“识人能力”。此时需要应用到另一项人工智能领域的技术——机器学习。机器学习可以简单理解为教会计算机人类的学习活动，在这里可以看作教会计算机我们根据哪些指标得到哪些标签，这些标签又能传递出这个人怎样的特点。计算机拥有这个功能以后，就能对输入的数据进行标准化分析，迅速得出“用户画像”。

有了“用户画像”以后，下一步就是为这个客户提供适合他的投资组合（即资产组合）。这一步以马科维茨的资产组合理论为基础，核心观点是收益与风险相关联。根据客户的期望收益率和风险厌恶程度，可以得到他的有效边界，再根据客户的投资风险偏好，就可以在有效边界上找到能满足客户需求的投资组合。得到这个目标组合的期望收益率和标准差以后，我们要做的就是在我们能投资的资产池中，分析各类资产的历史收益率、标准差和它们之间的相关性，构建一个理论上可行的有效组合，这个有效组合和我们的目标组合拥有一样的期望收益率和标准差。这个过程仍需要机器学习和云计算的参与，构建一个模型，输出一个能满足客户要求的投资组合。

拓展阅读

Wealthfront 公司投资流程

得到这个“理论上”能满足客户要求的投资组合以后，还需要和客户进行沟通，由客户来决定是否进行投资，所以在智能投顾的定义中还强调了客户的自由量裁权。① 虽然已经得到了一个“理论上”能满足客户要求的投资组合，但是外部环境是在不断变化的，这一秒这个投资组合实现的收益、承担的风险是能满足客户要求的，但下一秒就可能产生变化。资产管理是一个动态的过程，要根据环境的变化对投资组合进行调整。当然，这个调整的频率不一定是实时的，那样会带来大量的交易成本，得不偿失。一般会设定一个固定的周期对投资组合进行再调整，这个再调整的过程将会涉及大数据、人工智能、云计算等多种技术。再调整的过程仍然以大数据为基础，需要收集相当多的数据，通过云计算得出资产池中各个资产的收益、标准差和相关系数，然后教会机器如何根据历史信息和新出现的信息修正投资模型、完善投资策略等。

上面我们对智能投顾的运作过程的描述是以为客户提供个性化服务为前提的，在现实中，更多的情况是对一类客户而非单个客户提供这种服务，即将拥有某些同类标签的客户归结为一类，基于这些标签为其提供资产管理服务。

总的来说，智能投顾与传统投顾在运作方式方面差别并不大，但是智能投顾依托于现代科技，结合了大数据、人工智能、云计算等新兴技术，能够更加精确地描绘用户画像，准确地构建出客户满意的有效组合，以及更快捷有效地进行资产组合再平衡，在降低投顾理财的门槛的同时，提升了投顾理财的效率。

① 尽管美国的智能投顾需要客户全权委托账户的管理，但客户并未让渡合理限制、干预、最终决定投资策略的权利。

第二节 智能投顾的发展历程和现状

一、国际智能投顾发展历程和现状

智能投顾概念起源于国外，并且起步较早。20 世纪八九十年代，一些金融机构的从业人员开始采用科技手段对客户进行画像，这被认为是智能投顾最原始的形式，后来逐渐演变为利用相关技术提供资产配置、优化投资组合的相关建议。20 世纪 90 年代后期，直接面向个人投资者的投资分析工具开始出现，之后其技术水平不断提高，规模也不断扩大。美国金融业监管局（FINRA）的规定允许投资者直接使用证券公司的投资分析工具，为后来智能投顾的发展提供了法律依据。

现代意义上的智能投顾诞生于美国。2008 年金融危机的发生使美国传统的金融机构陷入了巨大的公众信任危机，因此美国投资者对金融机构的态度更加理性，对新兴科技和程序化交易更加信任，为智能投顾的发展建立了良好的投资者基础，以 Betterment、Wealthfront 等公司为代表的新兴智能投顾企业开始通过先进的数字化科技手段进行程序化交易，从而避免了人为操纵，通过为客户提供低费率、智能化、个性化的服务，得到投资者信任，智能投顾得以迅速向大众普及并得到发展。此外，智能投顾能够最早在美国诞生并得以迅速发展还与美国的政策环境与市场环境有关。在政策环境方面，美国金融业实行混业经营模式，智能投顾公司可以为投资者提供全权委托服务。在市场环境方面，美国 ETF 市场非常成熟、种类丰富，因此为智能投顾产品提供了充足的投资标的，可以满足不同类型用户的多样投资需求。

拓展阅读

美国智能投顾的主要发展历程

美国智能投顾发展时间已有 10 多年，市场日趋成熟，已经建立了完善的行业监管体系，格局相对明晰。截至 2021 年，美国智能投顾管理规模已高达 9 990 亿美元，占全球智能投顾份额的 69.85%。

除美国外，加拿大、英国、新加坡、韩国等多个国家也都在提供多种多样的智能投顾服务。

金融危机爆发后，英国传统银行业陷入信任危机，银行作为理财产品分销的主要渠道受到挑战，传统理财产品市场乱象频发，银行理财市场陷入空白期，智能投顾理财迎来发展契机。2011 年 4 月，Nutmeg 公司成立并且在之后的几年里迅速发展，引领整个英国智能投顾领域。在此之后，英国进入了智能投顾发展的新阶段，以苏格兰皇家银行、巴莱克银行以及劳埃德银行为代表的金融巨头相继开展智能投顾业务，正式开拓金融智能投顾领域。

加拿大传统理财市场两极分化严重，主要为高净值人群提供理财服务，散户可接触的理财产品类型较为单一，因此打破理财门槛是加拿大智能投顾的发展目标。近年来加拿大的智能投顾市场发展迅速，代表企业有 Wealthsimple 和 InvestEase。

2013 年，新加坡的智能投顾企业 Dragon Wealth 成立。当前新加坡智能投顾的金融市场都相对稳定，智能理财服务发展基础良好，监管者对于智能理财服务的支持力度在不断加大。

二、国内智能投顾发展历程和现状

智能投顾在中国起步较晚，我国从2014年才开始兴起智能投顾热潮。在这一年，胜算在握作为中国第一个智能投顾平台上线运行，随后弥财、钱景私人理财、爱理不理等智能投顾创业企业陆续出现。2015年，我国一些互联网企业和金融机构相继开发智能投顾业务；网易公司、光大证券和海航旅游联合开发了立马理财；同年，以成功收购美国AssetMark为标志性事件，华泰证券进入智能投顾领域。2016年8月，京东将旗下智能投顾产品“京东智投”正式更名为“京东金融·智能投顾”，明确其智能投顾属性；2016年9月，百度宣布进军并布局量化投资、智能投顾业务领域；2016年底以来，徽商银行、招商银行、浦发银行、兴业银行和江苏银行等银行在传统金融业务中新增智能投顾业务。在短短几年时间里，国内已有几十个较为知名的智能投顾平台，其中既有传统金融机构推出的智能投顾产品，如招商银行摩羯智投、平安一账通、浦发银行财智机器人等，也有独立的金融科技公司研发的智能投顾平台，例如理财魔方等，智能投顾产品得到了广泛应用，尤其受到中小投资者的极大青睐。

2021年以来，智能投顾的监管进一步规范。基于监管政策的要求，早期银行系智能投顾服务更接近基金组合业务。这些服务在基金销售和基金投顾之间处于一个模糊地带，更像是在基金销售的基础上增加了一定程度的策略服务增值。然而，在2021年11月，北京、上海、广东三地证监局发布了《关于规范基金投资建议活动的通知》（即“投顾新规”），基金组合业务被归入基金投顾的范畴。这意味着从事基金组合业务的机构需要再增加一张基金投顾牌照。因此，部分银行系智能投顾服务停止更新组合。中国智能投顾服务已于2022年6月底完成整改。这意味着，包括招商银行摩羯智投、工商银行AI投等在内的许多银行旗下智能投顾产品将停止服务。在存量资金方面，客户可以选择继续持有智能投顾组合并将其转为单只基金产品，也可以通过银行App一键赎回原智能投顾项下基金产品或者赎回持仓中的单只基金。同时，对于一些网络大V设立的基金组合，如果它们仍然存在，则需要在机构帮助下陆续完成整改，从组合产品升级为投顾产品，并且相关大V还需要入职投顾持牌类机构，或者大V可以将管理权限移交给投顾机构，大V本人与组合分离，否则在整改期限结束后，大V的基金组合将自动解散。

我国智能投顾发展存在如下一些瓶颈：第一，相比于美国等国家，国内的ETF数量较少，并且以传统的股票型ETF为主，债券型ETF和商品型ETF非常少。由于国内股票市场个人投资者占比较大，股票市场经常剧烈波动，因此构建的被动式基金的稳定性较差，难以有效地分散风险。第二，在投资者信心方面，国内个人投资者普遍过高估计自己的投资能力，习惯于自己进行投资操作，并承担相应的较大风险，对于第三方投资者带来的投资亏损的接受程度较低。第三，在金融牌照方面，资管新规规定“运用人工智能技术开展投资顾问业务应当取得投资顾问资质，非金融机构不得借助智能投资顾问超范围经营或者变相开展资产管理业务”，《证券法》约定了投资顾问不得代理客户执行投资决策。出于市场、文化与规章制度的原因，中国智能投顾的创业公司在短期内产品业务发展较为受限，取得金融牌照难度大，获客成本较高。

第三节　智能投顾的代表性公司和产品

一、Betterment 和 Wealthfront

Betterment 于 2008 年在美国纽约成立，是世界上第一家通过全数字化在线服务为客户提供资产管理的独立投资顾问公司，截至 2022 年初，其管理规模约为 330 亿美元。在投资界，Betterment 一直受到资本的追捧，是智能投顾领域吸收最多融资的公司。该公司在 2010—2021 年共完成了六轮融资，累计融资额已经达到 2 亿美元，市场估值已经达到 13 亿美元，一时风头无两。

Wealthfront 的前身是一家名为 Kaching 的公司，成立于 2008 年，它的业务模式基于互联网，由投资者在平台上发布自己的投资信息，整个平台上的所有其他投资者可以根据收益率进行跟随，其在本质上还只是一个平台。这一切在 2011 年发生了改变。在这一年，Kaching 公司更名为 Wealthfront，公司的业务也随之变化，它开始作为一家在线智能投顾公司正式出现在大众的视线中。

（1）产品介绍。

在第一阶段（2010—2014 年），Betterment 最初定位在 C 端市场，根据客户的投资范围、风险偏好、收益目标提供资产配置的建议，并不断优化投资组合，简便、不设最低投资额、低交易成本让 Betterment 很快打开市场。在第二阶段（2015—2019 年），Betterment 优化存量 C 端服务，推出人机结合的投资方式，即智能投顾＋传统投顾，并且挖掘增量 B 端市场。“Betterment for Advisor”是协助注册投资顾问管理客户资产的平台，官网信息显示，该平台与来自 600 多家财富管理公司的约 2 000 名顾问合作，为客户提供投资咨询、财务规划、养老规划等一对一咨询服务。“Betterment at Work”是针对企业雇主的平台，包含 401（k）计划、学生贷款管理两个业务，方便雇主管理 401（k）计划，处理员工的财务事宜。在第三阶段（2020 年至今），随着业务不断发展，Betterment 在最基础的智能投顾业务基础上，不断上线新的业务或服务，包括现金账户管理服务、税务筹划服务及养老金业务等。与此同时，Wealthfront 提供的主要服务与 Betterment 大同小异，也是针对个人的智能化的资产管理服务。在此基础上，Wealthfront 还有其他的特色服务，例如“税收损失收割”“税收优化直接指数化”“单只股票分散投资服务”等。

（2）竞争优势。

可以看到，两家公司的智能投顾产品主要针对个人，再细分之下则主要关注即将退休或者已经退休，对自己的退休金等养老保障有着很高的安全性要求的普通收入人群，或者也可以称之为低净值客户群体。这些普通人无法快速高效地学会在资本市场进行投资而使自己的资产保值增值的方法，而且由于资产规模较小，对于规模较大的、人力成本和账户维护成本很高的传统金融服务公司来说，为这样小的客户管理资产是得不偿失的。因此，传统金融服务公司覆盖不到这些客户，于是这一人群强烈的投资需求长期无法得到满足，而智能投顾公司针对的就是这一长尾市场，也就是我们说的普惠金融领域。

为什么智能投顾公司可以从中取得收益？其实这是因为传统投顾的单位成本过高，从单次投资额较小的个人客户身上取得的收益不足以覆盖成本，而人工智能和大数据的发展使得智能投顾公司可以大幅降低单位成本，从而使得帮助散户管理资产也变得有利可图。从数据上来看，Betterment 的交易佣金按资产规模的 0.15%～0.35%收取管理费。Wealthfront 的管理费为资产规模的 0.25%（在 2018 年 4 月 1 日之前注册的账号则是在账户余额扣除 10 000 美元之后的基础上，收取剩余金额的 0.25%）。二者的资产交易策略的基础为马科维茨提出的资产组合理论及其衍生模型。

从投资端来看，我们可以看到以 Betterment 为首的智能投顾公司本质上可以看作属于 ETF。ETF 可以看作一种指数基金，能够以最小的成本获得等于市场平均收益率的收益，风险很小，并且与指数基金不同的是，ETF 的交易佣金很低，几乎为零。

结合资金端和投资端两端我们可以发现，以 Betterment 为首的智能投顾公司在实践上通过人工智能程序和大数据等科技手段，实现了以低廉的成本为低净值客户提供以往高净值客户才能享受到的个性化定制服务，用事实证明了金融科技对普惠金融的助推作用。

理所当然，从客户层面来看，Betterment 和 Wealthfront 对于客户的吸引力就在于低廉的成本。对于客户来说，传统金融服务存在门槛过高、投资成本过高的问题，而智能投顾最大的优势就是投资门槛和投资成本均不设限。从实践上来看，Betterment 对于投资规模没有设置任何门槛，而 Wealthfront 依然有 5 000 美元的最低投资要求。

（3）业务模式。

所有的智能投顾公司在给客户提供投资建议或管理服务前都会进行问卷调查，获取客户的个人信息，然后通过全自动的智能投顾系统分析这些信息，按比例加权综合形成客户的投资组合。Betterment 也不例外，在注册时会有一份标准化的调查问卷，问题包括投资者的年龄、年收入状况、工作状态、投资规模、投资目标和投资期限等，但其问题并不包括对风险偏好的选择，这是由于 Betterment 认为投资规模、投资目标和投资期限等数据本身就反映了该客户的风险偏好。比如在投资目标选项，Betterment 为客户提供了三个备选项，即“安全保障”“退休基金”和“一般投资”，并附有对三个选项含义的详细解释，因此 Betterment 的人工智能程序可以直接通过问卷推算出投资者的风险偏好，然后针对客户的具体情况提供个性化投资意见，推荐适合其个人风险偏好的投资组合。客户也可以在一定的范围内依据自己的风险偏好来调整投资组合中固定收益证券和股票的配比。而 Wealthfront 的问卷调查则更为详细，除了一般的问题，其中还包括一个场景分析：“全球股市经常波动，如果某个月在某个市场您的投资组合价值损失 10%，您将如何应对?” Wealthfront 通过客户对场景分析的答案来判断客户的风险偏好。

总结一下两家公司，用三个关键词来描述它们的特征，那就是“简便”“无门槛”“低成本”。其中最为重要的还是“低成本”，也就是说，驱动智能投顾发展的引擎是“低成本”。

但是，随着金融科技整体增长放缓，智能投顾的发展也遇到了瓶颈。一方面，随着智能投顾公司的飞速发展，传统金融巨头纷纷进军智能投顾领域开展业务，以大型金融机构的形象和信誉轻松地后来居上，抢占独立智能投顾公司的市场份额，如巴克莱银行、苏格兰皇家银行、富达基金及瑞银等国际金融巨头纷纷推出了自己的智能投顾业务。另一方面，并不是所有人都完全相信程序的决策，相当多的人更相信经验丰富的投资顾问，尤其是高净值人群。因此，两家公司都在寻求突破：一方面，布局 2B（面向企业）端业务，比如 Wealthfront 的税收损失收割和税收优化直接指数化业务的目标客户均为公司客户等；另一方面，推出人机结合的投资顾问模式，比如 Betterment 于 2016 年 10 月推出“Betterment for Advisor”，为客户提供与独立注册投资顾问直接进行沟通的机会，为客户提供更优质的服务。

二、理财魔方

和国外不同，我国从 2014 年开始兴起智能投顾热后，我国的传统金融机构推出了自己的智投业务，独立智能投顾公司在我国是起步比较晚的一方。因此，虽然智能投顾业务在中国正处于飞速发展期，尤其受到中小投资者的极大青睐，但是我国并没有出现比较大的独立智能投顾公司。下面介绍我国的独立智能投顾公司之一理财魔方。

理财魔方成立于 2014 年，主打人工智能驱动的家庭理财计划定制 App 服务模式，开展 2C（面向消费者）业务，产品为公募基金组合。用户进入 App 后，首先需要填写风险测评问卷，如拓展阅读所示，随后通过智能算法分析出客户的风险等级，根据目标年化收益率与最大回撤等客户偏好，推荐不同的全天候组合，例如稳健型客户大部分配置国内的固定收益类产品与现金类产品，少量配置国内外股票及另类产品，平衡型客户大部分配置国内外股票及另类产品，同时配置少量固定收益类产品与现金类产品。其中申购、赎回手续费由基金公司收取，理财魔方收取年化 0.5%的投顾费用。在市场震荡时，自动化算法发出调仓指令并解释原因，客户如果选择执行，系统一键执行调仓决策，客户也可以选择拒绝调仓。全天候组合的起投门槛为 2 000 元，对于小规模个人投资者来说仍存在一定门槛。

拓展阅读

理财魔方的风险测评问卷

第四节 智能投顾对金融体系的影响

伴随着人工智能与自动化算法在金融体系中的应用，智能投顾随之产生，且凭借较低的成本成功开拓了市场，那么，智能投顾能否替代传统的人工投资顾问呢？传统与科技，谁会成为未来投资咨询行业发展的主要方向呢？

一、成本与规模效应

传统的人工投资顾问业务的目标客户为高净值客户，这是因为人工投资顾问业务的开展需要较高的成本，例如与顾问会面的时间成本、办公场地的运营成本等，且一名顾问可以同时服务的客户数量为五六十人，人工成本较高，因此人工投资顾问业务面向的客户主要为可以负担得起高成本的高净值客户。而智能投顾通过 App、官网开展业务，客户只要在网络覆盖的范围内，就可以享受到智能投顾 7×24 小时的服务，因此减少了传统咨询服务需要的场地成本、实体办公场所的维护成本等。此外，智能投顾所需的自动化算法具有规模效应，一旦开发出来，增加一个客户需要的开发成本很低。正是由于智能投顾与传统人工投资顾问业务相比成本得到了降低，因此智能投顾公司可以降低对客户的最低投资额度要求。例如美国银行的人工投资顾问业务要求客户的最低投资额度为 2 万美元，而大多智能投顾业务的最低投资额度仅仅为 1 000 美元，Betterment 甚至不存在最低投资额度限制。此外，智能投顾收取的费用也相应更低。根据国外学者的测算，一个成熟的、完全自动化实施的智能投顾业务可以收取低至 0.25%的资产管理费用，而传统的人工投资顾问业务收取的费用通常不会低于 0.75%，有的甚至可以达到 1.5%。另外，智能投顾业务也通过被动投资、投资交易费用更低的 ETF 等方式降低了财务费用，而人工投资顾问业务倾向于推荐费用较高的主动管理的投资方法。

不仅如此，智能投顾业务在税收操作上也比人工投资顾问业务表现更为亮眼。税收操作即在保持投资组合的风险状况相同的条件下，卖出遭受损失的资产，用等量资金买入相同风险等级的资产，通过投资损失减少应税收入，进而规避税收。这一操作可以具体化为识别遭受损失的资产、寻找合适的替代资产、执行对应的交易等，而智能投顾采用的自动化算法可以使这种操作更为频繁、高效、快速，效果优于人工投资顾问业务。

与传统的人工投资顾问业务相比，智能投顾可能更受对科技感兴趣的人的青睐。美国金融服务公司嘉信理财 2018 年的研究表明，在 18～34 岁的美国人中，有 38%的人除了养老金以外还有其他领域的投资，然而在 55 岁以上的人群中，这一比例仅为 4%，这种年龄倾斜现象可能是因为年轻人比老年人更适应新技术。在未来，随着人们对技术的接受程度逐渐提高，智能投顾业务的用户规模将会扩大。高净值客户也是智能投顾业务的潜在市场，更低的投顾费用可以增加高净值客户的投资收益，前提是智能投顾业务提供的投资建议与人工投资顾问业务一样有效。

二、行为偏见与客户信任

人工投资顾问业务中的顾问在提供投资建议时，可能会被自身对性别、种族、地区、资产的偏见所左右，从而偏离了以客户利益最大化为目标的行为准则。此外，如果人工投资顾问业务中的顾问与其他第三方机构有合作，可能会受使自身得到的销售佣金最大化的利益驱使，对客户的投资收益造成负面影响。有部分学者认为，基于自动化算法的智能投顾可以解决这一问题，因为自动化算法的执行只考虑设置好的几种指标，算法自身不会对不同的客户产生偏见，而且算法的目标函数为最大化客户的投资收益，因此投资决策不会为其余条件所左右。然而，也有一些学者持有相反的意见，他们认为智能投顾业务中使用到的算法也是人类开发出来的，工程师在开发算法过程中也会将自己的偏见应用到算法中，而且出于商业竞争中的保密机制，算法具体的程序语言不会向大众公开，因此难以监督智能投顾是否真的以客户利益最大化为出发点。例如，有的智能投顾公司会建议客户保留一定比例的现金，不去购买资产，然后公司将这笔现金的利息收入作为自己的盈利来源。

然而，在评估风险承受能力方面，智能投顾的效果可能不如人工投资顾问。智能投顾通过一刀切的调查问卷方式来判断客户的风险承受能力，而人工投资顾问通过面对面交流、提问量身定制的问题等方式了解客户的其他投资状况、未来支出计划、或有负债、配偶的财务状况或购买的保险等信息，对于客户的财务状况掌握得更为全面，可以基于此提供更为准确的投资建议。美国金融业监管局曾提出这样一个问题："如果投资顾问想要做出合理的投资决策，那么在建立客户档案信息时，需要哪些必要信息呢?"研究得出的结论是，必要的信息主要分为五类，分别是个人信息、财务信息、投资目标、投资的时间范围和风险承受能力。总之，如果智能投顾只基于片面的问卷回答提供投资建议，建议的效果可能会稍差。

同时，在客户信任角度，2016 年在意大利进行的一项调查显示，49％的受访者表示在没有人工投资顾问提供帮助时不会使用智能投顾服务，只有 11％的受访者愿意完全依赖自动化的智能投顾。也有国外学者的研究表明大部分美国投资者认为人工投资顾问更好，因为他们认为相比于智能投顾，人工投资顾问能够更好地服务于客户的利益，可以考虑到客户整体的财务状况，帮助客户理解投资决策，向客户传授金融知识，而智能投顾能否提供类似的人性化服务，仍是一个值得关注的议题。

第五节　智能投顾的风险与监管

一、智能投顾的主要风险

（一）程序风险

由于智能投顾是人工智能应用的一种，因此其本身是基于程序语言和算法的一种特殊产品。一方面，智能投顾也是程序的一种，即便做了很好的防护措施也很难避免黑客、病毒等的攻击以及互联网瘫痪等带来的影响，其自身的这种特性决定了其必然时时刻刻面临安全性的风险。另一方面，在设计自动化算法时存在着原始信息难以被处理为计算机语言的风险，同时，由于经济和互联网的环境变化很快，历史性的数据难以应对新环境下的突发事件与新生事件，如果智能投顾不能够及时地根据环境的变化进行调整，其决策的有效性也会面临挑战。与此同时，智能投顾利用的自动化算法在评估客户风险承受能力、构建投资组合时应用的理论模型相同，工程师在设计算法时难以跳出既有的框架，容易导致自动化算法趋同，得出相近的投资建议，导致市场的异常波动。

（二）法律风险

（1）权责不明确。

智能投顾是人工智能的发展运用于金融方面的成果，其在法律中所扮演的角色尚不明确：一方面，智能投顾能够独立地根据所得信息进行投资判断并给出建议，由于其排除了人为的非理性，因此在投资决策的过程中智能投顾是独立的；另一方面，智能投顾并不具备人综合判断行为后果的能力，也不具备承担法律责任的能力，因此它又是绝对的。综合两方面来说，在为人工智能出台专用的法律之前，其在法律中的界定是模糊的，在发生风险或错误之后需要有人为其承担后果和责任。就现阶段的智能投顾发展而言，其在法律纠纷中尚可归类为产品，由其开发和管理公司为其承担后果，但随着人工智能的发展，界定会更加模糊，从而其所带来的风险也将越发显著。

（2）合规风险。

2017 年，美国证监会投资管理部明确提出智能投顾不能违反美国《1940 年投资顾问法》，这部法律此前是专为人工投资顾问制定的，现在智能投顾也要受到其约束。在我国，《证券法》规定投资顾问仅能提供投资建议，不得进行全权委托管理。我国现阶段智能投顾不仅为客户提供建议，而且在协助客户做出投资决策时存在操作的灰色地带，极可能存在涉及违规操作的风险。同时，由于我国在证券、期货、基金的准入和监管制度方面有不同的标准，从事投资顾问和资产管理业务也需要不同的牌照，因此现行的智能投顾因业务涉及不同行业，法规的适用范围不够明确，容易形成监管的真空与重叠，容易造成风险的积聚。

（3）信息风险。

智能投顾在为投资者进行服务的过程中会掌握投资者的大量信息，包括财务信息、个人偏好、身份信息等，这些信息的绝大多数都属于投资者的个人隐私信息，但同时也是运营者的数据财产，具有很高的商业价值。由于智能投顾处于互联网环境中，自身又缺乏对信息保护的有效措施和意识，因此极易发生信息泄露等问题，一方面严重侵害了投资者的隐私权，另一方面使投资者和运营者面临受到巨大损失的风险。

（三）操作风险

在通过智能投顾为客户进行服务的过程中，每一步都可以通过智能投顾的自动化操作实现，但并不能排除在整个过程中伴随着人为的操作。一方面，智能投顾本身可能有的程序缺陷会引起指令发送、执行等方面的错误，从而造成错误的建议或操作，给投资者带来损失；另一方面，智能投顾在整个服务的过程中并不能够排除人为干涉，从而既会面临人为的失误所造成的风险，还会面临人为地、有意地进行内幕交易、操纵市场等违法行为从而使投资者受损的风险。

（四）投资者保护

客户在使用智能投顾服务时所签署的合同绝大多数为电子化合同，而电子化合同是虚拟的，容易被人为更改。同时，由于签署电子化合同的过程简单快速，当合同没有进行特别提示的标注时，在签署合同时投资者容易忽略合同内容的细节并被运营商不良误导，从而在忽视了合同内很多对自身不利的条款的前提下匆匆签署合同，使自己损失利益和资产的风险增加，并在合同中处于不利地位。不仅如此，各智能投顾公司均将其应用的自动化算法视为核心机密，在算法的开发、调试不透明的情况下，“黑箱”容易导致监管缺位，产生利益输送等违法行为，权责划分不明晰，因而损害投资者的合法权益。此外，智能投顾面向的主要客户群体为中小型个人投资者，这类投资者普遍存在对于智能投顾运作方式认识不足、对于投资风险防范意识缺位等问题，在信息披露不充分的情况下，可能会对投资者利益造成损失。

二、对智能投顾的监管

智能投顾是科技进步背景下传统投顾业务的创新，作为金融科技领域的一种新兴业态，它在我国起步较晚，尚处于发展初期。由于监管政策与市场的发展状况相比存在一定的滞后性，在我国，专门针对智能投顾的法律法规还处于缺失状态，智能投顾这一业务的法律风险和合规风险非常突出。为了营造一个规范的、良好的环境，促进智能投顾的健康持续发展，也为了管理和控制金融风险、保护投资者的合法权益，监管措施的跟进势在必行。

（一）我国监管现状

2010 年 10 月证监会发布《证券投资顾问业务暂行规定》，对证券投资顾问业务进行规范，其中提及了对以软件和终端设备等为载体向客户提供投顾业务的规定。2012 年 12 月证监会又公布了《关于加强对利用“荐股软件”从事证券投资咨询业务监管的暂行规定》，明确了“荐股软件”属于证券投资咨询业务，从事该项业务需要经证监会允许并取得相关资格。

2018 年 4 月，中国人民银行印发资管新规，第一次将智能投顾纳入了监管范围，要求利用人工智能开展投资顾问业务需要取得相关资质。我国专门针对“智能投顾”的法律法规尚属空白，法律上对这一业务并没有准确的概念，对相关的权利义务关系也没有清晰的定位，只能援用传统证券投顾业务的法律规定。但由于发展的需要，它逐渐会突破传统业务边界的限制，而指导意见虽将智能投顾加入监管框架内，但至今并未出台相关配套监管措施，这是不利于智能投顾业务规范发展的。未来在监管方面亟待解决以下重点问题：

（1）法律法规不健全，对智能投顾的定义、准入资格和运营主体的权利义务规定不明确。我国现有的法律法规都是针对传统的投资顾问与投资咨询业务制定的，投资顾问业务是指取得了相关资格的证券公司和投资咨询机构等接受客户的委托，提供投资建议，辅助客户进行投资决策并收取服务费用的经营活动。而随着科技进步产生的智能投顾最大的特点就是智能化，它接受客户的全权委托并代理客户进行理财决策，虽然这能够提高投资效率，但与现有法律规定产生矛盾，若不弄清智能投顾的业务范围、行业准入标准以及运营主体的权责关系，就极易造成市场乱象，损害投资者的利益。智能投顾在未来会不会成为主流尚未知晓，但需要从法律法规的制定上来解决这些问题，以降低其法律风险和合规风险。

（2）信息披露制度不完善，投资者适当性管理标准缺乏，导致对投资者的保护力度不足。接受投资顾问服务的投资者与证券咨询机构之间存在着信息不对称，而智能投顾由于其技术优势更加剧了这种信息不对称程度。互联网的虚拟性、算法的复杂性和数据资料来源的真实可靠性都会导致供求双方的信息偏差，而信息披露制度的不完善往往会使投资者处于弱势地位，权益容易受到侵害。我国智能投顾更多的是面向普通投资者，投资者适当性管理是必须面对的问题，如果缺乏统一的标准，就可能导致风险测评结果与真实状况差别过大，智能投顾平台给出的投资建议超出了投资者的风险承受能力，不利于对投资者的保护。

（3）智能投顾的风险识别和控制需加强。除了传统投顾业务所面临的风险因素外，由于借助了科技手段，智能投顾还有特有的法律风险、操作风险、技术风险和程序风险等。智能投顾依托网络平台，面向社会众多不特定的投资者，一旦风险爆发会损害诸多投资者的利益，甚至威胁金融系统的稳定。因此，监管手段也应该与时俱进，加强对风险因素的识别和预防，关注市场上的异常交易行为，及时防范和控制系统性风险，维护金融体系的健康发展。

（二）国外监管经验借鉴

（1）美国的监管经验。

美国作为智能投顾较发达的国家，已经出台了一系列联邦层面的监管文件来规范智能投顾业务，主要包括美国证券交易委员会和美国金融业监管局发布的投资者警示、投资者公告、监管指南等。这些文件主要从运营方的监督管理和投资者保护两个角度入手进行监管。

根据美国证券交易委员会监管指南的要求，智能投顾被定性为投资顾问，需要做到以下几点：按规定完成注册程序，取得投资顾问资质；履行更高标准的信息披露义务，包括算法的披露，保障投资者的知情权；完善测评问卷，真实评估投资者的自身财产状况和风险承受能力；建立合理的内部合规程序并定期审查，以免违法违规，更好地履行投资顾问的信义义务。

从投资者保护角度，主要是加强投资者教育和风险警示。美国证券交易委员会和美国金融业监管局提醒投资者注意服务协议的所有条款和条件，明确智能理财的局限性，不盲目投资，要结合自身的资信状况、风险偏好和承受能力自主选择。

（2）英国的监管经验。

由于金融科技是传统的金融业务与现代网络技术结合的产物，在监管方面除了传统的监管手段如设置专门的监管机构、明确责任主体和制定出台相应的监管法规、文件等，也需要适应市场发展的需要，不断创新监管手段，提高监管效率，既鼓励金融创新，又提升监管水平。英国金融行为监管局提出“监管沙盒”，就是一项创新举措，为智能投顾企业提供测试产品的安全空间，既保护了投资者的合法权益，使其在公司倒闭时得到补偿，又鼓励智能投顾企业进行产品和业务的创新，监管部门根据需要调整监管措施。

（三）我国智能投顾监管的未来方向

（1）建立健全智能投顾业务的法律法规。

要尽快填补智能投顾方面法律法规的空白，使智能投顾业务的发展做到“有法可依”，重点在于明确业务内容和范围、行业准入标准、营业资格取得条件；规定运营主体即智能投顾公司和平台的权利义务内容，确定智能投顾市场准入的技术性规范，明确运营主体应该承担的责任，保护广大投资者尤其是中小投资者的合法权益，从法律层面防范金融风险，规范行业乱象，促进智能投顾行业的健康发展。

（2）完善监管体系，明确监管责任。

厘清智能投顾的性质后，需要明确监管主体和各部门对于智能投顾监管的责任分工，加强协作，提高监管效率，避免因各部门职责不清、相互推诿导致的监管失灵。与此同时，需要出台针对智能投顾的监管文件，建立完善的监管框架和监管体系，有系统的、完整的监管思路，并随着行业的发展变化不断调整监管措施，减少监管的滞后性。此外，还要坚持政府监管与行业自律相结合的原则，推动智能投顾行业协会的建设，使智能投顾行业规范化发展。

（3）提高监管的科技水平，创新监管手段。

与传统投资顾问不同的是，科技发展日新月异，对智能投顾的监管也要适应行业和市场发展的要求，要不断创新监管手段，提高对于智能投顾使用的自动化算法的监管水平，学习和借鉴国外的经验，针对我国具体状况出台创新性的监管政策，及时关注市场异常交易行为，建立有效的风险识别和防控机制，防范和化解系统性风险，维护金融体系的稳定。

（4）加强对投资者的保护。

建立更加严格的信息披露制度，要求智能投顾的运营方依法履行信息披露义务，最大限度降低投资者和运营方的信息不对称，克服人机互动的局限性，保护投资者的利益；同时应制定投资者适当性管理的统一标准，对投资者的资信状况和风险承受能力进行真实准确的测评，使智能投顾的建议更符合投资者本人的状况。监管机构可以发布投资者指南，对投资者进行风险提示，加强投资者教育和对投资者的保护力度。

思考题

1. 智能投顾的定义是什么？
2. 请简述智能投顾的基本原理。
3. 与传统的投资顾问相比，智能投顾有哪些特点？
4. 智能投顾存在哪些风险？

第十二章

区块链金融

导　言

区块链金融是基于区块链技术的金融创新。区块链作为分布式账本，具有去中心化、透明和不可篡改的特性，通过建立去中心化金融生态系统，能够实现高效、安全、低成本和可追溯的交易和结算。区块链在金融领域应用广泛，包括支付结算、跨境汇款、智能合约等领域。然而，区块链金融也面临一些安全风险及挑战。随着区块链技术成熟和金融行业认知提高，区块链金融将成为未来金融体系的重要组成部分，推动金融创新和发展。

学习目标

1. 掌握区块链金融的概念、分类及不同种类区块链金融的基本模式，了解区块链金融的发展历程。

2. 了解区块链金融的具体应用及对金融体系的影响。

核心概念

区块链金融　联盟链　去中心化　可追溯

第一节　区块链金融概况

一、区块链金融的基本概念

根据中国人民银行公布的《区块链技术金融应用评估规则》，区块链是一种由多方共同维护，使用密码学保证传输和访问安全，能够实现数据一致存储、防篡改、防抵赖的技术体系。区块链金融则是在产品设计、软件开发中使用区块链技术的金融应用。

金融领域是区块链技术的重要应用领域，在实际应用中，根据不同的细分行业，区块链技术的侧重有所不同，比如，在供应链金融中侧重实时共享风控信息，记录追溯上、下游企业业务状况，在跨境贸易中侧重构建国内外企业的信任、跟踪合同执行情况等。总体而言，在涉及多方交易且信任基础较弱的金融场景中，区块链开放式、扁平化、平等性的系统结构，协同决策、自动执行的特性，使得区块链金融业务网络能够降低交易成本、构建高效互信机制、规范金融业运营，并提供了理论依据。

二、区块链金融的主要分类

区块链金融可以从技术和金融应用场景两个维度进行分类。

从技术上来看，私有链主要应用在企业内部，在金融业务中应用较少，典型的区块链金融主要分为公有链金融和联盟链金融。公有链一般适用于虚拟货币、电子商务、网络借贷等 B2C 或 C2C（用户对用户）场景，比特币和以太坊等就是典型的公有链金融。2020 年，去中心化金融（DeFi）的兴起使得公有链金融生态快速发展，用户数量快速增长。联盟链则适用于机构间的交易、结算或清算等 B2B 场景，因此通常用于传统金融业务的区块链改造，例如利用区块链技术实现银行间支付、结算、清算等。

从金融应用场景上来看，区块链金融可以分为“供应链金融＋区块链”“贸易金融＋区块链”“金融信息存证＋区块链”等，在不同的场景中，区块链应用逻辑有所不同。图 12－1 展示了部分金融应用场景的区块链应用逻辑。

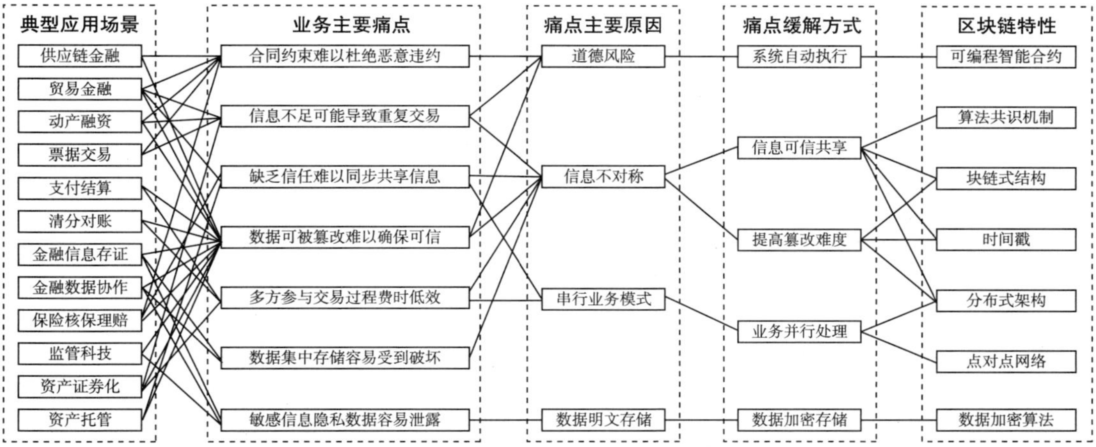

图 12－1　部分金融应用场景的区块链应用逻辑

资料来源：中国互联网金融协会。

三、区块链金融的基本模式

（一）公有链金融基本模式

公有链金融通常需要设计激励机制，因为公有链系统并不限制参与节点的身份，各个节点的权限也是相同的，因此需要给予足够的奖励才可以使节点按照既定规则竞争完成相应任务以维持系统运行，一般需要使得每个节点按照规则执行所得收益比作恶更高，从而达到一种纳什均衡，以保证系统健康有序地自我约束和发展。大多数公有链金融应用使用的激励机制都符合"Token（代币）范式"。Token与共识机制、智能合约之间有密不可分的联系，Token按照一定的规则被奖励给完成某些任务的节点，并按照一定的共识转移。比如，以以太坊ERC-20为代表的Token合约规定了Token的总量、发行规则、转让规则和销毁规则等一系列逻辑。

（二）联盟链金融基本模式

联盟链只针对某个特定群体的成员和有限第三方。联盟链金融需要一定的准入机制。在联盟链运行前，其内部预先指定多个预选节点（一般是银行、主要的金融业务部门、金融监管部门）作为记账人，因此设计激励机制就显得没有那么重要，但为了实现可控准入，联盟链金融更多要考虑如何设计链上权限管理问题。在联盟链里，典型的角色设计包括：（1）链管理员，通常是参与链的多方共同选出一个委员会，一个或多个机构可获得管理员权限，以进行人员管理和权限分配。链管理员并不负责节点管理、修改系统参数、部署合约和创建用户表等系统管理操作。（2）系统管理员，即指定的业务运营人员或系统运维人员，按需分配各种权限，负责日常的链上管理，包括节点管理、修改系统参数等。（3）交易用户。交易用户向区块链发送业务交易请求，业务交易主要是调用合约接口和读写用户表，可以根据业务逻辑，结合用户表权限和合约接口权限来进行灵活的控制。（4）监管方。给监管方分配哪些系统和用户层权限，可参考具体的监管规则，如监管方只读所有数据，则不用设定特殊的权限。FISCO BCOS[①] 联盟链权限管理如图12-2所示。

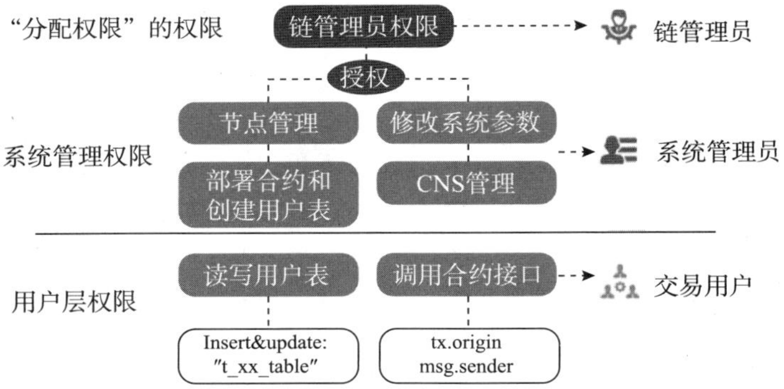

图12-2 FISCO BCOS联盟链权限管理

第二节 区块链金融的发展历程和现状

一、国际区块链金融发展历程和现状

国际区块链金融的发展可以分为四个阶段：

---

① FISCO BCOS是一个金融级、国产安全可控的区块链底层平台，由深圳市金融区块链发展促进会（金链盟）开源工作组牵头研发。

第一阶段（2008—2014 年），加密货币引发区块链金融概念。2008 年，中本聪初次提出了比特币的概念，随后在 2009 年 1 月，第 1 个区块链问世。在这个阶段，人们更多关心加密货币的买卖，区块链仅仅作为底层技术，充任“公共账簿”的作用。

第二阶段（2015—2017 年），模仿传统金融服务。在这个阶段，区块链金融只是将链下的金融服务搬上区块链，但受限于链上的算力信用和链下的普遍信用并不能低成本联通，出现了一系列问题，包括证券发行方欺诈、保险骗保和承保有限以及银行借贷需要超额抵押等。典型事件包括：2015 年，首个订单簿去中心化交易所 EtherEx 诞生，它模仿中心化交易所，区别仅仅在于订单的匹配确认用区块链验证完成；2017 年 1 月，美国华尔街交易的最大信息存储公司美国存款信托和清算公司通过启用新区块链技术取代了世界上最大的金融机构中央数据库。

第三阶段（2018—2020 年），创造加密原生的金融产品。在对传统金融服务进行模仿的同时，区块链在这个时期创造出了自己原生的金融模式。2018 年 11 月，首个 AMM（automated market maker，自动做市商）去中心化交易所 Uniswap 上线。这是金融历史上首个非订单簿的交易系统。2018 年 12 月，Synthetix 成为合成资产平台，在 MakerDAO 的基础上更进一步，通过超额质押不单生成稳定币，理论上可生成任何资产。2019 年 10 月，开源自动化交易程序 Hummingbot 发布“流动性挖矿”白皮书。AMM、合成资产和流动性挖矿三大要素的诞生，推动了 2020 年去中心化金融生态的迅速发展。

第四阶段（2021 年至今），实现跨链互操作和组合性。在 AMM、流动性挖矿和合成资产的基础上，各个协议开始了去中心化金融的搭建。2021 年 5 月，Uniswap V3 推出，开启了金融和 NFT 结合的先例。2021 年，Aave 和 Yearn 等去中心化金融协议之间实现了集成和优化。2022 年，更多的协议进行了多链的部署。

从全球范围来看，区块链金融自 2015 年前后开始迅速发展，至今呈现以下四个主要态势：

（1）区块链金融应用场景逐渐增多。

区块链技术在支付及清结算、贸易金融、证券交易等金融场景的应用日渐增多，部分应用项目已开始从概念验证迈向生产实践。在具体实践方面，IBM、Ripple 推出基于区块链技术的跨境支付服务；美国存款信托和清算公司探索了通过区块链解决方案改善回购市场清算流程；巴克莱银行、汇丰银行探索了区块链技术在信用证方面的应用；香港金融管理局、汇丰银行、中国银行、东亚银行、恒生银行和渣打银行及德勤联合建立了区块链贸易融资平台；IBM 与多国银行合作开发了区块链贸易融资平台 Batavia；美国纳斯达克交易所基于区块链的证券交易系统 Linq 已提供私募股权发行交易服务；澳大利亚证券交易所开发了基于区块链技术的登记结算系统；日本交易所集团正推进区块链技术在资本市场基础设施领域的概念验证测试；世界银行发行了创建、转让、管理等流程均基于区块链技术的债券 Bond-i，且已实现将其二级市场交易行为记录于区块链上；摩根大通推出名为 JPM Coin 的区块链支付结算工具，提供给白名单企业客户用于财资管理、证券结算等。

（2）各国监管部门对待区块链态度积极。

主要国家金融管理部门对区块链技术在金融领域应用持相对积极的态度。对于区块链技术在金融领域的探索应用，美国、英国、加拿大、新加坡等国家的金融管理部门态度相对积极，着力推动其在金融监管、证券结算、跨境支付等方面应用的研究或试验。比如，美国波士顿联邦储备银行已测试基于以太坊和 Fabric 等开源平台开发的交易对账服务，下一步计划开展基于区块链的监管节点测试项目；英国金融行为监管局的“监管沙盒”计划中有很多项目涉及区块链和分布式账本技术；英格兰银行推动实时结算系统升级与区块链技术兼容，借助区块链技术实现系统扩展和数据安全；加拿大中央银行等共同发起的 Jasper 项目陆续测试了基于以太坊和 Corda 等开源平台开发的区块链跨行支付结算服务，它还会测试基于区块链的证券清结算服务；新加坡金融管理局宣布与摩根大通合作开发了一款用于跨境支付的区块链原型。

同时，虽然对区块链金融的监管体系还不完善，相关法规界定也缺乏统一标准，但各金融管理部门密切关注区块链及加密货币可能带来的资金违规跨境流动、洗钱、恐怖融资、逃税、隐私泄露等热点问题，根据中国工商银行和中国信息通信研究院的统计，各国在区块链方面的政策主要聚焦在数字货币与金融监管方面，且 2018 年之后金融监管方面的政策显著增多。比如，瑞士金融市场监督管理局发布系列指引以严厉打击区块链洗钱活动并保护消费者；英国金融行为监管局发布了针对加密资产监管的指南，明确了其加密货币监管范围；等等。

（3）区块链联盟生态稳步扩张。

现阶段全球科技公司、金融公司和咨询公司为加快区块链布局，通常通过组建区块链联盟的方式，合作探索区块链技术及应用场景。2015 年 9 月，由区块链科技初创企业 R3 CEV 公司联合其他机构发起的 R3 区块链联盟正式成立，它致力于为区块链技术在银行业中的使用制定行业标准和协议，并吸引了包括富国银行、美国银行、纽约梅隆银行、花旗银行等在内的多个国家主流银行加入，拉开了金融机构联盟探索区块链技术的序幕。之后，各行业联盟纷纷成立，在推进区块链技术在不同行业的应用和发展的同时，也产生了一定程度的辐射效应，吸引着更多的企业加入，促进整个区块链生态的发展。

拓展阅读

重要区块链联盟的相关情况

（4）DeFi 生态逐步完善。

DeFi 是去中心化金融（decentralized finance）的缩写，是指建立在区块链（以以太坊为主）上的数字资产、金融智能合约、协议和去中心化应用程序（dapps）。与传统意义上的 CeFi（centralized finance，中心化金融）的本质不同，DeFi 具有三个显著特点：①透明度。在 DeFi 中，用户可以检查金融资产和产品运行的精确规则。DeFi 试图避免私人协议、反向交易和中心化，这些都是限制 CeFi 透明度的重要因素。②控制权。DeFi 通过使用户成为其资产的保管人来为用户提供控制权，即未经用户同意，任何人都不得审查、移动或销毁用户的资产，同时用户可以自主决定一笔交易的进行或停止。③可访问性。DeFi 发展的愿景是：任何拥有一定计算机、互联网连接和专业知识的人都可以创建和部署 DeFi 项目。

比特币是 DeFi 项目的雏形，因为比特币首次实现了开源的去中心化管理，且用户拥有对持有的比特币全部的控制权。但以太坊的出现使得智能合约的使用更加广泛，功能完备的智能合约能够支持在区块链之上构建灵活的金融产品。2020 年，受新冠疫情和美联储无底线量化宽松货币政策的影响，世界经济受到重挫。在这种背景下，国外许多区块链公司开始开发不受政府控制的金融项目，以避免政府政策带来的通胀影响，DeFi 项目也因此受到了极大的关注。DeFi 的主要应用包括交易所、稳定币、存借贷、理财、金融衍生品、跨链支付、预言机等，并支持杠杆交易、做空等。

虽然 DeFi 项目日益多样化，但是许多监管机构指出 DeFi 相关的法规和监管手段还并不完善。同时，DeFi 中的价格操纵问题并没有得到很好的解决，每个参与者对于 DeFi 项目的决策权实际上也不是均等的，主要加密货币的创始人、在社交媒体上具有重要影响力的人物对某个或某几个项目的偏好或反对都会造成 DeFi 项目价值的剧烈波动，给 DeFi 生态带来了较大的负面影响。相关应对措施未来还需要进一步完善。

拓展阅读

DeFi 生态

二、国内区块链金融发展历程和现状

区块链金融在中国的萌芽与加密货币相关。如第五章所述，2011 年，中国第一个比特币交易网站“比特币中国”上线，比特币不再是只属于“极客”的玩具，其金融属性逐渐暴露在大众视野之中。2013 年，比特币交易平台火币网和 OKCoin 问世，比特币交易一度火爆。中国政府开始关注比特币与区块链相关发展情况，起初总体态度审慎宽容，但后期比特币价格骤然走高，引起了监管强关注。2013 年年底，中国人民银行等五部委发布了《关于防范比特币风险的通知》，否定了其货币属性，并明令禁止金融机构与支付机构参与比特币交易。与之相伴而生的还有对比特币相关的银行转账的严格审查，几乎切断了银行支付通道。2017 年，中国人民银行、银监会和证监会等七部门联合发布了《关于防范代币发行融资风险的公告》，其中指出代币发行融资是指融资主体通过代币的违规发售、流通，向投资者筹集比特币、以太币等所谓“虚拟货币”，本质上是一种未经批准非法公开融资的行为，涉嫌非法发售代币票券、非法发行证券以及非法集资、金融诈骗、传销等违法犯罪活动。2018 年 8 月，中国银保监会等五部门进一步发布《关于防范以“虚拟货币”“区块链”名义进行非法集资的风险提示》。

现阶段“规范币，鼓励链”成为中国区块链金融发展的主旋律，中国政府也一直支持在加密货币以外的金融场景中探索应用区块链技术。2016 年，央行开启了基于区块链和数字货币的数字票据交易平台原型研发工作，在数字票据场景中验证区块链技术的可行性。同年，工业和信息化部发布的《中国区块链技术和应用发展白皮书（2016）》中也明确将金融定为区块链技术的第一个应用领域。随后，中国在更广泛的区块链金融领域陆续进行试点工作。2017 年，招商银行联手永隆银行、永隆深圳分行，成功实现了三方间使用区块链技术的跨境人民币汇款，这是全球首笔基于区块链技术的同业间跨境人民币清算业务。2018 年，由腾讯与联易融共同合作、运用腾讯区块链技术打造的区块链供应链金融平台“微企链”成为《区块链与供应链金融白皮书》的首个入选案例。

第三节　区块链金融的代表性公司和产品

一、供应链金融

供应链金融是指将供应链上的核心企业以及与其相关的上、下游企业看作一个整体，以核心企业为依托，以真实贸易为前提，运用自偿性贸易融资的方式，对供应链上、下游企业提供的综合性金融产品和服务。近年来，我国供应链金融市场发展迅速，2015 年我国供应链金融市场规模为 11.97 万亿元，到 2020 年已经上升为 27.01 万亿元。但在传统供应链金融市场下，主要存在以下三个方面的问题制约着其进一步发展：

其一，信息不对称制约融资。我国企业征信体系尚未健全，信息不对称问题普遍存在。供货商和经销商由于与核心企业不存在直接的商业交易，无法利用核心企业的资质，难以得到金融机构的融资支持。

其二，信用环境较差，业务安全性难以保证。在供应链金融中，融资企业虚构交易数据的情况屡见不鲜。在仓单质押中，伪造虚假仓单骗贷频发。这些都使得金融机构在融资业务中对各个环节的真实性与可靠性存在疑虑。

其三，审核成本巨大。金融机构需要花费大量的精力对业务的真实性进行审核，且审核过程都是线下操作，成本较大。

举一个最简单的供应链交易的例子，假设甲公司为食品加工公司，为顺利完成乙公司的订单，需要寻求丙银行的资金帮助。丙银行会根据订单真实性和企业征信情况等进行判断并放贷。甲公司在完成乙公司订单并收到相应款项后，再对丙银行的贷款进行偿还。在这个传统的供应链金融体系下，贸易和融资是两个割裂的环节，丙银行需要花费大量的精力对甲、乙公司之间贸易的真实性进行判断。

区块链技术的出现及其具有的去中心化、不可篡改等特性，为供应链金融市场发展提供了新的思路。上述供应链金融的问题其实都围绕“信用”二字。区块链提供的去中心化的信用机制恰恰抓住了供应链金融的痛点。如果将区块链技术应用到供应链金融中，将甲、乙公司和丙银行的所有信息上传到联盟链上，则甲、乙公司之间的贸易具有高度透明性，丙银行可以在本地数据里高效检验其真实性。

随着区块链技术的进一步发展，越来越多的“区块链＋供应链金融”产品问世。将区块链应用于供应链金融的主要公司或产品可以按照机构类别分为三类：第一类为由银行主导开发并使用的平台，主要代表产品有平安集团下属金融壹账通发布的“壹企链”智能供应链金融平台、中信银行推出的“信 e 链-应付流转融通”供应链金融创新产品、中国工商银行“工银 e 信”网络融资金融服务平台等；第二类为由互联网企业牵头创建的产品，如蚂蚁金服的蚂蚁链、度小满金融、腾讯区块链等；第三类为创业公司，主要有壹诺金融、共赢链等。“区块链＋供应链金融”业务一般模式如图 12－3 所示。

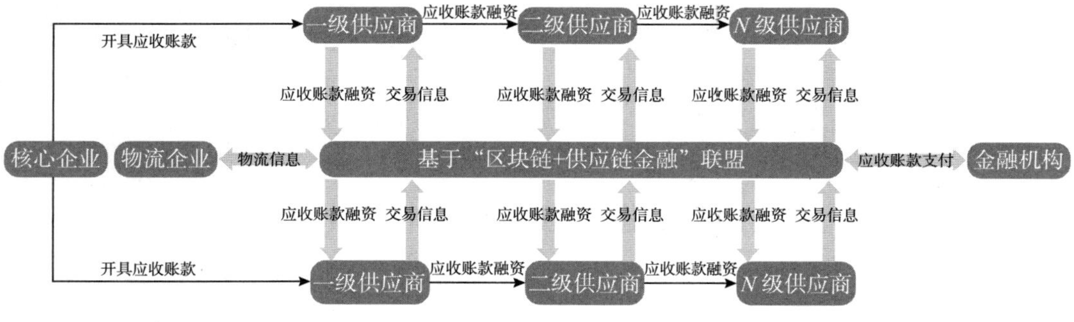

图 12－3 “区块链＋供应链金融”业务一般模式

（1）中国工商银行“工银 e 信”网络融资金融服务平台。

“工银 e 信”基于核心企业的应付账款，是一种可流转、可融资、可拆分的电子付款承诺函，可在平台上自由转让、融资、质押或进行其他处置，支持银行增信并提供无条件保兑服务，为产业链上、下游企业注入核心企业信用加成，实现银行资金的全产业链资金支持。区块链记录了“工银 e 信”签发、接收、流转、到期清分等全生命周期的资金流、信息流，通过共识算法解决信任问题，通过智能合约自动执行防范履约风险，其不可篡改的特性保障各环节均可追溯，实现核心企业信用沿供应链多级传导，盘活供应链应收账款，降低了上游供应商的融资成本。金融机构、供应商、核心企业等各个参与方在区块链技术构成的交易网络节点中进行交易，构建全新可靠的供应链信用体系。“工银 e 信”解决方案如图 12－4 所示。

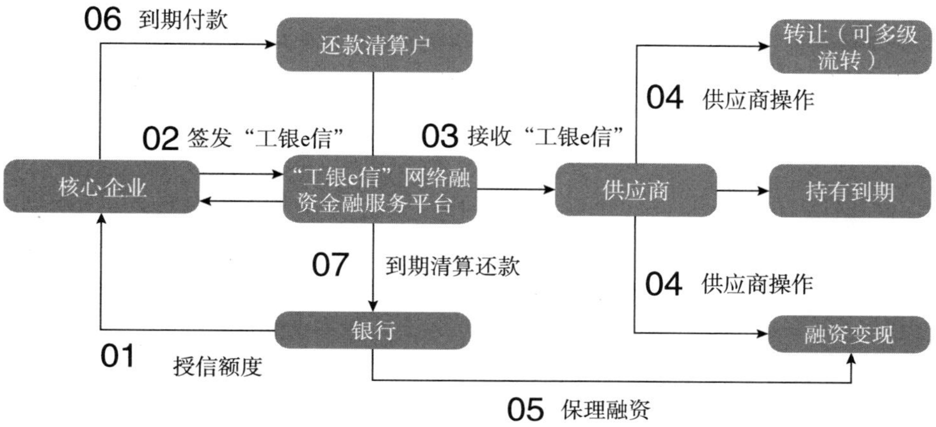

图 12－4　“工银 e 信”解决方案

（2）腾讯云融资易-动产质押区块链登记系统。

腾讯云将区块链技术与仓单质押融资场景融合，结合智能仓储、物联网、人工智能、大数据分析等技术，解决传统仓单质押融资过程中的仓单造假、一单多押、虚假抵押、贸易商挪用资金、确权难、估值难等问题，实现多方确权和协同，助力金融机构监控融资风险，切实解决中小微企业融资难问题。该平台通过物联网、大数据、人工智能技术联动，对进场货物进行识别、采集、监控或告警，并将相关事件记录在区块链上，实现仓单记载货物信息的真实可信。同时，仓单也可转化为链上数字资产，实现质押交易流程数字化管理，一定程度上规避了货物重复融资的风险。腾讯云融资易-动产质押区块链登记系统解决方案如图 12－5 所示。

拓展阅读

壹诺金融案例

二、票据交易

票据市场是我国金融体系的重要组成部分，主要通过发行市场、流通转让市场和再贴现市场三级层次实现票据的支付、结算、汇兑、融资与调节，拓展企业的结算和融资渠道，在发挥交易功能、服务实体经济等方面具有重要作用。近年来，我国票据市场迅速发

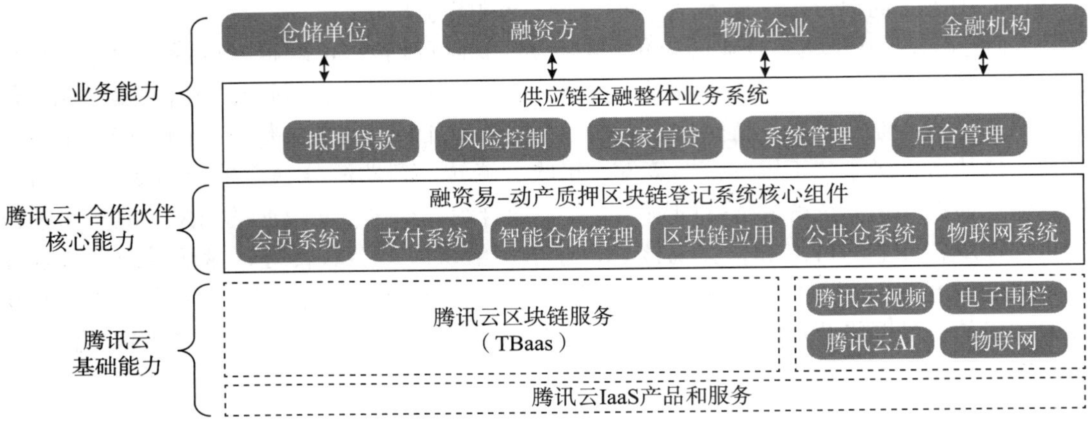

图 12-5　腾讯云融资易-动产质押区块链登记系统解决方案

展，2022 年，商业汇票承兑发生额为 27.4 万亿元，截至 2022 年末，商业汇票承兑余额为 19.1 万亿元，同比增长 15.2%。伴随市场规模和交易主体的不断扩大，票据的交易风险、信用风险和法律风险日益显现，包括克隆票、延期划款、一票多卖在内的各种违规行为影响着票据市场的交易秩序和规范。

数字票据是在现有的票据属性、法律和市场基础上，将区块链技术应用到电子票据交易各环节产生的一种新型票据展现形式。相较于电子票据，数字票据具有相同的功能和优势，同时是一种更加安全、智能、便捷，更具发展前景的票据形态。一方面，由于票据交易的数额较大，因此其对交易安全的要求更高，区块链技术能够提供更为完善的安全防护；另一方面，票据的票面信息要求完整和不可篡改，区块链技术能够通过加密算法实现。

上海票据交易所、浙商银行、美的金融都开始在票据交易中应用区块链技术，并取得了一定的成果。

（1）上海票据交易所。

2018 年 1 月 25 日，上海票据交易所基于区块链技术的数字票据交易平台实验性生产系统成功上线运行。该系统使用数金链技术，辅以密码学算法、拜占庭容错协议和看穿机制，实现对交易的保护和监测过程。它共包含票交所、银行、企业和监控四个子系统。其中，银行子系统承担数字票据的签收、转贴现、托收、清偿等业务，企业子系统具有数字票据的出票、承兑、背书、贴现等功能，票交所和监控子系统则负责对区块链和业务状况进行实时管理和监测。

（2）浙商银行。

拓展阅读

美的金融案例

浙商银行于 2016 年 12 月成功搭建基于区块链技术的移动数字汇票平台，为客户提供在移动客户端签发、签收、转让、买卖、兑付移动数字汇票的相关服务。平台的核心架构分为三大模块：其一是区块链底层平台，具有分布式账本、密钥管理以及智能合约等基本支持功能，并由后台人员对信息进行实时监测；其二是移动数字汇票平台，具有移动汇票后台功能以及第三方 App 功能，前者提供企业网银的服务接口，后者提供具体的交易和管理服务；其三是企业网银模块，主要负责企业客户的签发、兑付以及后台授权类服务。

三、贸易融资

贸易融资是指银行运用结构性短期融资工具，基于商品交易中的存货、预付款、应收账款等资产的融资。贸易金融市场体量庞大，在它快速发展的同时，贸易结算工具和融资方式呈现出多样化的特点，融资风险也随之不断提高。贸易融资业务主要面临数据孤岛与信任缺失、流程协同低效、中心化平台瓶颈等问题。

基于“区块链＋物联网”技术打造的多机构参与的贸易融资（联盟）平台连接商户、金融机构、仓储机构、物流公司、监管机构等，将交易过程中的货物、单据、物流、监管信息等数据流上链，让真实世界中的货物信息与电子单据信息进行相互验证，满足企业对在途和仓储实物商品融资的需要。

区块链在贸易融资领域的典型应用有信用证、福费廷、保函、保理、票据等，典型案例如下所示。

（1）区块链福费廷交易平台（BCFT）。

福费廷是贸易金融中的一项重要业务，存在于进出口贸易中，是指出口商无追索权地买入或卖出因真实贸易背景而产生的远期票据和应收账款的行为。传统福费廷二级市场参与方众多，流程较为繁复，面临的主要困难包括交易信息失真、多主体交易标准不统一、交易操作人员工作量繁复等。传统模式下福费廷业务流程如图 12－6 所示。

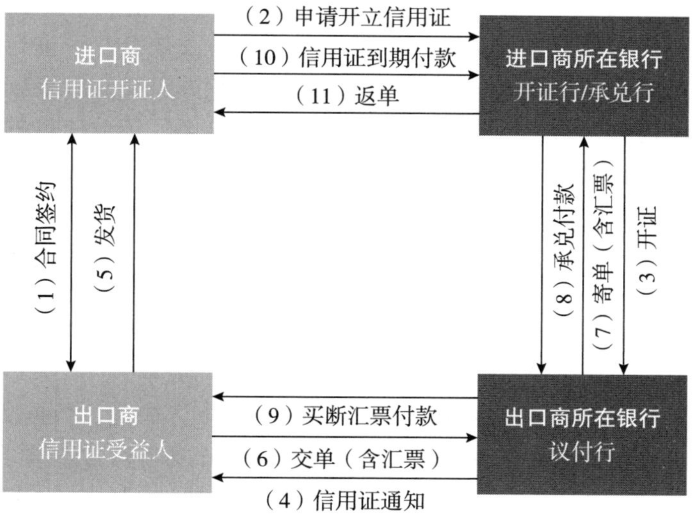

图 12－6　传统模式下福费廷业务流程

2018 年 10 月，中国银行、中信银行和中国民生银行基于银行业通行的业务流程共同开发的区块链福费廷交易平台成功上线，平台准则是“分布式架构、业务环节全上链、系统衔接全自动”，旨在保障金融交易过程的可追溯和不可抵赖，优化金融交易可信环境。

首先是基于区块链技术重建业务流程，使开证行、包买商、转让行等成为区块链网络中的节点（见图 12－7），通过 P2P 网络进行互相通信，传输必要数据，简化了传统的福费廷业务流程。同时，利用区块链中的密码学算法进行密钥的管理与验证、数据传输的加密，确定市场准入门槛，保证交易的真实、安全、有效，使福费廷业务环境更加安全可信、协同高效。

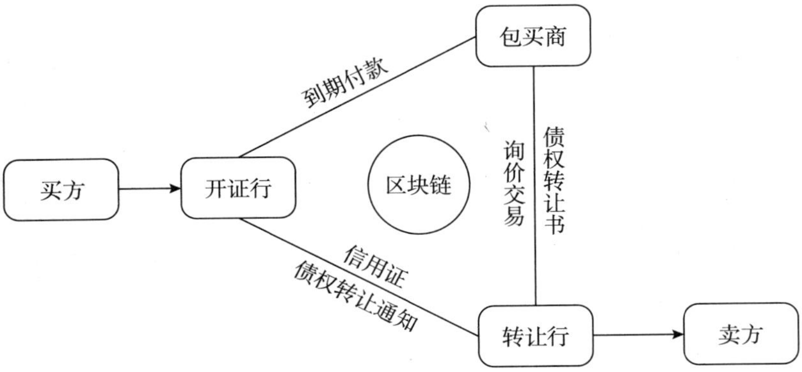

图 12－7　区块链模式下的福费廷业务流程

其次，利用区块链技术实现交易的可追溯和不可抵赖。针对信任缺失问题中的数据源真实性难确认、层层传递影响数据可信度等问题，区块链技术中的时间戳服务器会为每一个区块的生成印上时间戳，储存在哈希值中。在链式结构下，每一个区块都会引用前一个区块的哈希值，时间信息随区块高度增大而增加，结合入链信息无法篡改的特性，交易发生的先后可以追溯。转让行可发布福费廷公告信息，开证行在线询价、报价，转让行发布的信用证基础要素信息及转让行联系方式信息、开证行发布的询价信息等都会被记录在区块中公开发布、分布存储。当买卖双方对交易有疑问时，可以利用交易信息在区块链上追溯确认。买卖达成后，双方发送电文、传输单据的过程也将上链存储，有据可查。由于在交易过程中，双方需要通过数字签名向对方表明身份，相应的签名数据也会被存储到链上，任何一方都不能对自己参与的交易进行抵赖，也不能对对方进行污蔑。

最后，平台利用区块链的智能合约将不同标准进行统一，并将交易数据标准化，配合 Business Point 管理端，较好地衔接参与方的管理系统，使得在 BCFT 中进行福费廷交易的各方遵守统一的规则，减少规则协商带来的人力、时间成本。

福费廷业务是一项需要多方参与的跨境业务，对于多方协同、数据交流、标准统一等方面的需求较高，与区块链的特性较为契合。BCFT 的开发与运营重塑了这一业务的信息互通和交易流程，大大提高了参与方的交易效率和安全性，是利用区块链技术解决实际问题的重要实践。

（2）中国工商银行“中欧 e 单通”跨境区块链平台。

中国工商银行基于区块链技术构建“中欧 e 单通”跨境区块链平台，联合港运公司、银行、监管机构、海关等多部门打造跨境贸易金融服务生态圈，实现单据流、信息流、资金流的流转和可追溯。“中欧 e 单通”解决方案如图 12－8 所示。

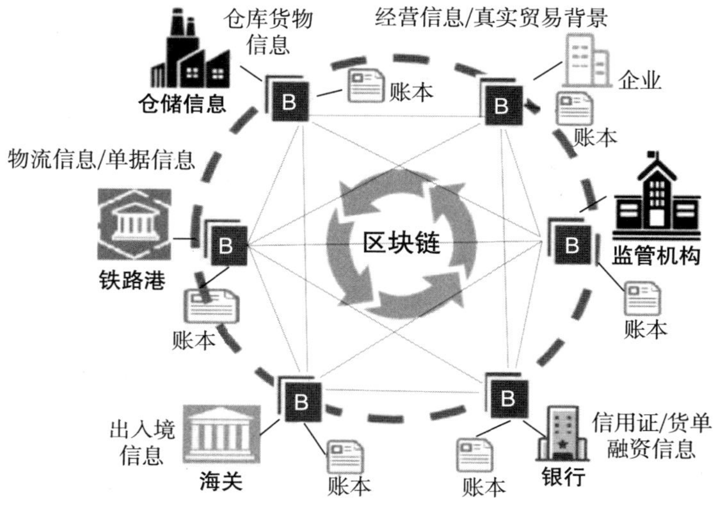

图 12-8 “中欧 e 单通”解决方案

平台利用区块链分布式共享账本及智能合约技术，实现四川成都青白江自贸区“一单制”单据信息核对功能，通过核对发货人、收货人、班列号/船号、集装箱号和起运时间等核心要素来核验物流真实性，运用于进出口信用证和跨境汇款场景。相较于传统业务模式，基于“中欧 e 单通”的贸易融资业务提高了业务处理效率，减少了传统方式下需要往返寄送“一单制”提单的寄单时间，促进了贸易结算便利化。区块链技术难以篡改的特性保障了上链数据的安全输出和数据复用，实现了贸易真实性核验。平台可接入青白江自贸区成都国际铁路港物流平台，实现跨境物流全程监管；还可与国际贸易窗口结合，实现跨境结算、融资、关税等一揽子通关与金融便利；还能结合跨境电商，探索跨境电商报通关结算一站式服务，为小微企业提供“走出去”的平台支撑。

（3）国家外汇管理局跨境金融区块链服务平台。

跨境金融区块链服务平台项目由国家外汇管理局发起，创新应用络谱区块链登记开放平台（简称络谱）技术。该项目利用区块链去中心化、可信的优点，形成中小企业、信贷机构、政府监管共生机制，从而解决中小企业融资难、融资贵的问题，进而促进跨境贸易的进一步发展。

跨境金融区块链服务平台选取了两个突破口，一个是出口应收账款融资（发货后），另一个是企业跨境信用信息授权查证。由于区块链不可更改信息，因此跨境金融区块链服务平台可以将企业从融资申请到最终还款登记等业务放在平台上，使得数据一次录入，多次或永久读取。这不仅提高了信息可信度、避免虚假融资，同时使得效率提升，解决了商业银行的“痛点”。

另外，跨境金融区块链服务平台的创立也是金融监管的一大创新，平台使用三方隐私保护密码学方案，同时利用区块链的去中心化、开放性等优点，使得信息同步更新，无须上报，从而促进了金融监管的进一步发展。

四、数字资产

数字资产是指企业或个人拥有或控制的，以电子数据存在的，以货币计量的经济资源。无论是数字资产还是实物资产，都存在资产流通性差、融资困难等问题，这些问题或源于资产的物理存在形式，或产生于资产的发行及流通方式。

传统的资产服务如资产所有者证明、真实性证明等均需要相应的中介机构介入才可以完成，大量中心化信用和信息中介的存在，既降低了信息传输的效率，也增加了资产服务的成本。资产的流通过程至少需要资产发行方、资产接收方、流通平台三方参与才能完成，因为流通过程中信息不公开、不透明等，各参与方无法准确掌握资产的历史信息和实时表现，阻碍了资产的定价和评级过程，进而导致市场投资信心不足，降低资产流通性。

利用区块链技术构建去中心化的数字资产网络，允许包括资产发行方、资产接收方、流通平台在内的各机构多方参与并按照自身角色在链上开展业务，实现数字资产的登记、发行、流转和清结算。通过区块链数字资产网络，银行、企业甚至个人都可以发行数字资产；利用区块链多方共享、难以篡改的特点，实现资产登记即公示，并通过交易的形式在区块链网络上完成数字资产的流转和清结算，有效减少了资产纠纷问题，保证了数字资产的安全，提高了数字资产的流转效率，为数字资产的增值和创造更丰富的金融产品及服务提供了更多可能。利用区块链交易可追溯的特性，可为资产监管方提供交易链路清晰的数据明细，强化了资产监管方的审计职能和效率。

在国内，区块链在数字资产领域的应用主要包括数字积分、资产证券化等，典型的实践案例有招商银行信用卡中心 ABS 项目管理平台、中国银行区块链债券发行系统、中国平安链上数字预付卡服务等。国外“区块链＋数字资产”的项目较为活跃，在加密货币生态下，Compound、Aave、Vigor 等数字资产抵押借贷平台都在快速发展。2021 年，在以太坊 ERC-721 标准的推动下，NFT 迅速受到关注。每一个 NFT 都代表一个独一无二的数字资产。相较于传统资产，区块链数字资产具有诸多新优势，包括透明与可信性、加密安全性、可编程性、降低交易的成本和时间、简化管理流程、强化著作权效益等。区块链数字资产与智能合约结合，将不同功能与行为以代码形式编写进数字资产并实现自动执行。例如，基于以太坊 EIP-2981 标准的智能合约可以将 NFT 后续销售收入的一部分自动分配给初始所有者，从而让初始所有者可以从二级市场中分享收益，但数字资产定价标准的缺失使得无实物支撑的数字资产抵押存在一定的发展乱象。

下面具体介绍招商银行信用卡中心 ABS 项目管理平台。

趣链科技为招商银行信用卡中心构建 ABS 项目管理平台，解决资产证券化过程中信息不透明、操作效率低、风控能力弱、难以定价等问题。在数据方面，通过将申报材料、证券金融产品的状态等记录在区块链上，债券投资人能够清晰查看项目从产生到发布的全过程，这保证了资产的可信度。在流程方面，通过区块链联合多方参与者构建多中心的证券在线管理平台，可实现高效的业务协作，缩短产品的发行周期，提高业务操作效率。在对账

拓展阅读

区块链在数字资产领域的应用案例

方面，区块链天然的免对账或者高效率对账的优势，免去了不同机构之间进行对账的第三方信用问题、时间成本和资本耗用，有效地提高了资金清算的效率，同时各个机构也保持了相对独立的业务自主性，实现了效率与灵活性的平衡。在监管方面，区块链完整记录了底层资产以及项目的全流程信息，可提升资产的穿透力，便于数据统计和监管审查。招商银行信用卡中心 ABS 项目管理平台解决方案如图 12－9 所示。

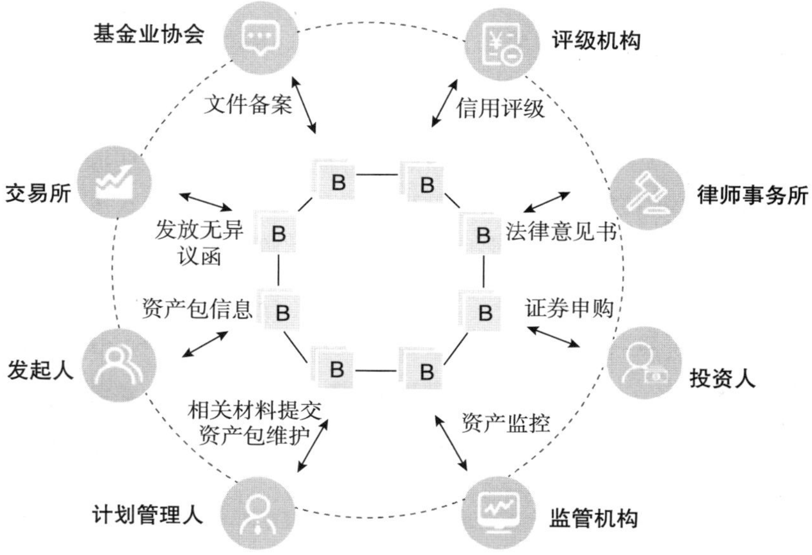

图 12－9　招商银行信用卡中心 ABS 项目管理平台解决方案

五、资金管理

资金管理就是关于资金筹集、使用和分配的管理。资金管理贯穿于企业生产经营的始末，是财务管理的核心内容。对于企业来说，高效的资金管理为企业带来新的增长活力，是企业持续经营发展的必要条件；对于政府机关来说，高效的资金管理能提升资金利用率，降低监管风险，加强政府公信力。传统的资金管理模式往往存在对账时间长且成本高、账务易篡改且风险高、信息不透明、审计效率低等痛点。传统的资金管理往往资金链路不透明、账目不清晰等，导致审计需求信息获取困难，同时数据安全性无法保障，财务造假等问题时有发生，也加大了审计工作难度。

区块链在资金管理领域的应用主要包括账户管理、精准拨付等，解决传统模式中对账成本高、资金管理信息不透明、拨付流程长、监管难度大等问题。国内将区块链应用于资金管理中的典型案例是雄安的资金管理平台。

2020 年 12 月 14 日，雄安区块链底层系统（1.0）发布。这代表着我国第一个基于城市的区块链底层系统开发完成并投入使用，这对于我国区块链技术的发展和应用具有非凡的意义。雄安区块链底层系统（1.0）通过利用自主知识产权技术，构建了新型区块链底层架构，该架构的特点是融合了多层链网，即“核心链＋应用链”。除此之外，该系统还解决了原来存在的多个问题，例如吞吐量、跨链协同、数据可信交换、安全等痛点问题，在改进的同时很好地实现了创新突破。在具体应用上，以往区块链技术应用停留在“区块链＋行业”的层面，但区块链技术的应用空间远不止于此，雄安首次将区块链作为城市级数字化基础设施来研究。

为实现建设资金的阳光透明管理和高效精准拨付，雄安新区建设了雄安新区征拆迁资金管理区块链平台，将区块链技术与征拆迁安置工作充分结合，探索资金支付精准、支付进度透明、支付流程优化的征拆迁资金管理新模式。雄安新区征拆迁资金管理区块链平台由中国工商银行承建，使用“工银玺链”为底层技术平台，政府各部门、各商业银行组成联盟链，对接政府各部门系统、雄安新区块数据平台、银行核心系统，将征拆迁测量数据、征拆迁合同、资金审批、结果查询全流程链上管理，降低人工操作和校对风险；通过智能合约向银行发送资金支付指令，资金从县级财政专户直接发放至雄安新区征拆迁安置对象账户，并对支付结果等信息进行多维核对、可视化查询，保障征拆迁资金的高效、安全、准确发放。平台实现征拆迁安置采集信息上链存证、资金穿透式拨付全流程链上封闭运行，确保资金拨付流程阳光透明，形成“金融科技＋政务服务”的征拆迁资金管理新模型（见图 12－10）。

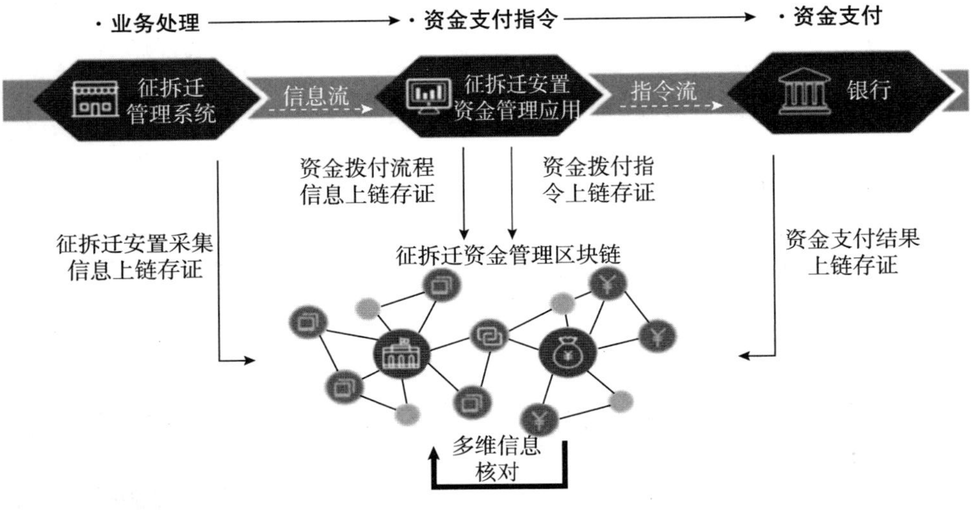

图 12－10　征拆迁资金管理新模型

第四节　区块链金融对金融体系的影响

一、技术层面

从技术层面来看，区块链为交易效率与交易安全带来了机遇与挑战。其一，在区块链模式下，参与者之间的信息摩擦显著减小，交易效率整体提升，但确认交易和达成共识的过程较现有中心化交易体系更为复杂，可能需要更长的时间实现划转。其二，由于参与者可以共享账本信息，区块链减少了数据差异，可显著提升对账速度，减少烦冗的后台事务，有利于增强市场透明度，促成更多的实时交易。其三，其分布式的特征一方面减少了单个节点发生故障的风险，另一方面也为多节点网络入侵提供了可能。此外，公共密钥加密技术、数据管理与保护、系统的可扩展性等技术问题日益成为区块链的新挑战。

二、应用层面

从应用角度出发，区块链可降低审计的工作难度，审计师能够更为快捷高效地获取完整审计数据链；财务会计处理账务的强度大幅降低，标准化、重复化、流程化的工作将向无纸化、自动化、智能化方向转变；由于所有交易信息均被不可篡改地完整记录下来，我国以票控税的传统发票模式或将成为历史，征税效率将显著提高，征税成本则不断下降。

三、市场层面

随着区块链的不断发展与持续应用，其对整个金融市场将产生广泛的影响。金融体系存在各类相互连接，如金融机构可能是多个支付系统与金融市场基础设施的参与者，证券结算需要通过支付系统进行资金转移，通过证券结算系统进行证券交割，区块链技术与金融体系可谓紧密相连。

首先，区块链模式可能对整个金融市场架构产生影响。一些区块链的应用只是当前支付系统的升级，不会导致现有业务模式的显著变化；但开放式区块链系统可能导致金融市场脱媒化的进一步发展，从而影响金融市场的整体架构。另外，区块链的应用亦会引入新型、非银行市场参与者，这些主体仍未被完全涵盖在监管框架之内。

其次，区块链模式对金融市场风险的影响不容小觑。一方面，在相互关联的金融体系中，跨机构的数据共享会进一步提升跨系统风险管理水平；另一方面，若宏观经济条件发生变化，可能同时触发多个追加保证金的指令，产生大量流动性需求，进而引发系统性风险事件。因此，应进一步警惕区块链的关联性问题，防范金融风险的扩散与传导。

最后，金融领域正在逐步试验与运行一些潜在的区块链系统，如何实现不同系统的兼容与互联成为亟须解决的技术问题。在未来，通过建立底层协议连接，制定互联互通的标准化机制，可以有效降低应用和整合成本，促进金融系统广泛采用区块链系统，进而实现规模经济效应。

第五节 区块链金融的风险与监管

虽然区块链去中心化、集体维护、不可篡改等特点让其得到了广泛应用并促进了多个领域的发展，但是区块链技术作为一种新技术，在带来机遇与发展的同时，也蕴含着风险与挑战。

一、区块链金融的主要风险

（一）运行和安全风险

区块链金融可能会带来潜在的运行和安全风险。虽然节点的分布式特征能够减少由单个节点发生故障导致系统无法正常运行的情况发生，但过多节点并存也意味着网络黑客拥有了更多的通道对系统进行攻击，进而威胁整个账本的机密性和安全性。同时，金融业务中的智能合约漏洞很可能被不法分子利用，以牟取不正当利益，或进行走私、洗钱等金融犯罪行为。

（二）法律风险

区块链金融存在潜在的法律风险。当前，区块链金融虽然已有成功的应用案例，但在多数国家与地区，该技术的应用仍处于积极探索阶段，缺乏专门的法律法规予以认可、保护或约束，在法律适用上尚存歧义与模糊性。在金融业务中，法律的模糊地带往往意味着相对于传统系统来说，区块链金融的法律依据并不完善，其在具体运用和操作时面临缺乏支撑业务开展的相关法律法规的风险。

（三）监管缺失风险

区块链金融面临监管缺失风险。由于区块链金融去中心化的特性，其节点可以遍布世界各地，导致缺乏统一的标准化的法律对其进行监管，传统的监管模式失效，使其面临一种“无政府”状态。由此导致的监管力度弱、管辖权划分不明甚至是监管空白等潜在问题，将会增加欺诈或错误交易的可能性。

（四）金融市场风险

区块链金融可能会带来更为广泛的金融市场风险。例如，在缺少数据监管措施的情况下，由于其不可篡改的特性，分布式账本缺少数据修正机制，任何细小漏洞或违法数据的写入都会因难以撤销而造成无法想象的损失。

（五）诈骗风险

由于区块链金融整体较为复杂，公众对于该技术的理解程度较为浅薄，容易出现认知漏洞，给不法分子以可乘之机。许多公司利用人们的认知漏洞对缺乏实质性内容的项目进行包装，并邀请一些所谓的名人为项目站台，吸引大量个人投资者进行投资，但实际上项目进展缓慢或只停留在白皮书阶段，相关产品缺乏实际价值支撑、没有技术创新。自2015年至今，以“区块链”“数字货币”“NFT”“元宇宙”为名义的诈骗案件层出不穷，给投资者造成了极大的资产损失，这一现象也逐渐引起了监管部门的关注。

因此，面对区块链金融这把“双刃剑”，政府监管部门应该始终保持谨慎的态度，认真审视区块链金融的潜在风险。

二、对区块链金融的监管

（一）国际区块链金融监管

国际金融监管机构正在逐步加强对区块链金融的监管。IOSCO 秘书长表示：“如果DeFi 可以复制金融产品，那么它还可以复制金融市场的其他特征，特别是 DeFi 发展互连的能力将可能威胁系统范围内的稳定性。”在当下加密市场动荡的时期，监管机构都希望避免 2008 年金融危机的重演。

世界各国金融监管机构大都在加码区块链金融监管。2022 年 10 月，新加坡金融监管机构已提议限制在交易加密货币时使用信贷或杠杆。2023 年 4 月 6 日，美国财政部发布了 2023 年 DeFi 非法金融活动评估报告，这是世界上首份基于 DeFi 的非法金融活动评估报告，亦是对 2022 年 3 月白宫发布的虚拟资产监管框架的回应。

（二）国内区块链金融监管

我国区块链金融监管具有两重性，尤为突出地体现了行业自我规制与政府规制相结合、鼓励创新与控制风险相结合的原则。

一方面，货币领域的区块链应用被完全禁止、严格管控。与区块链应用领域的发展轨迹一致，我国对区块链技术的监管也起源于对数字货币的监管。2013 年，《关于防范比特币风险的通知》作为我国首部有关数字货币监管的文件发布，该文件明确否定了比特币的货币地位，将其定性为虚拟商品，并禁止金融机构从事相关业务。2021 年，《关于进一步防范和处置虚拟货币交易炒作风险的通知》发布，该文件再次明确了虚拟货币不具有与法定货币等同的法律地位，彻底禁止了与货币应用相关的区块链技术和场景。

另一方面，具有社会效应的区块链技术的应用和创新受到鼓励和支持。例如，国务院办公厅于 2020 年发布的《关于以新业态新模式引领新型消费加快发展的意见》鼓励推进区块链和大数据、人工智能等技术发展融合，加快区块链在商品溯源、跨境汇款、供应链金融和电子票据等数字化场景的应用。

思考题

1. 如何理解区块链和金融结合的逻辑？区块链的哪些特性和金融的哪些问题相对应？区块链是否给金融带来了新的问题？

2. 区块链在金融中的落地应用不多，在落地中面临哪些问题？什么因素阻碍了区块链金融的推广？是否有解决方案？

3. 如何比较联盟链和公有链在金融领域应用的优劣？

4. 你认为 DeFi 的意义是什么？该领域的发展还有哪些问题需要解决？

5. 请选择一个区块链金融领域的具体场景进行案例分析或产品设计。

第十三章

数字货币

导　言

数字货币是数字时代的金融革命，其可追溯、低成本的特点影响全球金融体系。数字货币消除了传统中介角色，实现点对点交易和便捷支付。它们为跨境汇款、电商和智能合约等带来了革命性变化。数字货币投资受关注，通过购买和持有分享增值潜力。然而，市场波动、安全性、监管问题等需认真考虑。投资者应慎重评估风险。随着技术进步和数字支付需求增长，数字货币将继续发展，成为不可或缺的一部分，对全球经济影响深远。我们见证和塑造数字货币革命的未来。

学习目标

1. 掌握数字货币的基本概念、主要分类及不同类型数字货币的基本模式，了解数字货币发展简史。

2. 了解数字货币的代表性公司及产品，了解数字货币对金融体系的影响。

核心概念

央行数字货币（CBDC）　虚拟货币　可控匿名

第一节　数字货币概况

一、数字货币的基本概念

随着时代的发展，货币的形态也在不断演变，从贝壳到贵金属等实物货币，再到以纸币为代表的信用货币。在互联网浪潮下，日常交易的无现金化、数字化趋势明显，信用卡、借记卡、第三方支付等交易工具兴起。这些交易工具减少了纸质货币的使用，使得交易场景便捷化。我们通常将通过网上银行、手机银行、第三方支付等电子化方式支付的货币统称为电子货币，电子货币实际上只是国家信用货币的一种实现形式，不管是纸币还是电子货币，它们本质上是完全一样的，只不过形式发生了变化而已。因此，电子货币并不是一次革命性的变化，它作为法定货币的本质是不变的，它和纸币一样，也是国家信用支撑的流通手段和价值储藏手段。

虽然都是以数字化形式存在，但数字货币与电子货币具有显著区别。当前数字货币（digital currency，DC）并没有一个权威的、统一的定义。国际货币基金组织（IMF）称之为“价值的数字表达”；欧洲中央银行认为数字货币是“一种价值的数据表现形式，它并非由货币当局发行，在某种情况下可以作为货币的替代品”。这都是很宽泛的定义。广义的数字货币指的是以数字形式存在的、在一定范围内具有一定价值的字符串；而狭义的数字货币则通常特指以密码学技术特征结构为基础的富含多种隐藏信息的加密数字串，更多场合称之为“加密货币”。加密货币可实现账户的松耦合，本身作为价值主体，通过加密签名技术实现权属变更和真伪鉴别。本书采用广义的数字货币定义。

二、数字货币的主要分类

根据是否由央行发行可以将数字货币分为央行数字货币和私人数字货币（如图 13－1 所示），部分文献也将央行数字货币称为法定数字货币，将私人数字货币称为非法定数字货币、民间数字货币或虚拟货币。事实上，学界对于虚拟货币是否属于货币也存在争议。

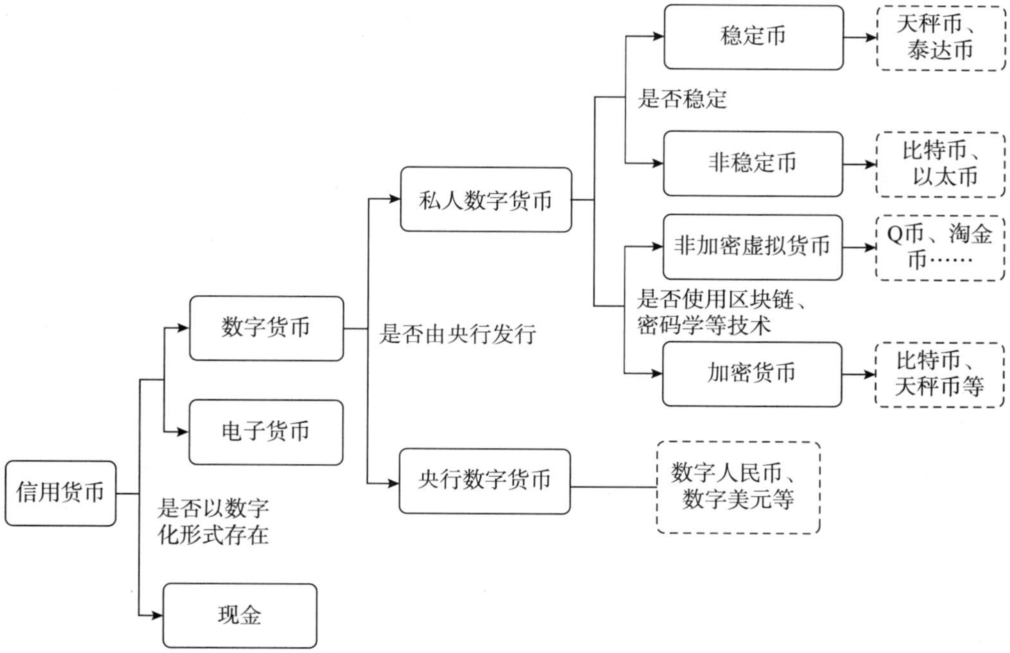

图 13－1　数字货币分类

对于私人数字货币，根据是否使用区块链、密码学等技术，可以将私人数字货币分为非加密虚拟货币和加密货币，比特币是加密货币的典型代表。此外，根据币值是否稳定还可以将私人数字货币分为稳定币和非稳定币两种。稳定币一般与某一种或某几种法定货币或实物资产价值挂钩，以保持自身币值的稳定，如天秤币（Libra，后改称 Diem）、泰达币（USDT）等，比特币、以太币则是典型的非稳定币。

对于央行数字货币，也可以进一步进行分类。不同学者也提出了不同的分类方法，并以韦恩图、树状图、瀑布图等形式呈现。以韦恩图形式呈现的“货币之花”是其中最具代表性的一种。2017 年，国际清算银行基于发行人（中央银行或其他）、发行形式（电子或物理形式）、可获得性（通用或批发，即面向公众发行或面向金融机构发行）、转移机制（集中式或点对点）四个关键属性提出“货币之花”这一分类方式，将央行数字货币与现金、银行存款等区分开。2018 年，国际清算银行的支付与基础设施委员会和市场委员会在这一基础上进行了修正，将“货币之花”的第四个分类属性改为验证方式（基于代币或基于账户），并扩充了央行数字货币的内涵，将基于账户的零售型数字货币纳入央行数字货币的范畴。这一分类方法得到了学界的广泛认可。“货币之花”如图 13 - 2 所示。

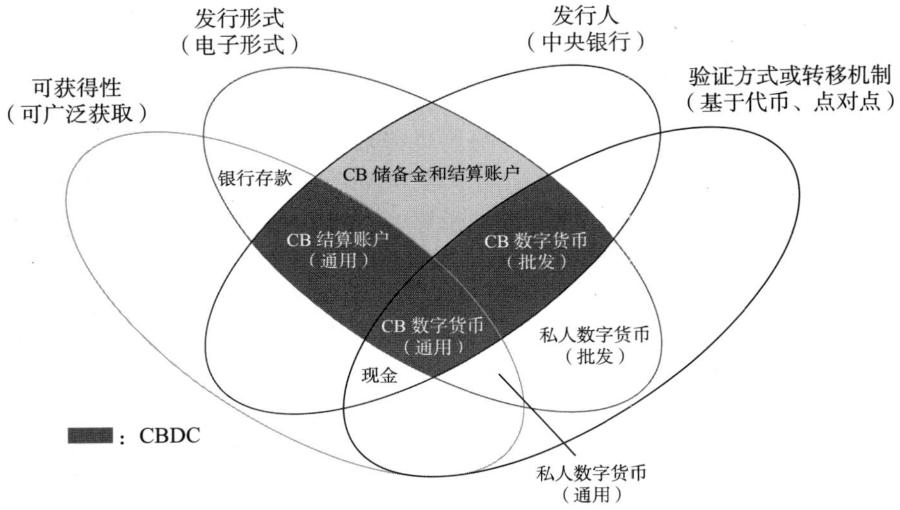

图 13 - 2　货币之花

注：CB 代表央行，CBDC 代表央行数字货币。

根据使用场景、验证方式等设计的差异，央行数字货币还可以进一步细分。

根据使用场景的不同，央行数字货币通常被分为批发型和零售型两种。批发型央行数字货币主要面向银行间结算，如跨境结算、衍生品交易等。零售型央行数字货币主要面向公众发行，其主要目的是对现金形成补充，顺应数字经济的趋势，提供具有法偿性的电子支付方式。

根据验证方式的不同，央行数字货币可以进一步分为基于代币和基于账户两种，在支付经济学中，代币和账户之间的主要区别在于验证方式不同：基于代币的支付将验证所用代币的真实性和有效性，而基于账户的支付则需要由中介机构验证账户持有人身份的真实性。央行数字货币的设计基本沿用支付经济学中账户和代币的概念分别描述是否需要对账户持有人身份进行验证。根据“货币之花”，理论上，批发型央行数字货币是基于代币的，使用代币化数字结算平台（如分布式账本技术）提高金融交易结算系统的效率、统一消息传递标准；零售型央行数字货币可进一步分为基于账户和基于代币两种，但在具体设计中，基于代币和基于账户并不是完全对立的。数字货币的技术路线可分为基于账户和不基于账户两种，也可分层并用而设法共存。

根据法律债权结构和中央银行保留数据的不同，有学者对零售型央行数字货币进行进一步划分，包括直接 CBDC、间接 CBDC 和混合 CBDC 三种。直接 CBDC 由央行运营支付系统、提供零售服务并储存全部数据，类似于“央行—公众”的单层运营体系。间接 CBDC 和混合 CBDC 则类似于“央行—商业银行—公众”的双层运营体系，但在数据存储方面有所不同：间接 CBDC 是由中介机构运营支付系统，并掌握交易数据，而央行仅跟踪批发账户；混合 CBDC 则由中介机构负责零售支付，央行保留所有交易的中央账本，并在系统失灵时运行备用系统。三种零售型央行数字货币各有优劣，但由于混合 CBDC 既发挥了中介机构创新性和贴近客户的特点，又便于中央银行实施有效监管，因此众多支持零售型央行数字货币的国家倾向于这一方案。

除此以外，根据是否使用区块链技术、是否对央行数字货币计付利息、是否支持跨境交易、是否支持离线支付等设计，还可以有更细化的分类方式。

三、数字货币的基本模式

（一）私人数字货币的基本模式

私人数字货币的运作方式与公众所习惯的支付方式有所区别，私人数字货币一般以去中心化方式发行。在中心化系统中，账本的记账权属于账本所有者，比如，银行的账本由银行控制记账权，商店的账本由商店店主控制记账权。而在去中心化系统中，其目标是去中心化，因此账本的记账权不能被控制在某个中心或是单一机构中。要实现去中心化，就需要解决三个核心问题：如何选择记账者？如何保证各个账本的一致性？如何进行交易监督？

以比特币系统为例，比特币记账者的选取是通过“挖矿”过程实现的，“挖矿”是通过寻找一道给定难度的数学问题的解实现的。该数学问题的难度会按照参与人数进行动态调整以保证每次解出该问题的时间基本一致（比特币网络中每次开辟新区块的时间大致是10 分钟）。每次最先通过规定的方法找到这个解的节点能够开辟一个新的区块，并获取在这个区块上的记账权。在算力较为分散的情况下（没有任何机构的算力达到全网算力的51%），任何节点都不能保证始终拥有记账权，因此，通过这种机制可以保证记账权的交替，能够相对公平、有效地选举记账者。

在解决记账权从属问题后，应该考虑其他节点应如何同步更新，也就是分布式系统如何保障一致性的问题。数据一致性的保障措施包括哈希函数和共识算法。哈希函数保证了各个节点整理过往数据的一致性。哈希函数使得各个区块之间紧密联系，各个节点都能通过区块哈希值较快地梳理全网全部被确认的区块，也就可以通过这些区块同步目前已被确认的交易。共识算法保证了各个节点进行信息更新时的一致性，最长链规则是其中较为重要的共识。最长链规则要求，当节点在接收到新区块的数据时，必须停止当前的“挖矿”工作，并立刻对新区块进行验证，否则节点就无法保证自己之后的工作是基于最长链的，其他节点也就不认同该节点挖出的区块。

交易监督主要关注交易追溯和交易不可篡改两方面。交易追溯主要通过区块哈希值实现，每一个区块都记录了上一个区块的哈希值，也就可以依此将整个交易链条梳理出来；交易不可篡改主要通过数据记录的 Merkle 树实现。比特币区块由一个包含元数据的区块头和一组具体的数据记录组成。区块对于数据记录的组织主要体现在区块头中的 Merkle 树根，其叶子节点为数据记录。对于交易记录的任何一点改变都能体现在 Merkle 树根值上，因此对 Merkle 树根值的验证就可以验证整个区块的数据是否被恶意篡改过。在不同系统中，可根据具体需求对 Merkle 树进行改造，例如，在以太坊中使用 Merkle Patricia 树记录系统的状态、交易、收据，因此以太坊区块头中包括三棵树，分别为状态树、交易树、收据树，这种安排也可以较为有效地实现数据完整性的保护。

整体来看，私人数字货币的运作模式可以概括为：先由数字货币网络中的节点发起一笔交易，将该交易发送到网络中的其他节点。各个节点在收到交易后验证交易是否正确，如果验证不通过，节点将拒绝该交易，并向发送者返回交易被拒绝的消息；如果验证通过，节点将收到的交易放入自己的交易池中，并向网络中继续传播。各节点通过竞争机制竞争本次交易的记账权，当竞争成功后会将自己通过计算得到的区块广播到区块链网络中，其他节点接收到新区块后，会立即验证该区块的正确性。区块验证成功后将新区块连接到自己的链中，同时删除自己交易池中已经被打包的交易记录，再重新开始新一轮的生产区块过程，以此实现整个去中心化网络的运行。

（二）央行数字货币的基本模式

对于央行数字货币，大部分国家采用中心化方式发行，并基本上沿用现金发行的双层运营体系，即“央行—商业银行—公众”。以中国为例，数字人民币由中国人民银行发行，承担兑换职能的商业银行在央行开户，并按照 100%全额缴纳准备金，个体和企业通过商业银行开立数字钱包，个体与企业所持有的央行数字货币仍属于央行负债。传统现金与数字人民币的双层运营体系对比如图 13-3 所示。

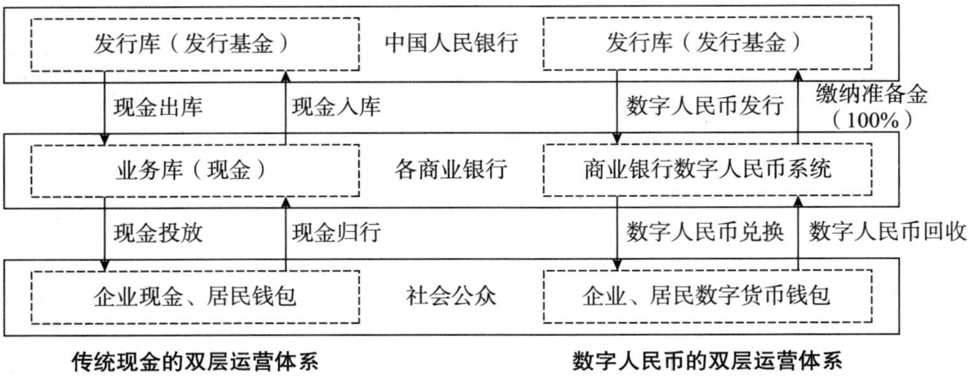

图 13-3 传统现金与数字人民币的双层运营体系对比

在央行数字货币的应用目的和应用场景方面，大部分国家认为零售型央行数字货币是对 M0 的替代，减少交易中现钞的使用，而不是替代 M1、M2。这主要是考虑到 M1、M2 已经借助现有的商业银行账户体系实现了电子化和数字化，没有必要再次运用数字货币二次替代。现钞存在着可伪造、用于洗钱等方面的缺陷，而电子支付工具不可匿名支付，因此 M0 存在数字货币替代的必要。运用数字货币替代 M0，也就意味着央行数字货币主要用于小额零售高频的场景中，要求数字货币必须具有高扩展性和高并发性的性能。

在技术路线方面，部分国家明确表示将采取区块链技术发行央行数字货币，但大多数国家并未表态，中国人民银行在技术层面保持技术中性，即在央行层面不预设技术路线，而是由多家指定运营机构采取不同技术路线进行数字人民币的研发，最终根据市场接受程度选择较优的方案。央行也曾进行单一区块链构架的原型测试，但无法实现满足全国零售所需求的高并发性能。技术路线必须满足可控匿名的需求，即满足交易双方匿名，同时保证可控制反洗钱、反恐怖融资和反逃税等。

在公众使用方式上，各国和地区关于央行数字货币的使用方案与当前流行的卡支付、移动支付基本类似。当前央行数字货币电子支付的技术方案主要有五种：一是以账户为基础的电子钱包，可以支持近程和远程交易；二是条码支付方案，包括现在广泛使用的二维码支付；三是 NFC 近场接触型交易，类似于苹果支付、华为支付等；四是手机中的银行卡，包括通过 POS 机、二维码或 NFC 支付的信用卡、银联闪付等；五是预付卡，如中国香港基于 IC（集成电路）卡的八达通电子收费系统。

第二节　数字货币的发展历程和现状

一、国际私人数字货币的发展历程和现状

全球加密货币市场曾经历了快速发展，但 2020 年初，受新冠疫情的影响，加密货币市场市值快速下滑。2021 年，随着比特币价格先后突破 3 万美元、4 万美元、5 万美元等大关（见图 13-4），加密货币市场整体回升。马斯克（Musk）等公众人物和 MicroStrategy 等组织也开始在社交媒体上宣传数字货币。根据国际货币基金组织的统计，2021 年 5 月，加密货币的总市值达到 2.5 万亿美元的历史高位，The Block 的数据也显示，2021 年全年比特币链上交易量达到 4.2 万亿美元，而以太坊的交易量达到 3.3 万亿美元，加密货币在全球范围的影响力逐步增大。2022 年，由于加密货币交易平台 FTX 的崩溃，加密货币市场接连受到冲击，国际清算银行 2022 年 11 月发布的报告显示，比特币的价格相较于 2021 年底已经下降约三分之二，其他加密货币也出现大幅下跌甚至归零，许多投资者蒙受损失。从较为广泛的时间维度来看，比特币和众多加密货币的价格始终处在巨大波动中，难以承担货币职能，形成了投机市场，受市场情绪影响较为剧烈。比特币的市值在整个加密货币市场中占比一直较高，其价格波动对整个市场都有着重大影响。比特币和以太坊市值变化如图 13-5 所示。

从传统金融机构接受情况来看，2021 年 2 月 18 日，加拿大多伦多证券交易所开始交易北美首只比特币 ETF（代码 BTCC）。BTCC 上市首日就成为当天多伦多证券交易所最活跃的前十大证券之一。这对于加密货币和 ETF 行业来说是一个里程碑式的事件。2021 年 10 月 5 日，美国证券交易委员会批准了 Volt Equity 提交的 ETF 申请，这也是美国通过的第一只与比特币相关的 ETF 产品。但是，目前接受加密货币的金融机构仍是少数，许多机构都对于持有加密货币或利用加密货币进行交易持审慎态度。国际货币基金组织、

巴塞尔银行监管委员会等国际组织相继出台针对加密货币的管理规定，并要求加强对银行等传统金融机构参与加密货币交易的监管和监测。

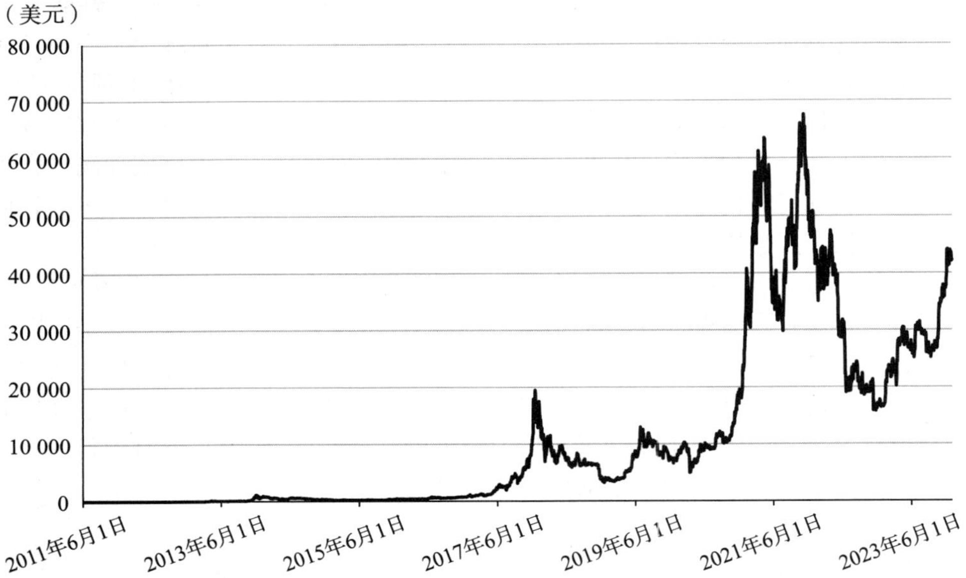

图 13－4 比特币价格（截至 2023 年 12 月）

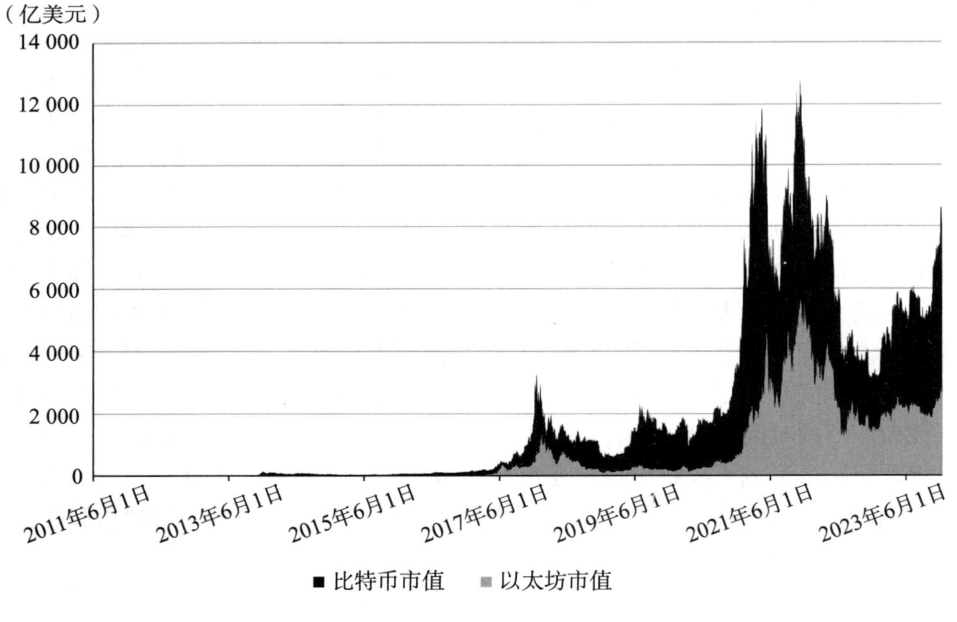

图 13－5 比特币和以太坊市值变化（截至 2023 年 12 月）

二、国际央行数字货币的发展历程和现状

许多国家都已经意识到央行数字货币对货币体系可能的影响以及在货币变革中的重要

意义。从全球进展来看，各国对央行数字货币的态度逐渐从谨慎保守转变为积极探索，研究热情不断提高。在 2022 年年底至 2023 年年初开展的第六次调查中，93%的中央银行都表示正在积极开展央行数字货币的研究工作，超过一半的中央银行正在进行试验或概念验证，90%的中央银行希望与金融机构和支付机构合作推出央行数字货币，60%的中央银行将研究央行数字货币作为应对加密货币快速发展的措施，预计未来会有更多中央银行投入央行数字货币的研究。但是国际货币基金组织指出，从法律层面来看，现阶段许多国家发行央行数字货币的条件并不成熟，其在 2020 年发布的工作论文中表示，有 61%的中央银行法律将发行货币的权限限制为纸钞和硬币，23%的中央银行法律明确允许发行数字形式的货币，其余中央银行法律对法定货币存在形式的规定并不明确。

拓展阅读

部分经济体央行数字货币项目进展

由于各经济体的发展状况与需求存在差异，因此各经济体在央行数字货币上的研究进展和架构选择也存在很多不同。国际清算银行的调查表明：在开展央行数字货币研究的经济体中，许多经济体已经确定了具体的项目并开始了开发和试验。截至 2023 年 7 月，至少 82 个经济体已经开展了零售型央行数字货币项目，31 个经济体已经开展了批发型央行数字货币项目①，其中，发展中经济体倾向于发行零售型央行数字货币，以提升支付效率和金融普惠性；发达经济体则注重通过批发型或零售型央行数字货币来提高跨境支付效率和金融稳定性。更进一步，国际清算银行构建了“CBDC 项目指数”来评估各经济体在央行数字货币上的进展。该指数与手机使用率和创新能力正相关，即数字支付越先进的经济体越倾向于发行央行数字货币；发行架构选择、所用技术、跨境使用情况等具体设计则根据当地情况而不同，暂时未发现统一规律。

虽然各国在央行数字货币设计上各有不同，但在研究过程中形成了四点基本共识：第一，央行数字货币是中央银行对社会公众的负债，一定是由中央银行或中央银行指定的商业银行集中发行的，以国家信用为担保，为央行数字货币提供价值基础。第二，发行机构须确保央行数字货币币值稳定，当前大多数国家在开展央行数字货币相关研究时，都认为央行数字货币需要锚定现行的法定货币或实物资产，以百分之百储备金的形式发放，避免因过度发行导致恶性通货膨胀，或对金融体系造成巨大冲击。第三，双层运营体系是发行模式的首要选择，虽然在早期有许多学者支持直接在中央银行开设账户实现中央银行对公众的直接发行，但更多国家和学者倾向于采用“央行—商业银行—公众”双层运营体系，这种设计符合大多数国家现行的货币发行流通体系，不会对现有银行体系造成过大的冲击，同时也能够充分利用现有基础设施和商业银行服务优势。第四，央行数字货币的发行需要国际的合作与协调。一方面，央行数字货币的相关问题近来在国际组织会议中被频繁提及，2019 年，G7（七国集团）反洗钱金融行动特别工作组要求建立新的监督机制以实现对央行数字货币跨境交易的有效监督，2020 年，数字货币交易等问题也被纳入 G20（二十国集团）会议的讨论范围；另一方面，多个国家开始联合开展央行数字货币的研究试点工作，包括欧洲央行和日本央行联合开展的 Stella 项目、加拿大银行等发起的 Jasper 项

① 资料来源：国际清算银行官网，部分国家和地区同时开展了批发型和零售型央行数字货币的研究。

目、泰国央行等联合开展的多边央行数字货币桥研究项目等，未来也将有更多国家通过跨国合作共同进行央行数字货币的研究。

三、国内虚拟货币的发展历程和现状

中国对于虚拟货币一直采取严监管的政策，但由于能源和人力等成本优势，中国国内加密货币市场一度较大。同时，利用数字货币进行炒作或诈骗等问题也受到了有关部门的关注。为此，2017 年，中国人民银行等七部委就联合发布了《关于防范代币发行融资风险的公告》，明确指出“代币发行融资是指融资主体通过代币的违规发售、流通，向投资者筹集比特币、以太币等所谓‘虚拟货币’，本质上是一种未经批准非法公开融资的行为”，由此限制加密资产的发行。2018 年 8 月，银保监会、中央网信办等五部门又发布了《关于防范以“虚拟货币”“区块链”名义进行非法集资的风险提示》，进一步打击加密资产炒作，促进加密生态回归理性。2021 年 5 月 18 日，中国互联网金融协会、中国银行业协会、中国支付清算协会发布《关于防范虚拟货币交易炒作风险的公告》，公告指出，虚拟货币是一种特定的虚拟商品，不由货币当局发行，不具有法偿性与强制性等货币属性，不是真正的货币，不应且不能作为货币在市场上流通使用；此外，公告还指出，金融机构、支付机构等会员单位要切实增强社会责任，不得用虚拟货币为产品和服务定价，不得承保与虚拟货币相关的保险业务或将虚拟货币纳入保险责任范围，不得直接或间接为客户提供其他与虚拟货币相关的服务。2021 年 9 月，国家发展改革委等部门发布《关于整治虚拟货币“挖矿”活动的通知》，明确指出虚拟货币“挖矿”活动指通过专用“矿机”计算生产虚拟货币的过程，能源消耗和碳排放量大，对国民经济贡献度低，对产业发展、科技进步等带动作用有限，加之虚拟货币生产、交易环节衍生的风险越发突出，其盲目无序发展对推动经济社会高质量发展和节能减排带来了不利影响。更进一步，2021 年 10 月 8 日，国家发展改革委就《市场准入负面清单（2021 年版）》公开征求意见，将虚拟货币“挖矿”活动列入淘汰类产业，反映出监管力度的进一步加强。

四、国内央行数字货币的发展历程和现状

《中国数字人民币的研发进展白皮书》指出，中国研发数字人民币体系，旨在创建一种以满足数字经济条件下公众现金需求为目的、数字形式的新型人民币，配以支持零售支付领域可靠稳健、快速高效、持续创新、开放竞争的金融基础设施，支撑中国数字经济发展，提升普惠金融发展水平，提高货币及支付体系运行效率。

数字人民币的研究开发工作自 2014 年起就在一直稳步开展。2018 年，中国人民银行提出将开展对各类虚拟货币的整顿清理，稳步推进央行数字货币研发。2019 年 8 月，中国人民银行明确表示将加快推进法定数字货币的研发步伐。2019 年末以来，中国人民银行遵循稳步、安全、可控、创新、实用原则，在深圳、苏州、雄安、成都及 2022 年北京冬奥会场景开展数字人民币试点测试。截至 2022 年 8 月 31 日，15 个省（市）的试点地区累计交易笔数为 3.6 亿笔，金额为 1 000.4 亿元，支持数字人民币的商户门店数量超过 560 万个。

表 13－1 对数字人民币的特点进行了梳理并给出了解释。

表 13-1　数字人民币的特点及其解释

特点	解释
法定性	数字人民币由中国人民银行统一发行并实行中心化管理，属于法定货币，具有法偿性，任何中国机构和个人均不能拒绝接受
数字性	当前数字人民币主要定位于 M0 的数字化
“四可三不可”的基本特性	可流通性：可作为流通和支付的手段在经济活动中进行持续的价值运动 可存储性：数字货币以电子数据的形式安全储存在机构或用户的电子设备中 可离线交易性：数字货币通过电子设备进行交易时可以不与主机或系统发生直接联系，不通过有线或无线等通信方式与其他设备或系统交换信息 可控匿名性：数字货币相关流通信息除货币当局外，任何参与方不知拥有者或者以往使用者的身份信息，确保交易过程中的匿名性与不可追踪 不可伪造性：通过多种安全技术手段保障货币不能被非法复制和伪造 不可重复交易性：不可将数字货币先后或同时支付给一个以上的用户或商户 不可抵赖性：交易双方在交易后不可否认交易行为及行为发生的各类要素
货币定位：部分替代 M0	数字人民币主要定位于流通中的现金（M0），数字人民币的发行和流通要按照现金进行规范管理，需遵守《中华人民共和国中国人民银行法》《中华人民共和国人民币管理条例》等与现钞管理相关的法律法规；数字人民币是央行向公众提供的公共产品，不计付利息，央行也不对兑换流通等服务收费
货币发行：双层运营体系	数字人民币的发行和回笼基于中央银行和商业银行的二元体系，指定商业银行承担兑换职能，多方机构承担流通服务；指定商业银行在中央银行开户，按照100%全额缴纳准备金，公众通过商业银行开立数字钱包；商业银行储存交易数据，但需要将数据异步提交给中央银行进行备份
货币价值：国家信用背书	数字人民币属于中央银行的负债，以国家信用支撑其价值
核心体系：一币、两库、三中心	央行负责数字货币的“币”本身的设计要素和数据结构，构建数字货币发行库、数字货币商业银行库、认证中心、登记中心和大数据分析中心
货币管理：精准调控	在法律许可的范围内，央行应推进数字货币大数据顶层设计及相关基础设施建设，主动运用大数据分析方法，服务于货币政策运行和金融稳定，加强对于货币体系转轨运行的监测监管，提升央行对货币运行的调控能力
货币交易：双离线支付	数字人民币同时支持在线和离线支付，“双离线支付”指的是在交易双方设备都处于离线、没有网络的状态下，也可以进行支付和交易
货币账户：广义账户体系	数字人民币以广义账户体系为基础。在广义账户概念下，任何能够唯一锁定个人身份的东西，如手机号、邮箱等都可以成为账户
钱包开通：账户松耦合	支持银行账户松耦合是指不需要银行账户就可以开立数字人民币钱包。不能或者不便持有银行账户的边远群众和外籍游客，也可通过数字钱包享受相应服务
货币匿名性：分层限额	不同注册方式能申请的钱包限额不同，用手机号码注册的钱包级别最低，只能满足日常小额支付需求；如果上传身份证和银行卡，就可以获得更高级别的数字钱包；如果去银行面签，可能支付就没有限额
货币推广：场景锚定	数字人民币的流通应用场景不仅要覆盖纸币的线下应用场景，而且要重点推动在互联网上使用。不应强制推广，而要循序渐进地推进数字人民币走向社会
技术选择：技术中性	央行不干预商业银行针对数字人民币相关产品的技术路线选择，只要能够达到央行对并发量的要求和用户体验的要求，以及对于技术规范的要求，商业银行及相关支付服务商无论采取哪种技术路线都可以

续表

特点	解释
货币可编程性：审慎加载智能合约	加载除法定货币本身功能外的智能合约将影响法偿性，甚至使其退化为有价票证，降低我国央行数字货币的可自由使用程度，也将对人民币国际化产生不利影响，还会降低货币流通速度，影响货币政策传导和央行履行宏观审慎职能

将数字人民币与其他支付方式对比，可以看出数字人民币的优势：相较于现金，数字人民币在保证了信用等级和支付服务可用性的基础上，有效提升了支付便利性、交易安全性和运营效率；相较于第三方支付余额，数字人民币则是有效地减少了潜在的违约风险，并提高了支付的普惠性，但是当前相关设备还未完成改造，受支付服务的网络外部性影响，第三方支付余额仍是许多人支付的首选；相较于一度备受关注的数字货币——比特币和天秤币，数字人民币的法定性则是最大的区别，它能够保证交易的安全便捷，并保持价值的稳定。表 13－2 对各种支付方式进行了对比。

拓展阅读

各种支付方式的量化评估及对比

表 13－2　支付方式的对比

	数字人民币	纸钞	第三方支付余额	银行账户存款	比特币	天秤币
发行主体	央行	央行	央行	央行	—	天秤币协会
分发机构	指定商业银行	商业银行	第三方支付机构	商业银行	比特币网络	第三方承销商
准备金率	1	1	1	部分	无	1
底层资产	无	无	银行备付金	无	无	法币资产
信用背书	国家信用	国家信用	企业信用	银行信用	算法信用	企业、算法信用
信用风险	无	无	低	低	高	高
是否中心化	是	是	是	是	否	部分
是否数字化	是	否	是	是	是	是
是否计息	否	否	否	是	否	否
是否匿名	可控匿名	完全匿名	可控匿名	实名	完全匿名	可控匿名
是否可离线	是	是	否	否	否	否

第三节　数字货币的代表性公司和产品

一、私人数字货币

（1）比特币。

在比特币诞生以前，人们对于数字货币有着多种尝试，但是并没有实现普及。直到 2008 年，人们最熟悉的数字货币——比特币诞生了。比特币的创造者中本聪首次提出了去中心化的分布式记账的概念，该技术后被称为区块链技术。区块链技术使得比特币与之前的数字货币有着显著的区别，它被称为新型数字货币。从比特币的诞生，人们开始关注区块链技术。在比特币之后，数字货币的种类越来越多，但是大多数与比特币的原理相似，只是在深层次技术上有所不同。

拓展阅读

典型私人数字货币

（2）以太坊。

以太坊的概念在2013年由程序员维塔利克·布特林受比特币启发后提出，大意为“下一代加密货币与去中心化应用平台”，它在2014年通过首次代币发行（ICO）众筹开始得以发展，2015年7月正式发行。2017年之后，以太币一直是市值第二高的加密货币，仅次于比特币。以太坊是一个较为成熟的智能合约平台，从设计上就是为了解决比特币扩展性不足的问题。其核心改进是以太坊虚拟机（EVM），该虚拟机支持的语言具有图灵完备性，因此能够执行复杂的控制逻辑。

以太坊是以交易为基础的状态转移系统，而以太坊中的分布式账本除了要记录交易数据还要记录全局账户的总状态。在以太坊中，有两种类型的账户，分别为外部账户和合约账户。外部账户与比特币系统中的账户概念相同，记录账户余额等信息，而合约账户主要用于记录合约代码，二者的结构相同，在使用过程中根据所用字段不同来进行区分。两种账户的变化都需要通过交易触发，交易对外部账户的影响通常是账户余额的变化，而交易对合约账户的影响通常表现在代码执行。无论是哪种状态的变化，该过程都需要通过矿工挖矿来记录，外部账户的变化只需要矿工对交易进行验证，而合约账户的变化也就是合约代码的运行则需要矿工节点在各自的以太坊虚拟机上运行来验证。合约代码的运行需要花费一定代价，这样可防止账户恶意消耗平台资源，一旦合约账户中资金不足，矿工就停止执行代码。

以太坊虽然在搭载智能合约方面对比特币进行了改进，但由于继续沿用比特币的PoW共识机制，其交易效率并没有得到明显提升，2019年，以太坊创始人维塔利克·布特林围绕以太坊2.0提出了多个公开提案。以太坊2.0，也被称为“Eth2”或“Serenity”，是以太坊的升级。该升级旨在提高以太坊网络的速度、效率和可扩展性，使其能够处理更多的交易。以太坊2.0分几个阶段推出，第一次升级为推出信标链，它已于2020年12月1日上线。信标链为以太坊引入了原链的概念，即新建一条独立于以太坊主网的区块链，这是以太坊网络由PoW共识机制转向PoS共识机制的一个关键举措。第二阶段被称为合并，即将信标链与以太坊主网合并。最后一个阶段是推出分片链，分片链不是在一个单一的区块链上结算所有操作，而是将这些操作分散到64个新的链上，这也意味着，从硬件角度来看，运行一个以太坊节点要容易得多，因为需要存储在机器上的数据要少得多。但是，以太坊2.0的方案受到了许多原有以太坊矿工的反对，并在以太坊社区引发了激烈讨论，在测试阶段也遇到了一些问题，其实际推进进度并不理想。

（3）Libra。

2019年6月18日，Facebook联合VISA、MasterCard、PayPal、Uber等大型机构发布Libra白皮书，表示Libra的使命是打造一个便捷的全球支付系统和金融基础设施。该白皮书一经发布便引起了各国监管部门的关注。2019年7月，美国众议院金融服务委员会举行了有关Facebook虚拟货币的听证会。2019年10月，以法国为首的欧盟五国表示将联手抵制Libra进入欧洲市场，还准备要求Facebook放弃该项目。2020年4月，Libra协会发布了 Libra 白皮书 2.0 版本，其中不再提“无国界的货币”，而是用了“全球支付系统”的提法，定位为结算币，避免挑战货币主权等，同时明确参照货币基金管理，应对可能的挤兑风险。

从设计上看，为维持币值稳定，每个 Libra 稳定币将由储备金 1∶1 支持，储备金将包括指定的几种法定货币或以相关货币计价的短期政府债券。Libra 支付系统由独立的 Libra 协会及其子公司负责管理和维护。除了协会向创始人初始支付的 Libra 奖励涉及货币创造外，公众兑换新创造的 Libra 必须有法定货币，这其实是一种 100%储备金率的数字货币模式。值得注意的是，在现代银行信用货币制度下，所有的存款货币都由银行创造，因此 Libra 储备存款也只能来自银行信用货币体系。

Libra 的核心优势体现在跨境支付领域，是用于跨境支付的数字钱包。在跨境支付领域，由于不存在一个全球性央行提供清算服务，因此需要在不同国家银行开户进行货币交易，这存在较高的成本。对 10 000 元左右的小额跨境支付而言，国内银行境外汇款有 20～50 元/笔的最低费用，加上中间商手续费和境外银行到账手续费大约为 200～300 元，总手续费比例大约在 2%～4%。如果跨境支付的金额更小，则手续费比例会更高，此时数字钱包的低成本支付优势得以凸显。因此，Libra 基于区块链技术可以为用户提供便捷、低成本的跨境支付，解决了银行信用货币体系下跨境支付缺乏全球性央行提供服务的问题。支持者认为，Libra 在跨境支付领域具有足够大的市场前景，这可能激发对 Libra 的需求，促成其未来货币创造性质的演变。

但是，在推行过程中，Libra 在国际上遇到了较大的监管障碍，G7、G20 相继就稳定币发声，强调其未经检验，且面临法律确定性、健全治理、反洗钱与反恐怖融资、支付系统安全和网络以及操作风险考量等方面的一系列重大风险。G7 稳定币工作组强调，如果一些大型公司将稳定币规模扩大到全球规模，将带来金融市场公平竞争、金融稳定性和货币政策传导三方面的潜在挑战。2020 年，在外部监管和内部纠纷的双重压力下，PayPal、VISA 和 MasterCard 等多家创始会员宣布退出该项目，Libra 也正式更名 Diem，Libra 的钱包 Calibra 更名为 Novi，其设计也从锚定一篮子货币变为锚定美元。之后，该项目一度陷入停滞，2022 年，Diem 协会宣布将其与 Diem 支付网络运行相关的知识产权和其他资产出售给 Silvergate 资本公司，该项目正式宣告终结。

二、央行数字货币

全球已有众多国家已经开始零售型央行数字货币的研究，还有一些国家注重批发型央行数字货币的研究。其中新加坡的 Ubin 项目和瑞典的电子克朗项目分别是批发型和零售型央行数字货币的代表性项目。

（1）新加坡的 Ubin 项目。

新加坡在央行数字货币方面的研究开始较早，其 Ubin 项目和加拿大的 Jasper 项目都是比较有代表性的批发型央行数字货币项目。Ubin 项目的目标是建立一个基于区块链的多货币支付网络，预计分为六个阶段，它旨在利用分布式账本技术实现代币发行、实现实时全面结算功能、实现跨账本互操作性和清结算可行性、实现跨币种跨平台的原子交易、探索在不同商业场景中的应用和监管框架。截至 2020 年 7 月，前五阶段的研究报告已经全部发布，标志着基于 Ubin 的支付网络原型已经可以承担国内支付服务，并能实现多种货币的跨境支付结算，验证了分布式账本技术具有降本提效、开发新场景等方面的优势，为发行数字新加坡元奠定了坚实基础。2022 年 11 月，新加坡金融管理局宣布推出“Ubin+”，旨在通过与国际上其他国家和金融机构的合作，持续推动批发型央行数字货币的跨境使用。

（2）瑞典的电子克朗项目。

瑞典的电子克朗项目在零售型央行数字货币项目中具有代表性，该项目明确使用分布式账本技术，由埃森哲牵头并基于 R3-Corda 区块链平台构建，主要用于应对瑞典现金使用量的持续下降，将其作为 M0 以及现有电子支付的补充。根据瑞典央行发布的白皮书，公众能够直接通过瑞典央行结算系统（RIX）兑换电子克朗——公众在 RIX 中支付现金后，瑞典央行将向公众所属节点发放相同数量的电子克朗。自 2020 年 2 月起，电子克朗项目正式进入试点阶段，瑞典央行继续开发电子克朗作为瑞典现金的补充。

拓展阅读

电子克朗发行示意图

（3）其他。

作为当今世界主要的两大发达经济体，美国和欧盟在央行数字货币方面的进展也备受关注，美国和欧盟均没有给出央行数字货币的完整方案，但在各自央行发布的白皮书和会议纪要中也能够看到其基本设想。美国的数字美元基金会（Digital Dollar Foundation）在 2020 年 5 月发布了其数字美元项目的白皮书，其中指出，数字美元具有代币化、与美元和商业银行存款同时使用、双层运营体系的特点，不会影响美联储影响货币政策和控制通胀的能力，仅作为新的政策工具。美联储正组织多学科团队进行数字货币支付系统技术及政策影响的研究，其中包括波士顿联邦储备银行与麻省理工学院的汉密尔顿项目、TechLab 小组等的未来货币评估项目等。美国政府将根据相关项目的结果从政治和经济等方面进行综合考量，最终确定合适的技术和架构。欧洲中央银行则在 2017 年就与日本央行联合开展了 Stella 项目以探索分布式账本技术在支付中的应用，但没有明确要发行央行数字货币，并认为分布式账本技术作为零售支付基础设施还有很多问题需要解决。2020 年 10 月，欧洲央行在其报告中指出，数字欧元是推进欧洲一体化进程的重要一环，并将与欧元长期并存，但现在讨论数字欧元的具体设计为时尚早，欧洲央行将在不违反安全性、效率、隐私性、可访问性等原则的情况下，逐步推进数字欧元的研究。2023 年底，经过了两年多的讨论和调查后，欧洲中央银行宣布，将正式开始数字欧元的准备阶段，包括最终确定规则手册和选择技术提供商来开发支付所需的基础设施。

此外，在国际清算银行和国际货币基金组织的支持下，央行数字货币的跨境合作也在接续开展，并取得了一系列成果。例如，香港金融管理局、中国人民银行、泰国中央银行等多家机构合作的多边央行数字货币桥（mBridge）项目，验证了央行数字货币便利跨境支付的可行性；国际清算银行创新中心北欧中心开展的北极星（Polaris）项目，探讨了央行数字货币离线支付的关键设计和通用模式；国际清算银行与以色列、挪威和瑞典的央行完成的破冰（Icebreaker）项目，验证了零售型央行数字货币的跨境使用；国际清算银行与法国、新加坡和瑞士的央行合作的 Mariana 项目，测试了批发型央行数字货币的跨境交易和结算，并测试了在公有链上使用去中心化金融（DeFi）技术模式的方案。

第四节　数字货币对金融体系的影响

一、私人数字货币对金融体系的影响

2018 年 10 月，金融稳定理事会得出结论：私人数字货币等加密资产不会对全球金融稳定构成重大风险，但列出了几个可能改变这一评估的因素。这些因素包括来自市值规模的风险、投资者信心效应、金融机构的直接和间接敞口产生的风险，以及使用加密资产进行支付和结算的风险。

发展至今，其中一些因素开始显现，并且出现了新的风险来源。第一，加密资产的市值增长了几倍，现在可与某些成熟的资产类别（例如美国高收益债券）相媲美，然而，与主要发达经济体的政府债券和股票市场相比，它仍然很小；第二，尽管加密资产估值大幅波动，但迄今为止，使投资者对加密资产失去信心的事件在市场上的溢出效应有限，加密资产提供商的失败对其信心的影响也很有限；第三，加密资产的重要性正在上升，一些国家的加密资产的交易所的交易量急剧增加；第四，使用加密资产进行支付和结算的额度仍然有限，但出现了一些例外，几家全球支付公司开始与加密生态系统对接，未来使用加密资产进行支付的生态可能会迅速形成；第五，新的风险来源正在出现，例如稳定币和 DeFi，它们在 2018 年还没有大规模存在，未来，广泛使用的稳定币或 DeFi 服务或许可以在多个司法管辖区覆盖和使用。

拓展阅读

稳定币对金融体系的影响

二、央行数字货币对金融体系的影响

央行数字货币对金融体系的影响可以分为三个方面：

（1）支付体系方面。

央行数字货币的发行与支付体系直接相关。作为一种近似无成本的交易媒介，央行数字货币将大大改善交易系统的效率，并使发行和运营实物货币的成本降低至 GDP 的 0.5%～1.0%，但不同类型的央行数字货币在不同场景下的影响还有差异。

对于批发型央行数字货币，其发行大多基于分布式账本技术，将实现跨行交易资产的点对点转移，而不必引入第三方机构参与结算。批发型央行数字货币主要用于金融机构间清结算业务，相较于现有的实时全额支付系统（RTGS），批发型央行数字货币交易平台能够通过减少中介环节提高机构间支付和清结算效率，同时也能够实现 7×24 小时的实时支付服务，并提供统一的数据标准和更丰富的数据维度。

对于零售型央行数字货币，一些学者认为，在提升支付系统效率之外，它还将在一定程度上增强支付系统的普惠性。在许多金融体系不发达或贫富差距较大的国家，相当一部分人口难以获得银行的服务，仅可使用现金进行交易，零售型央行数字货币的发行能够为更多人提供数字化支付基础设施，从而提高金融普惠性。此外，部分国家的央行数字货币在提供 7×24 小时的实时支付服务之外，还提供离线支付功能，从而保证弱信号环境中电子支付的正常使用，在时间和空间上丰富零售型央行数字货币的适用环境。但一些学者持反对意见，他们认为，虽然理论上零售型央行数字货币能够让更多人参与到数字支付中，但其实际推广效果有待考量，例如，许多较为贫困的地区缺乏足够的支付基础设施，且手机的使用率并不高，推广央行数字货币意味着它们需要建设基站等通信设施及一系列支付设施，这意味着较高的成本，很多政府不愿意这样做；此外，许多没有银行账户的人对数字化支付方式的需求并不强烈，因此央行数字货币为金融普惠性带来的好处是有限的。

除了对支付系统普惠性的影响，许多学者指出，央行数字货币还有助于促进支付系统创新。在一些移动支付较为发达的地区，支付服务提供商是十分重要的存在，由于支付服务的网络效应，一家或几家大型的私人支付服务提供商将在特定区域内趋于自然垄断，给支付系统带来集中化风险，影响了中小型支付服务提供商的创新热情，也影响到中央银行和商业银行对整个金融体系的调节管控作用，即出现“大而不能倒”的问题。零售型央行数字货币的推广使用将提供一种信任度更高的数字化支付手段，从公众的角度看，相当于提供了一种移动支付的替代产品，这种替代不是完全的，而是使现金、移动支付、零售型央行数字货币共存于一个系统中。在这种情况下，央行能够有效降低单一公司或私人支付系统对整个支付体系的影响，并促进支付体系的竞争性，增加支付系统弹性，进而促进创新。但是对于创新的主体及创新效果，学界存在不同的看法。从央行数字货币本身来说，以数字化形式发行法定货币本身就是央行的一个创新性举措，这一点得到了学界的普遍认可，同时，由于央行数字货币本身具有可编程性，是一种“智能货币”，银行或支付服务提供商能够通过可编程接口赋能支付产品，服务长尾需求，直接促进业务模式创新，许多学者也把这一点看作央行数字货币在移动支付的基础上的重要突破。但是，从支付体系的参与主体上，央行数字货币的发行将加剧央行和私营部门、商业银行和支付服务提供商两组竞争，但一些学者认为，央行发行央行数字货币并不会比私营部门的创新更有效且可能影响这些由私营部门进行的创新。

（2）银行体系方面。

在多个国家将零售型央行数字货币视为现金的补充的情况下，对于零售型央行数字货币、现金、银行存款三者之间相互转换的讨论较多，许多学者和机构对于零售型央行数字货币对银行体系的影响提出了自己的看法。在最初提出 FedCoin（联邦币）方案时，一些央行的报告中指出，应允许公民和企业在中央银行开设账户来发行央行数字货币，而不是将资金存入商业银行，这种方案获得了部分学者的支持。他们认为，让非银行公众直接访问央行资产负债表能够使央行更多地参与到金融活动中，对商业周期做出更好的干预，简化货币政策传导流程。同时，由于央行依靠国家信用，其向所有公众开放的数字货币账户将在可能出现的任何金融危机中提供“避风港”，以确保存入资金的安全。

但这种方式的负面影响也是显而易见的，如果直接由央行向公众提供金融服务，一方面，央行承担零售层面支付系统有效运作的能力有限，并且这种安排将增加社会成本；另一方面，商业银行将很难在金融体系中发挥货币创造的作用，即造成银行体系缩窄进而出现“狭义银行”，狭义银行削弱了市场在定价中的作用，这种削弱可能导致资产配置的失灵，对抵押品市场运作产生不利影响。虽然针对狭义银行模式的利弊比较还未形成结论，但各国中央银行普遍认为，从架构设计上直接造成银行体系缩窄是不可取的，这将对现有金融体系产生过大的冲击，因此需要根据现有货币体系来发行零售型央行数字货币，即采用间接 CBDC 或混合 CBDC 的“央行—商业银行—公众”双层运营体系。

但这并不能完全打消对于狭义银行的担忧，由于中央银行的信用等级高于商业银行，因此将会有大量用户从无保险的银行账户将存款转向有保险的央行数字货币账户，从而发生银行挤兑的问题。但也有学者指出，在正常经济状态下，央行数字货币并不一定造成银行挤兑，一方面，央行数字货币对银行体系的影响取决于其发行方式和对银行存款的替代程度，另一方面，银行可以对央行数字货币的发行做出反应，例如通过调整存贷款利率来提高存款的吸引力并扩大存款客户基础，尽管这样会减少贷款需求，但能够保证银行的收益，且能够带来社会福利的提升。

（3）货币政策方面。

零售型央行数字货币将对货币政策产生显著影响。

在保留现金的情况下，不同类型的零售型央行数字货币会对现有货币政策效果产生不同的影响，区别主要在于是否保留银行存款。如果选用直接 CBDC，则货币体系将发生极大简化，在这种情况下，货币供给将受货币需求支配，中央银行的货币政策也将不再依赖存款准备金率的调整与商业银行货币创造之间的间接因果关系这一假设，央行数字货币存款利息的支付将有效地创造货币，支付或收取央行数字货币的正或负利息是央行增加或减少货币供应量的渠道之一，最终导致货币政策和财政政策的一体化。而如果选择间接 CBDC 或混合 CBDC，央行数字货币将与银行存款共存，其发行不会改变货币政策实施的基本机制，央行仍然能够使用公开市场操作、再贴现等货币政策工具，在特定情况下，央行数字货币也可作为短期政府票据。

但是，由于零售型央行数字货币将作为现金的补充并在一定程度上替代现金和银行存款，在引入零售型央行数字货币后，货币乘数将发生变化。如果公众减少持有银行存款而是更多地持有现金或央行数字货币，则货币乘数将变大，货币供应量也将受到乘数作用的影响产生大幅波动，从而挑战货币供应量作为中介指标的地位。针对这种情况，中国人民银行数字货币研究所曾指出，虽然央行数字货币的发行将对货币乘数产生影响，但央行数字货币使得央行能够比较准确地测算货币流通的平均速率，进而能更加精确地调控央行数字货币的投放数量和投放频率，货币政策工具的选用也将更加精准。

拓展阅读

央行数字货币的其他影响

第五节　数字货币的风险与监管

一、数字货币的主要风险

除了币值波动、金融稳定等方面的问题，私人数字货币和央行数字货币都存在一些核心风险，主要包括网络安全风险、认知风险和法律风险。

（一）网络安全风险

作为一种数字化产品，数字货币不可避免地将面临一系列网络空间安全问题，尤其是数字货币系统本身的高价值特点，更容易引起黑客的注意。网络安全风险的来源主要有三个方面：第一，数字货币系统的不完善。随着各国、各机构发行数字货币，数字货币领域的参与者快速增加，使得对于发行方的技术审查程度降低，许多发行数字货币的机构并没有部署安全措施或安全措施达不到相应的安全等级，这种情况很容易受到网络攻击导致系统瘫痪和资金损失。第二，网络攻击手段的提升。随着计算机技术的发展，网络攻击的手段愈发多样、防御难度逐渐提升，如果数字货币发行方不能及时更新系统安全措施，将给系统带来极大风险，同时，随着量子计算的发展，原有密码体系可能受到威胁。第三，智能合约的漏洞。很多数字货币尤其是私人数字货币可以加载智能合约，但合约审计的技术还不完善，其中的很多合约可能存在漏洞，这些漏洞可能被恶意用户或攻击者利用来从中牟利。

（二）认知风险

作为新兴的金融科技产品，公众对于数字货币的认知是较为薄弱的，可能在使用过程中存在问题。例如丢失数字货币私钥、透露钱包助记词等，这些操作失误都可能造成不可挽回的经济损失。同时，在公众认知程度较低的情况下，利用数字货币概念进行诈骗的可能性较大，中国人民银行、中国互联网金融协会曾多次发布公告，强调要警惕以数字货币为幌子的诈骗行为。

（三）法律风险

各国关于数字货币的界定还较为模糊，在不同国家对于数字货币的定位也存在差别，因此，针对公众数字货币的遗失、盗窃、诈骗、非法交易等情况的法律规定也较少，也就很难有效打击数字货币相关的违法行为，公众持有数字货币面临的风险也较高，对于资本外流、跨国的监管套利等行为也缺少防范措施。

二、对数字货币的监管

数字货币监管是亟待解决的全球共性问题，各国立法者和监管者都面临着前所未有的挑战。区块链技术作为数字货币的底层技术，其背后涉及互联网、金融风险与金融安全、货币政策独立性和有效性等多方面问题。各国针对数字货币颁行的法案及采取的监管措施有利于规范和净化市场，维护金融市场有序、稳定。

（一）国际数字货币监管

美国金融监管部门和立法机构较早开始对数字货币进行立法规制，并将其纳入监管体系。在金融监管方面，自 2017 年起，美国证监会针对 ICO 和数字货币交易所采取了一系列监管措施，美国商品期货交易委员会对数字货币期货市场出台了监管办法和指导意见。在国会立法方面，2020 年 3 月 9 日，美国国会众议员保罗 · 戈斯（Paul Gosar）向国会提交了《2020 年加密货币法案》。该法案旨在明确各种数字（虚拟）资产的适当监管机构，并要求这些机构针对其管辖范围内的数字资产进行监管，对数字资产的交易、牌照发放与注册等方面做出明确规范和要求。

新加坡金融管理局在兼顾有效监管和鼓励适当创新的监管原则下，针对数字货币领域也颁布了多项监管规范。2014 年 3 月，新加坡金融管理局发布《新加坡金融管理局规范虚拟货币中介机构关于洗钱和恐怖融资风险的声明》，明确声明自身监管责任。2017 年 8 月，新加坡金融管理局发布《新加坡金融管理局阐明在新加坡提供数字货币的监管立场》，明确其监管的数字货币类型符合新加坡《证券和期货法》第 289 章中规定受监管的产品。2017 年 11 月，新加坡金融管理局出台《数字货币发行指引》，明确数字货币发行条件。2019 年 1 月，新加坡金融管理局颁布了针对数字货币的系统性监管法案——《支付服务法案》。该法案为新加坡支付系统和支付服务提供商提供了监管确定性，同时鼓励支付服务和金融科技的创新发展。

英国政府以财政部为主导力量，监管措施主要包括消费者保护声明、加密市场规范、反洗钱/反恐怖融资实施规划、金融稳定风险评估等。2018 年 3 月，英国财政部牵头，联合英国金融行为监管局、英格兰银行，共同成立政策研究小组“加密资产特别工作组”。该工作组根据加密资产的所有者权利及实际和潜在用途，厘定了实用型代币、证券型代币、交易型代币三类加密资产及用途，并提出根据用途适用不同监管条例。

在日本方面，2016 年 3 月，日本金融厅向国会提交了《资金结算法》修正案。修订后的《资金结算法》增加了关于“数字货币”的章节，明确规定了数字货币的定义，并正式承认数字货币为合法支付手段，将其纳入现有法律体系。2019 年 3 月 15 日，日本金融厅再次向日本国会提交法案，提请修改《资金结算法》和《金融工具和交易法》，以加强对交易所用户的资金管理、托管服务，更好地履行防欺诈、反盗窃和反洗钱等义务。这两项修正案已于 2020 年生效。

（二）国内数字货币监管

（1）虚拟货币。

在法律层面，我国肯定了私人数字货币的财产（商品）属性，否定了其货币属性。《关于防范比特币风险的通知》（银发〔2013〕289 号）认定比特币是一种特定的虚拟商品，其不是真正意义的货币，不具有法偿性与强制性等货币属性，不具有与货币等同的法律地位，不能作为货币在我国市场流通使用。最高人民法院、国家发展改革委共同发布《关于为新时代加快完善社会主义市场经济体制提供司法服务和保障的意见》，要求加强对数字货币、网络虚拟财产、数据等新型权益的保护。在司法实践上，法院在相关判决中多认可了比特币等私人数字货币的财产属性。

从金融机构监管层面看，我国坚决禁止金融机构和支付机构开展与私人数字货币相关的交易活动，同时要求互联网交易企业会员单位亦不得为私人数字货币交易提供相关服务，并罗列了不得以比特币为产品或服务定价、不得买卖或作为中央对手买卖比特币、不得承保与比特币相关的保险业务或将比特币纳入保险责任范围、不得直接或间接为客户提供其他与比特币相关的服务等禁止性行为规定。

我国严令禁止代币发行行为，认为这类活动是不法分子打着“金融创新”“区块链”的旗号，通过发行所谓“数字货币”“虚拟资产”“数字资产”等方式非法吸收资金、进行传销和诈骗，进而严重侵害公众合法权益的不法活动，涉嫌非法发售代币票券、非法发行证券以及非法集资、金融诈骗、传销等违法犯罪活动。

代币融资交易平台不得从事法定货币与代币、私人数字货币相互之间的兑换业务，不得买卖或作为中央对手买卖代币或私人数字货币，不得为代币或私人数字货币提供定价、信息中介等服务。

在民众层面，监管规则未对一般民众持有或者相互间进行货币交易做出禁止性规定。私人数字货币交易作为一种商品买卖行为，普通民众在自担风险的前提下拥有参与的自由。

（2）央行数字货币。

中国的央行数字货币属于人民币的另一种形态，其发行、流通和使用受《中华人民共和国中国人民银行法》《中华人民共和国人民币管理条例》等相关法律法规保护。根据法律规定，人民币是我国的法定货币，人民币现金是我国境内最基础的支付手段，任何单位和个人不得拒收，故排斥和歧视央行数字货币支付属于违法行为，各企业单位及个人不得采取歧视性或非便利性措施排斥人民币支付，造成“数字鸿沟”。数字人民币在使用时也应遵守现行的所有关于现钞管理和反洗钱、反恐怖融资等的规定。

拓展阅读

中国数字人民币进展大事记

思考题

1. 请从货币的职能角度思考数字货币能不能算货币。如果能，为什么能够被纳入货币的范畴？如果不能，在哪些方面不满足成为货币的条件？

2. 你如何理解匿名性？微信支付、支付宝是匿名的吗？现金呢？比特币呢？

3. 你在进行支付的时候会考虑匿名性的问题吗？如果考虑的话，你是否希望支付过程是完全匿名的？如果不能实现完全匿名，你更希望数据由哪些机构管理？

4. 数字人民币为什么采用双层运营体系？如何理解数字人民币的“可控匿名”？

5. 你如何理解数字货币带来的风险？

第十四章

保险科技

导　言

保险科技已成为保险行业的发展趋势之一。保险科技是指利用先进的科技手段来提高保险行业效率、降低成本、改善用户体验的一种新型服务方式。随着信息技术的不断进步，保险科技已经成为保险行业的新风口，各种新技术的应用不断涌现。其中，人工智能、区块链、云计算、大数据等技术的应月为保险行业带来了前所未有的发展机遇。然而，保险科技的应用也带来了一些新的挑战和风险，如数据隐私、信息安全等问题。因此，保险公司需要加强技术投入，提高技术能力，建立完善的风险管理体系，保障用户信息的安全和隐私。

学习目标

1. 掌握保险科技的概念、分类及基本模式，了解保险科技的发展历程。

2. 了解保险科技的代表性公司和产品，了解保险科技对金融体系的影响和其当前面临的风险和监管。

核心概念

保险科技　互联网保险

财产损失、健康问题等风险在日常生活中无处不在，选择购买不同的保险产品可以在一定程度上转移风险和获取经济支持，避免最大的损失。2013 年国际影星安吉丽娜·朱莉通过基因检测发现体内含有易导致乳腺癌的遗传基因缺陷，因而决定切除乳腺，随后出现了公众对基因检测需求激增的“安吉丽娜效应”，这一效应促使越来越多的保险机构开展基因检测服务。通过基因检测服务，保险机构可以收集海量的基因数据，准确掌握顾客身体的风险状况，并根据其风险研发定价更为精准的保险产品，而顾客可以根据自己身体状况的风险水平来选择合适的保险产品。基因检测与保险的合作只是保险与科技“联姻”

中生动的一例。伴随更多新型保险产品的涌现，保险业务的价值链得到重塑，保险行业正在朝一个新的方向——保险科技发展。2022 年我国保险深度为 3.88%，保险密度为 3 326 元/人，在密度和深度上与发达国家仍有较大差异，但保险科技为我国保险发展带来了新机遇。

第一节　保险科技概况

一、保险科技的基本概念

顾名思义，保险科技（insurtech）是保险与科技的结合，指金融科技在保险领域的运用，是金融科技的一大分支。2016 年，“保险科技”一词在欧美流行开来，是从“金融科技”一词演化而来的。2017 年，国际保险监督官协会（IAIS）将保险科技定义为有潜力改变保险业务的各类新兴科技和创新性商业模式的总和。此后，麦肯锡、毕马威、众安金融科技研究院等机构都发布了有关保险科技的发展报告。业界普遍认为，基于一系列数字技术的综合运用，保险科技能使保险服务效率和服务能力得到提升，改善风险管理。

保险科技从金融科技演化而来，从其发展初期依托互联网平台而形成的互联网保险，再到利用大数据、人工智能等科学技术真正成为保险科技，其内涵与对保险行业的影响角度、力度都已经发生明显变化。2020 年发布的《互联网保险业务监管办法》明确指出，互联网保险业务是指保险机构依托互联网订立保险合同、提供保险服务的保险经营活动。保险科技发展初期依托互联网开展业务，此后运用 AI、大数据、云计算等技术对保险业务全流程的深度渗入，既改变了产品形态，也提高了业务效率。

如果说起初的互联网保险孕育了保险科技，那么保险科技又随着科技的发展涵盖范围甚至超越了互联网保险，其内涵不仅只有互联网保险，还包括了更多的新兴科技内容，其影响不仅仅作用于保险销售渠道，更是从产品开发、核保核赔、风险管理等多角度给保险行业带来了新动力。简而言之，互联网保险仅仅是指依托互联网平台发展业务的保险，是将科技作用于保险产品的销售渠道，而保险科技则是利用大数据等新兴科技手段发展保险自身业务。当然从更广泛的意义来看，互联网作为一种科技手段也应当被涵盖在保险科技的内容之中。

二、保险科技的主要分类

当前应用于保险领域的技术主要包括大数据、云计算、人工智能、区块链、物联网等，应用层面涵盖了保险业务的前台销售、中台核保核赔、后台产品的研发和定价以及保险机构运营系统等方方面面的内容，涉及险种主要有健康险、寿险、意外险、车险、家财险、农险、旅行险以及适应当前社会需求的新型险。下面对全球保险科技领域利用新技术开发的主要保险产品根据其技术手段和所涉险种进行了分类。

（1）根据技术手段分类。

保险科技最为主要的技术有四种，即物联网、大数据、区块链和人工智能。四种技术在保险业务中的主要应用如图 14 - 1 所示。

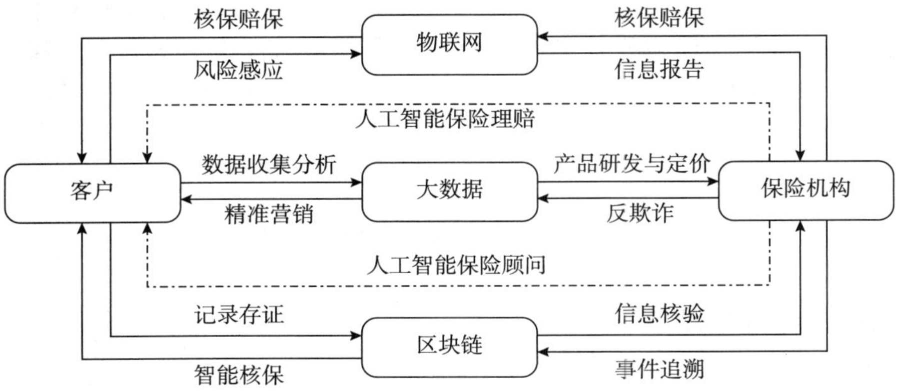

图 14－1　四种技术在保险业务中的主要应用

(2) 根据所涉险种分类。

保险科技在不同的险种中产生了各具特色的应用，根据科技与险种的结合，可将保险科技分为财产险保险科技和人身险保险科技。财产险中以“车险＋保险科技”的应用最为突出。有报告预计 2026 年全球 UBI 车险（基于车主驾驶行为以及使用车辆相关数据的可量化的保险）市场规模将从 2020 年的 254.6 亿美元增长到 772.5 亿美元。人身险则是健康险领域发展迅速。2020 年共有 5 家健康险创新企业在美上市。2021 年在 6 家上市的保险科技公司中，健康险创新企业占据 5 席，健康险领域保险科技公司投融资金额占比超过 30％。

拓展阅读

保险科技领域的代表性新型产品

三、保险科技的基本模式

根据业务的不同对象，保险科技的基本模式可以分为 2A、2B、2C 模式。

2A 模式主要体现为代理人平台形式，为代理人提供保险产品销售平台等，满足代理人远程设计保险产品和引导客户在线投保的业务需求，同时运用互联网技术提升代理人工作效率。当前 2A 模式的盈利模式主要靠佣金收入支持。通过扩大平台代理人的规模以获取更优的保险产品价格，提升平台相对于险企的议价能力。基于平台对于代理人和客户的需求挖掘，向保险公司定制场景化、碎片化的保险产品，为代理人提供增值服务。根据代理人需求提供展业工具等，拓展非佣金类收入，支持代理人以团队模式服务客户。

2B 模式主要是保险 IT 公司、健康险服务商等保险科技公司，通过运用科技基础设施拓展渠道、优化销售及理赔成本、提升客户端和中后台的运营效率，并利用技术进行一定的产品、服务创新，具体有车险风控、健康险风控、车险理赔等业务。2B 模式参与者的范围更广，包括保险公司、企业投保客户、保险中介机构、药厂、药店、医院、汽车生产企业等。保险 IT 公司是专注于保险行业的金融科技公司，主要为保险行业提供信息化建设及 IT 解决方案。其产品为保险核心系统，具体包括产险系统、寿险系统和团险系统。保险核心系统由多个流程和功能模块构成，可支持各种保险产品业务的开展。商业模式上以销售软件为主，并提供相应的实施、维护及升级服务。当前主流的保险 IT 公司正致力于利用云端技术、采用微服务架构建立供应商和客户共同参与的开放平台，以用户提供的数据为基础进一步提升产品和服务质量。

2C模式主要体现为保险产品直接面向个人客户，主要形式为在线保险市场、比价平台和互助平台。其中在线保险市场可以面对个人客户、保险代理人或经纪人、保险产品供应商，此类平台通常对个人客户是免费的，通过平台达成的保费合同所缴保费会以一定比例和平台分成，或者平台会从保险中介处收取一定比例的佣金或服务费用。适用于在线保险市场的保险产品一般具有标准化、单价低的特点，其保障范围明确、保险条款通俗易懂、定价透明。部分互联网保险产品还以直接满足各类需要为基础，针对特定场景或人群设计。

第二节　保险科技的发展历程与现状

一、国际保险科技发展历程与现状

从时间维度来看，海外保险科技行业的发展分为3个阶段：

（1）技术推动的快速发展阶段（2014年之前）：随着互联网、物联网、大数据等技术的成熟和普及，保险科技公司的数量快速增长。根据CB Insight的数据，全球新成立的保险科技公司数量从2008年的46家增长至2014年的143家。

（2）资本推动的加速发展阶段（2015—2019年）：自2015年起，部分保险科技公司模式逐渐获得了资本认可，资本快速进入保险科技行业（标志性事件为安盛集团于2015年初建立保险科技孵化器），推动行业加速发展。

（3）初步成熟阶段（2020年至今）：2020年全球保险科技公司掀起上市潮。同时，新成立的保险科技公司数量从2017年开始大幅下降，但融资额仍快速增长，反映了资本更加青睐已经较为成熟的公司。这两个现象标志着行业走向初步成熟。

近年来，保险科技领域的融资十分活跃。早在2008年金融危机后，一些风投机构就开始投资各种保险科技初创企业。2016—2017年，健康险领域及数据公司成为风投领域的投资热点。2019年保险科技累计融资额约63.5亿美元①，融资事件主要集中在北美和亚欧，2020年保险科技累计融资额达71.1亿美元，较2019年增长12%。保险科技累计融资额在2021年达到最高峰（见图14-2），全年累计融资额高达158亿美元，较2020年增长122%。尽管累计融资额在2022年有所回落，但仍高于2020年，保险科技在资金的推动下进入快速发展时期。

在监管方面，很多地方都在大力鼓励和支持保险科技发展。中国香港和新加坡都为符合条件的保险科技初创企业提供专门的资金支持，美国保险监管机构设立了创新科技特别小组，英国则通过“沙盒监管”模式支持保险科技创新。

在全球保险科技浪潮之下，除了传统保险公司积极追赶数字化进程外，还涌现了互联网保险公司、新型互联网中介平台、保险科技服务提供商等新的参与主体。在互联网技术及新的市场竞争者等外部力量的冲击下，传统的保险企业纷纷改变发展策略，走上数字化转型的道路。例如，安联集团制定了全面的数字化转型战略，并且设立首席数字官，全方位推动数字化转型；瑞士再保险集团围绕“行业领先的风险知识公司”的定位，积极投入

---

① 资料来源：Gallagher Re公司2022年第四季度全球保险科技报告。

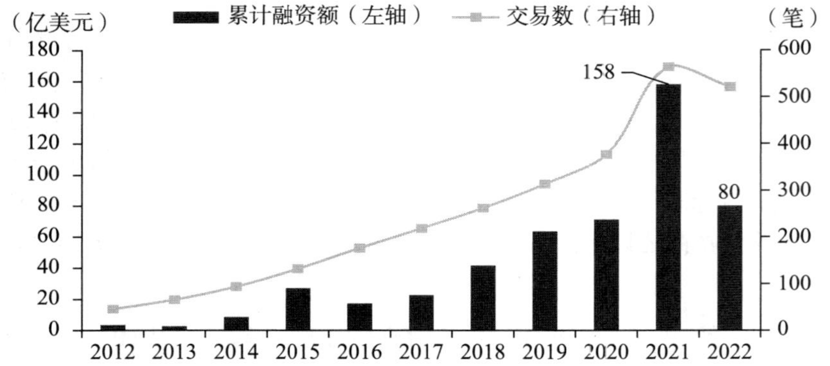

图 14－2　保险科技历年累计融资额和交易数

技术研发，加快探索新技术和新模式；安盛集团则建立了自己的投资生态系统，孵化和投资了众多保险科技初创企业。

互联网保险公司持有保险行业牌照，但销售渠道主要集中于线上，在产品设计、定价、推广、理赔等方面也实现了和传统保险不同的商业模式，可以说重塑了传统保险行业。除了中国的众安保险、泰康在线等，互联网保险公司的代表还有美国的 Oscar Health（以年轻人群为目标客户的互联网健康保险平台）、英国的 Back Me Up（面向年轻人提供灵活便捷的财产保险产品）、新加坡的 Singapore Life［以 D2C（直接面向消费者）模式运营，面向高净值人群销售长期寿险产品］等，感兴趣的读者可以进一步了解。

随着保险科技的发展，也出现了基于互联网的保险中介，直击传统保险产品设计差、理赔体验差、销售费用高等痛点。例如 2014 年在美国创立的 Policygenius（瞄准保单晦涩与信息泄露行业痛点，旨在建立一个透明化的保险信息平台）在线为客户提供保险产品比价，并且可根据个人信息算出用户适配的保单，便于用户进行选择。

在保险大数据、保险区块链、智能保险行业也出现了许多领先的技术服务提供商，其中有的是初创公司，有的则具有互联网巨头背景，如 IBM Watson 商业认知平台。

未来，海外保险科技将主要有以下两个发展趋势：第一，更加注重细分领域，保险科技公司正在越来越多地提供细分领域保险产品，不同细分险种与保险科技相结合诞生出各类新保险产品；第二，区块链逐渐成为主要驱动因素，在区块链上存储原始数据可以减少欺诈行为发生的频率，提高信息透明度，它在再保险和医疗健康险等领域都有广泛的应用前景。

二、国内保险科技发展历程与现状

纵观我国保险科技的发展历程，一开始，保险科技只是使得保险的销售渠道从线下拓宽到了线上；随着保险科技的发展，保险科技已经在精算设计、产品推广、核保理赔等多个环节全面赋能保险业。中国的保险科技发展大致可以分为兴起、发展、爆发三个阶段（图 14－3 展示了在这三个阶段保费收入、业务及管理费的变化），保险科技在不同发展阶段与保险的各个环节产生了不同深度的结合。

（一）兴起阶段（1997—2012 年）

在这一阶段，保险科技诞生并初步发展，主要运用于保险线上销售渠道的开拓。1997 年，

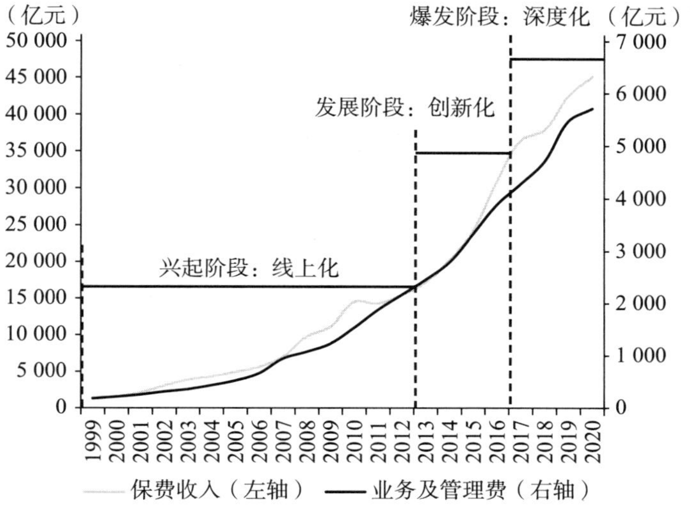

图 14－3　保费收入、业务及管理费的变化

资料来源：作者根据锐思数据库数据（数据从 1999 年开始统计）绘制。

我国首家保险网站——“中国信息保险网”成立。随后，传统保险公司开始布局保险网销业务，如中国平安在 2000 年推出直销平台 PA18，这是国内首家个人综合理财服务网站，中国平安成为保险网销的早期探路人。同时，由保险中介建立的网络保险平台也接连涌现，如 E 家保险网、车盟、搜保网等。消费者可以在平台上了解并自主选择各种保险产品，填写相关信息后，既可以由网站生成电子保单，消费者在线支付完成投保，也可以由保险公司将纸质保单送达投保人，投保人签字并支付保费。

和传统的直销、电话销售、银行代理等线下保险销售渠道相比，互联网保险有独特的优势：第一，互联网保险使得保险公司和客户直接接触，弱化了保险公司对第三方销售渠道的依赖，减少了双方的信息不对称；第二，互联网打破了客户购买保险的时间和空间的限制。随着互联网在我国的不断普及，互联网保险的保费收入也快速增长。

（二）发展阶段（2013—2016 年）

2013 年，中国第一家互联网保险公司——众安保险成立，许多依托互联网技术的创新型保险产品也纷纷出现，标志着保险科技发展的新阶段。在 2013—2016 年，从公司数量来看，泰康在线、安心财产保险、易安财产保险等互联网保险公司纷纷成立，推动互联网保险进一步发展并逐渐向更宽泛的保险科技探索；从保险科技融资来看，这一阶段的保险科技行业资本热度快速提升，中国保险科技融资事件数量在 2016 年到达一个顶峰（78 起）。

在发展阶段，保险科技的应用不再局限于营销和渠道，出现了许多创新的保险产品。一方面，同质化传统保险产品难以满足市场对多层次、个性化保险产品的需求；另一方面，大数据、云计算等新技术的出现和逐步成熟为产品创新提供了技术基础。

因此，保险科技公司通过深度挖掘和分析不同场景下的用户需求，从用户需求出发，再运用各种互联网技术助力产品设计和精算，研发出了许多不仅具有创新意义，而且销量和口碑兼备的互联网保险产品。创新型保险产品的典型例子有华泰财险最先承保的退货运费险、众安保险推出的航班延误险、中国人寿推出的手机碎屏险等。

（三）爆发阶段（2017年至今）

2017年，我国互联网保险保费收入为1 835.29亿元，同比下降21.83%，自2012年以来首次出现下降，标志着互联网保险由高速发展阶段进入平缓期。在这一阶段，互联网普及率已进入高位平稳阶段，截至2022年12月，中国网民规模达10.67亿，较2017年12月增长2.95亿，互联网普及率达75.6%，同时保险科技行业由重创新转向重服务。智能核保、定制化保险产品、网络互助平台是保险科技重构阶段的三个典型代表。

（1）保险公司探索智能核保，保险业务链条逐步走向全流程的数字化。简单来说，保险公司的核保过程是通过对即将承保风险的预判，选择公司所能承受的风险，使承保条件与所选风险相适配的过程。智能核保是指保险公司利用一系列智能化的系统，如智能规则引擎、身份识别、医院系统互联、财务数据互联等，自动对客户投保申请和承保条件进行评估，使客户投保完全自主完成，实现核保成本效益的最优化。智能核保最主要的应用是健康险领域。此外，保险科技也逐渐渗入理赔等领域，将科技赋能落实至销售、定价、核保、承保、理赔等全业务链条。

（2）第三方中介平台推出定制化保险产品。第三方中介平台依托其积累的客户数据和资源，围绕客户的需求开发定制化保险产品。这一类公司的代表有慧择保险、悟空保、小雨伞等，它们利用保险科技，通过动态的风险定价，满足不同场景中不同用户的保险需求。

（3）网络互助平台出现并探索互助模式。网络互助是指基于互联网平台的会员对某一类风险进行互相保障的模式。但是，监管机构从经营资质出发，认为网络互助平台并不属于相互保险的范畴。我国网络互助平台用户规模有限，主要还是通过网络互助平台为健康服务和商业健康险引流，但是随着相互宝等多家网络互助平台宣布关停，网络互助平台已然落寞。

拓展阅读

阿里和腾讯的保险业布局

2022年是继2021年底国家提出《保险科技“十四五”发展规划》后的首年，政策的支持为保险科技的发展奠定了重要基础，我国的保险科技正在逐步向世界领先水平迈进。在未来，保险科技将迎来综合性金融服务时期。随着人工智能、大数据、云计算、区块链、物联网等技术的深入应用，5G、基因检测、元宇宙等创新科技或概念的推广使用，技术与保险行业加速融合，将会显现“科技引领保险”的趋势，数据资产将产生巨大价值，与此同时，数据安全带来的挑战也将持续增加。

第三节　保险科技的代表性公司和产品

一、代表性公司

（一）安联集团

安联集团1890年成立于德国柏林，是保险业首屈一指的巨头，也是全球范围内最大的金融集团之一，拥有广泛的影响力。安联集团的传统业务之一——保险业务，主要包括人寿与健康保险、财产与责任保险。同时，该公司也是一家实力雄厚的资产管理公司。面对数字化对保险业带来的前所未有的冲击，安联集团积极转型以适应行业的变革。

技术卓越和数字默认是安联集团为实现数字化而提出的战略。在战略的指导下，安联集团设立了为客户定制数字化解决方案的全球数字工厂，各国专家和技术工作者在此共同探索、研发。由全球数字工厂提出的定制化产品模板将经过试点、模式化、推广的过程，最终应用到各国的市场中。

为投资保险科技和数字化领域，安联集团专门设立了 Allianz X，该公司专注于移动出行、互联网健康、智能数据等方向的风险投资，投资了包括 Lemonade、Nauto、WeLab 等的科技公司。此外，除投资初创公司外，安联集团也积极在全球建立数字合作关系，例如与慕尼黑再保险、瑞士再保险等公司建立区块链保险联盟，旗下子公司 Allianz Risk Transfer（提供替代风险转移和资本解决方案）与 Nephila（再保险公司）合作研发智能合约技术等。

在产品服务开发升级方面，保险科技的应用主要体现在风险的识别与控制以及保单的数字化管理与理赔上。安联集团大量运用物联网、人工智能等技术，大幅提升事故前风险控制和事故后理赔过程的效率，如推出识别驾驶风险的车载信息服务组件 BonusDrive、使用传感器和智能手机管理房屋风险的互联家居、促进理赔流程和保单管理的线上化和便捷化的 MyHealth 应用程序等。

安联集团作为传统保险业的领先者，在资本、经验和市场份额方面有着巨大的优势，转型过程也比较容易形成规模效应，也将是未来保险市场上的有力竞争者。

（二）中国人寿

中国人寿是国内保险市场上第一梯队的保险集团，也是国内寿险行业的龙头企业。该公司实行保险、投资和银行三大业务协同发展的战略，其中保险业务板块占比最大，主要为客户提供健康保险方面的服务。2021 年，中国人寿实现营业收入 8 585.05 亿元，其中保费收入 6 183.27 亿元。截至 2022 年，该公司连续 20 年入选《财富》“世界 500 强”排行榜，2022 年位列第 40 位。

该公司正积极建设“保险＋”生态圈，推进一站式综合金融保险服务建设，使物联网、AI、大数据等先进技术赋能保险产业全价值链，践行以客户需求为中心的销售模式并推进运营服务的集约化、生态化和智能化转型。

在数字化转型方面，中国人寿制定“科技国寿”战略，构建数字化的服务、销售、产品、管理、风控和生态体系。在理赔流程上，该公司推出“三险①一体化直付理赔”服务，利用大数据简化保险赔付流程，实现“六免”优势（详见之后人身保险代表性产品案例）。

在服务中，该公司前端对接社保和医院数据库，后端依次完成三险报销赔付，做到免申请、同步报销。近年，中国人寿已落实“大后台＋小前端”IT 布局，借助智能终端，提供 7×24 小时服务。2019 年中国人寿的个人客户无纸化投保率达 97.8%，重疾短期出险识别模型的智能风险识别准确率达 91%，中国人寿还构建了反洗钱平台。

未来中国人寿将继续推广“三险一体化直付理赔”服务，建立更加规范的医疗数据标准，完善数据管理模式，提高医保透明度，进一步提升公司在业界的影响力。

---

① “三险”指基本医疗险、大病保险和商业保险。

（三）众安保险

保险科技的浪潮不仅促使传统保险公司积极转型，更孕育了众多崭新的金融科技公司，众安保险就是其中的佼佼者。众安保险于2013年成立，是第一家获得互联网保险牌照的保险公司。蚂蚁金服、平安和腾讯作为众安保险的大股东为众安保险带来了强大的互联网资源。众安保险旗下的主要产品包括众享e家意外险、尊享e生医疗险、保骉车险、飞享e生航空险等。除自有平台外，众安保险还连接了几百个生态合作伙伴，如支付宝就是明星产品尊享e生的主要通道。

众安保险形成了生态导向的商业模式，利用大数据动态定价与风控、智能设备等将保险渗透进生活消费、消费金融、航旅、健康、汽车五大生态场景。例如，由众安保险与小米运动等平台协作推出的大数据健康保险计划“步步保”，该产品凭借智能设备获取用户健康信息并以此为基础进行差别化定价和个性化服务（详见之后人身保险代表性产品案例）；众安保险旗下最重要的创新产品退货运费险则基于电商消费行为大数据进行动态精算模型定价；在消费金融领域产品的风控问题上，众安保险通过大数据实现了实时信用评级，在此基础上为客户提供分期借款服务。

此外，为研发保险科技，众安保险设立了众安科技，分别在财产保险和人寿保险业务上进行布局，推出了分布式核心系统“无界山”以支持海量的碎片化保单和“SpeedUp”这一人寿保险云平台，还孵化了暖哇科技以布局医疗数据领域。

众安保险营业多年处于亏损状态，重要原因之一是投入巨额资金的保险科技创新业务还处在研发阶段，研发投入高，科技业务和其他业务亏损明显。2021年众安保险实现成立以来首次承保盈利，其赔付支出控制能力提升，在保费同比增长的情况下赔付支出有所收窄，“健康生态＋数字生态＋自有平台建设”成为众安保险业务增长的拉动点。

二、代表性产品

（一）财产保险

案例

大数据及物联网赋能保骉车险

保骉车险既是众安与平安两大保险机构联合推出的国内首个互联网车险品牌，也是众安保险五大生态之一——汽车生态的核心组成部分。传统的车险有两种保费计费方式：一是按照里程计费，即开车越多收费越高；二是按照驾驶行为计费，也就是开车越“疯狂”收费越高。保骉车险采用第二种计费方式，它依托大数据资源，以OBD（车载诊断系统）、ADAS（高级驾驶辅助系统）为载体，统计驾驶员的行为并进行差别化定价。简单来说，就是在投保人的汽车上装上一个黑匣子，记录驾驶区域、驾驶习惯、行车时间乃至社交活动等信息，分析投保人发生事故的可能性，从而定价。

除了保骉车险，海外也出现了多种运用新兴科技的车险。例如，美国Metromile公司定位于低里程用户，通过OBD、物联网以及移动端App来按行驶里程定价；英国Ingenie

公司专注于年轻司机，将线下服务和传感器外包，针对年轻人的驾驶行为进行定价；英国的 Cuvva 车险则开启了超短时车险市场，消费者可以通过 App 享受短至 1 小时的车险品种。车险的应用场景及计费模式都有了显著的创新。

拓展阅读

支付宝账户安全险实现 AI 秒赔

拓展阅读

传感器在房屋保险中的应用

（二）人身保险

案例

众安保险"步步保"：运动促健康

"步步保"是由众安保险推出的我国首款运用运动大数据的医疗险。"步步保"类似于支付宝应用蚂蚁森林，都是鼓励用户多走路，用步数兑换奖励。不过不同于蚂蚁森林公益种树的目的，"步步保"的机制是用步数抵扣保费，所谓"走得越多，花得越少"，最高可以用运动量换取 20 万元额度的重疾保障。

这实际上是一种借助大数据个性化定价来解决信息不对称的应用。众所周知，医疗险的一大难题就是如何对不同人群进行合理定价。除了年龄、性别、既往病史等这些能观测到的信息，运动量也是影响健康的重要因素。一个经常外出运动的人和一个总是窝在床上打游戏的人，他们的健康水平很可能是有差别的。"步步保"将可穿戴设备和运动大数据结合，与小米运动等平台合作，通过手机 App 测量用户的每日走路步数，借助运动数据区分不同人群。用户每天完成的步数越多，下个月按计划缴纳的保费就越少。在这个过程中，用户通过运动在降低保费的同时也降低了疾病风险，保险公司则在正确定价的同时降低了赔付率，实现了双赢的局面。

（三）反骗保

拓展阅读

大数据驱动"三险一体化直付理赔"

2021 年银保监会向行业下发《关于做好 2021 年大数据反保险欺诈工作的通知》及《大数据反保险欺诈手册》（2021 版），指出银保监会将针对车险、农险等重点领域，组织开展欺诈线索筛查、串并、移送，进一步健全制度机制和信息服务保障，深入推进大数据反保险欺诈工作。大数据在反骗保方面主要可以从两方面起作用：一方面，大数据的应用要求规范数据标准，优化了反骗保的数据基础，推进了欺诈风险识别系统和识别流程的完善；另一方面，众多保险公司积极运用大数据并与政府展开合作，政企合作遏制骗保行为。

案例

众安保险配合警方侦破骗保案件

据报道，刘某作为一家船舶修理公司的经营者在投保了雇主责任险和为员工投保团体意外伤害险后，与他人合作编造未曾发生的保险事故并夸大损失程度，通过伪造病历材料和事故证明的方式骗得工伤认定和伤残鉴定，骗取保险金。

随着保险科技的进一步发展，运用科技赋能业务是防范保险欺诈的重要手段。众安保险在此次案件中主动筛查欺诈线索并提供给上海警方，积极配合警方进行线索串并、证据补充和案件侦办等工作，借助保险科技的力量捕获诈骗团伙。作为国内首家互联网保险公司，众安保险自带的科技属性，为筑牢反欺诈“围墙”、提高反欺诈效率打造了坚实的技术“基建”。众安保险从销售、承保、理赔方面三管齐下，利用用户画像模型技术、X-Man智能营销平台，打通了核心业务、反洗钱、黑名单、智能核保及中保信风险筛查等系统。大数据风控技术和反欺诈模型的使用一方面有利于有效测评投保客户风险，另一方面也加强了对客户虚假就医等欺诈行为的识别，严格控制高风险案件的进程，降低产品赔付风险。

据悉，此次骗保行为已构成保险诈骗罪，刘某最终被起诉并判处有期徒刑11年，处罚金人民币10万元，并将赃款一并发还保险公司，另有3名同案犯被判处1年至2年6个月不等有期徒刑，并处罚金。

第四节　保险科技对金融体系的影响

当下的保险科技变革无疑会对保险行业带来极大的变化，新险种不断出现，核保、理赔和风控等环节也将受益于保险科技的红利，减少相关成本并提高服务效率。但保险科技的发展可能带来的问题也不容忽视。“个性化定制”的定价策略降低了消费者群体的议价能力，消费者的隐私也有可能受到侵犯，这也需要我们进行一定的反思。

保险科技给保险行业带来的变革经历了渠道变革、运营变革、服务变革三个阶段：在渠道变革阶段，参与主体设立移动App、网上保险超市等渠道；在运营变革阶段，出现产品和服务的创新；在服务变革阶段，新技术作用于基础设施层面的变革，使得经营效率和服务质量都得到了大幅改善。本书将从保险科技如何作用于保险业务链条的前端、中端、后端的角度来说明保险科技对保险行业的作用。

一、前端

保险科技对金融体系中的保险行业的影响首先从线下向线上的渠道变革开始。据中国保险行业协会统计，2021年互联网人身保险保费规模达2 916.7亿元；2021年互联网财产保险累计实现保费收入 862 亿元；互联网财产保险业务渗透率[①]由 2020 年的 5.9%上升至 6.3%。

随着物联网、传感器、大数据和云计算等多项新兴科技的发展，保险公司得以对更多结构化或非结构化的数据进行统计与识别，保险产品的定价也在日益精细化，保险公司也得以从日常行为数据中识别出更多的同质化风险。新的保险场景层出不穷，加之数据统计手段更新换代，衍生出多种新的保险产品，产品的上新更迭也在加速。

如前所述，不少保险公司在保险科技发展之下推出了科技保险，产生了很多我们生活中经常会接触到的新保险产品，例如，不断增长的电商平台服务也相应催生了电商平台的互联网保险，其中的代表即是大家都熟知的退货运费险；与此同时，手机碎屏险、航班延误险等新险种的出现也得益于大数据和云计算技术的逐渐成熟和应用。

与保险科技相结合的新产品不断涌现，保险营销的手段也在升级，基于数据分析和客户画像而推出的以客户为中心的服务在不断提升客户体验，AI 客服的出现使保险公司得以联系和服务更多的客户。不难发现，科技赋能的保险市场正在不断迸发出新的活力。

二、中端

如果说保险科技在广度上促进了新险种的诞生，那么其在深度上则是改善了保险业务中核心的核保环节。传统的保险公司数据获取不足，对数字的计算能力也有限，不能全面获取并深入分析客户的信息。随着多维度非结构化数据的加入，保险公司不仅能合理度量大众群体的风险，还可以对个人风险进行单独统计分析与定价，并由此衍生出智能承保（见图 14-4）技术。因此，保险科技的运用使定价方式更为灵活，也通过流程简化、智能风险识别等方法有效提高了核保过程的效率。

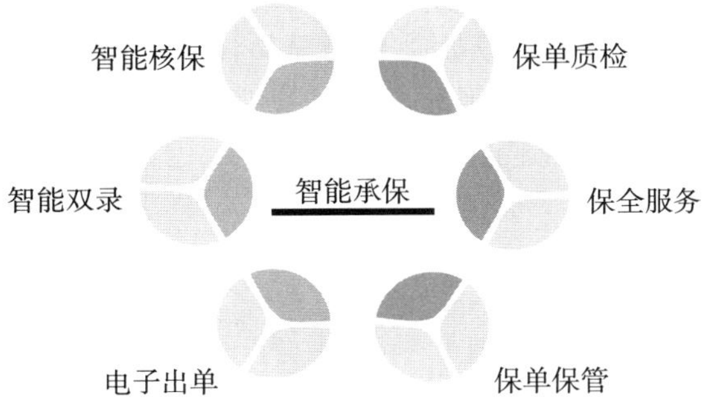

图 14-4 智能承保

互联网的迅速发展带来了销售模式的改变，这也是保险行业最先受到科技冲击的环节。数字化的分销渠道相较以往传统的代理人和经纪人制度成本显著降低，客户还可以自行在线上平台进行选择，有了更大的自主权。同时，人工智能技术衍生出的智能保险顾问可以对消费者进行更有针对性、成本更低的咨询服务，使得体验度大幅提升。

---

① 互联网财产保险业务渗透率是指互联网财产保险业务保费与产险公司全渠道业务保费的比值。

三、后端

在理赔管理上，首先，客户及其理赔信息可以存储在区块链上，不仅在一定程度上保护了客户的隐私，还能利用区块链技术的特点进行流水化审批，防止二次理赔的出现。其次，人工智能技术的应用也可以加速赔付过程，按照既定的理赔规则，辅以机器学习进行自动赔付，减少纸质材料提交比例，有效提高了理赔效率与准确度。最后，在智能理赔过程中可利用图像识别等技术进行定损等操作，大幅降低相关人工成本，并提高了理赔的效率。

不同于传统的保险，智能传感器、人工智能和大数据的应用使得保险科技公司可以建立更为准确的风险控制系统，并能够从更多维度识别保险欺诈，降低了骗保的可能性。除此之外，还可以对将要发生的事件进行预估。例如，无人机可以对利用红外相机和激光雷达传感器提供的相应的所需参数进行风险评估，并在事件发生之前进行合理管控，使得保险公司和消费者之间的关系更为融洽。

不难看出，保险科技在保险的全产业价值链都发挥了非常重大的作用。保险行业，连带保险消费者，都享受着保险科技带来的红利。

第五节　保险科技的风险与监管

科技与保险的结合促进了保险业的生态变革，既简化了传统保险业务繁杂的流程，提升了客户的服务体验，又提供了诸多创新产品，方便满足客户的多种需求。但是，发展保险科技也给监管带来了“两难问题”：一方面，行业创新通常意味着必须对现有监管框架进行改革，适度放松部分监管要求以鼓励和引导科技赋能保险、提升创新能力；另一方面，产品种类的多样化、规则的复杂化弱化了监管力度，提升了行业潜在风险，要求监管部门应当加大对创新产品边界的制定，守住监管红线。因此，在监管上平衡好政策支持和风险控制两方面是必不可少的。

一、保险科技的主要风险

（一）消费者权益保护风险

保险科技对保险行业的改善，在某种意义上而言也是对消费者的福利。保险科技的发展在一定程度上提高了全社会的福利，但从个人隐私保护的角度而言，保险科技的应用也对消费者造成了一些权益侵犯。

保险公司的差别化定价正如价格歧视，不当使用会造成消费者剩余被侵蚀。保险作为一种正常商品，也受到供给和需求的影响。当供给方，即保险公司，根据其掌握的信息以各个需求方个体所愿意承受的最高价格定价时，就形成了价格歧视，在极端情况下，所有的消费者剩余都将被生产者侵蚀。大数据的应用虽然以识别客户的特定风险，并定制个性化产品为主，但其所获取的信息也不可避免地反映了消费者群体的支付意愿。同时，网约车以及部分电商平台的“大数据杀熟”现象已经十分普遍，供给方利用客户之间的信息不对称以及用户黏性攫取消费者的剩余价值，这对消费者而言并非一件好事。

此外，在保险公司乃至其他金融科技企业挖掘客户数据的过程中，边界的模糊性可能会造成消费者隐私被侵犯，这涉及伦理道德层面的讨论。每个个体对隐私的定义都是有所不同的，有的人认为家庭个人生活的日常才算作隐私，而有的人觉得自己的手机号码、住址等信息也可以算作隐私。大数据的特质决定了无论数据结构化与否，都可以给数据需求方带来额外的信息，这就不可避免地导致了个人的数据将被充分挖掘，以最大化数据需求方获得的信息量。在这个过程中，必然会出现个体层面不同程度的隐私泄露问题。例如，无人机在拍摄交通事故现场的过程中，可能会无意间拍到路边的私人住宅；个人在搜索引擎上搜索了“起了红疹怎么办”后，可能马上就会被精准投放相关医疗险的广告；等等。这样的行为可能会给消费者带来便利，但也会让消费者产生“被监视”的不适感。如何在二者之间进行权衡是保险科技需要考虑的重要议题。

综上所述，保险科技在改善人们生活品质的同时，也给消费者带来了一些不便，这是科技发展过程中不可绕过的难题。

（二）信息不对称与逆向选择风险

信息不对称与逆向选择风险始终是保险行业所面临的难以绕开的难题，保险科技在利用大数据、区块链等技术减少信息不对称、缓解逆向选择时，也在一定程度上引发了新的信息不对称和逆向选择风险。

保险公司可以通过可穿戴设备获取被保险人的身体状况数据，通过车载传感设备获取车辆的驾驶信息，通过浏览行为、信息填写等获取客户的需求信息……这些运用保险科技所获取的信息帮助保险公司有效定价、精准营销以及避免客户逆向选择，通过获取更为全面细致的信息，保险公司可以拒绝为高风险客户承保或者以更高的价格承保，可以更及时地发现被保险人的危险行为并及早解决，甚至可以侦破骗保行为，降低损失。

但是对于客户而言，客户并没有获得更多的风险说明信息，甚至由于销售渠道的线上化，保险人以网络平台提示形式履行说明义务，相比于线下签订保险合约，在线上形式中消费者所能了解到的信息受到局限，甚至有不少客户并不会仔细阅读相关提示，消费者的知情权可能受到一定影响。而从另一角度来看，科技应用所带来的一些数据信息又是客户可获得的，例如健康监测数据、驾驶行为数据等，这些数据的开放使投保人和保险人更加了解自身的风险状况，低风险人群倾向于选择风险自担、高风险人群选择投保转移风险的趋势存在被加剧的可能性。

（三）监管滞后风险

保险科技的运用是创新行为，相较之下监管往往存在滞后性，对于保险科技而言，它的健康发展需要有所规范。在保险科技发展历程中，保险市场经营主体和业务范围逐渐走向多样化、多元化，相关技术走向复杂化，这都加大了保险监管的难度。

保险对象的广泛性、保险影响的重要性、保险性质的保障性以及保险经营的负债性决定了保险业长期以来都是受到强监管的行业，但是，具有创新属性的保险科技的运用带来了更强的不确定性，新技术的背后存在未知的风险，即使是对于不少已经初步显露的问题，很多配套监管措施和法律法规也尚未完善，容易出现监管盲区与空白，导致监管套利行为。此外，在区块链等保险科技之下，保险业出现跨界化、去中心化、去中介化的趋势，这与监管的中心化与分业化存在错位。

因此，如果不能对不断创新的保险科技加以监管，可能会导致保险业的一定乱象。以保险科技在保险销售渠道上的运用——互联网保险为例，部分网上销售的奇葩保险其实并非保险性质，违背了保险保障纯粹风险以及风险具有广泛性的定义，对于这种保障投机风险的擦边行为需要监管机构的及时反应加以规范。这需要通过完善立法、完善监管、健全保险经营者的信息披露制度与客户信息保密机制等方式来应对，促进保险业健康发展。

二、对保险科技的监管

（一）国际保险科技监管

国际上对保险科技的监管方法主要可以归为以下三类：

（1）创新指导窗口。监管部门向保险科技企业就相关监管政策进行提示和指导，帮助企业了解监管要求，确保创新产品的合法合规性。

（2）创新加速器。政府部门与保险科技企业合作，共同探究产品创新方案的合理性、可操作性、合法合规性及风险指征，并提供相应的支持，促进创新向实际应用转化。

（3）监管沙盒。针对创新型的保险科技产品，在法律允许的范围内，由监管机构适度放松监管条件与审核流程，在受限的市场环境下进行业务测试，测试结果通过，则可进一步推广，获得全面牌照，监管机构将对产品或项目进行正常化监管。此处对于监管沙盒不多加赘述，本书将在第十五章进行更多描述。

除了上述三类监管方法，许多国家在监管重点、监管方法、支持政策等方面也进行了诸多有益尝试。

拓展阅读

保险科技监管模式示例

（二）国内保险科技监管

我国正在通过探索与借鉴的方式不断完善相关的监管措施，包括监管沙盒机制的引入、促进监管科技的发展等，主要从鼓励创新、防范风险、保护消费者权益三方面入手。我国对于保险科技甚至是更大范围的金融科技有以下几点监管趋势：

（1）发展监管科技。面对与技术手段深度融合的创新业务，监管机构在实现监管目标时也必然需要相应的技术手段以应对新型业务的技术特点。同时，科技本身也可以解决许多传统监管手段难以解决的问题。以区块链技术为例，在消费者端，区块链技术可以大幅降低用户数据伪造、变造的风险。而在保险科技企业端，建立在区块链上的保险产品可以搭载自动执行的智能合约，一定程度上解决赔付难等消费者权益保障难题。同时，区块链技术可以实现对保险资金的全盘监控，极大程度上降低了资金挪用风险。

（2）以消费者为主体，注重数据安全和隐私保护，提高透明度。金融科技/保险科技公司在创新过程中应牢记服务本质，以消费者为主，致力于为客户提供安全透明并便于使用的产品及服务，提高客户对金融机构的选择能力并拓宽金融服务的渠道，增加客户选择余地；以数据安全和隐私保护为基础，利用大数据等技术手段全面保障信息安全；加强风险识别，提高透明度，严格要求金融科技/保险科技公司的信息披露程度，进一步利用技术手段实现动态数据的实时监控，并继续通过诸如发布白皮书、召开峰会、采取行政手段以及监管引导等措施公开行业信息。

（3）探索我国金融监管不确定性工具。由于金融科技创新速度通常领先于监管政策更新速度，金融科技/保险科技公司必须面对监管不确定性，产品创新常与较高的合规风险同时出现。在此背景下，国外“无异议函”等新型不确定性工具是可供借鉴的工具，发挥其灵活、便利的特点，有利于监管机构的监管意图与监管动向的传达，降低创新业务的合规风险。

拓展阅读

我国针对保险科技行业的监管政策梳理

思考题

1. 阐述保险科技的定义并举例说明保险科技在不同保险产品中的运用。

2. 保险科技赋能保险全产业链已经成为趋势，请说明保险科技在保险的不同环节有何作用。

3. 概括保险科技可能带来的问题和风险。

4. 国际上对保险科技的监管方法有哪些?

5. 结合本章，说明国际上各国的保险监管有何特点和异同，我国当前的保险监管又是怎样的。

第十五章

金融科技监管与监管科技

导　言

金融科技在迅猛发展的同时，也为监管带来了挑战。金融科技能否更好地促进金融市场的发展，不仅取决于是否存在技术创新和突破，还取决于在保持基本金融监管的前提下，如何完善现有的金融监管体系以适应这些创新。监管科技的出现则可以辅助监管部门提升风险管理水平与效率，为适应创新加速的金融市场提供了可能性。

学习目标

1. 掌握国内外金融科技监管的历程与趋势，探索中国实施监管沙盒的可行性。
2. 掌握国内外监管科技的发展历程与现状，了解监管科技的应用与发展趋势。

核心概念

金融科技监管　监管科技　监管沙盒

第一节　国外金融科技监管的历程与趋势

一、国外金融科技监管的主要措施

金融科技自被提出以来，经过各国的发展实践已经进入科技与金融业务融合不断加速化、深度化和广泛化的阶段。为应对金融科技的发展并更好地发挥科技赋能促进行业与经济发展的作用，各国相继采取一定的措施以监管金融科技，应对科技带来的信息安全与创新安全问题。

英国采取“双峰”的监管模式，英国金融政策委员会（FPC）、英国审慎监管局

(PRA)、英国金融行为监管局（FCA）负责审慎监管和行为监管，并且早在2011年英国政府便发布了《金融监管新方法：改革蓝图》白皮书，旨在明确监管协调。2014年，英国金融行为监管局推出促进金融科技发展的创新项目。2015年起，监管沙盒、虚拟沙盒和伞形沙盒机制问世，发挥政府、行业自律和非营利行业组织的作用，为不同规模的创新企业提供风险测试途径，以应对金融科技等创新带来的不确定影响。

美国在2017年发布包含金融科技发展十大原则的《金融科技框架》白皮书，该文件既反映了社会观点，也提供了金融科技发展的框架方针并规划了未来蓝图。此外，《加利福尼亚州消费者隐私法案》(CCPA）于2020年1月生效，旨在赋予消费者多项信息权益，提高消费者对其个人信息的控制能力。

欧盟在2018年出台了应对金融科技带来的私人信息侵犯问题的相关条例——《通用数据保护条例》(GDPR)，任何收集、传输、留存或处理涉及欧盟全部成员国内的个人信息的机构组织均受该条例的约束。该条例规定用户享有“资料可携权”和“被遗忘权”，用户有权不受妨碍地获取其个人数据或要求责任方删除其个人数据。此外，该条例还对于企业获取数据使用许可的行为和违法企业的罚款金额做出了规定。欧盟在金融科技发展的问题上秉承鼓励发展、维护稳定的态度，一方面发布《金融科技行动计划》等文件，提出倡议并规划蓝图，推动金融科技健康发展；另一方面又采取牌照监管、完善立法等方法，维护金融秩序。

2019年2月，俄罗斯中央银行发布了《生物特征识别系统的信息安全建议》，以督促金融机构关注生物识别技术相关风险，缓解技术运用中的数据泄露与滥用风险。

除建立相关机构、出台相关政策、构建相关机制与工具外，发展监管科技也是各国监管变革的一大方向，对于金融科技而言，监管科技的进步与运用将会从技术上解决监管科技的一些难点，实现以科技监管科技。

二、监管沙盒概述

“沙盒”（sandbox）原指专门为一些来源不可信、难以判断意图或具备破坏力的程序所提供的试验环境。监管沙盒（regulatory sandbox）机制的基本内容则是将参与测试的企业置于一个相对可控的真实市场和宽松版的监管环境，对创新金融科技产品、服务或项目进行测试与评估。引入监管沙盒模式能够在降低创新成本、鼓励科技创新的同时很好地避免潜在风险的蔓延。有学者认为监管沙盒可以在限定范围内简化市场准入标准和相关流程，放宽部分法规的适用，有利于新产品或服务快速投入运营。

通过对比传统的金融监管模式，监管沙盒模式具有以下几个方面的优势：

第一，鼓励创新。监管沙盒的试验环境对于创新企业而言，是一个有利于其降低创新成本并且获得融资的良好环境，这为新兴产品和公司提供了一条发展的途径。

第二，风险隔离。通过将不稳定、试验性的金融创新限定在特定的范围之内，监管沙盒能够很有效地将这些新型业务所带来的潜在风险与现行的金融体系隔离开来。

第三，方式灵活。由于所在环境与现行金融体系隔离，创新产品及业务能够在监管沙盒中得到最大限度的允许与支持，初创企业能够获得非常大的发展自由度。

第四，互动监管。金融监管机构作为监管主体一方，需要与创新机构进行持续的接触与沟通，以便更好地把握与应对金融科技的发展变化。监管沙盒的实施被认为是一个创新机构试错与监管机构容错的过程，有利于更好地处理金融科技创新作为“颠覆式创新”所带来的破坏性和矛盾。

三、监管沙盒与金融科技相互促进

（一）监管沙盒促进金融科技的发展

一方面，监管沙盒为金融科技的发展提供了一个较为宽松、门槛较低的试验环境，使得在传统监管模式下无法开展新型业务的初创企业能够获得宝贵的发展机会，提高金融科技的参与程度。这将在很大程度上降低传统监管模式下企业创新的时间成本和其他成本，有利于创新效率的提升，进而扩大金融科技创新的广度与深度。

另一方面，监管沙盒也能为监管科技的发展提供一块良好的试验田。各种可能存在的问题在监管沙盒测试中暴露出来，有助于监管部门事先探索合适的解决方案。此外，金融监管部门的一项重要任务是更加准确、高效地利用监管科技进行金融监管，而监管沙盒则能够提供一个十分合适的监管试验田，有助于监管机构在安全且有限的范围内摸索恰当的监管力度及措施。

（二）金融科技助推监管沙盒的稳健运行

监管沙盒的性质特殊，是一个创新试验场所，这决定了其严格的事前监管要求，实行监管沙盒或类似机制的国家都对于众多试图申请进入的企业进行不同要求、不同严格程度的审批。面对申请机构提交的诸多材料，如何更加高效、准确地收集、分离、整理、分析这些材料，是监管机构所面临的一大问题。以大数据、云计算等技术为代表的金融科技的发展在很大程度上提高了金融监管机构的监管效率，而监管科技的发展同样是监管沙盒模式中事前监管、事中监管、事后监管等方面效率提升的重要助推器。

四、国外监管沙盒成果

英国是世界上率先提出监管沙盒这一概念的国家。2015 年 11 月，FCA 对外发布了监管沙盒指引文件。新加坡、澳大利亚等地之后纷纷效仿英国，建立了不同程度的监管沙盒模式。跨国监管沙盒于 2019 年由世界银行、国际货币基金组织等机构合作推出，创新试验被推广到了跨国范围。2021 年，国际清算银行在《监管沙盒内部：对金融科技资金的影响》报告中指出，当前的监管沙盒实践表明监管沙盒有助于创新金融科技公司筹集资金，进入沙盒不仅提高了筹集资金的可能性，也使得平均筹集的资金数增加约 15%。

（一）美国

2019 年，美国的监管沙盒有了很大的发展。2019 年 9 月，美国消费者金融保护局（CFPB）提出两项监管沙盒政策，即合规协助沙盒和试验披露计划，前者可被视为一个为经测试后符合相关法规政策的金融产品或服务提供的安全港，目的在于促进金融创新产品和企业的发展，后者则是鼓励创新信息披露的方式，目的在于提升信息披露的透明度、维护消费者利益。

截至 2019 年 10 月，美国已有四家金融监管机构（商品期货交易委员会、证券交易委员会、货币监理署、联邦存款保险公司）加入全球金融创新网络（GFIN），以推动全球金融科技发展。美国联邦制下监管沙盒的推进需要联邦与州的协调配合，亚利桑那州便是其中积极推动监管沙盒的一员，基于《消费者保护法》，该州允许监管沙盒准入机构在 24 个月内对 1 万名本州居民进行测试，并根据情况增加人数。

（二）新加坡

新加坡的监管沙盒关注项目的创新性和解决问题能力，早在 2015 年新加坡金融管理局便设立了金融科技和创新团队并于 2016 年推出监管沙盒。新加坡金融管理局的副首席金融科技官冯世坚曾表示，新加坡的监管沙盒主要是一个支持性政策，监管沙盒的主要目的在于鼓励安全性金融技术的创新，因此对于参与测试的产品提出了填补空白、尽职调查、无法在其他环境验证、有意进一步推广四大要求。

2019 年 8 月，新加坡还针对风险与业务复杂度较低的机构推出了预先设定、可满足非定制业务活动或项目的快捷沙盒，通过相对标准化的流程大幅缩短了沙盒测试流程所耗费的时间。

（三）澳大利亚

澳大利亚对金融牌照的发放限制严格，对于金融科技公司而言，获取金融牌照难度大、耗费周期过长，因此针对金融科技公司的监管沙盒项目于 2016 年启动。监管沙盒主要由澳大利亚证券和投资委员会（ASIC）负责实施。在机构准入上，澳大利亚将准入范围限制在金融科技创新机构上。具体来看，对于监管沙盒项目的申请者，ASIC 做出了一定的指标限制，例如：在规模上，要求零售客户不超过 100 人；在测试时长上，一般为 6 个月，最长不得超过 12 个月；在风险控制上，要求有完整的补偿机制和达标的信息披露等。

拓展阅读

英国监管沙盒

随着《2019 年财政法修正案》的颁布，监管沙盒覆盖范围进一步扩大，该法规给予了 ASIC 在监管沙盒运作方面更大的灵活性。

第二节　中国金融科技监管的历程与趋势

一、中国金融科技监管的历程概要

金融科技的发展是从信息化和互联网带来金融渠道的变革逐步发展到人工智能、区块链等科技与金融深度融合的，对于金融科技的监管经历了一个监管内容全面化的过程，以及一个从监管滞后到监管趋严的过程。近年来我国金融科技监管的历程呈现出如下特点：

在鼓励金融科技发展背景下，监管趋严。我国对于金融科技的发展持有鼓励发展态度，而在发展的过程中，规范发展的趋势日益显著。在 2022 年发布的《金融科技发展规划（2022—2025 年）》中，强化金融科技治理、全面加强数据能力建设、加快监管科技的全方位应用等被作为重点任务提出，我国一方面重视数字化建设，以技术和人才驱动实体经济发展，另一方面则强调金融网络的安全泛在和对金融科技的穿透力监管。近年来，我国监管发力、规范发展的态度越发明显，2020年以来，蚂蚁金服、京东数科先后暂缓上市，监管部门对于金融科技公司的金融属性与风险控制做出进一步要求。

CBDC研究和试点加快，市场化手段入场。央行对于数字货币的研究始于2014年，研究范围涉及数字货币的运行框架、关键技术、法律问题等方方面面。2019年，CBDC正式试点且其试点范围与场景不断扩展。《中国数字人民币的研发进展白皮书》显示，截至2021年6月30日，数字人民币试点场景已超132万个，覆盖生活缴费、政务服务等广泛领域，累计交易笔数超7 000万笔、金额近350亿元。除发展数字人民币外，央行近几年成立了多个金融科技公司，力图发挥这些公司风向标的引领作用，引导金融科技与金融市场发展。

采取金融科技创新监管试点以驱动监管能力提升。2019年12月，金融科技创新监管试点在北京率先开展。2020年4月，为纾解金融发展难点、痛点，中国人民银行表示支持在上海、重庆、深圳、河北雄安新区、杭州、苏州等6地扩大金融科技创新监管试点，以技术手段赋能金融。

二、中国实施监管沙盒的可行性

（一）技术与环境背景已具备

中国的金融科技行业在迅速发展的同时，也带来了突出的问题，尤其是金融科技所具有的创新性、混业化、综合性特点与现有的监管框架不匹配，这使得监管沙盒的借鉴引入具有适用性，也为引入监管沙盒这种创新型监管模式提供了切实的背景。

我国金融科技业态呈现出发展高速化、乱象已显现和法律待完善的特点，具体而言：一是我国金融科技行业发展迅速，基本覆盖了移动支付、云计算、人工智能等领域，具有良好的产业基础；二是我国金融科技发展过程中出现了诸如P2P平台频频爆雷等乱象，传统的金融监管模式已经很难对金融科技的快速发展有效应，监管沙盒模式为我们提供了一种新的借鉴思路；三是我国金融科技产业的快速发展凸显了相关法律的不完备性，而制定出有针对性的完备法律也是该领域的一大难题。有学者认为，在我国过去对于互联网金融的监管历程中，我国监管政策体现出包容性监管的特点，以“先发展后规范”的支持态度来应对互联网浪潮，这与监管沙盒的主动性和灵活性具有逻辑上的趋同性，但是也导致了监管滞后局面难以改变。

我国既有着金融科技发展的背景趋势，也存在监管不适配问题，在此环境下，中国已经具备了实行监管沙盒的可能性和现实基础，而沙盒机制中较为宽松的监管环境也可以在很大程度上缓解法律不完备性、监管未适配等问题。

（二）监管沙盒与我国的试点模式存在共性

监管沙盒作为一种试验主义监管理念的践行，与我国长期以来采用的试点模式具有相似之处，更与我国近年来所践行的监管试点具有共性。

首先，我国的试点采取小范围施行，测试并完善后进一步扩大范围直至全面推广的方式，与监管沙盒异曲同工。

其次，就对于金融科技领域的试点与监管沙盒比较而言，二者皆力图达到增加监管方、创新方、消费方三方良性互动，促进创新发展的目的，鼓励金融科技健康发展与积极创新，以具备“合规容错”和“监管容错”的试验形式试错纠错，减轻创新冲击。

最后，在测试方式上，二者都对测试企业放宽了监管规则、严格了测试边界并采取灵活运行机制。对消费者权益的保护和对风险的控制也是二者共同强调的内容，其措施包括信息披露、对企业财务状况的要求等。

基于试点模式带来的经验，我国引入监管沙盒具备了“先天优势”，无论是对企业与消费者而言，还是对监管机构而言，都有更高的可接受性和可行性。

三、我国监管沙盒的实践

我国监管沙盒的实践尚且不多，除中国香港、中国台湾已开始了监管沙盒计划外，赣州、北京、深圳、杭州、贵阳等城市陆续进行了一定的尝试。

以北京的实践为例，2019 年 12 月，北京成为率先启动金融科技创新监管试点的城市之一，运用包括信息公开、产品公示、行业自律与社会共同监督等在内的柔性管理方式，为金融科技创新试点创造良好环境，探索构建中国版“监管沙盒”。2021 年 4 月，在中国人民银行的支持下，试点扩大至上海、重庆、杭州等六地，以提升金融服务实体经济水平。2021 年，“基于物联网的物品溯源认证管理与供应链金融”（中国工商银行）、“基于区块链的产业金融服务”（中国银行）、“AIBank Inside 产品”（百信银行）、“百行征信信用普惠服务”（百行征信）四个创新应用率先完成了金融科技创新监管工具的全流程闭环验证，这是我国“监管沙盒”运行的重要成果。

中国版“监管沙盒”是结合我国实际情况的结果，在测试主体、测试规则等上具有不同于英国监管沙盒模式的中国特点，这是我国有别于英国的金融科技监管环境与发展方向等的表现。

相比于英国、新加坡等国家，我国幅员辽阔、人口基数大、地域差异大，因此在“监管沙盒”的实施上，我国并非采取英国全国测试、设置企业准入与消费者范围的方式，而是继续采用地域试点、后续扩张的方式。与地域试点相匹配的是监管主体的差异，我国地域差异大，在监管试点中往往采取“央行＋地方监管当局”的模式，以发挥当局对地域特性了解的作用。在企业准入上，英国并不关注企业是否持牌，更注重申请企业是否具有实质性创新，而我国则呈现更为审慎的准入规则，在监管中要求持牌经营，在强调创新的同时也注重风险的防范，并且贯彻发展普惠金融的理念，要求测试企业业务具有普惠性。在测试监管的实施上，英国给予更大力度的监管豁免，而我国则“刚柔并济”，采取“刚性底线＋柔性监管”的方式，柔性监管主要体现在信息披露等方面。在测试边界上，英国以控制消费者数量、限制测试时间和规模为边界，而我国则采取全链条管理的方式，全程跟进，兼顾安全，促进监管与创新的沟通与平衡。

四、我国未来金融科技监管趋势

根据中国人民银行的金融科技发展规划，我国将加速金融科技监管框架的完善，在各部门的统筹协同之下，建设符合我国国情的金融科技监管框架。

一是我国金融监管正在形成“反垄断＋风险防范＋消费者权益保护”的监管重点和

“基础＋核心＋手段”的发展趋势。在监管的发展上，以创新监管工具为基础，尝试、探索、总结、改善一直是我国一路走来的“良方”。在对金融科技的监管上，我国将会进一步总结试点经验，创新监管工具。监管试点在北京初获成效，接下来中国版“监管沙盒”会向市场化、包容化发展，为金融科技创新提供测试空间。

二是以监管规则为核心。规则的出台和完善是行业规范化发展过程中必不可少的一步，规则出台不及时将会加剧监管空白、监管套利等问题，更是对行业发展健康性有着重要影响。及时出台针对性的监管规则有利于确保金融科技业务有法可依、有章可循，避免合规、技术风险等问题上的不清晰。

三是以数字化为手段。面对金融科技带来的不确定性，监管方需要提升监管的穿透性和专业性，而数字化趋势不仅仅出现在金融业、制造业等各行各业之中，也正在席卷监管端，要建设数字监管报告平台和相关系统，采用人工智能等技术应对金融和金融科技的发展和风险，实现监管规则形式化、数字化和程序化，增强监管能力。

金融科技的监管将是统筹规划、顶层设计以及基础工程多点发力的局面，监管紧跟发展，与时俱进，才能实现有效监管和高效监管，及时规范行业路径，防范风险发生。

第三节　监管科技的发展

一、监管科技的基本概念

2014 年，英格兰首席经济学家霍尔丹（Haldane）提出一种设想：金融监管能构建起一个全球范围的实时资金流动图，能像监视全球天气变化或监视全球的互联网通信一样，使人们从图上看到各种资金的流向以及它们之间的关联性等。[①] 2015 年 3 月，英国政府首席科学顾问马克·沃尔波特（Mark Walport）的一份报告指出：运用金融科技可建立统一中心的监管技术机制，即监管科技，被用于监管与合规的金融科技将使金融监管与合规报告更加高效透明。

各金融参与方都从其自身领域出发，对监管科技给出了不同的定义，大致可以分为以下三个角度：

（1）从监管机构角度：监管科技能提升监管能力。

2016 年，英国金融行为监管局将监管科技定义为金融科技的子集，即帮助金融机构更有效、更高效地满足金融监管合规要求的信息技术。《中国金融业信息技术“十三五”发展规划》也指出，在技术上，监管科技是基于人工智能、大数据、区块链和云计算等新技术的金融监管手段，其目的在于提升监管部门对交叉金融风险的甄别、管理和处置能力。

（2）从金融机构角度：监管科技是提升合规能力的新工具。

西班牙对外银行（BBVA）认为，监管科技使被监管部门通过运用新技术来满足监管的要求，如提升流程自动化程度、挖掘分析关联性等。

---

① Haldane, A. “Managing Global Finance as a System”, Speech at the Maxwell Fry Annual Global Finance Lecture, Birmingham University, 2014.

（3）其他角度：监管科技应用广泛。

2016 年底，美国监管科技实验室提出了“非金融监管科技”的概念以区分原有金融行业应用的监管科技，将监管科技内涵归纳为“帮助企业处理监管合规逻辑问题的技术解决方案”。金融科技与监管科技的范围界定如图 15－1 所示。国际金融协会（IIF）则认为，监管科技是用于使监管与合规要求更加高效的新技术。

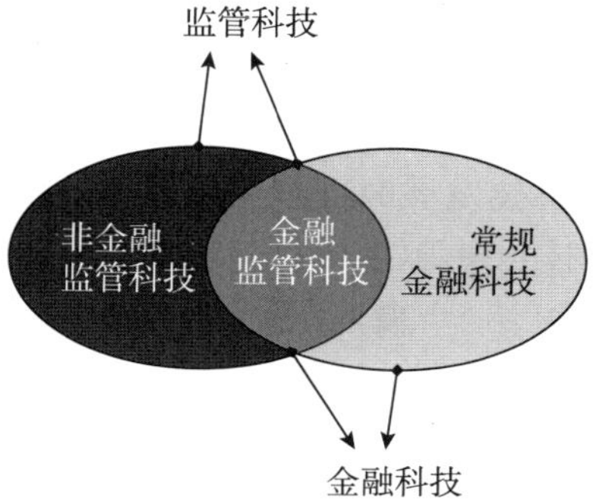

图 15－1　金融科技与监管科技的范围界定

可以看到，各大机构对于监管科技的定义主要分为两种口径：一是以英国 FCA、美国监管科技实验室的定义为代表的窄口径，这也是监管科技最初的定义。在这一口径下，监管科技实际上应被称为合规科技，指金融机构用于满足合规要求的科技。二是以国际金融协会、我国的定义为代表的宽口径。该口径在监管科技发展的过程中逐步形成，不少国家将更为广泛的科技助力监管的应用方向纳入监管科技概念之中，使监管科技既包括金融机构用于满足合规要求的科技（regtech），也包括监管主体用以提升监管效率和驱动创新的科技（suptech）。在本书中，我们以宽口径来讨论监管科技。综上所述，监管科技具有双重作用：一是辅助监管部门提升风险管理与合规监测效率；二是辅助被监管机构提升满足合规要求的效率并降低成本。监管科技是具有监管效率提升作用的技术应用和解决方案的统称。监管科技和金融科技之间不是完全的包含与被包含关系，而是存在一定的交集。但两者发展动力不同，金融科技发展的动力是补足金融服务覆盖面和技术商品化，而监管科技发展的动力则是日趋严格的监管。

二、监管科技发展历程与现状

近年来，金融科技愈发受到重视，但由于缺乏对技术本身及科技与金融结合后的效果的了解，监管部门的监管存在较大的困难。监管机构任务加重、企业合规成本增加、传统风控体系出现失灵等问题凸显，无论是出于控制金融风险的需要还是降低监管成本的需要，监管科技的发展都迫在眉睫。

对于被监管机构而言，监管科技有利于降低其合规成本并提高数据分析和风控能力，例如数据挖掘、机器学习可以和金融风险计量相结合，通过分析内外部数据、市场数据和互联网数据，使得利率风险敞口、违约损失率、舆情分析等风险计量指标更为精细化。对于监管部门而言，监管科技的意义在于提升其监管水平，降低监管成本，持续进行监管创新以适应创新加速的金融市场，帮助监管部门达成监管目标，防范监管套利行为。

（一）外国监管科技的发展

监管科技“出生”在英国。英国金融行为监管局成立于 2008 年金融危机后，是专门应对和防范金融系统性风险的机构。为调整自己的金融监管体系，FCA 在监管科技方面积极开展了系列探索，在此过程中“孕育”了监管科技，也使得英国成为全球监管科技创新的源头。

后来，监管科技在国际上逐渐火热，投研热度更高，且应用也更加多样和成熟。加拿大、新加坡等不少科技领先国家以成立小组、委员会、实验室，甚至专设监管机构的形式发力监管科技，统筹规划监管科技发展时间线与技术布局，大力扶持本国的监管科技企业。这些企业以商业性质的科技公司为主，其主流模式是为本国的金融系统提供基于监管科技的监管解决方案和服务。表 15－1 概述了监管科技领域海外先行者的发展。

表 15－1　监管科技领域海外先行者的发展

国家	代表机构	描述
英国	Blackswan、Ravelin	相关产业投融资规模仅次于美国；将监管科技作为单独行业，鼓励并大力指引金额科技公司在监管科技领域创新；以伦敦为金融科技发展的重要中心，在与业界充分交流的基础上制订监管科技发展计划
美国	Droit、Rippleshot	相关产业投融资规模全球第一；创新能力强；重视消费者权益保护；由于联邦制体系，美国关注境内联邦与州以及州之间的信息共享，并设立了美国消费者金融创新网络（ACFIN）
加拿大	SecureKey、Trulioo	相关产业投融资规模全球领先；主要金融科技城市有多伦多、蒙特利尔和温哥华，已成立专属科技实验室以深入研究监管科技；比较注重监管框架修订、监管业务流程改造、监管沙盒应用；加拿大证券管理局（CSA）和加拿大投资行业监管组织（IIROC）联合收集意见，旨在应对加密货币带来的监管难题
澳大利亚	Simple KYC、Red Maker	以孵化创业型监管科技公司为主；行业整体灵活度较高；监管部门成立专项小组负责促进以监管科技为题的跨界交流
新加坡	Datarama、TookiTaki、Cynopsis Solutions	成立新加坡金融科技协会（SFA）监管科技附属委员会，积极与其他国家协会合作，推动监管科技发展和应用；举办监管科技相关赛事和论坛，针对监管科技子领域进行调研梳理并吸引国际科技企业参与

资料来源：作者整理。

不难发现，监管机构的支持态度推动了相关企业的研发热情和投融资热潮，2021 年 Allied Market Research 的报告认为全球监管科技市场规模有望在 2027 年达到 283.3 亿美元。英国和美国在金融科技方面起步较早、发展较快，是了解金融科技与监管科技绕不开的国家。近年来，通过各类公开宣传和会议召集，英国监管科技行业吸引了大量的资金。2013—2017 年，英国和美国的监管科技投融资数量占到全球的 84%。[①]

拓展阅读

英国监管科技发展回顾

① 资料来源：中国信息通信研究院研究报告。

美国作为监管科技领域的另一个先行者，是最早尝试 XBRL（可扩展商业报告语言）的国家，监管部门通过项目支持（如 R^2A）、交流论坛、创新环境改善（如数据标准化）等方式支持市场发展监管科技，并且在交易监控、反欺诈、流程自动化、审计函证等多个领域发力。

拓展阅读

美国监管科技公司实践案例

此外，其他许多国家及其企业也在积极布局监管科技。例如在欧洲方面，瑞士及荷兰的金融管理机构明确表示鼓励发展监管科技力量，瑞士监管科技公司 Qumram 于 2017 年获得 150 万瑞士法郎投资，加速开拓欧美市场；印度储备银行（RBI）也公布了印度金融科技监管沙盒的详尽指导方针，其首批监管沙盒涉及移动支付服务、非接触式支付、离线支付解决方案等多个方面。

（二）中国监管科技的发展

中国的金融科技，特别是监管科技，起步较晚，基础薄弱，有较大的进步空间。我国正处于防范化解重大风险的关键时期，金融领域的风险具有隐蔽性、突发性、传染性、复杂性等特点，结构性失衡问题突出。基于机构监管理念的金融监管体制改革是应对金融风险隐患积累的关键举措，因此有必要推进我国金融监管体制的改革完善。

在顶层设计上，我国积极制定监管科技发展规划，并打造相关的管理政策以及技术标准体系。2017 年 5 月，金融科技委员会成立并提出将增强监管科技应用实践作为丰富金融监管的重要手段。2017 年 6 月，《中国金融业信息技术“十三五”发展规划》中提出，要加强金融科技与监管科技的研发和应用。2018 年 8 月，证监会印发《中国证监会监管科技总体建设方案》，完善监管科技顶层设计并明确监管科技发展三阶段。2019 年，央行出台《金融科技（FinTech）发展规划（2019—2021 年）》，对监管科技的三年发展进一步指明了方向，其中包括运用数字化监管协议、智能风控平台等监管科技手段，加强监管科技应用，建立健全数字化监管规则库，研究制定风险管理模型，完善监管数据采集机制等。2022 年，《金融科技发展规划（2022—2025 年）》发布，强调加快监管科技全方位应用，加强数字化监管能力建设，对金融科技创新实施穿透式监管，筑牢金融与科技风险防火墙。

在实践上，我国金融监管机构将监管科技运用于反洗钱、交易监控等领域，例如中国人民银行建设反洗钱监测分析中心大数据综合分析平台并对其基础软件扩容和集成服务进行招标；2022 年，银保监会将分布式架构运用于监管标准化数据仓库，将现场检查方案与大数据风险建模相结合，并致力于提升数据质量；证监会运用区块链等技术完善区域性股权市场，运用大数据、人工智能等技术进行穿透式全面监管，打击内幕交易。

在一系列政策的推动下，我国监管科技领域呈现出蓬勃发展的态势。从提供监管技术和服务的公司的角度，我国的监管科技服务商主要包含金融 IT 软件巨头、科技巨头、聚焦监管科技服务的科技公司、辅助输出监管科技服务的公司四类（见表 15-2）。

表 15-2 中国监管科技服务商分类

类别	代表性公司	公司特点
第一类：金融 IT 软件巨头	恒生电子、银之杰等	专注于金融行业软件服务，逐渐延伸到监管科技领域。比如银之杰将监管科技作为其主要业务之一，提供统一监管报送平台、身份核查、二代征信、电信反欺诈等监管领域的产品和服务
第二类：科技巨头	阿里巴巴、百度、腾讯等	主要通过直接与地方政府合作来参与监管科技项目。例如阿里巴巴与北京、广州、西安、天津等多地金融局（办）达成合作，装备"蚂蚁风险大脑"；腾讯与北京市金融工作局、深圳市金融办达成战略合作，联合开发北京和深圳地区的金融安全大数据监管平台
第三类：聚焦监管科技服务的科技公司	金信网银、价值在线、瑞可科技、数行科技等	此类公司从创立初期就将自身界定为监管科技服务商，以监管科技服务为其主营业务。此类公司数量和规模均较小，但从细分市场角度，此类公司具备先进入者优势
第四类：辅助输出监管科技服务的公司	包括一些提供金融科技服务以及服务于监管的公司，如私营的信用征信公司等	此类公司的数量较多，监管科技服务作为其综合解决方案中的一类产品或服务向监管层或实操机构输出

资料来源：作者整理。

第四节 监管科技的应用

一、应用 1：客户身份识别

（一）发展现状

客户识别（KYC）是指金融机构在日常经营活动中对客户的了解乃至审核工作，这一环节是规避信用违约以及恶意欺诈等风险的前提。金融机构只有真正了解客户的信息，才能正确地识别风险，做好风险防控工作。客户身份识别作为 KYC 工作中的重要一环，长期以来一直依靠人工程序完成。随着互联网和第三方支付平台的不断发展，传统的客户身份识别方式已经无法满足日益复杂化的识别要求，具体包括以下几个方面：

1）实名制政策难以落实。实名制政策的出台要求互联网支付机构核实客户身份的真实性，传统客户身份识别往往要求客户当面进行验证，但对于几乎不存在物理网点的互联网支付机构而言，身份验证只能通过人脸识别、指纹验证、相关证件上传或视频等方式进行。不少学者认为通过以上多数方式设立的账户常为有效性不足的弱实名账户。

2）跨境交易带来新挑战。根据监管政策，金融机构应当了解实际控制账户的自然人和交易的实际受益人，但在互联网背景下，交易资金划账的高频率与快捷性使得传统的客户身份识别的穿透式识别能力减弱，也导致在多次跨国界交易中识别最终受益人也更加困难。

3）持续性识别功能不足。一般来说，传统方式下客户身份识别首先要求客户在物理营业场所亲自填写个人信息以及完成认证流程等手续，之后在业务存续期内则主要通过密钥、数字签名等方式完成客户身份识别。后续管控力度相对较弱容易导致金融机构无法有效掌握客户身份信息的变更，在当前黑客技术发展的前提下难以保证账户不被恶意第三方掌控。

（二）相关案例

（1）剑桥区块链。

剑桥区块链是一家成立于 2015 年的区块链身份识别服务商，总部位于美国，致力于解决身份识别过程中的商业痛点。随着客户隐私保护的需求不断增加，金融机构迫切需要相关工具能够在优化客户体验的同时完成监管合规工作，降低监管合规成本。

在该公司的系统中，基于区块链原理，个人客户拥有自身身份信息的控制权，任何其他个人或者机构均不可随意获得、破坏、篡改其数据。同时，由于每个客户在整个区块链系统中都是一个节点，因而金融机构或者监管机构便可通过客户提交的信息确认该客户所在节点，从而获得客户相关的交易数据等，提高客户身份识别的准确性。

剑桥区块链系统如图 15－2 所示。

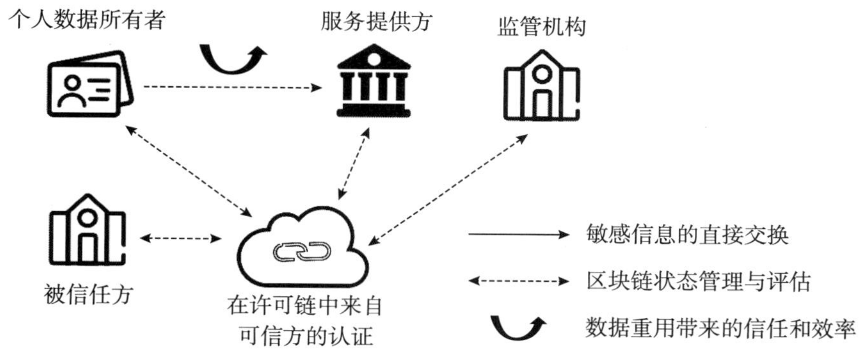

图 15－2　剑桥区块链系统

资料来源：作者根据剑桥区块链公司官网信息绘制。

（2）声扬科技。

声扬科技是一家成立于 2016 年的典型的技术驱动型公司，聚焦于声纹识别技术的研发，并成功地将产品落地于金融安防等高安全要求行业。其核心的声纹识别技术能够在复杂噪声环境以及千万级以上的声纹数据库中快速精准地识别出说话人身份，且准确率在行业领先，并以此为基础构建了比较完整的智能语音产品基础体系。凭借自身技术，声扬科技曾为公安部研发声纹识别产品。2020 年，该公司已完成近亿元 A 轮融资，着重研发 AI 语音底层算法。

拓展阅读

声扬科技金融领域解决方案

二、应用 2：合规报告

（一）发展现状

2008 年金融危机后，监管改革进程不断加快，金融监管政策不断调整，监管法规数量剧增，对合规报告的报告主体、交易数据、金融工具、报告频率提出了更高的要求，金融机构在跟进和理解合规要求上往往顾此失彼。在传统合规报告工作中，金融机构常通过投入更多合规人员，进一步加强流程改造、内部检查、程序把控等以满足监管要求，但这带来了高额的合规成本。数据复杂度和量级的不断提升无疑给传统合规工作的准确性和及时性带来了巨大的挑战。

随着金融科技的兴盛以及监管的趋严，金融机构有利用先进技术来满足监管部门日益提高的合规要求的动力和压力，较为普遍的解决方案包括 API 以及云计算。API 可衔接软件系统的不同组成部分，从而成为金融机构和监管部门之间进行交互的接口，有利于金融机构对内部流程和数据进行相应编程并通过 API 交换数据或者提供报告。云计算则以其强大的数据处理能力和可扩展性，自动生成合规报告并不断增添新功能，为金融机构提供低成本可重复的服务。合规数据报送流程如图 15－3 所示。

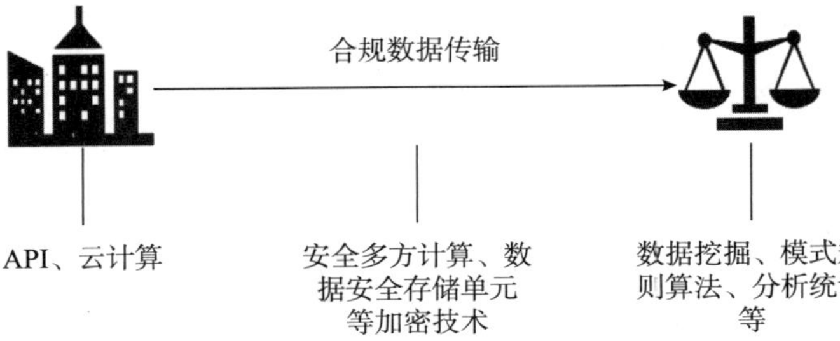

图 15－3　合规数据报送流程

（二）相关案例

AQ Metrics 成立于爱尔兰都柏林，主要经营合规领域相关业务，通过端对端的自动化平台实现风险、合规与监管报告的高效化管理，帮助企业满足现有的和未来新增的监管需求。依托于包括自动化数据聚合模块、量化风险分析模块、风险警示及合规报告模块三大模块的自主研发云平台，该公司提供的技术解决方案能够实现数据聚合、风险监测分析、合规行为指导以及自动化报告生成等一站式服务。

AQ Metrics 已针对不同行业、不同需求和不同监管机构推出了多款产品，该公司为欧洲证券及市场管理局（ESMA）、FCA、美国商品期货交易委员会（CFTC）、MAS 等监管机构提供了合规解决方案，如利用 AI 解读最新的监管政策、利用数据抓取技术实时自动生成合规报告等。以期货基金经理人资质审查表相关信息的报送为例，它要求期货基金经理人（CPO）向 CFTC 和美国全国期货协会（NFA）报送广泛的数据，AQ Metrics 提供的自动报告和归档系统能够帮助客户更为高效透明地应对复杂的要求。

拓展阅读

FundApps 公司

三、应用 3：法律法规跟踪

（一）发展现状

P2P 平台爆雷、网络交易诈骗等问题近年来屡见不鲜，这促使国家对金融监管愈加重视。2020 年 8 月 1 日，《中国银保监会行政处罚办法》正式施行，从法律法规角度推进了合规监管。在此背景下，2020 年银保监会全系统共做出 6 581 件行政处罚决定，处罚银行保险机构 3 178 家次，罚没合计 22.75 亿元，全系统处罚责任人员数量较 2019 年增加约 30%。在此背景下，传统的人工核查方式难以适应频繁更新的监管政策，不仅效率低，准确率也值得怀疑，不再是一个可持续的、适应于未来的方式。当然，也有不少的公司开始推进自动化的新技术手段，利用大数据、人工智能等前沿技术来跟踪法律法规，这将成为未来一段时间的趋势。

人工智能和大数据可以自动发现、识别、归档新发布的金融监管法律法规，使金融机构随时可以得到最新的法律法规；此外，大数据和人工智能相结合还可以帮助跨国机构比较世界各地法律法规的异同，协助其更好地开展跨国业务。这有利于提升金融机构的工作效率，也能提升金融机构的合规性。

法律法规跟踪主要应用了图 15－4 中所示的四项技术。机器学习可以更快更精准地理解最新法律法规的内容；繁杂的法律法规文本数据可以通过自然语言处理更好地被掌握；人机交互简单来说就是人类与计算机进行信息交换，计算机与合规人员交流互动，沟通法律法规内容；知识图谱可以整合不同种类的信息，构筑系统的信息体系。

图 15－4　法律法规跟踪涉及的技术

（二）相关案例

长期以来，IBM 一直致力于推动金融机构自动化发展。IBM 推出了人工智能平台沃森（Watson）来攻克合规成本这一新难题。沃森是一种认知技术，它能像人类一样思考，同时具备理解、推理、学习、交互四大能力，为更好地跟踪法律法规助力。IBM 表示，该系统可以理解业务语言，分析复杂的非结构化数据、代码甚至专业术语，大规模实现工作的智能自动化。沃森可在任何云中安全运作。

经过完善的沃森能够掌握成千上万的法律法规条文，理解分析合规案例，这大大提高了工作效率，也降低了工作成本。例如，通用汽车金融使用沃森开发了一个 AI 助手。在新冠疫情期间，线上实时聊天请求急剧增加，该助手管理了 50%～60%的实时聊天请求，在没有人工干预的情况下解决了大约 90%的问题。在合规风险的应对上，IBM 的技术与海角金融集团的专业知识相结合，使得 IBM 沃森金融服务解决方案帮助公司提高金融犯罪侦测能力、

拓展阅读

模型驱动下的机器
自动执行监管报告

增强合规和简化流程的能力。

IBM 还进一步发展了应对金融犯罪的方案，整合多种前沿高科技功能，迅速完成尽职调查过程，帮助企业更加准确地理解和应对反洗钱、反欺诈预警信号。

四、应用 4：交易行为监控

（一）发展现状

除金融新发展以外，随金融与技术创新而来的还有新的交易风险和新型诈骗手段，例如新技术下的监管空白、共享屏幕诈骗等。为稳定金融市场，提前防范危机的出现，需要对异常交易行为进行识别和监控。借助大数据和云计算技术，可以进行反欺诈、反洗钱和反内部交易的监控，及时发现内控制度、金融产品、金融服务的漏洞和风险，覆盖前中后全流程，以便在出现更大的危机前及时采取恰当措施。

2019 年，《银行业金融机构反洗钱和反恐怖融资管理办法》出台，该办法对于银行的反洗钱、反恐怖融资相关义务进行了明确，但当前的反洗钱形势依然严峻。区块链的匿名性、网络的便捷性、大数据的分析能力等为洗钱犯罪提供了“新阵地”，反洗钱与反恐怖融资急需新手段。

金融机构和监管机构利用大数据、云计算等应用线上交易产生的大量数据，化挑战为机遇，能有效地缩短反欺诈、反洗钱模型发展改进的时间。

（二）相关案例

中国金融认证中心的交易监控及反欺诈系统既是一套建立在大数据分析基础上的风险监控系统，也提供了一个信息共享平台。在技术上，它使用分布式流处理平台，通过机器学习和神经网络等技术快速准确地分析，有效监控金融机构的交易数据。该系统的分析器分为实时分析器和事后分析器，对事件按照风险等级依次进行决策，同时运用其共享库在金融机构、公安机关、人民法院、监管机构多部门间实现规则、案例、黑名单等信息的联动共享。

拓展阅读

SONAR 系统

交易监控及反欺诈系统拥有检测异常需要的几乎全部数据，通过掌握监控用户网上交易行为模式的 DNA，快速识别出异常行为并做出及时的反馈，其流程如图 15－5 所示。

五、应用 5：风险管理

（一）发展现状

以前，资本金占整体表内资产的最低比率是多国监管机构的重要监管与风险管理指标。随着金融行业的发展，资本充足率、核心一级资本充足率等指标逐渐被使用。但这些风险计量指标多采用历史模拟法和模型构建法，都是使用历史数据得到的。行业复杂性增加、交易方式变革和整体风险水平提升等因素导致一些静态指标适用性越来越差，迫切需要使用新技术。

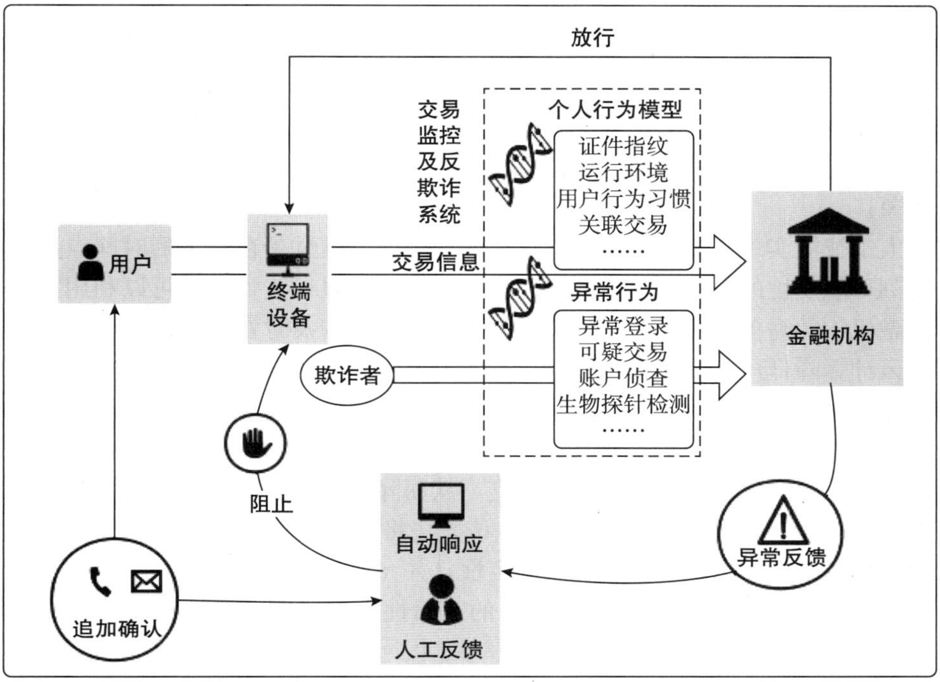

图 15-5 交易监控及反欺诈系统流程

资料来源：作者根据中国金融认证中心信息绘制。

风险管理体系面临的挑战可以从三个方面借助监管科技来有效解决：

一是风险隔离。这是指为了防止任意的风险事件的发生导致所有财产毁灭，可通过分离风险单位来降低风险事件所造成的损失程度。监管沙盒就是风险隔离的一个很好的应用。

二是风险可计量。借助人工智能、云计算和大数据等技术来建立“可进化”的模型，监管科技可将若干相互作用、相互依赖的风险因素组成一个系统，准确、迅速地计量风险，通过不断学习和迭代的模型实现数据的高效运算和成本的显著下降，推动风险管理模式向线上、线下并行转变。

三是风险可承受。风险承受能力的提升是完善风险管理体系的一个重要环节，风险无法被彻底消除，因此过于脆弱的系统即使有完善的风险隔离措施、风险计量能力也无法持久运作。利用监管科技，将更多的变量引入模拟系统，可更好地模拟真实情景，依靠规则推理和案例推理，发现新情况，预防和处理新问题，提高在突发事件或恶劣市场环境中应对风险的能力，从而实现风险可承受的目标。

（二）相关案例

压力测试是定量分析金融机构在恶劣市场环境中应对风险的能力的测试方法之一，具体可以分为情景测试和敏感性测试。通过在恶劣市场环境下对金融机构进行模拟测试，压力测试帮助金融机构提高风险应对能力，同时理清各种风险之间的关系，从而事先制定相应的风险防控手段来减少恶劣市场环境对于金融机构的影响。现阶段的压力测试中存在着变量有限、测试静态和被动测试等问题。

监管科技可以利用大数据将更多的变量纳入压力测试中。在情景测试中，必须考虑诸多变量才能进一步完善模拟场景，更好地还原现实场景，但传统的分析工具处理能力有限，从处理速度和相关成本上都无法满足“真实模拟”的需要。大数据技术的作用再次凸显，其大规模处理数据的能力能够支持更多的变量分析需求，从而缓解变量受限导致的情景失真现象。

利用人工智能实现压力测试的动态化。原先的压力测试是在特定的时间点进行的，而风险是时刻可能发生的，因此静态的压力测试的效果有限。监管科技可以利用人工智能技术，对金融机构的财务数据进行实时监控，帮助金融机构及时发现风险并采取措施。

利用云计算降低压力测试成本，帮助金融机构实现“自合规”。当前的风险管理是金融机构在监管机构的要求下进行的，并不是金融机构主动提高自身风险应对能力的常规手段。造成这一情况的主要原因是压力测试所需的人力和物力成本很高，而利用云计算平台，能够为企业节省人力和相关设备的开支，从而降低压力测试成本。

以 OSIS 公司信贷风险分析方法为例，该方法将数据的统计分析与有关前瞻性风险分布的主观意见相结合，以捕捉参数的不确定性，并允许设计更连贯的压力测试情景。更重要的是，OSIS 公司具有传统评级所不具备的灵活性和透明度，传统的信用机构的评级往往“有果无因”，只公布基于统计分析的评级结果，却不公布对理解评级模型构建极为重要的数据分析过程和先验假设，这导致投资者几乎没有工具可以自行量化信用风险。OSIS 公司主张透明地分析数据并尊重投资者的主观意见，允许他们添加主观意见，公开透明地从数据中学习和共享成果。其压力测试工具遵循贝叶斯统计方法，可输出违约损失率、违约概率等信贷风险绩效指标，且所有的模型细节皆可以被用户访问。

六、监管科技发展趋势

在金融科技迅速发展的时代，推动监管科技建设与应用，顺应数字化趋势，缩短创新与监管间的距离，已成为无法回避的问题。当前，已有不少机构运用监管科技对于其所经营的领域进行监管，其发展呈现出以下趋势：

（1）监管科技使得金融监管迈向全链条监管。

金融监管主要采取事中监管，事前监管和事后监管较少，而缺乏事前监管的金融监管机制没办法提前预测并预防相关的金融风险，缺乏事后监管的金融监管机制没办法避免重复经历相同的金融危机事件。在金融监管中，事前自动化采集监管数据、智能分析风险事件的能力已经趋于成熟。各个金融机构可以充分利用监管科技的发展来进行风险的防控。比如，奥地利中央银行和澳大利亚证券投资委员会已有相关应用，通过搭建数据平台进行数据自动化收集和分析来对市场风险状况进行判断。同时，各个国家监管机构也逐步加强关于事前、事后阶段的监管。事前监管主要是通过搭建监管平台、对于收集的数据进行分析来提前了解风险状况，从而进行风险的防控；事后监管是利用合规分析结果进行风险处置的干预、风险信息的共享等。

（2）监管端与合规端合作发展监管科技。

传统的金融监管往往通过监管端制定规范、合规端遵守来实现。为实现有效监管，监管机构需要不断提升其监管能力，主要的方式就是通过设立相关的金融科技部门，掌握相应的金融监管技术，但监管科技的发展不仅要提升监管能力，还要考虑降本增效。

就科技创新能力而言，私人部门的创造力要远高于监管机构，此时监管机构开始探索通过和金融机构合作的方式提高其监管能力，并以此推动金融监管的发展。监管机构通过与机构合作能够节约研发成本，克服创新能力与人力、物力限制，更迅速地获得技术并将其运用到金融监管之中。深圳市金融办就在2018年联合腾讯共同打造了灵鲲金融安全大数据平台，该平台依托腾讯的计算能力，将金融数据与金融风险防范相结合，提高计算和监管效率，节省了电力等基础成本。新加坡金融管理局于2021年推出了一个新的“监管科技补助计划”，并增资提升了“数码加速资助计划”，目的在于推动合规技术和风险管理技术的应用并推动监管科技生态体系的建设。在该计划中，MAS给予金融机构监管科技解决方案以资金支持。

此外，通过与合规端对于监管科技的建设，也能在一定程度上达到对于金融机构事前监管的作用，在合作共同发展监管科技的过程中，监管机构对于合作公司存在的问题和风险也能更加及时地指出，提升事前监管的效果。

（3）跨国跨业监管合作加强。

阿里巴巴、Facebook等科技巨头发展金融科技，跨国公司借助互联网、区块链等技术扩大在线服务范围，跨国结算量速齐升，金融科技的发展打破了行业界限，也模糊了国界，行业的重叠、业务的跨国加大了监管难度，各国各行业间存在监管空白和监管协同难题。金融与金融科技的规范发展需要监管机构进行跨国与跨行业的监管，减少监管套利行为，防范金融风险。

英国金融行为监管局认为，传统监管模式已无法满足金融科技背景下的监管需求。2019年5月，英国金融行为监管局升级“监管沙盒”，就“跨行业监管沙盒”展开意见征询，使测试机构在多个监管机构的合作监管下进行测试。此外，英国金融行为监管局还与多个加拿大证监机构达成合作协议，这些机构还与澳大利亚、法国等的金融管理机构开展了合作。在中国方面，加强国际/双边监管合作、风险无国界、加强与东盟国家金融监管当局合作等内容不断被证监会等机构提起。截至2022年12月，我国已采取签署双边监管合作谅解备忘录的方式与67个国家和地区的证券期货监管机构建立了跨境监管与执法合作机制。

思考题

1. 监管沙盒与金融科技之间存在什么关系？除美国、英国、新加坡、澳大利亚以外，加拿大等国和中国香港等地区也是监管沙盒实践的重要地方，请查找资料了解其监管沙盒实践。

2. 监管科技的概念是怎样被提出的？它具体指什么？

3. 国际上有哪些代表性监管科技公司？

4. 请说出我国监管科技服务商有哪些类别，其各自又有什么特点。

5. 监管科技可以应用至哪些方面？请举例说明。

第十六章

传统金融业的数字化转型

导　言

传统金融业的数字化转型是指利用信息技术手段，将传统金融业务数字化，实现金融服务的全面升级。随着信息技术的快速发展，传统金融业在数字化转型方面面临着巨大的机遇和挑战。数字化转型可以帮助传统金融业实现业务模式的变革，提高服务效率和质量，满足客户多样化的需求，增强竞争力。传统金融业的数字化转型是一场革命性的变革，将推动金融服务的升级和普及，提高金融行业的效率和竞争力。为了应对数字化转型的挑战和机遇，传统金融机构需要加强技术研发投入，提高管理能力和风险控制能力，实现数字化转型的全面升级。

学习目标

1. 了解金融科技对传统金融业的影响，了解国内外金融业数字化转型实践。
2. 了解以开放银行为例的数字化转型前景。

核心概念

数字化转型　开放银行

第一节　金融科技对传统金融业的影响

金融科技发展对证券业、保险业、银行业等传统金融业都造成了一定的冲击，并促使传统金融业向数字化和科技赋能转型，大数据、区块链、AI、分布式计算等技术被应用于金融业，诞生了保险科技、智能投顾等一系列产物，三大传统金融业以客户需求为导向，证券业积极探索量化交易和智能投顾，保险业借助科技增强精准定价和风险控制能力，银行业拓展业务边界构建金融科技生态，借助金融科技激发支付、信贷等传统业务活力。其中，银行业是我国传统金融业的典型代表，也是受到金融科技冲击最大的金融业，本章将以银行业为数字化转型代表概述传统金融业的数字化转型。

一、金融科技带给银行业的危与机

金融科技的兴起冲击了传统银行业运营模式，金融科技公司挤占了原本属于银行的业务市场份额，导致近年来国际银行业主营业务收入明显下降。不断增长的线下获客成本又进一步增大了银行运营的成本压力。在需求与竞争升级之下，银行业必须通过金融科技手段创新自身业务运营模式，在金融科技的倒逼下进行转型。

有学者通过对银行和金融科技公司的数据分析发现金融科技公司的增长对银行绩效产生了负面影响；但也有学者认为这种影响呈现“U”形。从某种意义上讲，金融科技公司的崛起有一定的外部性，它让银行更及时、深刻地意识到哪些技术进步可以为自己所用，更好地促进银行业升级，实现“后来者居上”。

如表 16－1 所示，在银行业的主要业务领域，金融科技给银行业带来了挑战和机遇。

表 16－1 金融科技给银行业带来的挑战与机遇

挑战	• 支付业务：金融科技公司抢占传统银行支付结算份额，在银行体系之外出现新的系统性风险点，尤其在小额支付这一高发场景，第三方支付在个人使用体验和场景覆盖面上占据优势 • 负债业务：“零钱包”“余额宝”等服务凭借其投资的便捷性和收益的稳定性吸引用户，分流了银行的客户和存款资金；此外，各种货币基金等理财产品的出现也在和商业银行形成竞争，使得商业银行的负债端成本上升 • 信贷业务：由于具有审批少、流程快、更加方便快捷的特点以及大数据的支持，在小额贷款、消费信贷等领域，银行市场份额被挤压，可能出现操作风险，金融科技公司也正在向大额贷款业务渗透 • 财富管理业务：互联网财富管理平台的崛起和智能投顾的发展分流了传统商业银行的财富管理客户，互联网平台企业理财的个性化、便捷化、多样化使银行的产品形态和产品体系面临转型压力，理财产品个性化不足、产品设计管理机制不健全等问题亟须解决
机遇	• 支付业务：金融科技催生网上银行和移动支付，推动传统支付结算业务数字化进程，降低支付成本，提升客户满意度和银行服务能力，此外，在跨国交易、大额交易等安全性至上的场景中，金融科技公司暂无法动摇银行地位 • 负债业务：中小银行自 2018 年以来凭借互联网存款产品在存款增速上显著快于大型银行；金融科技启发和帮助银行开发新型负债领域的业务和产品，促进银行负债业务焕发新的活力，向用户导向转变；而科技赋能促进各行业的新一轮增长，推动居民财富增长，对于银行而言也是存款量增长的一次机遇 • 信贷业务：金融科技可促使信贷业务焕发新活力，例如大数据和云计算使得信贷业务在盘活存量的同时创造增量，将为银行带来新的增长点；银行信贷的信息不对称等问题可被区块链凭借信息共享、不可篡改机制等特征缓解 • 财富管理业务：银行财富管理出现净值化和数字化趋势，在大数据分析的帮助下可以实现精准营销，为客户提供更为优质的投资组合方案，同时互联网的下沉效应降低财富管理的门槛，有助于吸引更多的客户

二、商业银行的金融职能发生演变

（一）垄断性支付中介职能被弱化

商业银行最早承担的金融职能是支付中介，银行支付中介职能的发挥使现金的使用骤减，结算过程和资金周转速度则大幅加快，对构建现代金融体系有基础性的贡献。由于信息优势，在现代经济体中，银行一直都作为垄断性的支付中介而存在，现金支付比重越来越低，经济中绝大部分的支付结算活动都是通过银行体系的支付网络实现的。由于银行具有特许金融牌照和显而易见的支付网络优势，银行似乎天然地成为全社会垄断性支付中介。

然而互联网金融的出现打破了这种“理所当然”。互联网科技公司具有技术优势和网络优势，只要法律允许，互联网科技公司完全可以建立起一套游离于银行体系之外的支付系统。以 PayPal 和支付宝的诞生为标志，第三方支付异军突起。与传统银行支付相比，第三方支付操作更加简便快捷，并嵌入了电子商务平台和社交媒体平台等互联网平台，开发了多元化、场景化的服务，对零售端客户有极强的吸引力，因此迅速分流了原属于银行的支付业务。

以中国为例，根据央行统计，非银行支付机构处理网络支付业务金额 2022 年为 337.87 万亿元（见图 16－1），较 2013 年增长近 36 倍；而银行处理电子支付业务金额在此期间仅增长不到 2 倍，增速远低于非银行支付机构。在支付笔数方面（见图 16－2），2013 年，非银行支付机构累计发生互联网支付业务 153.38 亿笔，仅为银行电子支付笔数的 60%，但 2016 年实现了反超，在日常小额交易中第三方支付占据极大优势。2022 年银行处理电子支付业务平均 11 148.82 元/笔，而非银行支付机构处理网络支付平均 329.89 元/笔，呈现单笔支付低而支付量大的特点。①

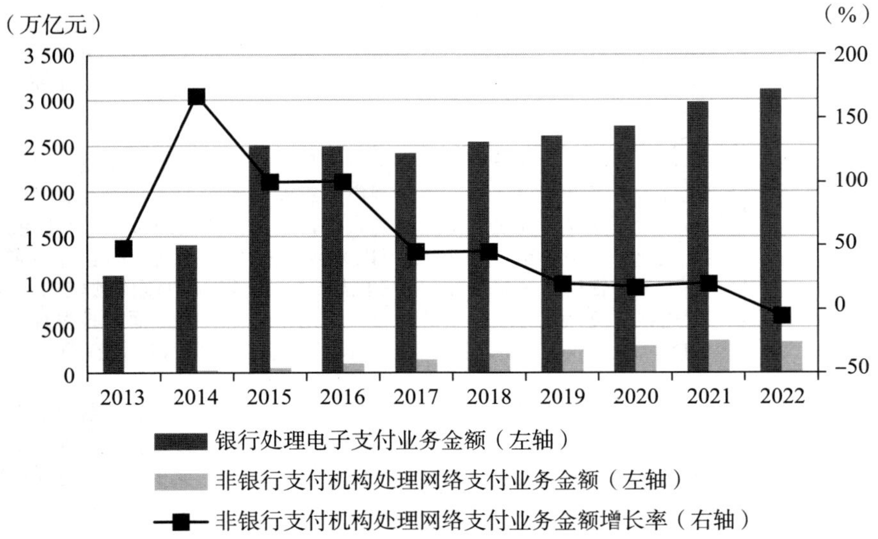

图 16－1 个别年份银行业电子支付情况

① 资料来源：《2022 年支付体系运行总体情况》《2013 年支付体系运行总体情况》。

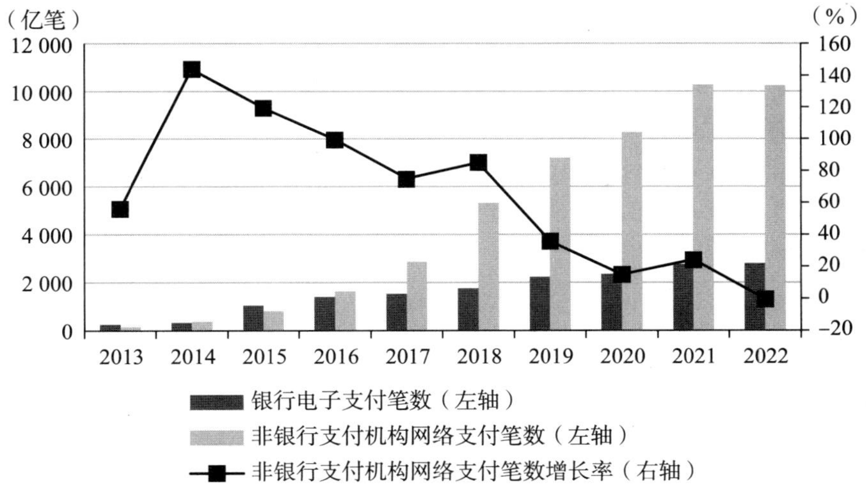

图 16－2 历年非银行机构网上支付情况

虽然第三方支付平台仍旧难以企及银行支付体系的客户基础，特别是公司客户，但是第三方支付在零售支付领域已经抢占了银行的半壁江山。从长期来看，随着客群整体数字能力的提升，从严监管后的第三方支付很可能在消除风险隐患后更加普及，而且不排除未来介入大额资金交易的可能。如果法规政策不发生大的调整，银行作为垄断性支付中介的功能将会被根本性地弱化。

（二）在金融脱媒趋势下信用中介职能受到进一步冲击

从国际经验看，一国的直接融资比例与该国的经济发展阶段、资本市场发展程度密切相关，随着经济的发展，金融脱媒成为一个自然的趋势。据统计，G20 成员整体直接融资比重一直处于稳步攀升状态，其中发达经济体在 20 世纪 90 年代的比重超过 60%，近年平均更是达到 70%的水平；中等收入经济体的比重从 90 年代的 40%～50%上升到超过 60%。中国的资本市场发展起步较晚，但直接融资的不断发展对商业银行信用中介职能发挥已造成持久性冲击。2015—2023 年，按社会融资规模存量计算，我国以银行为主要提供者的间接融资比重总体逐年下降，间接融资比重从 2015 年的 85.38%下降到 2023 年的 67.39%。总体来看，我国当前的直接融资比重与经济总量和国际地位并不相称，我国的资本市场和直接融资还有很大发展空间。《中华人民共和国国民经济和社会发展第十四个五年规划和 2035 年远景目标纲要》提出要深化金融供给侧结构性改革，完善资本市场基础制度，健全多层次资本市场体系，大力发展机构投资者，提高直接融资特别是股权融资比重，这将进一步推动银行信贷业务转型升级。

金融科技的兴起分流了中小企业和个人贷款，加大了传统商业银行信用中介职能受到的冲击。“蚂蚁花呗”“蚂蚁借呗”“京东白条”等互联网金融公司贷款产品以及新兴互联网银行冲击了传统的银行贷款，相比于流程复杂、呈现二八定律的传统贷款模式，互联网金融依托场景并运用大数据等技术，更加高效、便捷和低成本，且更具有长尾效应。以消费贷款、小额贷款、短期贷款为特点的它们与传统银行在零售信贷市场展开了竞争，也部分替代了传统银行的信用中介职能。在金融科技运用与互联网金融发展的过程中，商业银行也逐渐以建立自身平台、与互联网金融公司合作等方式发展互联网贷款业务，例如招商银行的闪电贷、建设银行的“e 贷款”、蚂蚁花呗中来自银行途径的资金等。至于 P2P 网络贷款，虽然它曾在 2015—2017 年兴盛一时并对传统商业银行信贷业务造成一定的影响，但是由于出现自融、庞氏骗局等行为，P2P 网络贷款频频爆雷，现已退出历史舞台。

信用中介职能是商业银行最基本，也是最能反映其经营活动特征的职能，无论商业银行的金融职能怎么演变，这项基本职能都不会发生根本性变化。当前，商业银行所要顾虑的是，在金融脱媒大趋势和金融科技冲击叠加的情况下，如何守住既得的市场优势，避免份额被过度蚕食。

（三）货币创造职能总体稳固但面临潜在挑战

商业银行的货币创造（信用创造）职能衍生自其信用中介和支付中介职能。按照经典的理解，商业银行吸收存款并发放贷款，贷款的存储又转化成存款，在部分存款准备金制度和非现金结算存在的前提下，形成了数倍于原始存款的派生存款，这些派生存款成为新创造出来的货币。在现代经济社会中，中央银行发行现钞，通过控制存款准备金率等手段调控商业银行准备金，创造基础货币；商业银行根据基础货币数量发放贷款，在此过程中创造信用货币（也即存款货币）。这种“中央银行—商业银行”的货币创造机制已经成为现代货币经济的柱石。因此，商业银行又被称为“存款货币银行”，货币创造职能也成为商业银行区别于其他金融机构的最特殊的一项职能。

近年来，一些研究发现影子银行也可能会创造货币。影子银行避开了对贷款业务的监管，把客户存款与非贷款类资产挂钩，从而创造出信用货币。我国监管机构对交叉金融业务和影子银行的监管力度正不断加大，伴随监管趋严，影子银行问题将会在很大程度上得到消解，不会对银行的货币创造功能带来很大威胁。另一个可能威胁来自第三方支付，第三方支付平台在支付过程中收到大量的备付金存款，过去只要部分上缴，理论上满足商业银行信用创造的前提条件，但是自 2019 年后，我国第三方支付机构的备付金要 100%上缴央行，因此失去了创造信用货币的可能性。

事实上，只要法定货币的地位不受挑战，商业银行的货币创造职能就能总体稳固。真正对银行货币创造职能构成潜在威胁的是去中心化数字货币的出现。比特币等去中心化数字货币在全球范围内的流行，引发了人们对去中心化货币发行机制可行性的探讨。全球对将数字货币引入货币体系的呼声越来越高，甚至个别国家承认了比特币的合法性，一些国家开始研究中央银行如何发行数字货币。

与去中心化数字货币不同的是法定数字货币，它的诞生具有顺应数字化发展趋势和应对比特币等数字货币冲击的作用。我国于 2019 年底开始试点测试数字人民币，且试点范围不断扩大，数字人民币 App 已上线并且不断更新。

（四）财富管理等综合金融服务职能正在强化

自 20 世纪 90 年代的金融自由化浪潮以来，国际银行业逐渐趋向于混业经营，不少商业银行已将业务扩展到了证券、保险、信托等诸多领域，银行早已不是单纯经营存贷汇的机构，而是不折不扣的“金融百货公司”。这种转变与客户金融服务需求的升级相呼应。过去，资金配置和支付结算是客户对银行服务的主要需求，银行被用以满足较低层级的融资和支付需求。随着经济发展水平的提升和居民财富的积累，客户愈发需要以财富管理、风险管理为中心的多元化、个性化、综合化的金融服务，这正在强化商业银行综合金融服务的职能。

在综合化经营时代，有一些业务看似并非银行的“老本行”，如投行和资管业务，但今天的银行已经很难将自己教条地限定在百年前的业务框架中，否则不仅会被其他同业竞争者所淘汰，也会被已经开启的金融科技时代所抛弃。金融科技公司的兴起和互联网金融产品的推出打破了金融业原本子行业之间的隔阂，通过一个平台，可以对接支付、储蓄、信贷、保险、理财、股票、基金等几乎各金融大类的产品，提升了客户的黏性，推动了金融业的综合化进程。银行业必须顺应这种潮流。

金融科技也为银行业提升综合金融服务能力提供了手段。例如，银行可以利用大数据技术对客户群体进行分析，根据其金融需求和风险偏好设计服务模式、渠道策略与产品组合。在改善综合金融服务能力上，银行可以采取“拿来主义”的策略，学习、并购有价值的金融科技成果和企业。

三、银行重新定位在金融体系中的角色

当前，国内外商业银行都愈发重视金融科技研发和应用，逐渐向数字化、智能化方向发展，而新冠疫情期间的防疫需要更是推动了数字金融的进一步发展，线上无接触式金融优势得到发挥。部分传统商业银行和科技企业正通过合作实现优势互补，使科技企业为银行带来增量业务和收入，实现二者的价值共享。一些国际顶尖银行更是希望成为金融科技的领军者，并制定周密的金融科技发展战略规划，高度重视金融科技业务和人才，不断加大科技研发投入，把金融科技内嵌到银行经营的各个方面。除了银行内部大力发展金融科技，它们还对科技公司展开大规模的并购以抢占竞争高地。例如，摩根大通银行甚至将自己定位为一家“金融科技公司”，加大了其技术投资。

在金融科技对传统银行业的改造中衍生出了“开放银行”的概念。开放银行本质上是一种数据的共享，它以平台合作为模式，利用开放 API 技术，实现银行、第三方机构和客户之间互利共赢。如此，在多方位驱动下，银行必将向数字化转型，其在金融体系中的角色也势必要重新定位。

第二节　国外银行业的转型实践

一、国际银行金融科技转型路径分类

金融科技的发展倒逼传统银行转型升级，传统银行出于其自身业务竞争力的考虑也必然主动拥抱金融科技。国内外银行都越来越重视金融科技领域的研发和应用，传统银行因为金融科技的引入，逐渐向数字化、智能化方向发展，摩根大通等国际顶尖银行更是早早布局金融科技转型。为实现优势互补，一些传统银行和科技企业积极合作，推动利益共同体的构建，以科技赋能金融，实现价值共享和协同发展。中国四大国有银行均与百度、阿里、腾讯、京东等互联网或科技巨头达成战略合作，以期实现金融服务能力的新飞跃。

国际银行金融科技转型路径可以归纳为以下四种类型：

（1）主动发起进攻。

不少国际性大银行推出了自己的数字银行策略以支持自身在金融科技冲击下的业务。例如高盛集团推出 Marcus——一个自有数字信贷平台。仅凭借线上途径，Marcus 早已吸收了上百亿美元的存款，其客户已达数百万人。在新冠疫情期间，消费者行为偏好向数字经济的加速转变更是推动了该平台的发展。Marcus 近年也在积极开拓国际市场，如在英国，其正通过高利率来吸引储蓄客户。

荷兰 ING 银行推出了名为 Yolt 的财富管理程序，在该应用平台上客户可实时查询自己的消费和储蓄跟踪信息以及个人的财务信息。2020 年 10 月 Yolt 推出创新功能，其目的之一在于帮助用户在消费期间储蓄，缓解人们不得不为不确定的未来储蓄的紧迫感。Yolt 成立后在不到 18 个月的时间内获得了 50 万注册用户，并且向欧洲其他国家开拓市场。

人才和技术是成功数字化的关键。例如，摩根大通的技术投资超过了行业平均水平。门户网站设计和应用程序建设是摩根大通改善用户体验的两大重点，该行持续改进触屏登录、无纸化注册、账户预览等方面，以期给顾客提供个性化的体验。高盛也把技术提升到了其公司的战略层面，在人才方面，面向全社会招聘金融科技人才，充分发挥人的作用；在技术方面，技术投入逐年增加，这也说明了其对技术的重视程度。法国巴黎银行确立了建立数字银行的战略目标，注重从便利和安全两个角度提升客户服务。

（2）积极投资科创企业。

银行发展金融科技有两种途径：一是自己内部开发自己的数字平台。银行自己开发平台，一般维护的复杂性和系统成本较高，因此银行大多数时候更倾向于采用第二种途径。

二是寻找科技领域潜力企业，积极投资科创企业，助力自身发展。增强自身的科技和研发实力无疑十分重要，除此之外，许多银行还喜欢在“体外培养”，也就是积极投资金融科创企业。例如“金融科技加速器计划”是法国巴黎银行通过启动、加速、测试和调试来孵化科创企业的科技发展计划，通过在市场测试之后，将技术与银行业务结合，这也是“银行＋金融科技公司”模式的一大范例。美国银行、花旗银行、高盛集团等也已投资于大数据、AI 等领域的科创公司，提供包括反洗钱与欺诈辨认、客户意向预测和资本流动分析等服务。这些公司同时担任了金融技术公司投资者和大数据分析与预测技术用户的角色。为提升和优化用户体验，西班牙对外银行成立了一个 20 亿欧元的金融科技投资基金。

（3）与金融科技类企业合作。

相对于金融科技类企业，传统银行的优势在于拥有更专业的金融知识、更强的风险防范和控制能力等。但是随着技术的进步，拥有高效率、高附加值和较低的搜索成本的金融科技类企业越来越受消费者青睐，更佳的用户体验和更高性价比的服务吸引着用户。这类企业主要是通过使用互联网和各种算法等来提供个性化的服务。银行应通过并购、合作等来整合这些资源，为消费者提供更高技术含量的金融服务。

比如摩根大通和亚马逊之间就建立了合作伙伴关系。根据合作协议，摩根大通可以获得亚马逊网站上部分用户的数据，而随着合作的深入，摩根大通最终可以访问亚马逊的支票账户并为其提供银行服务。在亚洲，蚂蚁金服和渣打银行推出了基于区块链技术的数字汇款服务，此项服务可以帮助消费者更加安全和方便地享受价格低廉的服务。二者还与菲律宾 GCash 钱包合作，以便人们在中国香港和菲律宾之间进行转账，据悉，这种服务将会被逐渐扩大至其他地区。

（4）多样化竞争。

在传统的主营业务支付和贷款业务方面，传统的银行正在面临科技型企业的巨大竞争压力，但是一些银行正在利用新技术开拓新市场。例如，加拿大皇家银行试图将自身转变为提供多元化金融服务的平台，人们甚至可以通过该银行的平台注册公司，还可以通过该平台进行房屋出租交易。当客户有购买或者出租房屋的需求时，该银行可以提供近期的房地产市场或者附近地区的研究报告。

其他银行如巴克莱银行、澳大利亚联邦银行等也在积极拓展新业务，如提供一些重要的文件（如出生证明、身份证及护照等）的存储业务，提供相关细分客户的消费情况的研究报告等。

二、顶尖国际银行金融科技实践

本书挑选了全球顶尖的十家商业银行（见表 16－2）进行个案分析，研究它们如何在金融科技浪潮下进行自我革新，从实践的角度展示全球银行业如何应对金融科技兴起带来的挑战。

美国银行业在金融科技发展方面处于领先地位，这十家银行中有五家是美国的银行。其中，摩根大通长期以来是规模最大的商业银行，在金融科技方面也是美国银行业的翘楚；美国银行也是美国银行业有重要影响力的老牌银行；富国银行是美国银行业的后起之秀，曾一度成为美国市值最大的银行，在零售业务方面颇有优势；花旗银行是一家具有高度国际化水平的银行；高盛集团作为一家投行背景的银行集团，在金融科技领域走在前列。在欧洲，英国被公认为金融科技发展的先行者，我们选择了汇丰银行和巴克莱银行做案例研究；我们还研究了德国最大的全能银行德意志银行，以及荷兰国际集团、法国巴黎银行的金融科技发展，从中可以看出不同银行在金融科技发展方面的差异。

表 16－2　国外十大代表性银行金融科技发展汇总

名称	所属国家	金融科技发展亮点
摩根大通	美国	•“Mobile First，Digital Everything”（移动第一，数字渗透）的数字化转型战略； •与金融科技第三方公司以多种创新形式进行合作，包括投资并购、初创公司入驻孵化、建立金融解决方案实验室等； •在大数据风控、智能投顾、移动金融等方面取得自主研发成果，如金融合同解析软件 COIN、资管及投资软件 You Invest 等
高盛集团	美国	•利用金融科技开发零售银行、线上借贷、智能投顾等新业务； •积极投资金融科技公司，包括 Digital Asset、Kensho 等公司，布局深远，覆盖区块链、大数据、监管科技等领域
美国银行	美国	•2018 年超越 IBM 等，拥有最多的区块链专利技术，但对区块链技术的应用持谨慎推进的态度； •利用自身客户优势，提高从“传统用户”到“金融科技下新型用户”的转换率，并凭借智能虚拟助手 Erica，完成可信任的金融咨询； •与金融科技公司合作，召开科技峰会，加大与第三方支付的合作

续表

名称	所属国家	金融科技发展亮点
富国银行	美国	• 第一家推广 Apple Pay 的银行，通过“VR+金融服务”以及与 Apple 线上合作等方式提供服务； • 在智能数据、无缝支付以及身份管理等方面增强布局与规划，提出“五化”策略
花旗银行	美国	• 打造数字银行新战略，确定数据分析、数据货币化、移动支付、安全认证、新兴 IT 和下一代金融科技服务等重要创新领域； • 开发加密货币花旗币，使用区块链平台完成跨境支付，建立应收账款解决方案； • 成立风险投资公司，对创业公司进行股权投资
汇丰银行	英国	• 本部设置金融科技部门，同时投资外部金融科技初创企业，双轮驱动； • 2021 年宣布计划未来五年将投资 35 亿美元，用于拓展服务团队、提升数字化服务能力和开发新产品等方向
巴克莱银行	英国	• 发展重心为金融监管、区块链和人工智能，启用 RISE 加速器项目支持科创企业； • 利用人工智能服务客户，成为英国开设电子账户的银行，并利用大数据技术不断发展自身业务体系
德意志银行	德国	• 在外部合作方面，借助与金融机构结成联盟，收购或参股现有金融科技公司，通过外部合作拓展业务、完善自身； • 在内部经营方面，在华设立 Blue Water 金融科技空间，加大相关研究开发力度，在智能投顾、移动金融等多项具体业务中应用金融科技，并向公众开放内部数据端口，不断进行自我创新与突破
荷兰国际集团	荷兰	• 开展时间早，1997 年开始开展直销银行业务，为后续金融科技发展提供经验和客户基础； • 涉及领域多，参与移动支付、贷款业务、区块链、智能投顾四大板块的多个领域的金融科技探索； • 重视小微金融
法国巴黎银行	法国	• 设立 L'Atelier BNP Paribas 全资子公司，发起“金融科技加速器计划”，进行特殊项目的选拔与孵化； • 进行人工智能、大数据、网络安全、区块链等方面的投资； • 与金融科技公司达成战略合作

通过案例研究，可以发现国外顶尖商业银行的一些共性：

第一，非常重视金融科技业务并以战略地位进行确认，高度重视金融科技人才，正在不断加大科技研发投入，将金融科技内嵌到银行经营和业务的各个方面。以摩根大通为例，该公司对金融科技的发展可谓是投入大、布局广、手段多，包括多方位投资金融科技公司、创办金融解决方案实验室及挑战赛、自主开发智能投顾和开放银行等，摩根大通已持续多年进行巨额技术投入，2023 年其技术投资预算扩大至 153 亿美元。

第二，数字化转型内外同驱，内部采取组织架构调整、设立相关部门或子公司等方式积极开发，外部与同业和金融科技公司开展战略合作或进行投资并购。以德意志银行为例，该公司对内发布《金融科技 2.0 白皮书》，自建金融科技创新实验室和数字工厂；对外加入区块链联盟，并与汇丰银行等银行、安联等金融机构达成合作，收购金融科技公司。

第三，国外顶尖商业银行加速对金融科技公司的大规模投资并购以抢占竞争高地，且布局范围广，涉及多个金融科技领域。例如高盛集团在区块链、数据分析等技术以及财富管理、存贷、支付清算等业务方向投资或收购了众多公司，并在支付业务上推出 Marcus 平台，在金融科技的支持下进军消费金融领域，而且推出智能投顾平台 Marcus Invest，完善科技生态体系。

我国商业银行近年来也在战略层面高度重视金融科技发展，特别是大型商业银行的科技实力本身就不俗，在中国金融科技整体快速发展的背景下，商业银行赶超步伐明显加快。

第三节　中国银行业的转型实践

一、银行业数字化转型路径分类

从行业发展角度而言，当前的银行业正面临着来自银行业内部与新兴金融科技企业的双重竞争压力；从宏观环境角度而言，金融科技发展运用已成为一项国家战略，也被视为推动银行理财升级之新引擎和防范化解金融风险之新利器。在此背景下，中国银行业的数字化转型已是大势所趋。2022 年我国上市银行总共投入人民币 1 850.69 亿元，其中大型及全国性股份制商业银行投入同比增长约 8.42%。

从商业银行的资源禀赋和开放程度来看，商业银行所具备的人才队伍、研发实力、合作地位与控制力不同，其转型适应不同的模式，大致可分为四种模式（见图 16－3），分别是自建生态核心、战略生态合作、参与生态分工和传统细分深耕。

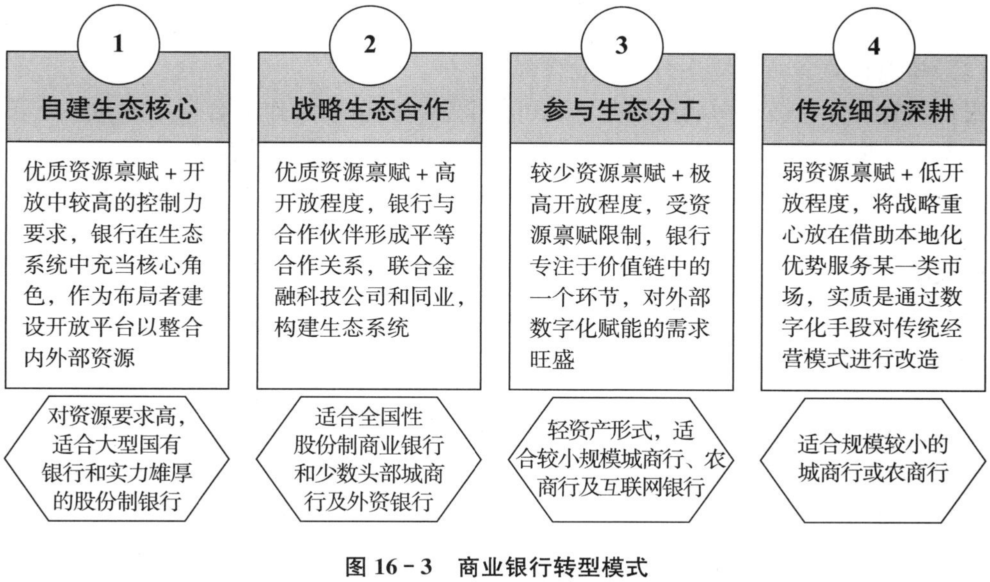

图 16－3　商业银行转型模式

注：城商行即城市商业银行，农商行即农村商业银行。

从技术研发模式来看，商业银行转型主要有三种路径，即内部研发、投资并购金融科技公司以及与现有的金融科技公司合作或合资。

（1）内部研发。

内部研发是指银行采取设立金融科技子公司或已有部门独立的方式，自主创新发展金融科技并加以运用。在此路径下，所设立的金融科技子公司以促进母行数字化转型为目标，形成了所谓的银行系金融科技子公司。这种方式由于研发成本高、周期长，初期往往属于资本较为雄厚的大型银行的“专属”方式。但随着趋势发展，部分中小银行也正在尝试建立金融科技部门或子公司。该方式有利于发挥集团化优势，借助银行庞大的网点体系与客户基础促进金融科技子公司发展，银行也可以较好地掌握技术、人才、资源等。

截至 2022 年，已有至少 19 家银行设立金融科技子公司。

（2）投资并购金融科技公司。

投资并购金融科技公司是指银行为金融科技公司提供资金，将之作为研发基地，借助金融科技公司的技术推动自身的数字化转型。该路径整体投入规模较小、研发周期较短，但银行不具有控制权，虽然有利于新型技术的落地，但存在更大的数据安全与隐私保护的隐患。

拓展阅读

代表性银行系金融科技子公司

2016 年 4 月，我国出台《关于支持银行业金融机构加大创新力度开展科创企业投贷联动试点的指导意见》，以推动银行业基于科创企业成长周期前移金融服务，资金支持科创企业（处于种子期、初创期、成长期），增加科创企业金融供给总量，鼓励银行从事科技创新创业股权投资。

例如，2018 年 6 月，工银国际、浦银国际等参与依图科技 C+轮融资，它们在作为用户的同时投资依图技术。2020 年 5 月，工商银行投资金融科技公司——云从科技，一家研发人脸识别技术及应用解决方案的服务商。工商银行已在人工智能、供应链金融、人脸识别等科技领域进行投资布局。

（3）与现有的金融科技公司合作或合资。

银行可直接向有关公司购买服务，也可与金融科技公司合作或合资，例如共建联合实验室甚至联合成立子公司等。由于银行现有金融科技创新能力不足，此路径可帮助银行快速落地多项创新性金融产品，因此，这也是银行采取较多的路径。

在金融科技合作赋能道路上，南京银行走在行业前列。南京银行早已向百度金融买入新维度风险识别技术，并运用这项技术服务于传统信息薄弱的客户，扩大自身客户群体。2018 年，南京银行与度小满金融在科技、业务和资金层面达成了一致的目标，南京银行给度小满金融提供 100 亿元企业授信，度小满金融则与南京银行合作搭建共同的技术平台。2019 年，南京银行又携手网易云信与飞虎互动将“金融互动视频服务”创新模式有效应用，如南京银行和法国巴黎银行合资消费金融机构 CFC 在使用了该产品后成功优化了有效接通率、双录可靠性、开画延迟等，提升了线上贷款业务的成功率和效率，实现了真正意义上的远程视频银行。

二、银行业转型的主要风险与挑战

1. 数据治理能力不足加剧安全风险

一方面，新技术本身存在缺陷和漏洞，尤其是银行研发和运用创新科技的安全性、完善性尚有待检验；另一方面，银行所具备的数据的质量参差不齐，早期银行对于数据的利用不足，作为“副产品”的数据缺乏规范，数据标准体系和数据管理体系不健全的问题有待解决。

从银行数据的使用与治理来看，首先，伴随着大数据以及数据分析、传输等技术而来的是数据获取的隐私保护。2021 年 5 月，国家互联网信息办公室对 App 对个人信息的违法违规搜集使用行为进行了通报，对包括平安消费金融、招贷、滴滴金融在内的 48 款网络借贷类 App 进行了点名，而在 2018 年中国消费者协会发布的相关报告中，金融理财类 App 的个人信息保护情况评测得分仅为 28.91 分，在调查中排名较低，中小企业金融理财类 App 得分甚至仅为 15.60 分。

其次，银行业的线上验证手段同质化，对于用户的身份与交易识别能力有限，常见的短信验证、指纹登录、人脸识别等手段面临被破解的风险。例如，在短信验证方式下，诈骗者采取植入木马、运行病毒、监控手机、盗取信息、盗刷钱财的方式进行诈骗，用户一旦点入经过伪装的短信链接等便面临钱财损失的可能。银行在传统柜台业务上有相对完善成熟的风险防控体系，但是在数字化渠道的安全手段有限，需要各家银行积极探索。

最后，由于线上远程业务过程中存在信息不对称，银行间的共享数据信息平台尚未建立，确认交易真实合法性的难度也在提升。由于网络环境，尤其是比特币等虚拟货币的匿名性和隐蔽性，不法分子利用互联网金融、虚拟货币等进行洗钱和反恐融资的可能性增加，外部环境的黑客攻击也在为银行业数字化带来挑战。如何完善数字化系统及安全验证方式，实现“实时反诈”，是银行当前数字化转型的一大挑战。

2. 数字化人才供给有限

数字化转型需要金融与信息技术的复合型人才推动，由此产生了对于数字化人才的旺盛需求，而当前我国的高水平数字化人才短缺，吸引和培养数字化人才是银行的数字化转型必须面临的一个挑战。《中国 ICT 人才生态白皮书》2022 年的测算显示，ICT 人才数量缺口将在 2025 年超 2 000 万，且随着数字化进程的推进，人才数量缺口将会持续放大。此外，中国的数字化人才招聘在行业层面呈现出明显的“二八效应”，热门行业占据了 80% 的热门岗位，传统金融业招聘数字化人才面临竞争压力。

3. 数字化需求对原有组织架构和合规要求提出新挑战

银行数字化的很大部分挑战来自数字化往往伴随着业务的客户中心化和部门界限的突破化，而银行原本“大中台，小前台”的架构改造难度较大，部分银行存在组织架构远离客户、远离市场、传统的垂直化部门管理下的决策链条过长、反应较慢、部门间存在割裂等问题。可以说多数银行传统的或现有的组织管理制度是不利于数字化创新的，银行在转型过程中需要考虑组织架构与内部制度的革新。为释放数字化活力，包括民生银行、工商银行、招商银行等在内的多家银行相继改革组织架构。表 16-3 列举了数字化转型下部分银行的组织架构变动。

从合规的角度讲，跨部门合作的数字化服务增加了部门协作要求和合规要求，需要银行建章立制、调整业务条线来加强和执行数字合规，尤其是在对于消费者金融信息的获取和使用方面需要进一步规范。除银行内部需要完善合规外，数字化业务也对外部的现有法律框架提出了挑战，智能合约、智能投顾等技术及其应用产品能否适用现有合规和法律要求仍有待探究。

表 16－3　数字化转型下部分银行的组织架构变动

银行	组织架构变动
招商银行	对零售金融总部精简化并打造跨部门、跨边界的融合团队
农业银行	建立总行级数字人民币创新实验室和数字人民币应用实验室
工商银行	构建“一部、三中心、一公司、一研究院”布局
民生银行	调整中层干部，搭建专业序列体系，培养青年员工，破除“部门银行”的思维禁锢，构建客户中心型组织体系
中信银行	撤销原电子银行部，新增数字金融部和数据管理委员会
交通银行	构建“三中心、两部、一公司、一研究院，一办”的信息技术架构

资料来源：作者整理。

三、中国银行业的金融科技发展战略

由上市银行在年报中披露的金融科技发展战略计划可以看出，各银行对于金融科技的发展已经由战略支持转变为战略引领，金融科技在银行业的整体地位得到强化。

拓展阅读

上市银行金融科技的战略安排与定位

综观各银行的战略，各银行提出的金融科技发展战略虽然各有侧重，但整体上存在共性，主要聚焦于两个重点方向，即智能化和轻型化。

（1）聚焦银行智能化战略。现今银行业的服务重点逐渐向以客户需求为焦点转变，因此，银行把战略重点聚焦在将技术设备、商业模式以及业务流程等多个维度智能化重构上，同时发展有技术含量和高附加值的中间业务，打造精准满足客户需求的智能银行。

（2）聚焦银行轻型化战略。为适应数字化转型的需要，在组织结构方面，银行逐渐实现由原本的层级制结构向扁平化体系转变，在总行成立金融科技事业部或是专门的子公司来支持金融科技的快速发展；在后台风控方面，通过新兴技术优化风险管理的方式，从“经验依赖”向“数据依赖”模式过渡；在管理机制方面，为鼓励金融科技创新纷纷打造内部孵化器并革新信息系统的组织和流程。

四、我国银行金融科技发展模式及其差异

我国银行虽然都正在进行数字化转型，但是由于不同类型的银行的资源禀赋不同、数字化能力不同、成本控制能力不同，不同规模的银行所适应的发展模式应当有所区分。根据 2019 年中国互联网金融协会、新华社瞭望智库联合发布的报告，我国银行的数字化能力存在较为显著的差异（见图 16－4），其中互联网银行作为具有数字化基因的新兴银行，在自评估中得分最高，而包括国有银行和股份制商业银行在内的大型银行次之，城商行、农商行作为中小银行数字化能力较弱。

（一）大型银行——发挥资源优势构建平台化发展战略

大型银行大多资源实力雄厚，在发展模式上具有更多选择的余地。一方面，它们可以

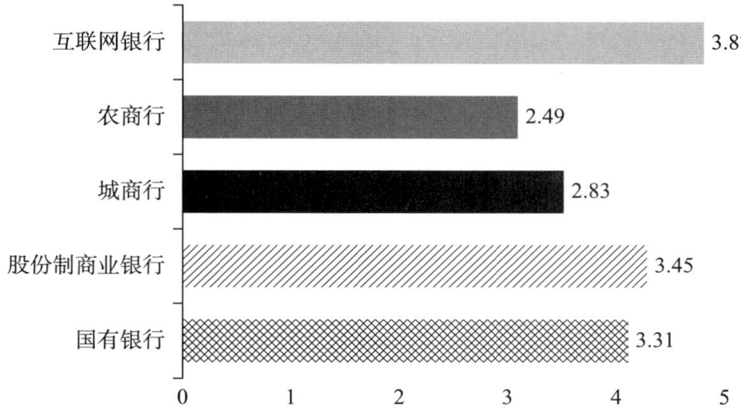

图 16-4 不同类型银行数字化能力自评估

资料来源：作者根据《中国商业银行数字化转型调查研究报告》数据绘制。

在细分领域中与金融科技公司合作开展探索，如农业银行和百度共同打造了金融科技联合实验室；另一方面，相比于技术创新，资源禀赋优越的大型银行更应该注重资源整合，构建集多种金融服务为一体的平台化生态系统，可实施自建生态核心和生态战略合作的模式，在平台化生态系统的建设中发挥重要甚至核心作用。

具体而言，大型银行的数字化具体路径或特征有：

(1) 在金融科技研发路径上，大型银行凭借自身的资源禀赋往往“内部研发＋外部合作＋投资”并行，设立金融科技子公司并与金融科技的行业龙头企业合作。

(2) 大型银行以客户需求为导向，金融服务为核心，开源服务为支撑，场景服务为载体，通过金融服务 API 的方式对外开放其金融资源，构建开放银行。在这种模式下，银行可以在多元化场景和平台上建立客户入口，同时融入理财、融资、支付等多项服务，致力于构建全方位商业生态，从顶层战略、中层业务和底层技术三大层面重构银行的商业模式。对于一些实力雄厚的大型银行来说，未来可以逐渐实现由金融产品服务平台向互联网金融完善配套方案及行业解决方案输出方的转型。

(3) 可走“技术流”路线，对区块链、人工智能、云计算、5G 等技术进行多点开花式探索，并借助金融科技加速在普惠金融赛道上前行。从大型银行当前的发展战略来看，大型国有银行和部分实力强大的全国性股份制商业银行对于金融科技的各方面都有所布局，具备一定研发和应用能力，并致力于技术与各业务条线相结合，甚至对外输出技术。2017 年 8 月，中国建设银行发布了全国首创的科技企业“技术流”专属评价体系，并创新性推出了“Fit 粤”3.0 方案，通过子公司建信金科输出其技术产品。

(二) 中小银行——针对自身优势打造差异化发展模式

很多中小银行不具备资源优势，尤其是农商行、城商行等区域性中小银行，它们在数字化发展所需的资源和能力上远无法与大型银行竞争，因此不宜效仿大型银行走内部研发的平台化战略，而应该立足于自身优势，打造差异化金融科技发展模式，借助自身可利用资源，发展出自身的转型模式。不同类型银行数字化新兴技术应用情况见图 16-5。

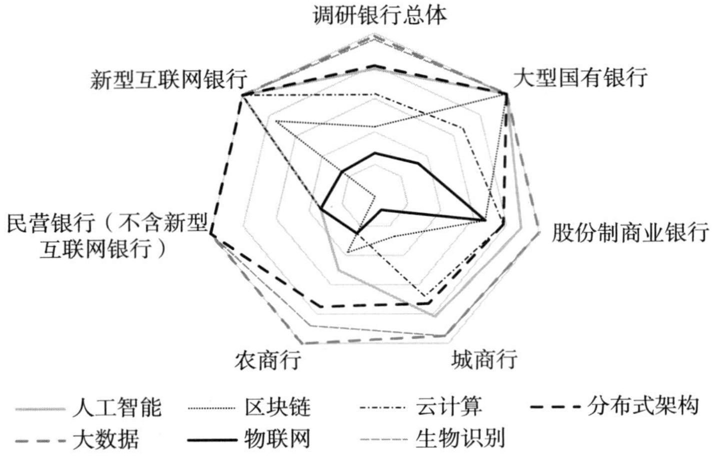

图 16-5 不同类型银行数字化新兴技术应用情况

资料来源：作者根据《中国商业银行数字化转型调查研究报告》数据绘制。

一方面，中小银行可采取防守型策略以提升现有客户的黏度，也可通过移动支付、直销银行等方式的组合来实现金融服务的优惠、便捷化，并借助金融科技为高净值客户提供特色定制化、个性化产品。另一方面，中小银行可以主动进攻，积极采取策略争取更多的客户，通过金融科技打造接地气的差异化服务，实现中小银行金融科技的特色发展之路。

中小银行相比于大型银行，在数字化转型的过程中面临更多的挑战。《中小银行金融科技发展研究报告（2022）》对于中小银行金融科技发展的六个问题进行了分析，指出：第一，中小银行战略定位受制于共同压力，特色化转型路径仍需探索，战略执行保障能力有待提高；第二，中小银行人才供给受制于整体性短缺和区域性差异，复合型人才供求矛盾仍需破解，组织变革潜能有待进一步释放；第三，中小银行技术研发受制于投入成本，高投入面临可持续压力，最优研发模式仍需探索完善；第四，中小银行数据治理受制于技术支撑能力，数据质量管控有待加强，数据安全和防护水平较为薄弱；第五，中小银行应用融合受制于基础数字化能力，应用程度和联动机制尚需强化，风险防控覆盖面有待提升；第六，中小银行已有的一些数字金融生态圈建设实践存在过度关注场景拓展而忽视“生态”构建的问题，这导致中小银行可持续发展能力不足和特色化缺失的困境。

就中小银行转型的实施路径来讲，要注意以下几点：

（1）首先，中小银行在与金融科技公司合作过程中要重点打造差异化业务，更要积极借鉴金融科技公司的经验技术，从而在最短的时间内补足自身的短板，并在较低的成本下享受到技术红利。

（2）对于缺乏规模效应的中小银行来说，未来要想在金融科技领域占据一席之地，应该考虑相互合作、抱团取暖，比如及时进行数据互通以及产品互享，以提高其科技竞争力。

（3）中小银行数字化要“量体裁衣”，坚持地域特点，在“三农”、小微问题数字化解决上加大建设力度，并根据自身禀赋合理选择参与银行生态构架构建的方式。

第四节　以开放银行为例的数字化转型展望

一、开放银行概念与国际发展模式

（一）开放银行概念

开放银行的正式概念最早由英国于 2010 年提出，但金融开放的实践早在 2004 年 PayPal 推出 PayPal API 时便已出现。对于开放银行的定义，英国竞争和市场管理局（CMA）认为，开放银行作为一种模式，可以给消费者供给共享信息的全新安全通道，允许新兴和已有的公司提供超高速支付方式和新型银行产品。

除官方机构外，诸多国际咨询公司也对开放银行做出了定义。咨询公司高德纳从机构角度将开放银行定义为平台化商业模式的一种，该模式通过与商业生态系统共享算法、数据、流程、交易和其他可开放业务功能，为商业生态系统的多方合作伙伴提供服务。麦肯锡也视开放银行为一类平台合作模式，指出开放银行基于开放 API 等技术实现银行与第三方的数据共享，并以此提升消费者体验。有学者对开放银行的本质做出探究，认为开放银行就本质而言是一种新型业务模式和数据共享机制，中国互联网金融协会则认为开放银行的本质是数据的开放与共享。在《中国开放银行白皮书 2022》中，IDC 和平安银行以开放银行的建设者的角度对开放银行做出了更为详细的定义，即开放银行是以商业银行为构建主体，通过连接技术平台，使用标准化的 API、SDK（软件开发工具包）等技术工具，将银行数据与金融服务等资源开放给合作伙伴以及 B 端、C 端用户，以实现充分的数据、应用程序和运营经验共享，为各参与者的高效运营与决策提供支撑，进而形成生态共建、共生共赢的业务创新范式。开放银行要素总结如图 16－6 所示。

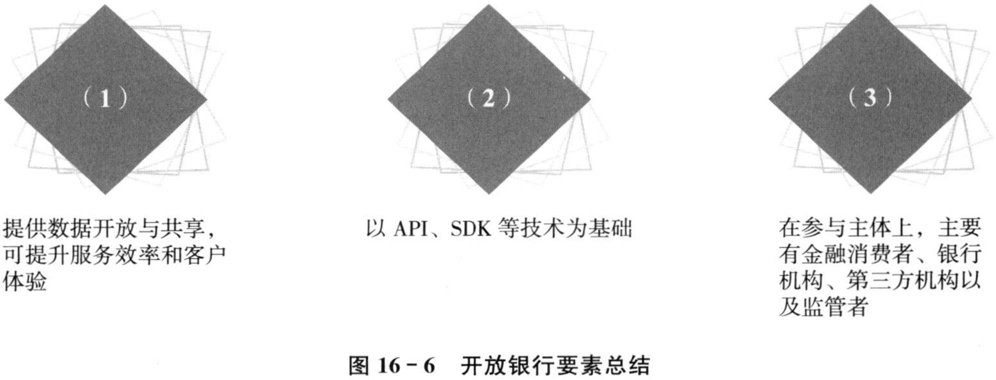

图 16－6　开放银行要素总结

商业银行应用程序接口逻辑结构图如图 16－7 所示。

开放银行应当是“走出去”与“引进来”并存的一种模式，银行通过发挥自身资源禀赋，输出产品与服务，引入合作与科技，以数据为核心，打破传统银行物理网点、互联网银行的界限，通过数据与服务的共享，使得金融服务更加便捷，让金融融入场景，让数据服务“走出去”和“引进来”，让银行变得无处不在。

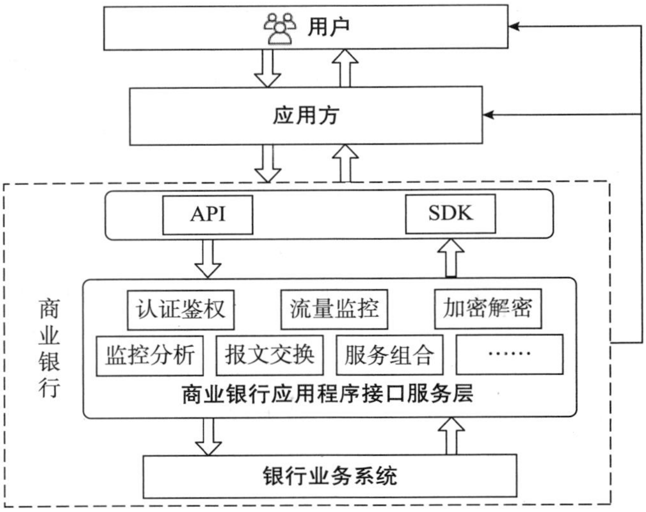

图 16－7　商业银行应用程序接口逻辑结构图

资料来源：《商业银行应用程序接口安全管理规范》。

（二）开放银行的国际发展模式

英国作为最早提出开放银行正式概念的国家，其对开放银行的实践也走在了世界前列，当前世界的开放银行发展呈现出三大梯队，分别是作为开放银行先行者并且主要以监管为驱动力（政府驱动）的英国和欧盟，开放银行迅速发展并以市场为驱动力的美国以及作为后起之秀积极参与开放银行实践的亚太地区。

1. 英国和欧盟——政府驱动的先行者

英国和欧盟的开放银行发展呈现出起步早且政府政策与立法先行的特点，其监管力度大并且存在政府强制开放，有学者称之为监管层与中间层双向驱动的开放格局。英国和欧盟从监管和行业自律的角度推动开放银行发展，倒逼其原本呈现出僵化特点的银行体系转型，提升银行业服务经济的能力，打破大型银行的垄断局面。

在英国方面，自 2013 年以来，有关部门便发布了《数据分享和银行的开放数据》《开放银行标准框架》《支持金融科技公司与金融机构合作指南》等报告和文件，对于开放银行的参与机构、共享数据类型、开放标准和义务做出了规定。

欧盟方面则以《支付服务指令修正案》（PSD2）为主，对机构注册、用户数据使用做出规定，完善开放银行发展的监管环境。

（1）数据分类与 API 标准统一。

在 2016 年的《开放银行标准框架》中，开放银行工作组（OBWG）将数据分为开放数据、客户交易数据、客户参考数据、聚合数据、商业敏感数据五大类，对三方合作机构开放读取权限和写入权限两种不同权限。在具体的数据共享类型上，OBWG 规定在获得客户授权前提下，可共享公开信息（金融产品的价格和收益、自动柜员机分布、产品数据等），以及部分非公开信息（账户信息与余额、交易历史、贷款记录等），而盈利数据、客户信用评分等数据属于商业机密，无须被共享。为方便机构间访问和调用可共享数据，在

API 标准上，OBWG 主要在 API 的架构风格、资源格式、版本控制等方面做出规定和建议，所规定标准主要以轻便易操作、易读写、统一标准化为方向。

《通用数据保护条例》（GDPR）对于可共享数据的规定较为宽泛，与个人相关的数据，如姓名、身份证号、定位数据、基因乃至精神状态等，只要获得其授权均可以共享。但在 PSD2 的规定中，欧盟所定义的可共享数据主要为客户的账户信息及交易数据。在 API 参数标准方面，欧盟暂未进行统一。

（2）强调数据授权与安全保护。

在 OBWG 提出的三大标准中，除数据标准、API 标准外，对数据隐私保护的安全标准也是一大规范。英国 OBWG 主要在客户同意、身份认证、欺诈监控和客户授权四个方面提出了相关意见，要求银行在与第三方共享数据的过程中要征得客户的真实同意，采取身份认证和欺诈监控，让客户可以了解情况变更并受到警示，给予客户撤销授权的选择。

而欧盟所出台的 GDPR 也对各成员国个人数据保护规则进行了统一，根据条例规定，客户享有资料可携权和被遗忘权，即个人数据应在不同服务商系统之间具备可迁移性，且个人可控制数据资料，金融机构数据共享必须从账户持有者处取得明确许可。此外，官方机构掌握和处理的犯罪和违法数据不在共享范围内，种族、民族、政治、宗教、基因、其他生物性识别和健康相关的数据被禁止使用（特殊情况除外）。虽然英国已经正式脱欧，但英国 2018 年的《数据保护法》也涵盖了 GDPR 要求各成员国增加或修订的条款。

（3）强制开放下部分机构具有数据共享义务。

英国和欧盟在开放银行的参与机构上分别采用“白名单”和 PSD2 规定的方式进行明确，主要参与机构包含两大类：商业银行和第三方支付机构。此外，欧盟主要采取注册制，即符合条件的第三方支付机构可在 PSD2 下注册参与开放银行。CMA 要求汇丰银行、巴克莱银行等九家大型银行（合称 CMA9）合资设立开放银行实施实体（OBIE），并规定只要客户授权，CMA9 必须开放数据共享。

PSD2 的规定相较于 CMA9 覆盖范围更广，要求只要获得客户授权，第三方支付机构可访问并使用所有商业银行的账户信息及交易数据；同时 GDPR 也赋予个人只要提出要求，符合条件的机构必须共享相关数据的权利。在这两项法规下，所有欧盟国家被要求向欧洲央行批准的第三方支付机构免费提供关于账户、交易、支付的 API。

2. 美国——市场驱动的典型

美国开放银行的发展是由市场机构开始的。2016 年，花旗银行发布了 API 开发者平台，开发者可以通过该平台的 API 模块设计金融应用程序。次年，美国消费者金融保护局（CFPB）发布金融数据共享的九条指导意见，列举数据使用的安全性、消费者知情权、数据使用授权费、问责制等内容，以保障共享数据时的用户信息安全。在对 API 等技术以及开放银行的发展上，美国并没有做出严格的规定或出台强制性法规，而是采取指导意见的方式，为市场发展提供良好的监管生态环境。

在数据保护上，《格雷姆-里奇-比利雷法案》（Gramm-Leach-Bliley Act）、《加利福尼亚州消费者隐私法案》（CCPA）、《纽约州金融服务公司网络安全要求》构成了对数据隐私和网络安全的保护，其中 CCPA 要求企业必须保证消费者对其个人数据用途的知情权。

对于消费者，美国要求数据开放和使用机构应在储存和传输过程中对消费者数据提供安全防护措施，还赋予了消费者要求被授权的服务商删除个人可识别信息和对未经授权的数据共享行为提出异议的权利，以保护消费者权益。当前美国财政部正鼓励私营部门转向更安全的数据访问方法。

总体而言，美国以市场自发、政府指导的方式发展开放银行，暂无全国范围的发展规划，对于银行是否开放持较为宽松的态度，并无强制性规定，也并未对 API 标准进行统一。

3. 亚太地区——“政府引导＋市场响应”的后来者

亚太地区在发展开放银行上处于后来者的地位，但是部分地区也呈现出一定的后来者居上的态势。亚太地区的开放银行以新加坡和中国的发展为代表，在发展模式上，以政府鼓励或主导为主，这与亚太地区政府希望通过开放与创新提升市场竞争力的努力有关。

新加坡在亚洲的开放银行发展中起步较早，以 2016 年《金融服务：API 手册》的发布为关键点，新加坡开始积极推动相关监管框架的建立和开放银行的发展。新加坡的开放银行计划主要由新加坡金融管理局里的金融科技与创新团队负责实施，该团队负责监督金融领域的监管政策与发展策略实施情况，以加强金融风险管理，提高效率，增强竞争力。

相比于欧盟、英国的政府强制开放，新加坡政府仅出台相关的框架与指导手册，并发挥以身作则的作用，主动开放政府数据为银行的开放营造良好的政策与市场环境。新加坡政府早已制定数据共享规则，并推出 Singpass 网上通行证服务，将使用者资料在 MyInfo 中加以储存，以用户授权的方式供第三方存取。2016 年的指导手册基于银行保险机构、资产管理公司、监管机构的既有流程，创建了 411 个候选 API 的推荐列表，并将参与者分为 API 提供者、API 消费者、金融科技公司、开发者社区四类。新加坡在相关标准上与英国具有相似之处，主要制定了 API 准则、安全准则和数据准则。

新加坡作为一个监管制度相对完善的金融市场，政府出台指导手册并颁布虚拟银行牌照能够起到促进传统金融机构创新，推动市场良性竞争的作用，不少银行抓住政府递出的“橄榄枝”，向开放银行转变，构建开放生态。

二、我国的开放银行

（一）我国的开放银行实践

在多家银行披露的 2018 年年报中，“开放平台”“开放 API”“开放银行”等词出现频率较之前有所增加并且在之后出现频繁，工商银行、建设银行等多家银行在 2018 年推出或开始建设开放平台，2018 年被称为中国的“开放银行元年”。

在开放银行发展模式上，美国以市场驱动为主，英国与欧盟则是政府驱动，新加坡以“政府引导＋市场响应”为主。观察中国的开放银行发展，可以发现中国的开放银行更多是市场自发探索和发展，自下而上推动开放银行与数字化进程。我国的银行业正面临业内竞争激烈和金融科技公司异军突起的双重竞争压力，具有集体探索科技赋能和创新的动力，加之近年来鼓励创新的监管环境，为我国市场驱动、政府鼓励的开放银行格局的形成创造了条件。表 16－4 列举了中国的一些开放银行实践。

表 16-4　中国的一些开放银行实践

银行	举措
工商银行	2018 年，启动智慧银行生态系统建设工程，将“开放”作为核心特征，提供定制化、组件化 API 服务，2020 年已开放 18 大类、120 余项产品、1 900 余个应用接口
中国银行	2013 年，开放涉及跨国金融、代收代付、移动支付，以及地图服务、网点查询、汇率牌价等服务的 1 600 多个接口并推出中银开放平台
光大银行	双向开放，既积极将金融产品与服务融入合作公司，也致力于将光大银行 App 打造为开放的移动生态系统，同时通过加强业务防范和对技术服务标准化的管理构建开放银行风险管理体系
浦发银行	推出 API Bank，将开放银行建设推进到“全景银行”新阶段，提供跨境电商、离岸嵌入式线上融资、集中代收付、个人Ⅱ类账户管理等服务，2021 年上半年收单业务以 API 方式对接 330 家商户，与 20 余家 SaaS 服务商合作
中信银行	2019 年，推出“开薪易”“信视界”“无卡”这三大基于“开放、无界、有温度”应用体验基础的零售银行开放产品，联合场景构建开放银行生态圈
农业银行	2020 年，全面应用 API、SDK 等技术，整合存量接口，加快开放银行平台建设，丰富开放银行产品体系，推进智慧场景金融
建设银行	2018 年，在开放银行管理平台上将本行已有的投资理财、账户开立、选择结算等核心金融服务以标准 SDK、API 的形式对外发布，使第三方合作伙伴能够享受便捷、标准、专业的金融服务
招商银行	2018 年，推出“Open API 平台”，提供 100 余项 API 产品供免费试用；2021 年上线全生命周期管理系统
南京银行	2017 年，南京银行提出建设“鑫云+”开放平台（联合阿里云和蚂蚁金服），打造与金融科技企业、实体经济深入融合的生态共享圈

资料来源：作者整理。

当前，我国的开放银行呈现出重生态、重客户和多合作的特点，金融机构与科技企业的合作在近年来屡见不鲜。

一方面，在传统金融业务受挫的背景下，各大银行积极推动延伸业务至开放的外部场景、拓展客户边界，强调“场景解决方案”“生态构建”和“平台化”，例如光大银行构建移动生态系统、中信银行联合场景构建开放银行生态圈，将金融服务融入健康、教育、旅行等不同场景中，拓宽业务范围，“生态为王”格局初显。另一方面，当前的银行在开放过程中强调“以客户为中心”，服务模式以客户需求为导向，致力于提升客户满意度，银行在开放自身服务和数据的同时，通过数据聚合、产品创新、个性化服务等方式获新，提升客户体验，例如招商银行打造开放的服务平台，整合社会优质资源为客户提供一站式金融服务并进行以客户为中心的顾问式财富管理转型。

（二）开放银行监管与发展政策

我国对于开放银行的监管正处于标准制定阶段，但互联网巨头和银行业先驱者对开放银行模式的试水早已开始，因此我国的开放银行具有一定的“市场先行”特点，随后国家从宏观层面对开放银行进行表态和指导，对 API 标准、技术安全问题、参与方等方面做出指导和规定，但并未对银行是否开放做出强制性规定。

就具体政策而言，早在 2016 年，政府便指出商业银行建立开放、高效的新一代银行系统的转型方向，而在 2019 年，央行又提到要拓展金融服务的渠道，借助 API、SDK 等手段推动跨界合作深化，并以依法合规为前提，将金融机构的业务整合解构和模块封装，支持合作方在不同应用场景中自行组合与应用，构建开放的、合作的、共赢的金融服务生态体系。①

次年，中国人民银行发布《商业银行应用程序接口安全管理规范》，在技术上迈出开放银行监管的第一步。商业银行应用程序接口主要分为服务端对服务端集成方式与移动终端对服务端集成方式两种，两种方式又各有两种实现形式。对安全级别，该规范将之划分为资金交易与账户信息查询应用类、金融产品和服务信息查询应用类两级，保护要求递减。此外，该规范还对安全的设计、运维、部署、集成、管理等方面以及服务终止与系统下线提出规范。表 16－5 列举了中国开放银行发展的部分相关政策。

表 16－5　中国开放银行发展的部分相关政策

时间	文件	相关内容概要
2016 年	《中华人民共和国国民经济和社会发展第十三个五年规划纲要》	提出了开放、共享的理念，鼓励互联网骨干企业开放平台资源，支持行业信息系统向云平台迁移和行业云服务平台建设
2019 年	《金融科技（FinTech）发展规划（2019—2021 年）》	提出开放、合作、共赢的金融科技产业生态体系基本形成的目标，深化金融科技对外合作，打破服务门槛和壁垒，拓宽生态边界，同时做好加强金融信息保护的工作
2019 年	《开放银行发展研究报告（2019）》	对于开放银行现状、我国开放银行发展的影响因素、发展开放银行所需的核心能力做出阐述，并对国内外开放银行案例进行详细说明，对未来开放银行做出展望
2020 年	《商业银行应用程序接口安全管理规范》	要求银行从事前、事中、事后加强应用程序接口全生命周期管理，规定了商业银行应用程序接口的类型与安全相关问题
2020 年	《中国人民银行金融消费者权益保护实施办法》	银行、支付机构向消费者提供金融产品或者服务，应切实承担金融消费者合法权益保护的主体责任，遵循合法、正当、必要原则
2021 年	《中华人民共和国国民经济和社会发展第十四个五年规划和 2035 年远景目标纲要》	要求坚持放管并重，促进发展与规范管理相统一，构建数字规则体系，营造开放、健康、安全的数字生态，稳妥推进银行等金融领域开放
2022 年	《金融科技发展规划（2022—2025 年）》	金融科技发展原则是“数字驱动、智慧为民、绿色低碳、公平普惠”；发展基础是加强金融数据要素应用；发展目标是深化金融供给侧结构性改革；发展主线是加快金融机构数字化转型、强化金融科技审慎监管

资料来源：作者整理。

中国在开放银行方面的监管与法规尚有待完善，但可以看到，随着开放银行实践和金融生态圈的快速演进，政府对于开放银行建设的鼓励态度愈发明朗，相关监管与规范文件的出台正在加速，中国的监管顶层设计、指导意见也将逐步到位。

① 《金融科技（FinTech）发展规划（2019—2021 年）》。

三、未来展望

（一）风险与挑战

1. 机构治理能力风险

在开放银行发展的初期，银行的开放商业模式并不成熟，而开放平台的构建需要耗费大量的人力、物力、财力，对于大型银行而言，虽然它们有构建平台和合作的实力，但在如何衡量和评价开放银行业务业绩上标准尚未明确；而对于中小银行而言，其客户量、资金量等处于劣势，生态伙伴关系拓展和系统平台建设能力不足，对于开放银行线下的风险应对能力不足。新模式下机构治理能力能否跟得上，将是开放银行发展路径上的一大“拦路虎”。

在风险应对能力上，新型欺诈风险、安全风险伴随着开放进程出现，部分机构提出合作方欺诈风险、数据泄露风险等超越信用风险的新型风险敞口，而开放银行的参与主体又良莠不齐，部分机构在风控能力、业务能力上较弱，在各方合作交流、共享数据和算法等的过程中对系统稳定、信息安全的把握不足，存在潜在的隐患。

开放银行多方主体相互“走出去”和“引进来”，在银行端的金融信息，金融科技端的支付、理财等数据，非金融端的交易、客户非金融行为数据的开放过程中，风险链条被拉长，需要银行以更强大的风险控制能力、精准定价能力去应对，进行风险隔离，但是实际上鲜少有银行具备在不同场景打造定制化风控模型的能力。

2. 数据泄露与滥用风险

在开放银行的数据获取、使用和共享过程中，如果参与主体对于数据的共享未获取消费者授权，也未能进行信息披露，消费者对共享数据的用途和目的缺乏足够的了解，可能导致参与主体对数据的不规范使用，包括对数据的无限制、无限期的获取和使用。

此外，相比于储存，数据在传输的过程中将面临更大的数据泄露风险，数据共享涉及的多方主体的任何一方都可能成为数据泄露的薄弱环节，黑客可能通过某一个 API 渗透到某一主体，进行拦截和攻击，从而获取共享链条上的全部数据并非法利用。因此，在发展开放银行的过程中，对数据安全的监管和消费者权益的保护至关重要，这也是欧美开放银行的先行者对于数据共享过程中的身份验证、用户授权、披露透明、欺诈防护等方面极为重视的原因。

3. 客户接受度风险

2018 年，毕马威和研究机构 3GEM 对英国 1 000 家中小企业的调研显示，47%的中小企业表示不会参与开放银行，25%的中小企业表示在任何情况下都不会与其他金融机构共享数据。

开放银行的建设根本上是为了银行业更好地发展以及客户服务体验的提升，因而不得不考虑客户对开放银行的接受度问题。客户接受度风险一方面来自客户的使用惯性，部分客户存在拒绝转型的态度；另一方面来自客户对于自身信息共享的敏感度，当新事物出现时，人们的信任往往是有限的，对于自身信息的隐私度要求也存在差异，要解决客户接受度的问题本质上是解决客户对惯性的依赖和对信息泄露的不安全感。

4. 共识与标准风险

欧盟、美国等对于API标准或参数尚未出台明确的规定。我国不少学者认为，我国虽然已出台《商业银行应用程序接口安全管理规范》，但对于开放银行的标准框架、合作模式等仍尚未明确，缺乏在开放范围、开放形式、开放模式上的规制，这将一定程度上成为开放银行健康发展的阻碍。开放银行的参与主体多样，各自具备独立性和复杂性，其技术形态可能存在较大差异，并导致技术方面与业务方面存在不兼容的现象。在开放银行的技术、安全和平台三大标准上，不少国家尚未进行统一，遑论国家间标准的统一。而技术等标准的差异将会增加开放参与主体的成本和共享的难度，也会影响开放的进程和隐私安全的保护。

此外，不同的参与主体在共享数据的范围上存在分歧，尤其是传统的银行机构与新兴的科技机构之间存在数据共享理解差异。也有学者认为数据共享存在数据质量、数据孤岛和数据跨境三大问题尚未解决，数据的质量良莠不齐，数据的跨界、跨业、跨境共享存在难点。因此，在开放银行的发展道路上，数据共享共识的建立与技术标准的出台将是极为关键并有待完善的环节。

（二）发展趋势

（1）数据保护规定完善化，API等标准统一化。世界各地区的监管部门对开放数据范围的界定有所不同，这给开放银行的发展带来了一定的成本压力、竞争问题和系统安全与声誉风险。而在API等标准上，英国、新加坡等凭行业参考或法规的出台，已处于先行道路上。对于数据开放范围、API等标准的制定和统一将有利于开放银行的规范发展和数据在更大范围内更为便捷地共享。在隐私保护上，从当前实践来看，欧盟的GDPR、我国的《中华人民共和国网络安全法》和《中国人民银行金融消费者权益保护实施办法》、英国的数据隐私保护的安全标准都是对数据保护的完善，未来针对性的法案将会继续出台，相关的数据全周期、全产业链保护与相关评估和应急机制的建立也将被推进，以防出现违规开放或数据滥用等情况。

（2）开放银行生态化与高性能化。随着开放银行的进一步发展，银行将逐渐将金融服务融入生活、工作中的不同场景中，将金融的功能嵌入方方面面，形成一个开放融合、客户中心、科技赋能、跨界覆盖的生态体系，打破银行“孤岛”。波士顿咨询与平安银行联合发布的白皮书将开放银行未来的发展趋势总结为“泛生态”“超货架”“高性能”，指出开放银行将降低金融服务门槛，触及长尾客户，并逐步走向全面安全、高吞吐、快接入的高性能系统。这既是中国的开放银行趋势，也是国际趋势。国际领先金融和科技公司已在12大传统产业布局新生态圈：B2C、B2B、全球企业服务、理财与保障、公共服务、监控、教育、数字内容、住房、出行、旅游和酒店。欧洲的开放银行从BBVA等传统大银行开始，各金融机构逐步加入，将不同类型的API投入使用，形成账户层（底层金融服务）、中间层（数据流通、技术支持）、生态层（面对C端客户）相辅相成的局面。

（3）金融科技联合创新。在银行的数字化转型和开放过程中，不少银行纷纷采取合作、投资等方式与金融科技公司联合创新，加快科技融合和生态开放的步伐。麦肯锡曾在报告[①]中提出开放银行核心体系有三条战略发展路径——金融科技联合创新、数字化开放生

---

① 麦肯锡发布的《开放银行的全球实践与展望：打破藩篱，合作共赢》。

态圈和内部平台化改造。无论是高盛、摩根大通等国际大行，还是中国的大中小型银行，都在积极投资、并购、设立金融科技机构以及与金融科技公司开展合作。在开放银行方面，金融科技公司开放场景与用户并具有技术优势，银行提供多元化金融服务，在开放场景中更为精准地触达并服务用户，在金融科技公司与银行的联合创新中实现用户价值最大化。

（4）中国开放银行走向可持续发展的“Open API＋”（开放API＋）阶段。中国的开放银行发展很大程度上是银行提升自身的竞争力、增强价值创造能力的结果，“Open API＋”以数据价值和规模价值为特点，银行将发挥“走出去”的实力，在输出自有金融产品与服务的同时，输出更丰富的来自保险、资管、租赁等公司甚至银行同业的金融产品与服务，并拓宽至政务服务、中小银行赋能等场景，推动接口标准化与业务规模化的真正实现。“Open API＋”阶段将推动中国的开放银行走向更加可持续的发挥规模效应的商业模式。

拓展阅读

开放银行发展总览

拓展阅读

我国互联网银行的开放措施

思考题

1. 金融科技的发展对我国的商业银行产生了什么影响？你觉得这种影响对商业银行的发展和地位是利大于弊还是弊大于利？请说明理由。

2. 思考我国的商业银行与国外的综合性银行转型的异同点。

3. 我国的中小银行应当采取什么措施以适应数字化转型发展的需求？

4. 开放银行是当前各类银行转型的一个重要方向，当前开放银行的发展存在哪些风险与挑战？

5. 当前开放银行的发展呈现出怎样的特征或趋势？

主要参考文献

[1] 曹彤. 金融科技启示录. 北京：中国金融出版社. 2018.

[2] 丛砚敏. 移动金融：支付革命. 北京：清华大学出版社，2016.

[3] 李伟. 中国金融科技发展报告（2020）. 北京：社会科学文献出版社，2020.

[4] 李勇，许荣. 大数据金融. 北京：电子工业出版社，2015.

[5] 廖岷. 金融科技发展的国际经验和中国政策取向. 北京：中国金融出版社. 2017.

[6] 林子雨. 大数据技术原理与应用：概念、存储、处理、分析与应用. 2 版. 北京：人民邮电出版社，2017.

[7] 罗煜. 金融科技浪潮下的全球银行业变革. 北京：中国金融出版社，2019.

[8] 维克托・迈尔-舍恩伯格，肯尼思・库克耶. 大数据时代：生活、工作与思维的大变革. 盛杨燕，周涛，译. 杭州：浙江人民出版社，2013.

[9] 吴晓求，等. 互联网金融：逻辑与结构. 北京：中国人民大学出版社，2015.

[10] 谢平，邹传伟. Fintech：解码金融与科技的融合. 北京：中国金融出版社，2017.

[11] 姚海鹏，王露瑶，刘韵洁. 大数据与人工智能导论. 北京：人民邮电出版社，2017.

[12] 中国人民银行关于印发《金融科技（FinTech）发展规划（2019—2021 年）》的通知. 中国人民银行官网，2019 - 9 - 6.

[13] 中国人民银行关于印发《金融科技发展规划（2022—2025 年）》的通知. 中国人民银行官网，2022 - 1 - 21.

[14] Rubini，Agustin. *Fintech in a Flash*：*Financial Technology Made Easy*. 3rd ed. Berlin：Walter de Gruyter，2018.

拓展阅读

详细参考文献

图书在版编目（CIP）数据

金融科技概论/罗煜编著. -- 北京：中国人民大学出版社，2024.6
高等学校新文科教材. 金融科技系列
ISBN 978-7-300-32651-1

Ⅰ.①金… Ⅱ.①罗… Ⅲ.①金融-科学技术-高等学校-教材 Ⅳ.①F830

中国国家版本馆 CIP 数据核字（2024）第 055593 号

高等学校新文科教材 • 金融科技系列
金融科技概论
罗 煜 编著
Jinrong Keji Gailun

出版发行	中国人民大学出版社		
社　　址	北京中关村大街 31 号	**邮政编码**	100080
电　　话	010－62511242（总编室）		010－62511770（质管部）
	010－82501766（邮购部）		010－62514148（门市部）
	010－62515195（发行公司）		010－62515275（盗版举报）
网　　址	http://www.crup.com.cn		
经　　销	新华书店		
印　　刷	天津中印联印务有限公司		
开　　本	787 mm×1092 mm　1/16	**版　　次**	2024 年 6 月第 1 版
印　　张	18.25 插页 1	**印　　次**	2024 年 6 月第 1 次印刷
字　　数	440 000	**定　　价**	48.00 元

教学支持说明

1. 教辅资源获取方式

为秉承中国人民大学出版社对教材类产品一贯的教学支持，我们将向采纳本书作为教材的教师免费提供丰富的教辅资源。您可直接到中国人民大学出版社官网的教师服务中心注册下载——http://www.crup.com.cn/Teacher。

如遇到注册、搜索等技术问题，可咨询网页右下角在线 QQ 客服，周一到周五工作时间有专人负责处理。

注册成为我社教师会员后，您可长期根据您所属的课程类别申请纸质样书、电子样书和教辅资源，自行完成免费下载。您也可登录我社官网的“教师服务中心”，我们经常举办赠送纸质样书、赠送电子样书、线上直播、资源下载、全国各专业培训及会议信息共享等网上教材进校园活动，期待您的积极参与！

2. 高校教师可加入下述学科教师 QQ 交流群，获取更多教学服务

经济类教师交流群：781029042

财政金融教师交流群：766895628

国际贸易教师交流群：162921240

税收教师交流群：119667851

3. 购书联系方式

网上书店咨询电话：010－82501766

邮购咨询电话：010－62515351

团购咨询电话：010－62513136

中国人民大学出版社经济分社

地址：北京市海淀区中关村大街甲 59 号文化大厦 1506 室　100872

电话：010－62513572　010－62515803

传真：010－62514775

E-mail：jjfs@crup.com.cn